Kurzfristzinsen und realwirtschaftliche Größen

AF886956

Europäische Hochschulschriften

Publications Universitaires Européennes

European University Studies

Reihe V

Volks- und Betriebswirtschaft

Série V Series V

Sciences économiques, gestion d'entreprise

Economics and Management

Bd./Vol. 3002

PETER LANG

Frankfurt am Main · Berlin · Bern · Bruxelles · New York · Oxford · Wien

Tobias Rehbock

Kurzfristzinsen und realwirtschaftliche Größen

Empirische Aspekte, Transmissionsprozesse und geldpolitische Implikationen

PETER LANG
Europäischer Verlag der Wissenschaften

Bibliografische Information Der Deutschen Bibliothek
Die Deutsche Bibliothek verzeichnet diese Publikation in der Deutschen Nationalbibliografie; detaillierte bibliografische Daten sind im Internet über <http://dnb.ddb.de> abrufbar.

9
ISSN 0531-7339
ISBN 3-631-51420-4

© Peter Lang GmbH
Europäischer Verlag der Wissenschaften
Frankfurt am Main 2003
Alle Rechte vorbehalten.

Das Werk einschließlich aller seiner Teile ist urheberrechtlich geschützt. Jede Verwertung außerhalb der engen Grenzen des Urheberrechtsgesetzes ist ohne Zustimmung des Verlages unzulässig und strafbar. Das gilt insbesondere für Vervielfältigungen, Übersetzungen, Mikroverfilmungen und die Einspeicherung und Verarbeitung in elektronischen Systemen.

www.peterlang.de

Vorwort

Während meiner Mitarbeitertätigkeit am Lehrstuhl für Allgemeine Volkswirtschaftslehre, insbesondere Geld und Währung, der Rechts- und Staatswissenschaftlichen Fakultät an der Ernst-Moritz-Arndt-Universität Greifswald entstand die vorliegende Arbeit. Mein besonderer Dank gilt Professor Dr. Armin Rohde, der mir die Möglichkeit zur Promotion eröffnete und mir stets jede Art von Unterstützung gewährte. Die nette und ungezwungene Atmosphäre am Lehrstuhl hat zum Gelingen der Arbeit wesentlich beigetragen. Bedanken möchte ich mich darüber hinaus bei Professor Dr. Volker Ulrich, Universität Bayreuth, der so freundlich war, das Zweitgutachten zu erstellen.

Eine solche Arbeit kann unmöglich fertig gestellt werden, wenn es neben dem Doktorvater nicht weitere Menschen gibt, die fachliche wie menschliche Unterstützung leisten, Fragen beantworten, Anregungen geben, bei Problemen helfen und/oder die bereit sind, den Text nach jeglicher Art von Fehlern zu durchforsten. In diesem Zusammenhang möchte ich mich vor allem bei Dipl.-Kffr. Sabrina Courtois, lic.oec.publ. Hannes Egli, Dipl.-Kfm. Michael Koch, Marion Butke und Silke Butke bedanken. Mein Dank gilt des Weiteren Frau Renate Könitzer und den (zum Teil ehemaligen) studentischen Hilfskräften Dipl.-Kffr. Agnes Krause, Heike Utpatel, Andreas Röske und Florian Tschötschel. Trotz fachlichem Rat von verschiedener Seite, sorgsamer Fehlersuche und mehrmaligem Korrekturlesen können Mängel in der Arbeit verblieben sein, die selbstverständlich zu meinen Lasten gehen.

Greifswald, Juli 2003 Tobias Rehbock

Inhaltsverzeichnis

Symbolverzeichnis

Anmerkung: Die hier aufgeführten Symbole werden bei ihrem Auftreten in der Regel im mathematischen Modus dargestellt, in dem Buchstaben kursiv und Zahlen gerade geschrieben sind. Ausnahmen bilden die Symbole $M1$, $M2$, $M3$, BIP und $HVPI$, die nur im Zusammenhang mit der Darstellung und Interpretation empirischer Untersuchungen im mathematischen Modus gebraucht werden, wenn sie dort die Rolle von Variablen wahrnehmen. Andernfalls sind sie als gängige Abkürzungen zu interpretieren, die ohne mathematische Umgebung benutzt und daher gerade geschrieben werden.

Lateinisch

A_{FV}	Anteil des Finanzvermögens am Gesamtportfolio
A_{RV}	Anteil des Realvermögens am Gesamtportfolio
a	Gewichtungsfaktor in der Verlustfunktion
AB	Außenbeitrag
AE	Auftragseingänge
$\hat{AE}$	Veränderungsrate der Auftragseingänge
AL	Zahl der Arbeitslosen
$\hat{AL}$	Veränderungsrate der Zahl der Arbeitslosen
ap	Stärke des Einflusses der ausländischen Zinsdifferenz auf die Wechselkursänderungsrate
B	festverzinsliche Wertpapiere
B_B	von den Banken gehaltene festverzinsliche Wertpapiere
b	Stärke des Einflusses eines Zinses oder einer Zinsdifferenz auf die Geldnachfrage
BAI	Bruttoausrüstungsinvestitionen, Bruttoanlageinvestitionen
BIP	Bruttoinlandsprodukt
$B\hat{I}P$	Veränderungsrate des BIP
C	private Konsumnachfrage
$\hat{C}$	Veränderungsrate der Konsumnachfrage
c	marginale Konsumneigung
CD	Certificate of Deposits
CPI	Konsumentenpreisindex
$C\hat{P}I$	Veränderungsrate des CPI
D	Sichteinlagen der Nichtbanken bei Geschäftsbanken
d	Differenz zwischen dem Geldmengenwachstum und dessen Zielwert
DMZ	Drei-Monats-Zins
df	Koeffizienten in der Modellgleichung des Tests auf Stationarität
dr^*	erwartete Deflationsrate
$E[\cdots]$	Erwartungswert von $[\cdots]$
E_B	Gesamtertrag des Bankensektors
e	nominaler Wechselkurs in Preisnotierung *in Abschnitt 4.2.3.2.1:* logarithmierter nominaler Wechselkurs

$\hat{e}$	nominale Wechselkursänderungsrate
e^*	erwarteter nominaler Wechselkurs
$\hat{e}^*$	erwartete nominale Wechselkursänderungsrate
ET	Zahl der Erwerbstätigen
$\hat{ET}$	Veränderungsrate der Zahl der Erwerbstätigen
Ex	Exporte
F	Finanzierungsmittelvolumen
$f(\cdots)$	Funktion von $(\cdots)$
FV	Finanzvermögen
g	Gewichtungsfaktor in der Verlustfunktion für den Einfluss von Zinsänderungen
GB	Geldbasis
$gr1, gr2$	Koeffizienten in der Modellgleichung des Granger-Kausalitätskonzepts
H	Handelsvolumen
H_0	Nullhypothese
h	Stärke des Einflusses der Wechselkursänderungsrate auf die Outputlücke
$HVPI$	Harmonisierter Verbraucherpreisindex
$H\hat{V}PI$	Veränderungsrate des Harmonisierten Verbraucherpreisindex
I	Investitionsnachfrage
$\hat{I}$	Veränderungsrate der Investitionsnachfrage
I^{NT}	intern vorhandene Finanzierungsmittel
i	durchschnittlicher effektiver Nominalzins bzw. Geldzins
i_a	durchschnittlicher effektiver Nominalzins im Ausland
i_C	Bankkreditzinssatz
i_{CD}	Zinssatz auf CDs
$i_{D,a}$	Differenz zwischen dem Auslandszins i_a und dessen Gleichgewichtswert
i_{k1}	kurzfristiger effektiver Nominalzins in der Periode 1
i_k^*	erwarteter kurzfristiger effektiver Nominalzins
$i_{k2,3,10}^*$	erwarteter kurzfristiger effektiver Nominalzins in der Periode 2,3 bzw. 10
i_{krit}	kritischer Zinssatz
i_l	langfristiger effektiver Nominalzins
$i_{l,BRD}$	langfristiger effektiver Nominalzins in der Bundesrepublik Deutschland
$i_{l,Euro}$	langfristiger effektiver Nominalzins im Euro-Währungsgebiet
$i_{l,USA}$	langfristiger effektiver Nominalzins in den USA
i_M	Marktzins
i_Z	Zielzins
Im	Importe
IP	Industrieproduktion
$\hat{IP}$	Veränderungsrate der Industrieproduktion
J	Vektorvariable im Anhang A.1.1
j	Verhältnis des Handelsvolumens zur realen Wertschöpfung
JAC	Jacobi-Matrix
K	Kreditvolumen
$\hat{K}$	Veränderungsrate des Kreditvolumens
K^A	Kreditangebot der Geschäftsbanken

K^N	Kreditnachfrage
k	Kassenhaltungskoeffizient
k_V	Finanzierungskostensatz für extern aufgenommene Mittel im Bilanzkanal
KBS	Kapitalbilanzsaldo
KW	Kapitalwert
kt	Zinssatz für Kontokorrentkredite
L	Verlustfunktion
L_d	erwarteter Verlust bei Anwendung der Geldmengenregel
L_t	erwarteter Verlust bei Anwendung der Taylor-Regel
$L_{t,erw}$	erwarteter Verlust bei Anwendung der erweiterten Taylor-Regel
L_z	erwarteter Verlust bei Anwendung der Zinsregel
$\hat{L}$	Änderungsrate der realen Geldnachfrage
$\hat{L}_G$	Änderungsrate der gleichgewichtigen realen Geldnachfrage
L_S	reale Geldnachfrage aus spekulativen Erwägungen
L_T	reale Geldnachfrage aus dem Transaktionsmotiv
l	Verhältnis der erwarteten Outputlücke zur erwarteten Inflationslücke
LF	Lagrange-Funktion
M	nominale Geldmenge
$M1$	Geldmengenaggregat in der Abgrenzung M1
$M2$	Geldmengenaggregat in der Abgrenzung M2
$M3$	Geldmengenaggregat in der Abgrenzung M3
$\hat{M}1, \hat{M}3$	Veränderungsrate der Geldmenge M1 bzw. M3
M^N	nominale Geldnachfrage
$\hat{M}_{nom}$	Veränderungsrate der nominalen Geldmenge
$\hat{M}_{nom,Z}$	Zielrate der nominalen Geldmengenänderung
$\hat{M}_r$	Veränderungsrate der realen Geldmenge
m	marginale Importneigung
m_B	Geldangebotsmultiplikator
MR	Mindestreserven
N	Inputfaktor Arbeit
n	Periodenanzahl *in Abschnitt 4.2.3.2.1:* logarithmierter Inputfaktor N (Arbeit)
$\bar{n}$	logarithmierte Zielbeschäftigung
o	Stärke des Einflusses des realen Wechselkurses auf die Güternachfrage
OL	Outputlücke
P	Preisniveau
P_a	Preisniveau im Ausland
P_N	inländisches Preisniveau im Sektor international nicht gehandelter Güter
P_T	inländisches Preisniveau im Sektor international gehandelter Güter
$P_{T,a}$	ausländisches Preisniveau im Sektor international gehandelter Güter
P_Z	gewünschtes Zielpreisniveau
p	Inflationslücke $\pi - \pi_z$ *in Abschnitt 4.2.3.2.1:* logarithmierte Produzentenpreise *in Abschnitt 4.2.3.2.3:* Inflationslücke $\pi - \phi[\pi]$

p^*	erwartete Inflationslücke
q	Tobinsches q *in Abschnitt 4.2.3.2.1:* Verbraucherpreisindex
R	interne Rendite (Grenzleistungsfähigkeit des Kapitals)
R^2	Bestimmtheitsmaß
$\bar{R}^2$	korrigiertes (adjustiertes) Bestimmtheitsmaß
RV	Realvermögen
r	durchschnittlicher effektiver Realzins bzw. Zins auf reale Verleihung
r_D	Differenz zwischen realem kurzfristigen Zins und dessen realem Gleichgewichtswert
$r_{FV,RV}$	Korrelationskoeffizient zwischen den Risiken des Finanz- und des Realvermögens
r_K	Supply Price of Capital (Angebotspreis des Kapitals)
r_l	langfristiger effektiver Realzins
$r_{u,v}$	Korrelationskoeffizient zwischen den Schocks u und v
$r_{u,x}$	Korrelationskoeffizient zwischen den Schocks u und x
$r_{v,x}$	Korrelationskoeffizient zwischen den Schocks v und x
rk	Regressionskoeffizient
rk_S	standardisierter Regressionskoeffizient
S	Aktivstruktur im Geschäftsbankensektor
s	Stärke des Einflusses der Wechselkursänderungsrate auf die Inflationslücke
sp	Zins für Sparbriefe
$st1, st2$	Hilfsvariablen für die Darstellungen im Anhang (siehe A.1.6)
$st3$	analog zu $st1, st2$
sw	Swapsatz
T	maximal berücksichtigte Zeitverzögerung beim Granger-Kausalitätstest
$T_{1,2}$	Hilfsvariablen für die Darstellungen im Anhang (siehe A.1.3 und A.1.4)
t	Zeitindex
$t_{1,2}$	Gewichtungsfaktoren in der Taylor-Regel für die Output- bzw. die Inflationslücke
t_3	Gewichtungsfaktor in der Taylor-Regel für die Wechselkursänderungsrate *in Abschnitt 4.2.3.2.2:* Gewichtungsfaktor in der Taylor-Regel für Zinsänderungen
$t_{3,max}$	maximal möglicher t_3-Wert, um die erweiterte Taylor-Regel vorteilhaft zu halten
TGZ	Tagesgeldzins
u	Güternachfrageschock
$\ddot{U}R$	Überschussreserven
V	extern aufgenommene Finanzierungsmittel
v	Geldnachfrageschock
W	Weizenmenge
w	logarithmierter Nominallohn
X, x	Güterangebotsschock
x_{pot}	Schock auf den potenziellen Output
Y	reales gesamtwirtschaftliches Einkommen

$\hat{Y}$	Zuwachsrate des realen gesamtwirtschaftlichen Einkommens
Y_{nom}	nominales gesamtwirtschaftliches Einkommen
$\hat{Y}_{nom}$	Zuwachsrate des nominalen gesamtwirtschaftlichen Einkommens
Y_{pot}	potenzieller realer Output
$\hat{Y}_{pot}$	Zuwachsrate des potenziellen realen Outputs
y	Wachstumslücke: Differenz zwischen realer Wachstumsrate und der Wachstumsrate des potenziellen realen Outputs ($\hat{Y} - \hat{Y}_{pot}$) *in Abschnitt 4.2.3.2.1:* logarithmierter Output *in Abschnitt 4.2.3.2.2:* Differenz zwischen logarithmiertem tatsächlichen und logarithmiertem potenziellen Output
y_D	Differenz zwischen realem Output und potenziellem realen Output ($Y - Y_{pot}$)
y_{pot}	logarithmierter potenzieller realer Output
Z	Hilfsvariable für die Darstellungen in 4.2.3.5, 4.2.3.6 und 4.2.3.7
z	logarithmierter realer Wechselkurs
ZBG	Menge an Zentralbankgeld
zp	Stärke des Einflusses der Zinsdifferenz auf die Wechselkursänderungsrate

Griechisch

α	Zinsdifferenz $i_C - i$ *in Abschnitt 4.2.3.2.2:* Stärke des Einflusses der Inflationsrate der vergangenen Periode in der Preisgleichung
β	Stärke des Einflusses eines Zinses oder einer Zinsdifferenz auf die Güternachfrage
γ	Gewichtungsfaktor des Preisniveaus international gehandelter Güter im gesamten Preisindex
Δ	absolute Veränderung einer Größe in der Zeit
ϵ	Stärke des Einflusses der Outputlücke in der Preisgleichung
ε	Verhältnis der Zinsentscheidung der Zentralbank zur Zielabweichung der Geldmengenänderungsrate
η	Exponent des Faktors Arbeit in der Produktionsfunktion
ι	Verhältnis der Summe aus Reserven und Wertpapieren zu den Depositen
κ	Stärke des Zusammenhangs zwischen der Outputlücke und der Differenz d
λ	Stärke des Zusammenhangs zwischen dem Zins i bzw. dem externen Finanzierungsvolumen V und der Finanzierungsprämie ω
λ_{hp}	Glättungsparameter im Hodrick-Prescott-Filter
λ_L	Lagrange-Multiplikator
μ	Trend des potenziellen Outputs
ν	Koeffizienten in der Schätzung der Güternachfrage
π	Inflationsrate
π^*	erwartete Inflationsrate
π_a	Inflationsrate im Ausland
π_Z	Zielinflationsrate

ρ	Mindestreservesatz
ϱ	Stärke des Einflusses des Einkommens vergangener Perioden auf die Güternachfrage
σ	Standardabweichung
$\sigma_{FV,RV}$	Standardabweichung der Erträge des Finanzvermögens bzw. der Erträge des Realvermögens
$\sigma^2_{FV,RV}$	Varianz der Erträge des Finanzvermögens bzw. der Erträge des Realvermögens
σ^2_G	Varianz der Erträge des Gesamtportfolios
$\sigma_{u,v,x}$	Standardabweichung der Schocks u, v bzw. x
$\sigma^2_{u,v,x}$	Varianz der Schocks u, v bzw. x
τ	nominaler Zinssatz für Zentralbankgeld
$\tilde{\tau}$	Zinsdifferenz $\tau - \tau_{nG}$
$\tau_{n,G}$	nominaler Gleichgewichtswert für den Zentralbankgeldsatz
$\tau_{r,G}$	realer Gleichgewichtswert für den Zentralbankgeldsatz
υ	Umlaufsgeschwindigkeit des Geldes
$\hat{\upsilon}$	Änderungsrate der Umlaufsgeschwindigkeit des Geldes
υ_H	Umlaufsgeschwindigkeit des Geldes bezogen auf das Handelsvolumen
$\hat{\upsilon}_{Trend}$	Änderungsrate der trendmäßigen Umlaufsgeschwindigkeit des Geldes
$\phi[\cdots]$	Durchschnitt von $[\cdots]$
φ	Koeffizienten in der Schätzung der Geldnachfrage
χ	Koeffizienten in der verallgemeinerten Form einer Schätzgleichung für die Geldnachfrage
ψ	Koeffizienten in der Schätzung der Preisgleichung
ω	externe Finanzierungsprämie

Abbildungsverzeichnis

Tabellenverzeichnis

1 Problemstellung und Überblick

Gegenstand der Untersuchung in dieser Arbeit ist die Frage, inwieweit es gerechtfertigt ist, einen kurzfristigen Zins, wie zum Beispiel einen Geldmarktsatz, mit einer realen Endzielgröße im Rahmen einer geldpolitischen Strategie zu verbinden. Die Bedeutung dieser Fragestellung liegt darin, dass das Auftreten realer Effekte der Geldpolitik bisher kaum Grund gewesen ist, Zentralbanken eine Verantwortlichkeit hinsichtlich der Steuerung realer Größen zu übertragen. Insbesondere die Zentralbanken selbst, wie früher die Deutsche Bundesbank, haben die explizite Wahrung realer Zielgrößen regelmäßig abgelehnt. Das hat in der Öffentlichkeit immer wieder zu Diskussionen geführt. Als Beispiel mögen die Meinungsäußerungen des SPD-Politikers Oskar Lafontaine dienen, der, auch in seiner Funktion als Bundesminister der Finanzen in der rot-grünen Regierungskoalition vom Oktober 1998 bis zum März 1999, von der Deutschen Bundesbank Zinssenkungen forderte, um die Konjunktur zu beleben. Auch die Europäische Zentralbank sah sich bereits solchen Forderungen von verschiedenen Seiten ausgesetzt.

In dieser Arbeit werden theoretische und empirische Anhaltspunkte dargestellt, die einen Beitrag zur Klärung der Frage leisten sollen, welche realen Wirkungen Geldpolitik hat und welche geldpolitischen Implikationen sich daraus ergeben können. Diese Implikationen richten sich vor allem auf das Problem, ob und wie die geldpolitische Zielstellung um eine reale Größe zu erweitern ist. Die zu betrachtende Frage nach der Wirkung geldpolitischer Maßnahmen auf realwirtschaftliche Aktivitäten ist somit mehrschichtig. Wenn sich aus empirischer Sicht herausstellt, dass von der Geldpolitik keine realen Wirkungen ausgehen, dann ist es nicht notwendig, sich weitergehende Gedanken darüber zu machen, in welcher Weise die Geldpolitik auch reale Zielgrößen verfolgen sollte.[1] Demnach sollte der Diskussion über reale Zielsetzungen für die Geldpolitik zunächst eine empirische Untersuchung vorausgehen, um festzustellen, ob geldpolitisches Handeln überhaupt einen Einfluss auf reale Größen hat. An diesem gedanklichen Ansatz orientiert sich der Aufbau der Arbeit. Im zweiten Kapitel stehen daher vor allem empirische Fragestellungen im Mittelpunkt. Nach einigen Vorüberlegungen zur Rolle der Preisniveaustabilität und des Einkommens als geldpolitische Zielstellungen erfolgt ein kurzer Überblick über bestehende empirische Untersuchungen, welche sich mit der Wirkung der Geldpolitik auf reale Größen befassen. Dabei wird sich zeigen, dass weniger die Wirkungen an sich im Mittelpunkt stehen, sondern die Frage, von welcher geldpolitisch motivierten Größe sie hauptsächlich ausgehen. Neben verschiedenen Zinsdifferenzgrößen und der Geldmenge ist dies vor allem der Geldmarktsatz. Mit eigenen empirischen Untersuchungen wird anschließend geprüft, ob reale Wirkungen der Geldpolitik für die Bundesrepublik Deutschland und für den Euro-Währungsraum festgestellt werden können. Als Aktionsvariablen der Zentralbank werden dabei der Tagesgeldsatz und die Veränderungsraten der Geldmengenaggregate M1 und M3 betrachtet. Während für Deutschland ökonometrische Untersuchungen durchgeführt werden, wird für das Euro-Währungsgebiet eine deskriptive Betrachtung unternommen. Die Ergebnisse dieser empirischen Analyse werden zum Anlass genommen, den Geldmarktsatz in das Zentrum des weiteren Verlaufes der Arbeit zu stellen.

[1] Vgl. KRUPP/CABOS 1999, S. 405. [145] Die Autoren unterscheiden deshalb auch eine empirische und eine normative Dimension der Auseinandersetzung mit den realen Wirkungen der Geldpolitik.

Können realwirtschaftliche Wirkungen der Geldpolitik festgestellt werden, dann stellt sich als nächstes die Frage, wie diese theoretisch zu begründen sind. Damit ist die Thematik der relevanten Transmissionskanäle angesprochen, welche die realwirtschaftlichen Wirkungen der Geldpolitik zulassen. Die Darstellung der Transmissionstheorien wird im dritten Kapitel vorgenommen und beschränkt sich auf diejenigen Konzepte, die gemäß den Lehrbuchdarstellungen als gängig bezeichnet werden können. Dies sind der einfache Zinskanal, der Kredit- und der Wechselkurskanal sowie die vermögenstheoretischen Transmissionstheorien. Als reale Größe am Ende des Transmissionsprozesses wird in der Regel das gesamtwirtschaftliche Einkommen (Inlandsprodukt) betrachtet. Neben der reinen Darstellung der Transmissionsansätze ist insbesondere interessant, wie unterschiedlich stark geldpolitische Impulse in den einzelnen Ansätzen auf das Einkommen wirken. In dieser Beziehung gilt den Theorien des Kreditkanals ein besonderes Augenmerk.

Nach dieser Klärung möglicher Übertragungswege geldpolitischer Impulse ist letztlich auch darüber zu diskutieren, ob die Geldpolitik die empirischen wie theoretischen Zusammenhänge zwischen dem Geldmarktsatz und dem realen Bereich nutzen kann und soll. Diese Frage berührt die Problematik der geldpolitischen Strategie einer Zentralbank. Implikationen für die Geldpolitik sind deshalb das Thema des vierten Kapitels. Das Spektrum an bisher praktizierten geldpolitischen Strategien ist relativ eng. Im Wesentlichen sind hier die Strategie des direkten Inflationszieles und die Geldmengenstrategie zu nennen. Darüber hinaus hat auch die Wechselkursstrategie eine gewisse praktische Relevanz. Gemein ist diesen Strategien, dass sie ausschließlich auf das Endziel der Wahrung der Preisniveaustabilität gerichtet sind. Die Verfolgung realer Zielgrößen ist mit ihnen nicht ohne weiteres möglich. Die Darstellung dieser geldpolitischen Strategien (zuzüglich der Strategie der Zinssteuerung) erfolgt im ersten Abschnitt des vierten Kapitels. Anschließend wird sich der weitere Gang der Arbeit auf die Zinsregel nach Taylor konzentrieren. Die Taylor-Regel ist ein geldpolitisches Konzept, dass den Geldmarktsatz mit der Inflationsrate und einer Outputgröße verbindet. Damit liegt der Gedanke der Taylor-Regel nah an der Intention dieser Arbeit, weil geldpolitisches Handeln gemäß der Taylor-Regel vom Geldmarktsatz ausgeht und eine reale Zielvariable gleichberechtigt neben dem Ziel der Preisniveaustabilität steht. Im weiteren Verlauf des vierten Kapitels geht es zum einen um die Auseinandersetzung mit der Taylor-Regel und ihren Kritikpunkten und zum anderen um die Problematik, ob sie im Sinne der Vermeidung gesamtwirtschaftlicher Verluste effizienter als andere Strategien sein kann. Dieser Frage wird im Rahmen einer modelltheoretischen Analyse nachgegangen. Zum Schluss des vierten Kapitels wird noch in theoretischer und empirischer Hinsicht darauf eingegangen, welche Wirkungen sich aus der Berücksichtigung internationaler Einflüsse auf die Geldpolitik ergeben.

Im fünften Kapitel wird die Arbeit zusammengefasst. Dabei werden nochmals die wichtigsten Erkenntnisse der Analyse hervorgehoben. Die Zusammenfassung schließt mit einem kurzen Fazit.

2 Zur Rolle des kurzfristigen Zinssatzes

2.1 Vorüberlegungen

Geldpolitisches Agieren ist immer auf eine oder mehrere Zielstellungen ausgerichtet. Die Verfolgung solcher Ziele geht im Rahmen geldpolitischer Strategien vonstatten (siehe dazu auch den Abschnitt 4.1). Bestandteil einer geldpolitischen Strategie ist das geldpolitische Endziel. In der Literatur werden drei Endziele diskutiert: Die Sicherung des Preisniveaus (Preisniveaustabilität), die Sicherung des realen Einkommens (des realen Bruttoinlandsprodukts) oder die Sicherung des nominalen Einkommens (des nominalen Bruttoinlandsprodukts). In der Praxis weisen aber viele Zentralbankgesetzgebungen ihrer Notenbank die Aufgabe zu, ausschließlich für die Sicherstellung der Preisniveaustabilität zu sorgen.[2] Dem Preisniveau kommt somit gesamtwirtschaftlich eine außerordentlich bedeutsame Position zu. In der Erhaltung der Preisniveaustabilität wird nach herrschender Meinung eine Aufgabe gesehen, die es rechtfertigt, autonom und unabhängig von den politischen Tageserfordernissen erfüllt zu werden.[3] Dieser Standpunkt wurde auch bei der Konstruktion des Europäischen Systems der Zentralbanken (ESZB) übernommen. Ausdrücklich heißt es in Artikel 105 des EU-Vertrages, dass es vorrangiges Ziel des ESZB sei, „die Preisstabilität zu gewährleisten."[4] Bei der Verfolgung dieses Zieles wird der Europäischen Zentralbank (EZB) bzw. dem ESZB ein hohes Maß an Unabhängigkeit zugestanden, wie es andere nationale Zentralbanken kaum kennen.[5]

Die Sicherstellung der Preisniveaustabilität stellte bis Ende 1998 auch das geldpolitische Endziel der Deutschen Bundesbank dar, obwohl das nie explizit formuliert worden ist. Im Gegenteil war die Formulierung des §3 Bundesbankgesetz, nach dem die Bundesbank die Aufgabe der Währungssicherung hat, so gewählt, dass sich daraus nicht ausschließlich die Zielstellung der Preisniveaustabilität ergibt.[6] Pohl (1985) konstatiert mit Recht, dass die wichtige Rolle einer stabilen Kaufkraft unbestritten sei, aber: „Daraus darf nicht geschlossen werden, die Notenbank habe sich ausschließlich nur um die Preisniveaustabilität zu kümmern. Der Gesetzgeber hat es so nie gewollt. Im Bundesbankgesetz steht gerade nicht, daß [sic!] Preisniveaustabilität das Ziel der Geldpolitik sei."[7] Auch im deutschen Stabilitätsgesetz ist kein Hinweis darauf zu finden, dass das Ziel der Preisniveaustabilität in irgendeiner Weise den anderen drei dort genannten Zielen (hoher Beschäftigungsstand, außenwirtschaftliches Gleichgewicht, stetiges und angemessenes

---

[2] Vgl. dazu z.B. den Überblick bei ILLING 2000, S. 1634-1639. [115]

[3] Vgl. RÜHMANN 1993, S. 203. [206]

[4] EG-VERTRAG 1992, Art. 105. [59] Die Zielstellung der Preisniveaustabilität wird darüber hinaus auch in Artikel 3a angesprochen, in dem es heißt, dass die einheitliche Geld- und Wechselkurspolitik vorrangig das Ziel der Preisstabilität zu verfolgen habe. Vgl. EG-VERTRAG 1992, Art. 3a. [59] Nur der Ordnung halber sei darauf verwiesen, dass die Formulierung 'Preisstabilität' als Preis*niveau*stabilität zu interpretieren ist und nicht im Sinne stabiler Einzelpreise. Auf diese kleine Unkorrektheit wurde schon mehrfach in der Literatur aufmerksam gemacht. Vgl. z.B. KÖHLER 1996, S. 54 [143] oder ROHDE/JANSSEN 1998, S. 16. [198]

[5] Vgl. GEIGANT 2000a, S. 37. [89]

[6] Vgl. BUNDESBANKGESETZ 1992, §3. [30]

[7] POHL 1985, S. 33. [185]

Wirtschaftswachstum) vorzuziehen ist.[8] Die Bundesbank hat jedoch nie Zweifel darüber aufkommen lassen, dass sie den ihr vom Gesetzgeber mitgegebenen Auftrag im Sinne der Sicherstellung von Preisniveaustabilität interpretiert.[9] Demgegenüber ist, wie bereits erwähnt, die vorrangige Zielstellung für die Europäische Zentralbank unmissverständlich vorgegeben. Die EZB ist zwar gemäß Artikel 105 des EG-Vertrages angehalten, auch die allgemeine Wirtschaftspolitik der Gemeinschaft zu unterstützen; aber nur, soweit ihr Primärziel davon nicht beeinträchtigt wird.[10] Die EZB entscheidet letztlich selbst, ob und wann das Ziel der Preisniveaustabilität erfüllt ist (wann also eine Unterstützung der allgemeinen Wirtschaftspolitik der Gemeinschaft möglich wäre). Durch die ausdrückliche Aufgabenstellung des Artikel 105 können zumindest Zweifel angebracht sein, ob die EZB tatsächlich ihr Instrumentarium auch nutzt, um zur Erfüllung anderer Zielgrößen als der Preisniveaustabilität beizutragen. „So wie die Dinge liegen, nimmt die vorrangig auf Preisstabilität ausgerichtete Geldpolitik der Gemeinschaft die monetären Instrumente, Konditionen, Zulassungskriterien und Verfahren konsequent aus dem unbedingt nutzbaren Arsenal der 'allgemeinen' Wirtschaftspolitik heraus. Die Verfolgung von Beschäftigungs-, Wachstums- und außenwirtschaftlichen Zielen zählt definitiv nicht (mehr) zum *primären* [sic!] Aufgabenkreis der Geldpolitik."[11] Die Konzentration der geldpolitischen Zielstellung (und Arbeit) auf das Ziel der Preisniveaustabilität hat dazu geführt, dass der Geldpolitik schon lange jegliche Verantwortung für realwirtschaftliche Prozesse abgesprochen und dahingehende Forderungen abschlägig beschieden werden.[12] Diese Einstellung ist deshalb bedenklich, weil davon ausgegangen werden muss, dass geldpolitische Maßnahmen — auch wenn sie ausschließlich unter der Zielstellung der Preisniveaustabilität ergriffen werden — immer auch reale Effekte auslösen, denn „Anti-Inflationspolitik und Konjunkturpolitik lassen sich nicht ohne weiteres voneinander trennen."[13]

Dennoch steht die Diskussion um die realen Effekte der Geldpolitik nicht unbedingt im Zentrum geldpolitischer Fragestellungen.[14] Vor allem von den Befürwortern einer allein auf Preisniveaustabilität gerichteten Geldpolitik wird immer wieder betont, dass geldpolitische Impulse zumindest langfristig keine Outputwirkungen hervorrufen können.[15] Lediglich kurzfristig sei es der Geldpolitik möglich, reale Effekte zu erzielen und nur für diesen Fall wird ein Diskussionsbedarf zugelassen: „After a monetary policy shock, one typically observes a reaction of both prices and quantities, so that the long-run dichotomy between real and nominal variables breaks down and the reaction of output and prices to the monetary shock must be analysed jointly."[16] Problematisch ist dabei, dass die strikte Zweiteilung in kurzfristig eintretende, aber langfristig nicht relevante reale Wirkungen der Geldpolitik suggeriert, die ökonomische Realität teile sich in eine kurzfristige und in

[8] Vgl. STABILITÄTSGESETZ 1967, §1. [216]

[9] Vgl. DEUTSCHE BUNDESBANK 1995b, S. 23. [46]

[10] Vgl. EG-VERTRAG 1992, Art. 105. [59]

[11] GEIGANT 2002, S. 223. [91]

[12] *„Die Geldpolitik hat vor allem die Aufgabe, Preisniveaustabilität zu sichern. Sie ist kein Instrument der Konjunktur- und Beschäftigungspolitik."*, TIETMEYER, H. 1995, in: Handelsblatt vom 29.12.1995, zitiert in: HESSE, H. 1996, S. 12. [108]

[13] HOLSTEIN 1999, S. 347. [111]

[14] Vgl. KRUPP/CABOS 1999, S. 405. [145]

[15] Vgl. ISSING u.a. 2001, S. 12-16. [120]

[16] ISSING u.a. 2001, S. 19. [120]

eine langfristige Welt auf, die beide nichts miteinander zu tun haben. Es ist aber durchaus zu fragen, warum kurzfristige, durch geldpolitische Impulse induzierte reale Effekte nach ihrem Auftreten plötzlich ohne Bedeutung auch in der längeren Frist bleiben sollten. Wenn über den Einsatz der Geldpolitik kurzfristig reale Effekte realisierbar sind, dann wäre es unsinnig anzunehmen, dass sich diese Effekte langfristig wieder auflösen und im Nichts verschwinden. Viel eher ist doch davon auszugehen, dass ein konjunktureller Anstieg von Output, Beschäftigung und Einkommen auch längerfristig Spuren hinterlässt: „If, for example, central banks are able to shorten periods of recession and extend periods of recovery by use of monetary instruments, it is possible to look upon these initially as short-term effects. But it is not plausible to suppose that such transitory real effects will be entirely without long-term consequences.“[17] In dem Moment aber, in dem die Geldpolitik mit ihren Maßnahmen reale Effekte erzielt, trägt sie in dieser Hinsicht auch eine Verantwortung. Dabei geht es nicht darum, den Verlauf der gesamten konjunkturellen Entwicklung in den Verantwortungsbereich einer Zentralbank zu verschieben. Aber genauso, wie zum Beispiel die Europäische Zentralbank die Mithilfe anderer Wirtschaftsteilnehmer, vor allem der Tarifparteien, bei der Bekämpfung hoher Inflationsraten anmahnt, darf man umgekehrt von einer Zentralbank auch erwarten, dass sie sich der konjunkturellen Bedeutung ihrer geldpolitischen Maßnahmen bewusst ist und deshalb auch ihren Beitrag zur konjunkturellen Belebung oder zum Schutz vor konjunktureller Überhitzung leistet. Es wird als legitim und angemessen beurteilt, dass die Europäische Zentralbank schreibt: "Die [im Frühjahr 2002 - *Anm. d. Verf.*] kommenden Tarifverhandlungen werden jedoch mit einiger Besorgnis betrachtet, und in diesem Zusammenhang ist es von entscheidender Bedeutung, dass die Tarifpartner ihre bisherige Lohnzurückhaltung beibehalten.“[18] Es muss dann jedoch ebenso legitim sein, wenn das Publikum zum Beispiel Zinserhöhungen seitens der Zentralbank ob deren restriktiver Wirkung auf die Konjunktur mit Besorgnis betrachtet und die Beibehaltung niedrigerer Zinsen als entscheidend beurteilt. Dass ein ausgewogenerer Zielkatalog prinzipiell möglich ist, zeigt die in den USA praktizierte Geldpolitik. Dort heißt es bereits in der Notenbankgesetzgebung, dass das Federal Reserve System und der Board of Governors die Aufgabe haben, „to promote effectively the goals of maximum employment, stable prices, and moderate long-term interest rates.“[19] Diese Aufgabenformulierung zeigt, dass hier die Preisniveaustabilität nicht gegenüber den anderen Zielen herausgehoben wird, sondern gleichberechtigt daneben steht. Oder anders ausgedrückt: Die amerikanische Notenbank hat neben dem Ziel der Sicherung der Preisniveaustabilität auch explizit einen Auftrag in konjunktureller und beschäftigungspolitischer Hinsicht.[20] Niemand wird behaupten wollen, dass dieser Auftrag der wirtschaftlichen Entwicklung der USA geschadet hat. Die eher langfristig angelegte Argumentation, dass ein möglichst stabiles Preisniveau an sich schon die beste Voraussetzung „für ein dauerhaftes, beschäftigungsförderndes Wachstum [...] und den sozialen Zusammenhalt“[21] sei, ist natürlich richtig, sie verkennt aber die Effekte geldpolitischer Entscheidungen auch

---

[17]KRUPP/CABOS 1999, S. 405. [145]

[18]EUROPÄISCHE ZENTRALBANK 2002a, S. 29. [69]

[19]Diese Aufgabenstellung ist im Federal Reserve Act vom 23.12.1913 festgelegt. Hier zitiert nach BOARD OF GOVERNORS OF THE FEDERAL RESERVE SYSTEM 1994, S. 17. [21]

[20]Vgl. HARTMANN 2001, S. 48. [105]

[21]Vgl. DEUTSCHE BUNDESBANK 1997a, S. 83. [48]

auf kürzerfristige reale Prozesse. In jüngeren Modellrechnungen gesteht die Europäische Zentralbank (2002b) geldpolitischen Maßnahmen durchaus eine Wirkung auf die Produktion zu, die je nach verwendetem Modell und Schätzverfahren zwischen zwei und sieben Jahren andauert.[22] Trotzdem kommt sie zu der Auffassung, die Geldpolitik habe auf die realwirtschaftliche Produktion mittel- bis langfristig keinen Einfluss.[23]

2.2 Empirische Literatur zur Wirkung der Geldpolitik

Die Diskussion darum, ob die Geldpolitik auch realwirtschaftliche Zielstellungen verfolgen sollte, setzt voraus, dass sie dazu auch prinzipiell in der Lage ist. Gibt es in empirischer Hinsicht keine Anzeichen für reale Effekte der Geldpolitik, dann ist es überflüssig, reale Zielgrößen in eine geldpolitische Strategie aufzunehmen. In diesem Abschnitt wird ein kurzer Überblick darüber gegeben, zu welchen Ergebnissen einige ausgewählte, empirisch ausgerichtete Literaturbeiträge hinsichtlich der realen Wirkungen der Geldpolitik kommen. Dabei geht es auch darum, welche der Größen, die im Wirkungsbereich einer Zentralbank liegen, diese realen Effekte am ehesten auslösen, oder allgemeiner formuliert, an welchen Größen der geldpolitische Impuls abzulesen ist.

Sofern reale Effekte geldpolitischer Entscheidungen in der Diskussion standen, ging man lange Zeit von der Annahme aus, dass Zentralbankimpulse an der Veränderung der Geldmenge bzw. der Geldmengenwachstumsrate festzumachen seien. Das betrifft vor allem Beiträge, die monetaristische Argumentationen verfolgen, also die Ansicht, dass vor allem die Geldmenge kausal auf andere Größen, auch reale, wirkt. Aber auch Beiträge, welche die klassische These von der Neutralität des Geldes stützen, die der Geldpolitik also keine realen Wirkungen zubilligen, bedienen sich der Geldmenge als Größe, die den geldpolitischen Impuls widerspiegelt. Die Vertreter der These von der Neutralität des Geldes sind der Meinung, dass Geldpolitik keine realen Wirkungen entfacht, wobei sie zwischen der Neutralität und der Superneutralität des Geldes unterscheiden. Neutralität des Geldes ist dann gegeben, wenn eine Erhöhung (Verringerung) der Geldmenge reale Größen unberührt lässt und sich nur in einer Erhöhung (Verringerung) des Preisniveaus niederschlägt. Superneutralität bedeutet hingegen, dass eine Änderung der Wachstumsrate der Geldmenge zu einer gleich gerichteten, gleich starken Änderung der Inflationsrate führt, ohne Wirkungen auf reale Größen zu haben.[24] Die Definition der Neutralität bzw. der Superneutralität zeigt, dass auch hier die Geldmenge bzw. deren Veränderungsrate als Aktionsparameter der Zentralbank gesehen wird. Fisher und Seater (1993) formulieren zum Beispiel analytisch die langfristige Neutralität und die Superneutralität des Geldes mittels eines bivariaten ARIMA-Modells.[25] Die Intention des Untersuchungsansatzes von Fisher und Seater macht deutlich, dass die Rolle der Geldmenge als Maß geldpolitischer Aktivität im Mittelpunkt steht, die jedoch (langfristig) keine realen Wirkungen entfaltet.

[22] Vgl. EUROPÄISCHE ZENTRALBANK 2002b, S. 49. [70]

[23] Vgl. EUROPÄISCHE ZENTRALBANK 2002b, S. 57. [70]

[24] Vgl. dazu auch ISSING u.a. 2001, S. 8 bzw. S. 12. [120] Der Begriff der Neutralität des Geldes geht auf Patinkin (1965) zurück. Vgl. PATINKIN 1965, S. 74-75 und zur neutralen Wirkung einer Geldmengenerhöhung S. 236-244. [178]

[25] Vgl. FISHER/SEATER 1993, S. 402-415. [81] Zu ARIMA(Autoregressive Integrated Moving Average)-Modellen vgl. z.B. MADDALA 2001, S. 517-529. [153]

Eine ausführliche empirische Untersuchung zur Neutralitätshypothese sowie zum Fisher-Theorem und zur Phillips-Kurve in den USA liefern King und Watson (1997). Sie finden eine starke empirische Bestätigung für die Neutralität des Geldes sowie für eine steile, nahezu senkrechte Phillips-Kurve. Weniger robuste Ergebnisse zeigen sich dagegen in ihrer Untersuchung zur Superneutralität und zum Fisher-Theorem. Es ist danach nicht erkennbar, dass sich der Nominalzins permanent an sich ändernde Inflationsraten anpasst.[26]

Grundlegend für die monetäre Sicht, welche die kausale Wirkung der Geldmenge auf reale Größen betont, ist die Arbeit von Friedman und Schwartz (1963). Die Autoren zeichnen für fast ein Jahrhundert den Verlauf der Geldmenge in den USA nach und untersuchen Ursachen und Wirkungen der Geldmengenentwicklung. Sie kommen zu dem Schluss, dass die Entwicklung der Geldmenge eng mit der Entwicklung ökonomischer Aktivität sowie der Preise verbunden ist und dass Geldmengenänderungen als exogen und deshalb nicht als Reaktion auf Änderungen realer Größen zu betrachten sind.[27] Auch der Beitrag von Sims (1972) ist in diesem Zusammenhang maßgebend. Sims testet in seiner Arbeit die direkte Kausalität zwischen Geld (gemessen an M1 und monetärer Basis) und dem Bruttosozialprodukt für die USA anhand eines von ihm entwickelten Kausalitätstests.[28] Damit wählt auch Sims die Geldmenge als monetäre Startgröße seiner Kausalitätsuntersuchung. Er kommt ebenfalls zu dem Ergebnis, dass das Einkommen kausal durch die als exogen zu betrachtende Geldmenge verursacht wird.

Erst ab den Achtzigerjahren wurde intensiver die Frage behandelt, ob sich geldpolitische Impulse nicht viel eher an von der Zentralbank bestimmten (kurzfristigen) Zinssätzen ablesen lassen. Einen ersten Ansatzpunkt liefert Sims (1980a), wiederum für die USA. Er stellt zunächst mit seinem Modell, das die Größen Geldmenge (M1), Output (Industrieproduktion) und Preisniveau enthält, fest, dass der Großteil der Schwankungen des Outputs durch Geldmengenänderungen erklärt werden kann.[29] Unter Hinzunahme eines kurzfristigen Zinssatzes (Zins auf Commercial Paper mit vier- bis sechsmonatiger Laufzeit) verschwindet jedoch die Vorhersagekraft der Geldmenge bezüglich des Outputs: „[...] surprise changes in the money stock are left with a very small role in explaining production variance in the postwar period.“[30] Der Großteil der Schwankungen des Outputs (und der Geldmenge) wird nun durch eben diesen kurzfristigen Zins erklärt. Der Autor unternimmt anschließend den Versuch, dieses Ergebnis mit monetaristischen Anschauungen in Einklang zu bringen. So gibt er zu Bedenken, dass beispielsweise bereits die Antizipation einer Geldmengensenkung zu steigenden Zinsen führen und daraus ein realer Effekt resultieren könne, ohne dass es eine Geldmengenvariation gegeben hat. In einem nichtmonetaristischen Erklärungsversuch führt er aus, dass die Erwartung sinkender Grenzerlöse zu einer Herabsetzung der Investitionen und damit wegen des geringeren zukünftigen Kapitalbedarfs zu sinkenden Wertpapierkursen und steigenden Zinsen führe. Der daraus

[26] Vgl. KING/WATSON 1997, S. 69-101. [139] Weitere Literaturquellen zu diesem Themenkomplex finden sich bei ISSING u.a. 2001, S. 13. [120]

[27] Vgl. FRIEDMAN/SCHWARTZ 1963, S. 676-678. [85]

[28] Vgl. SIMS 1972, S. 540-552. [211] Zum Verfahren der Sims-Kausalität vgl. auch die kurze Darstellung bei MADDALA 2001, S. 379-380. [153]

[29] Vgl. SIMS 1980a, S. 250-257. [212]

[30] SIMS 1980a, S. 253. [212] Dieses Ergebnis gilt allerdings nur für die Nachkriegsperiode 1948-1978, nicht für die Zwischenkriegsperiode 1920-1941, die von Sims ebenfalls betrachtet wird.

resultierende fallende Output ginge somit nicht mit einer ihn verursachenden Geldmengensenkung einher. Die nahe liegendste Möglichkeit, dass nämlich die Zinsvariationen eine direkte Folge von durch die Zentralbank ausgelösten Zinsimpulsen sein können, wird von Sims nicht aufgegriffen. Die empirische Untersuchung von Bernanke (1986) kann das Ergebnis von Sims (1980a) nur zum Teil bestätigen.[31] McCallum (1983) reinterpretiert die Ergebnisse der Untersuchung von Sims (1980a) und weist darauf hin, dass Änderungen der Geldmenge nicht zwangsläufig geldpolitische Impulse widerspiegeln müssen.[32] Letztere seien viel eher durch Änderungen des kurzfristigen Zinses darstellbar. Die empirischen Ergebnisse von Sims (1980a) verdeutlichen somit, dass für die USA der Nachkriegszeit der kurzfristige Zins ein viel besserer Indikator geldpolitischer Aktivität ist als die Geldmenge. McCallum zeigt in einer theoretischen Abhandlung, dass der Kurzfristzins eine Funktion der Aktivität der Zentralbank ist, während die Geldmenge von Angebots- bzw. Nachfrageschocks auf dem Güter- und Geldmarkt abhängt.

Bernanke und Blinder (1992) nehmen die Argumentation von McCallum auf.[33] In einer empirischen Studie zeigen sie zunächst, dass der US-amerikanische Geldmarktsatz, die Federal Funds Rate, der beste Indikator für die Geldpolitik der Fed darstellt. In mehreren Granger-Kausalitätstests zeigt sich, dass die Federal Funds Rate unter insgesamt fünf Indikatoren diejenige ist, mit der die insgesamt neun betrachteten realwirtschaftlichen Größen am besten erklärt werden können.[34] Lediglich der Langfristzins hat bezüglich der Hausneubauten eine höhere Erklärungskraft als die Federal Funds Rate, wenn der längere der beiden untersuchten Zeiträume zu Grunde gelegt wird (7/1959 bis 12/1989 im Gegensatz zu 7/1959 bis 12/1979). Die alternative Betrachtung mittels eines VAR-Modells[35] statt der Granger-Tests kommt zu keinem grundsätzlich anderen Ergebnis. Die Überlegenheit der Federal Funds Rate ist hier nicht mehr ganz so prägnant, aber dennoch erklärt sie zu einem Großteil die Varianzen fast aller realen Größen. Bezüglich der wichtigsten Vergleichsgröße, der Geldmenge, kann die Abgrenzung M1 nur das Einkommen der privaten Haushalte besser erklären und dies auch nur für den längeren der beiden Betrachtungszeiträume. Durch die Hinzunahme zweier weiterer Indikatoren ändert sich das Ergebnis etwas. Es handelt sich um zwei Spread-Variablen; zum einen um die Zinsstrukturvariable (Differenz der Renditen für zehn- und einjährige Treasury Bonds), zum anderen um die Differenz der Raten für sechsmonatige Commercial Paper und sechsmonatige Treasury Bills. Der zweite Indikator weist im Rahmen der Granger-Kausalitätstests durchweg einen besseren Erklärungsgehalt auf als die Federal Funds Rate.[36] Bei der alternativen Verwen-

[31] Vgl. BERNANKE 1986, S. 31-40. [11]

[32] Vgl. McCALLUM 1983, S. 167-171. [157]

[33] Vgl. BERNANKE/BLINDER 1992, S. 901-921. [15]

[34] Als geldpolitische Indikatoren fungieren neben der Federal Funds Rate der Zins für dreimonatige Treasury Bills, die Rendite auf zehnjährige Treasury Bonds sowie die Geldmengenaggregate M1 und M2. Bei den untersuchten realen Größen handelt es sich um die Industrieproduktion, den Auslastungsgrad, die Beschäftigung, die Arbeitslosenquote, die Hausneubauten, das Einkommen der privaten Haushalte, die Einzelhandelsverkäufe, den Konsum und die Auftragseingänge.

[35] Zu VAR(Vektorautoregressions)-Modellen vgl. v.a. SIMS 1980b, S. 1-48. [213] Lehrbuchdarstellungen finden sich bei ECKEY/KOSFELD/DREGER 2001, S. 355-365 [58] oder MADDALA 2001, S. 543-546. [153]

[36] Die sehr gute Indikatorqualität dieses Zinsspreads zeigt sich bereits bei Stock und Watson (1989). Bernanke (1990) bestätigt dieses Ergebnis und erklärt dieses Phänomen mit dem monetären sowie nichtmo-

dung eines VAR-Modells ist die Federal Funds Rate in den meisten Fällen wiederum die Variable mit dem besten Erklärungsgehalt. In einem weiteren Schritt suchen die Autoren empirische Hinweise dafür, dass Änderungen der Federal Funds Rate im Wesentlichen angebotsseitig und nicht nachfrageseitig verursacht sind. Nur wenn ersteres der Fall ist, kann tatsächlich davon gesprochen werden, dass die betrachteten realen Effekte geldpolitisch motiviert und nicht etwa die Folge von Nachfrageschocks auf dem Markt für Zentralbankgeld sind. Um diesen Nachweis zu erbringen, schätzen Bernanke und Blinder (1992) Änderungen des Reservevolumens auf Änderungen der Politikvariable, also der Federal Funds Rate. Aus dem Ergebnis schließen sie, dass die Funds Rate nicht auf Änderungen des Reservevolumens reagiert. Das heißt, dass die Angebotskurve für Zentralbankgeld unelastisch verläuft, also die Funds Rate autonom von der Zentralbank bestimmt wird.

Eine ähnliche Untersuchung haben Kirchgässner und Savioz (2001) für die Bundesrepublik Deutschland vorgelegt.[37] Die Autoren beschäftigen sich mit der Wirkung von insgesamt elf als Indikatoren in Frage kommenden Größen auf das reale Wachstum des Bruttoinlandsprodukts.[38] Der Beobachtungszeitraum läuft vom ersten Quartal 1970 bis zum vierten Quartal 1989. Die Granger-Kausalitätstests zeigen, dass die Wachstumsrate der Geldmenge M1 mit Abstand die beste Indikatorqualität besitzt, aber auch die entsprechende Größe für M3 sowie die beiden Kurzfristzinsen haben eine kausale Wirkung auf das reale Wirtschaftswachstum. Die genannten Indikatoren schneiden deutlich besser ab als die Zinsspreads und die M2-Rate. Daran anschließend führen die Autoren eine Reihe von linearen Regressionen nach der Kleinste-Quadrate-Methode (KQM) durch. Dabei werden nicht nur die elf Indikatorgrößen als einzelne erklärende Variablen eingesetzt, sondern auch deren Kombinationen. Bezüglich der Größen als Einzelvariablen schneiden der Tagesgeldzins und das M1-Wachstum am besten ab. Als beste Kombination einer Geldmengenrate und eines Zinses ermitteln Kirchgässner und Savioz das M1-Wachstum mit dem Langfristzins. Daraus schließen sie, dass der Langfristzins und mit Abstrichen auch der Kurzfristzins Informationen enthalten, welche M1 nicht enthält. Schließlich schätzen die Autoren einen Teil der Gleichungen noch einmal, allerdings nun, indem der Beobachtungszeitraum auf die Siebziger- und Achtzigerjahre aufgeteilt wird und zusätzlich noch die Neunzigerjahre (ab III/1992) hinzugefügt werden. Es ergibt sich, dass der Einfluss der M1-Wachstumsrate signifikant ist, aber dennoch in der ersten Dekade von den Kurzfristzinsen und in der zweiten Dekade zusätzlich gar noch von den beiden Zinsdifferenzen des Langfristzinses zum Tagesgeldzins bzw. zum Dreimonatszins dominiert wird. In der dritten Dekade ist die M1-Rate dagegen die Größe mit dem stärksten Einfluss. Von den Zinsindikatoren heben die Autoren die Kurzfristzinsen heraus, die in allen drei Dekaden signifikanten Einfluss haben, jedoch in den Neunzigerjahren von der Geldmengenentwick-

netären Informationsgehalt, den diese Zinsdifferenz gleichzeitig besitzt. Nach Bernanke zeigt der Spread durch die Verwendung der Zinsen eines relativ riskanten und eines relativ sicheren Papieres das wahrgenommene Risiko in der Volkswirtschaft an. Außerdem ist der Spread ein gutes Maß geldpolitischer Aktivität. Vgl. STOCK/WATSON 1989, S. 351-394 [218] bzw. BERNANKE 1990, S. 51-68. [12]

[37] Vgl. KIRCHGÄSSNER/SAVIOZ 2001, S. 339-365. [140]

[38] Neben den realen Wachstumsraten der drei Geldmengenaggregate M1, M2 und M3 sind dies der Tagesgeldzins, der Dreimonatszins, ein gewichteter Durchschnitt aller Langfristzinsen als Stellvertreter des Langfristzinses, die jeweilige Differenz zwischen dem langfristigen und den beiden kurzfristigen Zinsen, der Langfristzins für Anleihen privater und öffentlicher Emittenten sowie der Spread zwischen den beiden Letztgenannten.

lung in der Abgrenzung M1 beherrscht werden. Zum Schluss führen die Autoren noch so genannte Out-of-Sample-Prognosen[39] durch, wobei der Tagesgeldzins die beste Prognosequalität bezüglich der zukünftigen Entwicklung der BIP-Rate hat, dicht gefolgt vom Dreimonatszins. Die Analyse von Kirchgässner und Savioz kommt damit zu dem Ergebnis, dass die beste Prognosequalität bezüglich der Veränderungsrate des realen BIP von der M1-Veränderungsrate und dem Tagesgeldzins ausgeht. Dagegen spielen die drei betrachteten Zinsdifferenzgrößen keine Rolle.

Auch die Analysen von Moersch (1996) und Holstein (1999) kommen zu dem Schluss, dass geldpolitische Maßnahmen in Form von Änderungen der kurzfristigen Zinsen erhebliche reale Auswirkungen haben und deshalb auch geeignete Indikatoren für die reale Aktivität darstellen.[40] Beide Autoren betrachten für ihren jeweiligen Untersuchungsgegenstand mehrere Volkswirtschaften. Neben der Bundesrepublik Deutschland sind dies bei Moersch die USA, das Vereinigte Königreich, Kanada und Japan sowie bei Holstein Frankreich, Großbritannien und Italien. Es zeigt sich für beide Untersuchungen, dass sich die Ergebnisse bezüglich der Rolle des Kurzfristzinses für alle betrachteten Volkswirtschaften ergeben. Moersch kommt in seiner Analyse zusätzlich zu dem Ergebnis, dass die Zinsdifferenz (Differenz zwischen dem Dreimonatszins für Schatzwechsel und dem Zins für staatliche Wertpapiere)[41] ein guter Indikator realwirtschaftlicher Aktivität ist, was im Widerspruch zu hier vorher besprochenen Ansätzen steht.

Die angesprochenen Arbeiten, insbesondere die ausführliche empirische Untersuchung von Bernanke und Blinder, mit Einschränkungen auch die von Kirchgässner und Savioz, verdeutlichen, dass ein kurzfristiger Zins — insbesondere der Satz für Zentralbankgeld — ein besserer Indikator zur Messung geldpolitischer Aktivität ist als die Geldmenge und deshalb auch besser reale Größen wie das Einkommen erklären kann: „Nevertheless, the apparent fact that money has far less predictive power for output than do interest rates is an important challenge to the traditional 'money leads income' argument for monetary-policy effectiveness."[42] Dieses Ergebnis ist im Grunde wenig überraschend. Es zeugt von der Tatsache, dass der Geldmarktsatz durch seine direkte Nähe zum geldpolitischen Handeln einer Zentralbank viel besser geldpolitische Impulse widerspiegelt als die Geldmenge, die von einer geldpolitischen Maßnahme der Zentralbank erst einmal erreicht sein muss, um entsprechend reagieren zu können. Ist das nicht der Fall, dann kann an der Geldmenge bzw. an deren Veränderung kein geldpolitischer Impuls abgelesen werden, auch wenn dieser erfolgt ist. Andererseits kann es Variationen der Geldmenge bzw. in deren Wachstum geben, ohne dass diese durch geldpolitische Maßnahmen erzeugt worden sind. Es liegt also nahe, geldpolitische Aktivität am Geldmarktsatz zu messen. Freilich wäre es auch denkbar, die Aktivität einer Zentralbank direkt am Einsatz geldpolitischer Instrumente festzumachen, also beispielsweise an der Entwicklung eines Refinanzierungszinses. Die

[39]Bei Out-of-Sample-Prognosen wird auf der Basis von Daten für einen bestimmten Zeitraum eine Prognose für darüber hinaus gehende Zeiträume gemacht: *„For example, we estimated this equation over the period from 4/1966 to 1/1979 and made a (four-quarters-ahead) forecast for 1/1980, re-estimated the equation over the period from 1/1967 to 2/1979 and made a forecast for 2/1980, etc."* KIRCHGÄSSNER/SAVIOZ 2001, S. 353. [140]

[40]Vgl. MOERSCH 1996, S. 40-52 [163] sowie HOLSTEIN 1999, S. 346-360. [111]

[41]Von welcher Fristigkeit die staatlichen Wertpapiere sind, wird von Moersch nicht explizit erwähnt.

[42]BERNANKE/BLINDER 1992, S. 904. [15]

Geldpolitik ist aber das Ergebnis des Einsatzes nicht nur eines einzigen, sondern mehrerer geldpolitischer Instrumente, wenngleich auch mit unterschiedlicher Bedeutung und in unterschiedlicher Intensität. Da der Geldmarkt alle ergriffenen Maßnahmen der Zentralbank reflektiert, ist der Geldmarktsatz besser geeignet, die Richtung und Stärke geldpolitischer Impulse korrekt anzuzeigen.

In Abschnitt 2.4 wird mit einer weiteren empirischen Untersuchung geprüft, inwieweit der Geldmarktsatz Einfluss auf realwirtschaftliche Größen hat und wie sich dieser Einfluss im Vergleich zur Geldmenge darstellt. Zuvor wird jedoch noch näher auf die Begrifflichkeit und die Funktionsweise des Geldmarktes eingegangen.

2.3 Zum Begriff des Geldmarktes

Der Begriff des Geldmarktes lässt sich auf zweierlei Weise interpretieren. Zum einen ist darunter der makroökonomische Geldmarkt zu verstehen, auf dem das reale Geldangebot des Bankensystems und die reale Geldnachfrage der Nichtbanken zusammentreffen. Zum anderen kann damit der institutionelle Geldmarkt gemeint sein, auf dem mit Zentralbankgeldguthaben gehandelt wird.[43] Zum Zentralbankgeld gehören Sichtguthaben von Kreditinstituten und Nichtbanken bei der Zentralbank und das im Umlauf befindliche Bargeld.[44] In dieser Arbeit wird unter dem Begriff *Geldmarkt* der makroökonomische Geldmarkt verstanden. Zur Abgrenzung wird der institutionelle Geldmarkt deshalb als Markt für Zentralbankgeld oder Zentralbankgeldmarkt bezeichnet. Der bereits erwähnte Geldmarktsatz wird ab jetzt in der Regel als Zentralbankgeldmarktsatz(-zins) bzw. als Satz (Zins) für Zentralbankgeld bezeichnet. Entsprechend den Fristigkeiten, zu denen am Zentralbankgeldmarkt Gelder gehandelt werden, kommt es auch zu unterschiedlichen Zinssätzen, sodass es *den* Satz für Zentralbankgeld nicht gibt. Zu unterscheiden sind der Tagesgeldmarkt und der Termingeldmarkt.[45] Ersterer umfasst Geldmarktgeschäfte mit einer Laufzeit von bis zu dreißig Tagen. Auf dem Tagesgeldmarkt kann es unterschiedliche Arten von Geschäften geben. Dies sind im Wesentlichen Tagesgeldgeschäfte bis auf weiteres, Geschäfte mit einer Laufzeit von höchstens vierundzwanzig Stunden sowie terminiertes Tagesgeld (mit einer Laufzeit von mehr als einem Tag bis unter dreißig Tagen). Die Geschäfte bis auf weiteres stellen die bedeutsamste Art der Geldgeschäfte auf dem Tagesgeldmarkt dar. Diese Geschäfte sind auf unbestimmte Zeit abgeschlossen, können aber von beiden Seiten täglich fristlos gekündigt werden. Der Zinssatz auf die Geschäfte bis auf weiteres wird als Tagesgeldsatz (-zins) bezeichnet. Zum Termingeldmarkt zählen alle Zentralbankgeldgeschäfte mit einer Laufzeit von dreißig Tagen bis zu einem Jahr. Gebräuchliche Laufzeiten sind hier ein Monat, drei Monate oder sechs Monate.

Im vorangegangenen Abschnitt ist bereits darauf hingewiesen worden, dass der Zentralbankgeldmarktsatz eine Größe ist, die die geldpolitische Aktivität der Zentralbank gut widerspiegelt. Das liegt daran, dass er der direkten Kontrolle einer Zentralbank unterliegt.

[43]Vgl. ROHDE/GEIGANT 2000, S. 343-44. [197] oder ROHDE 2001, S. 62. [196]

[44]Vgl. u.a. MÖLLER 2000, S. 1126 [164], ROHDE 2001, S. 62 [196] oder JARCHOW 1998, S. 15. [125] Die Geschäfte auf dem institutionellen Geldmarkt, also der Handel mit Zentralbankgeld, betreffen aber nur die Sichtguthaben bei der Zentralbank, nicht das im Umlauf befindliche Bargeld.

[45]Vgl. auch für die folgenden Ausführungen ROHDE 2001, S. 62-75. [196]

Die Entwicklung des Geldmarktsatzes ist daher Ausdruck der geldpolitischen Vorstellungen einer Zentralbank. Damit das aber so sein kann, muss zum einen die Zentralbank über ein entsprechendes geldpolitisches Instrumentarium verfügen, das es ihr erlaubt, so auf die Verhältnisse am Zentralbankgeldmarkt einzuwirken, dass die gewünschte Reaktion des Zinses auch tatsächlich resultiert. Zum anderen müssen die Geschäftsbanken als Nachfrager von Zentralbankgeld auf dieses Medium angewiesen sein. Letzteres ist durch die Nachfrage der Nichtbanken nach Bargeld, aber vor allem durch bestehende Mindestreserveverpflichtungen der Fall. Beide Umstände sorgen dafür, dass die Geschäftsbanken gezwungen sind, Sichtguthaben, also Zentralbankgeld, bei der Zentralbank zu halten. Die Beschaffung von Zentralbankgeld ist einer Geschäftsbank grundsätzlich im Interbankenhandel möglich, indem sie sich entsprechende Guthaben von anderen Geschäftsbanken leiht. Nach dieser Sichtweise wird der Markt für Zentralbankgeld als horizontaler Markt bezeichnet, auf dem der Zins tatsächlich ein Ergebnis von Angebot an bzw. Nachfrage nach Zentralbankgeld ist. Die Geschäftsbanken können jedoch Zentralbankgeld nicht selbst schaffen. Der Bestand an Zentralbankgeld wird ausschließlich durch die Zentralbank determiniert, die mit ihren geldpolitischen Instrumenten dem Markt Zentralbankgeld zuführt oder entzieht (so genannter vertikaler Geldmarkt). Auf diese Weise bestimmt die Zentralbank auch den Zins, also den Satz für Zentralbankgeld. Abbildung 1 soll das verdeutlichen.

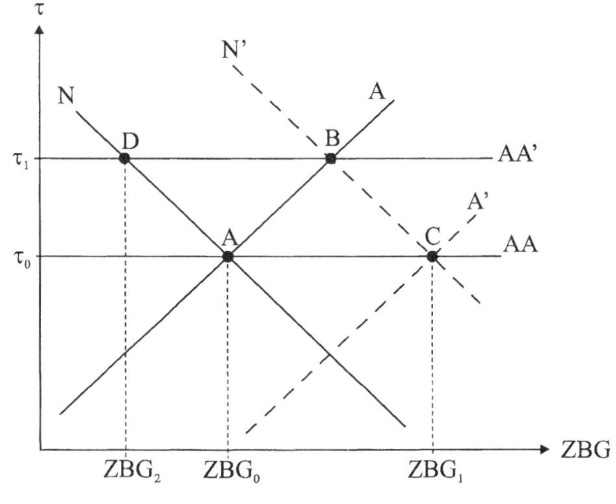

Abbildung 1: **Angebot und Nachfrage am Markt für Zentralbankgeld**

Die Ausgangssituation sei im Punkt A mit der Menge an Zentralbankgeld ZBG_0 zum Satz τ_0 gegeben.[46] Kommt es beispielsweise zu einer anziehenden Nachfrage nach Zentralbankgeld (Nachfragekurve N'), so verusacht dies bei einer zinselastischen Angebotsfunk-

[46]Mit der *Menge an Zentralbankgeld* sind nur die Sichtguthaben bei der Zentralbank gemeint, also das

tion einen steigenden Geldmarktsatz (τ_1 im Punkt B). Ist die Zentralbank aber daran interessiert, dass der Geldmarktsatz unverändert bei τ_0 bleibt, führt sie den Geschäftsbanken im Rahmen ihrer Offenmarktgeschäfte Liquidität zu, hier in Höhe der Differenz $ZBG_1 - ZBG_0$ und zum Satz τ_0. Die Geschäftsbanken haben nun keine Veranlassung, für die Beschaffung von Zentralbankgeldguthaben im Interbankenhandel mehr zu bezahlen als für die Beschaffung bei der Zentralbank. Der Zentralbankgeldmarktsatz steigt daher nicht an (Punkt C). Die Angebotsausweitung würde der Verschiebung der Angebotskurve von A nach A' entsprechen. Da die Zentralbank aber jederzeit gerade soviel Zentralbankgeld zur Verfügung stellen kann, dass ihr gewünschter Geldmarktsatz realisiert wird, ergibt sich daraus eine zinsunelastische Angebotsfunktion (AA). Wollte die Zentralbank ausgehend von Punkt A eine Zinserhöhung auf τ_1 realisieren, müsste sie den Bestand an Zentralbankgeld von ZBG_0 auf ZBG_2 senken (Punkt D). Die unelastische Angebotskurve verschöbe sich dann von AA nach AA'.

Zinsvariationen am Markt für Zentralbankgeld sind also größtenteils das Ergebnis geldpolitisch gewollter Eingriffe. Der Satz für Zentralbankgeld wird sich daher grundsätzlich immer an den Kosten desjenigen Refinanzierungsinstrumentes orientieren, mit dem die Zentralbank Zentralbankgeld zur Verfügung stellt. Er ist daher von der Zentralbank nahezu punktgenau steuerbar.[47] Der Satz für Zentralbankgeld bildet für die Zentralbank deshalb auch den Ansatzpunkt zur Ingangsetzung des geldpolitischen Transmissionsmechanismus.[48] Es liegt daher auf der Hand, den Einfluss geldpolitischen Handelns auf realwirtschaftliche Gegebenheiten am Zentralbankgeldmarktsatz zu messen.

2.4 Empirische Betrachtungen

2.4.1 Deutschland

In den folgenden Abschnitten steht die Frage im Vordergrund, ob sich empirische Hinweise dafür finden lassen, dass der Satz für Zentralbankgeld auf andere Größen, insbesondere des realen Bereiches, wirkt. Dafür werden zunächst eine Reihe von Granger-Kausalitätstests durchgeführt. Der Granger-Kausalitätstest ist ein weit verbreitetes ökonometrisches Instrument, mit dem zwischen Variablen Kausalitätsbeziehungen aufgedeckt werden können. Er wird auf Grund seiner übersichtlichen Struktur und einfachen Handhabung auch hier angewandt. Nach Granger (1969) ist eine Zeitreihe x_t dann *nicht* kausal zu y_t, wenn in

---

Zentralbankgeld abzüglich des im Umlauf befindlichen Bargeldes. Dieser Begriff ist nicht mit dem der *Zentralbankgeldmenge* zu verwechseln. Zur Zentralbankgeldmenge im Sinne der Geldbasis (monetäre Basis) gehören das Bargeld der Nichtbanken und die Sichtguthaben der Kreditinstitute bei der Zentralbank. Außerdem kann die Zentralbankgeldmenge auch im Sinne einer ehemaligen Zwischenzielabgrenzung der Deutschen Bundesbank definiert werden (siehe dazu Abschnitt 4.1.2).

[47]Zum auch empirisch sehr engen Zusammenhang zwischen Notenbanksätzen und Zentralbankgeldmarktzinsen vgl. DEUTSCHE BUNDESBANK 1996, S. 33-48. [47]

[48]Vgl. DEUTSCHE BUNDESANK 1994, S. 62. [44] Auch wenn sich die gemachte Aussage auf die Deutsche Bundesbank bezieht, lässt sie sich generell für jede Zentralbank, die eine eigenständige Geldpolitik betreibt, verallgemeinern.

der Regression

$$y_t = \sum_{n=1}^{T}(gr1_n \cdot y_{t-n}) + \sum_{n=1}^{T}(gr2_n \cdot x_{t-n}) + u_t. \tag{1}$$

die Koeffizienten $gr2_n$ Null sind. Kann die Hypothese $H_0 : gr2_n = 0$ abgelehnt werden, dann kann angenommen werden, dass der Prozess y_t nicht nur durch eigene Vergangenheitswerte, sondern auch durch den Prozess x_t erklärt wird, also von einer Kausalität $x_t \rightarrow y_t$ ausgegangen werden kann.[49] Begonnen wird mit einer Untersuchung für Deutschland, danach schließt sich eine Betrachtung für das Euro-Währungsgebiet an (Abschnitt 2.4.2).

Der Beobachtungszeitraum für Deutschland ist zweigeteilt, um zu vermeiden, dass sich der Strukturbruch der deutschen Einheit verzerrend bemerkbar macht. Er reicht vom ersten Quartal 1970 bis zum vierten Quartal 1989 sowie vom ersten Quartal 1992 bis zum vierten Quartal 1998.[50] Betrachtet werden dabei die Veränderungsraten zum Vorjahr (in *von Hundert*) der folgenden Größen:[51] des Index der Industrieproduktion auf Basis von 1995 (IP), der Zahl der Erwerbstätigen (ET), der Zahl der Arbeitslosen (AL), der Höhe des realen privaten Konsums (C),[52] des Index der Auftragseingänge (AE),[53] der Höhe der Kreditvergabe an Nichtbanken (K), des Index der Konsumentenpreise auf der Basis von 1995 (CPI), der Höhe der realen Bruttoausrüstungsinvestitionen zu Preisen von 1991 (BAI, nur für den ersten Zeitraum) sowie des realen Bruttoinlandsprodukts, ebenfalls in Preisen von 1991 (BIP). Für den zweiten Zeitraum wurde wegen der fehlenden Datenverfügbarkeit für die Bruttoausrüstungsinvestitionen an deren Stelle der Index der Investitionsgüternachfrage auf der Basis von 1995 (I) verwendet und von diesem dann die entsprechenden Veränderungsraten gebildet. Als Politikvariable der Zentralbank wird der Tagesgeldsatz (TGZ) gewählt und vergleichend dazu die Veränderungsraten der Geldmengenaggregate $M1$ und $M3$. Soweit verfügbar, wurden für alle Größen saisonbereinigte Reihen verwendet.

---

[49] Vgl. GRANGER (1969), S. 427. [100] Eine kurze, übersichtliche Darstellung zur Granger-Kausalität findet sich z.B. auch bei ECKEY/KOSFELD/DREGER 2001, S. 362-363. [58] Wie die Definition der Granger-Kausalität bereits deutlich macht, handelt es sich dabei aber nicht um eine Kausalität im eigentlichen Sinn. Das Granger-Kausalitätskonzept ist darauf ausgerichtet, Kausalstrukturen in der Weise zu erkennen, ob ein Ereignis vor oder nach einem anderen auftritt, sodass daraus auf eine mögliche Kausalbeziehung geschlossen werden kann, die aber nicht zwangsläufig sein muss. Oder anders ausgedrückt: „[...] *the weatherman's prediction occurs before the rain. This does not mean that the weatherman causes the rain.*" MADDALA 2001, S. 379. [153]

[50] Die Grunddaten sind den Monatsberichten der Deutschen Bundesbank, den *International Financial Statistics* des Internationalen Währungsfonds (IWF) sowie den *Main Economic Indicators* und den *Leading Indicators and Business Surveys* der Organisation für wirtschaftliche Zusammenarbeit und Entwicklung (OECD) entnommen.

[51] Die Verwendung von Veränderungsraten soll der Tatsache Rechnung tragen, dass zur Beurteilung vieler ökonomischer Sachverhalte, insbesondere in konjunkturellem Zusammenhang, in der Regel Veränderungsraten herangezogen werden. Veränderungsraten werden durch ein ^-Zeichen über den verwendeten Symbolen kenntlich gemacht.

[52] Die reale Konsumnachfrage wurde durch Deflationierung der Konsumnachfrage zu den jeweiligen Preisen mit dem Konsumentenpreisindex auf der Basis von 1995 berechnet.

[53] Der Index liegt für den ersten Zeitraum bis 1989 auf der Basis von 1985, für den zweiten Zeitraum ab 1992 auf der Basis von 1995.

a: Testergebnisse für die unbehandelten Reihen				
	I/1970 - IV/1989		I/1992 - IV/1998	
Variable	t-Statistik	p-Wert	t-Statistik	p-Wert
$\hat{IP}$	−3,34	0,0132†	−1,30	0,6267
$\hat{ET}$	−1,32	0,6196	0,61	0,9861
$\hat{AL}$	−1,91	0,3268	−0,99	0,7570
$\hat{C}$	−3,48	0,0084†	−4,26	0,0022†
$\hat{AE}$	−3,92	0,0019†	−1,32	0,6184
$\hat{K}$	−1,53	0,5163	−1,53	0,5143
$\hat{CPI}$	−1,10	0,7138	−1,80	0,3810
$\hat{BAI}$ bzw. $\hat{I}$	−3,65	0,0049†	−1,63	0,4688
$\hat{BIP}$	−3,43	0,0100†	−2,20	0,2070
TGZ	−2,10	0,2432	−2,90	0,0457†
$\hat{M}1$	−2,12	0,2344	−2,24	0,1935
$\hat{M}3$	−2,02	0,2786	−1,61	0,4801
b: Testergebnisse für die Reihen erster Differenzen				
$\Delta\hat{IP}$	−7,89	0,0000†	−3,04	0,0311†
$\Delta\hat{ET}$	−4,05	0,0012†	3,83	0,0027†
$\Delta\hat{AL}$	−5,28	0,0000†	−4,97	0,0000†
$\Delta\hat{C}$	−13,36	0,0000†	−14,62	0,0000†
$\Delta\hat{AE}$	−10,35	0,0000†	−2,60	0,0935†
$\Delta\hat{K}$	−5,44	0,0000†	−4,87	0,0000†
$\Delta\hat{CPI}$	−5,60	0,0000†	−7,26	0,0000†
$\Delta\hat{BAI}$ bzw. $\Delta\hat{I}$	−10,86	0,0000†	−4,80	0,0001†
$\Delta\hat{BIP}$	−10,02	0,0000†	−8,28	0,0000†
ΔTGZ	−7,16	0,0000†	−3,33	0,0135†
$\Delta\hat{M}1$	−4,94	0,0000†	−4,24	0,0006†
$\Delta\hat{M}3$	−9,46	0,0000†	−2,70	0,0739†

Tabelle 1: **Ergebnisse der Stationaritätstests**

Um den Granger-Kausalitätstest anwenden zu können, müssen die verwendeten Zeitreihen stationär sein. Deshalb werden sie mit Hilfe des erweiterten Dickey-Fuller-Tests (ADF-Test) auf Stationarität überprüft.[54] Tabelle 1a zeigt, dass im ersten Zeitraum nur fünf, im zweiten Zeitraum gar nur zwei Zeitreihen das Kriterium der Stationarität erfüllen.[55] Deshalb werden die folgenden Tests auf Granger-Kausalität mit den Reihen der ersten Differenzen durchgeführt. Tabelle 1b zeigt, dass dann für alle verwendeten Reihen die Sta-

[54]Eine Zeitreihe y_t ist dann stationär, wenn in der Regression $y_t = (1 + df)y_{t-1} + u_t$ $df < 0$ gilt. Es wird deshalb ein linksseitiger t-Test mit der Nullhypothese $H_0 : df \geq 0$ durchgeführt. Vgl. DICKEY/FULLER 1979, S. 427-431 [54] sowie SAID/DICKEY 1984, S. 599-607. [208] Für eine kurze Darstellung vgl. auch ECKEY/KOSFELD/DREGER 2001, S. 231-234. [58] Die im Ergebnis der noch im weiteren Verlauf der Arbeit durchzuführenden Stationaritätstests angegebenen Testwerte beziehen sich deshalb immer auf den linksseitigen t-Test, mit dem die Negativität des Koeffizienten df überprüft wird.

[55]In allen ökonometrischen Tests in dieser Arbeit gelten Testergebnisse als signifikant, sofern sie mindestens auf dem 10%-Niveau liegen. Dies entspricht der gängigen Praxis in der Zeitreihenanalyse. Vgl. z.B. die Analysen von MOERSCH 1996 [163] oder KIRCHGÄSSNER/SAVIOZ 2001 [140]. Die signifikanten Testergebnisse bei Stationaritätstests sind mit einem hochgestellten †-Zeichen gekennzeichnet. Diese Notation gilt aber nicht für die Auswertung der Granger-Tests und der Regressionsschätzungen.

tionaritätsbedingung erfüllt ist.[56] Um diejenigen Reihen, die bereits sowieso stationär sind (I(0)-Prozesse), und die übrigen Reihen, die erst durch Differenzenbildung Stationärität aufweisen (I(1)-Prozesse), nicht parallel zu verwenden, werden die Granger-Tests für alle Variablen nur mit den durch Differenzenbildung erhaltenen Prozessen durchgeführt.

Die Anwendung des Granger-Kausalitätskonzepts erfordert weiterhin, dass man sich über die Länge des für den kausalen Zusammenhang relevanten Zeitraumes im Klaren ist (Größe T in der Gleichung (1)). Werden nur wenig zurückliegende Beobachtungen mit einbezogen, das heißt, ist T in Gleichung (1) relativ klein, dann kann eine bestehende kausale Beziehung verborgen bleiben. Dieser Umstand und die Tatsache, dass das Granger-Kausalitätskonzept durch die Beschränkung auf zwei Variablen unter Umständen Kausalitäten anzeigen kann, die unter Hinzuziehung weiterer Variablen wieder verschwinden, lassen es geboten erscheinen, die Granger-Tests bei alternativen T-Werten durchzuführen.[57] Zeigt sich eine Kausalität im Granger-Sinn sowohl für wenig zurückliegende als auch für weiter zurückliegende Beobachtungen, oder genauer gesagt, für aufeinander folgende T-Werte, dann kann eher von einer Kausalitätsbeziehung ausgegangen werden, als wenn sich die Kausalität nur für einzelne zurückliegende Beobachtungen zeigt. Die Berücksichtigung alternativer T-Werte liefert somit Hinweise, ob eine ausgewiesene Kausalität auch robust ist. Für die folgenden Kausalitätstests wird ein Spektrum von $T = 2$ bis $T = 7$ Quartalen zu Grunde gelegt.[58]

Zuerst wird der Zeitraum I/1970 bis IV/1989 betrachtet. Die Tabellen 2 und 3 zeigen die entsprechenden Testergebnisse. Dargestellt sind die Wahrscheinlichkeiten (p-Werte, in *von Eins*), mit denen jeweils davon ausgegangen werden kann, dass die Spaltenvariablen keine kausale Wirkung auf die Zeilenvariablen haben. Demzufolge indizieren kleine Werte in der Tabelle, dass die entsprechende Spaltenvariable Granger-kausal auf die entsprechende Zeilenvariable wirkt.[59]

Die Ergebnisse zeigen zunächst, dass die Geldmengenänderungen des Aggregates $M3$ fast überhaupt keinen Erklärungsbeitrag zur Entwicklung der Zeilenvariablen leisten können. Die wenigen signifikanten Werte lassen lediglich im Falle der Auftragseingänge und der Kreditvergabe, mit Abstrichen auch des BIP, die Interpretation zu, dass $\hat{M}3$ hier eine kausale Wirkung entfaltet. Aber nur ein einziger Ergebniswert für $\hat{M}3$ fällt signifikanter aus als die entsprechenden Vergleichswerte der beiden anderen Variablen $\hat{M}1$ und Tagesgeldzins (im Fall der Auftragseingänge bei $T = 2$). Der Tagesgeldsatz und die Geldmen-

[56] Variablen, deren Zeitreihen durch erste Differenzenbildung in stationäre Reihen überführt wurden, sind in den Tabellen mit einem Δ-Zeichen vor ihrem Symbol gekennzeichnet. Die Bildung von ersten Differenzen trägt zwar zu einer höheren Qualität der ökonometrischen Untersuchungen bei, kann aber den Informationsgehalt der erklärenden Variablen schwächen, da nicht mehr Veränderungsraten, sondern die Differenzen der Veränderungsraten miteinander in Beziehung gesetzt werden. Um die Auswertung der Testergebnisse sprachlich nicht unübersichtlich zu gestalten, wird während der Interpretation der Ergebnisse im Text das Δ-Zeichen nicht verwendet.

[57] Vgl. ECKEY/KOSFELD/DREGER 2001, S. 363. [58]

[58] Dies bedeutet jedoch nicht, dass der Einfluss des ersten zurückliegenden Quartals unberücksichtigt bliebe. Aus Gleichung (1) geht hervor, dass der T-Wert den Maximalzeitraum darstellt, bis zu dem rückwirkend nach Kausalitäten gesucht wird. Die Beschränkung auf die genannten T-Werte trägt außerdem dem Erfordernis nach Übersichtlichkeit Rechnung.

[59] Testergebnisse auf dem 1%-Niveau sind mit drei, auf dem 5%-Niveau mit zwei und auf dem 10%-Niveau mit einem Sternchen gekennzeichnet.

	T	ΔTGZ	$\Delta \hat{M}1$	$\Delta \hat{M}3$
$\Delta \hat{IP}$	2	0,181	0,184	0,332
	3	0,022**	0,180	0,240
	4	0,250	0,590	0,754
	5	0,305	0,167	0,758
	6	0,035**	0,0010***	0,766
	7	0,0021***	0,00094***	0,710
$\Delta \hat{ET}$	2	0,152	0,061*	0,203
	3	0,0011***	0,083*	0,399
	4	0,0013***	0,054*	0,534
	5	0,0056***	0,121	0,154
	6	0,00086***	0,024**	0,161
	7	0,00023***	0,017**	0,221
$\Delta \hat{AL}$	2	0,035**	0,0025***	0,796
	3	$1{,}9e-8$***	0,0024***	0,708
	4	$5{,}6e-8$***	0,0050***	0,872
	5	$1{,}4e-6$***	0,020**	0,702
	6	$7{,}4e-8$***	0,023**	0,784
	7	$2{,}2e-7$***	0,0018***	0,573
$\Delta \hat{C}$	2	0,026**	0,052*	0,904
	3	0,037**	0,176	0,986
	4	0,034**	0,186	0,983
	5	0,068*	0,159	0,986
	6	0,111	0,212	0,973
	7	0,038**	0,086*	0,951
$\Delta \hat{AE}$	2	0,0090***	0,0086***	0,0049***
	3	0,012**	0,00038***	0,012**
	4	0,00023***	0,023**	0,122
	5	0,00023***	0,00059***	0,106
	6	$8{,}9e-5$***	0,0035***	0,041**
	7	0,00024***	0,0051***	0,070*

Tabelle 2: **Ergebnisse der Granger-Kausalitätstests für die BRD im Zeitraum I/1970 - IV/1989 – Teil 1**

genveränderungsrate $\hat{M}1$ zeigen dagegen deutliche Kausalitäten im Sinne Grangers. Dabei fällt die kausale Wirkung des Tagesgeldzinses auf die Zahl der Erwerbstätigen, die Zahl der Arbeitslosen und die Höhe des privaten Konsums für fast alle betrachteten T-Werte deutlich signifikanter aus als die der Geldmenge $M1$. Hinsichtlich des privaten Konsums lässt sich gar vermuten, dass zwischen der Geldmengenrate $\hat{M}1$ und dem Konsum kein kausaler Zusammenhang besteht. Auch im Fall der Auftragseingänge und des Kreditvolumens kann die Signifikanz der Kausalität des Tagesgeldzinses als überlegen bezeichnet werden. Bei diesen Größen zeigt $\hat{M}1$ nur jeweils für $T = 2$ und $T = 3$ die besseren Werte. Allerdings gilt sowohl für TGZ als auch für $\hat{M}1$, dass sich die signifikanten Testergebnisse hinsichtlich der Größen $\hat{AL}$, $\hat{AE}$ und $\hat{K}$ über alle betrachteten T-Werte erstrecken, sodass die Geldmengenänderungsrate $\hat{M}1$, was die Robustheit dieser Kausalitätsbeziehungen angeht, nicht hinter dem Tagesgeldzins zurücksteht. Lediglich für $\hat{ET}$ (und für $\hat{C}$ sowieso) kann dem Tagesgeldzins die robustere Kausalität zugesprochen werden.

Im Fall der verbleibenden betrachteten Größen ist der Tagesgeldzins der $M1$-Wachstumsrate bezüglich der Bruttoausrüstungsinvestitionen und der realen Wachstumsrate des BIP überlegen. Auf die Bruttoausrüstungsinvestitionen hat $\hat{M}1$ keine Wirkung, der Tagesgeld-

	T	ΔTGZ	$\Delta \hat{M}1$	$\Delta \hat{M}3$
$\Delta \hat{K}$	2	0,0098***	0,0033***	0,042**
	3	0,0099***	0,0095***	0,057*
	4	0,0027***	0,057*	0,093*
	5	$6{,}3e-5$***	0,0014***	0,256
	6	$6{,}4e-5$***	0,0025***	0,460
	7	0,00029***	0,013**	0,607
$\Delta C\hat{P}I$	2	0,043**	0,469	0,640
	3	0,101	0,602	0,789
	4	0,242	0,853	0,696
	5	0,433	0,853	0,922
	6	0,444	0,739	0,946
	7	0,450	0,735	0,898
$\Delta B\hat{A}I$	2	0,188	0,108	0,870
	3	0,016**	0,216	0,897
	4	0,055*	0,576	0,959
	5	0,111	0,727	0,956
	6	0,084*	0,244	0,900
	7	0,018**	0,150	0,870
$\Delta B\hat{I}P$	2	0,064*	0,011**	0,096*
	3	0,0018***	0,014**	0,088*
	4	0,0082***	0,057*	0,269
	5	0,033**	0,115	0,394
	6	0,054*	0,0054***	0,264
	7	0,0029***	0,00096***	0,158

Tabelle 3: **Ergebnisse der Granger-Kausalitätstests für die BRD im Zeitraum I/1970 - IV/1989 – Teil 2**

zins dagegen schon, wenngleich hier für $T = 2$ und $T = 5$ keine Kausalität nachweisbar ist. Für das $B\hat{I}P$ sind die Kausalitäten des Tagesgeldzinses bei $T = 3$, $T = 4$ und $T = 5$ deutlich signifikanter als die der $M1$-Wachstumsrate, bei $T = 2$, $T = 6$ und $T = 7$ ist es umgekehrt. Dennoch ist das Ergebnis für den Tagesgeldzins überzeugender, da sich die signifikanten Ergebnisse für alle T-Werte zeigen, bei $\hat{M}1$ dagegen nicht. Im Fall der Industrieproduktion sind kausale Einflüsse beider Größen nur für $T = 6$ und $T = 7$ festzustellen — wobei die Kausalitätsvermutung für $\hat{M}1$ signifikanter ausfällt — sowie bei $T = 3$ allein für den Tagesgeldzins. Bezüglich des Konsumentenpreisindex ergibt sich auf Grundlage der hier vorliegenden Daten kein kausaler Zusammenhang zwischen dem Tagesgeldzins bzw. der Geldmengenänderungsrate $\hat{M}1$ und dem Konsumentenpreisindex, auch wenn der Tagesgeldsatz hier bei $T = 2$ einen signifikanten Wert aufweist. Zusammenfassend kann festgehalten werden, dass der Tagesgeldzins als Granger-kausal für die Entwicklung der meisten hier betrachteten Größen angesehen werden kann. Zu diesem Ergebnis gelangt man unter Betrachtung sowohl der Signifikanzen als auch des Robustheitskriteriums. Für die Entwicklung des Konsumentenpreisindex bietet der Tagesgeldzins keinen, für die Entwicklung der Industrieproduktion eingeschränkten Erklärungsgehalt im Sinne der Granger-Kausalität. Für den Erklärungsgehalt der Geldmengenänderungsrate $\hat{M}1$ müssen im Vergleich zum Tagesgeldzins deutliche Abstriche gemacht werden, vor allem bezüglich der Entwicklung des privaten Konsums und der Bruttoausrüstungsinvestitionen, zu denen $\hat{M}1$ im Gegensatz zum Tagesgeldzins überhaupt keinen kausalen Zusammenhang anzeigt.

	T	ΔTGZ	$\Delta \hat{M}1$	$\Delta \hat{M}3$
$\Delta \hat{IP}$	2	0,060*	0,497	0,360
	3	0,077*	0,392	0,076*
	4	0,115+	0,528	0,290
	5	0,433	0,754	0,613
	6	0,492	0,911	0,122+
	7	0,174	0,978	0,590
$\Delta \hat{ET}$	2	0,285	0,186	0,903
	3	0,439	0,405	0,994
	4	0,565	0,531	0,998
	5	0,621	0,374	0,892
	6	0,488	0,346	0,676
	7	0,085*	0,196	0,207
$\Delta \hat{AL}$	2	0,747	0,585	0,236
	3	0,313	0,299	0,890
	4	0,364	0,516	0,862
	5	0,611	0,483	0,815
	6	0,915	0,394	0,595
	7	0,913	0,511	0,572
$\Delta \hat{C}$	2	0,051*	0,018**	0,157
	3	0,013**	0,043**	0,233
	4	0,058*	0,344	0,489
	5	0,233	0,263	0,216
	6	0,025**	0,0035***	0,053*
	7	0,179	0,015**	0,083*
$\Delta \hat{AE}$	2	0,057*	0,273	0,254
	3	0,262	0,263	0,023**
	4	0,426	0,428	0,305
	5	0,722	0,632	0,273
	6	0,701	0,557	0,277
	7	0,848	0,913	0,312

Tabelle 4: **Ergebnisse der Granger-Kausalitätstests für die BRD im Zeitraum I/1992 - IV/1998 – Teil 1**

Die zweite Betrachtungsperiode für Deutschland umfasst den Zeitraum I/1992 bis IV/1998. Sie endet somit mit dem Beginn der dritten Stufe der Europäischen Währungsunion, ab dem die einheitliche Geldpolitik der Europäischen Zentralbank relevant wird. Die Tabellen 4 und 5 zeigen die Ergebnisse der entsprechenden Tests auf Granger-Kausalität, die weitaus schlechter ausfallen als für den Zeitraum von 1970 bis 1989. Ein Grund könnte darin gesehen werden, dass der betrachtete Zeitraum mit insgesamt nur 28 Quartalsdaten zu kurz ist, um Kausalitätsbeziehungen aufdecken zu können. Deshalb werden bei der Auswertung der Testergebnisse auch Ergebnisse auf dem 15%-Niveau als gerade noch signifikant angesehen.[60]

Die Auswertung zeigt, dass insgesamt weniger signifikante Kausalstrukturen zu erkennen sind. Zwar lassen sich mit einer Ausnahme, der Veränderungsrate der Arbeitslosenzahl, auf alle sonstigen Größen kausale Wirkungen von den drei betrachteten Indikatoren feststellen. Jedoch sind die Wirkungen im Sinne der Granger-Kausalität auf die Zahl der Erwerbstätigen sowie auf die Auftragseingänge und die Investitionsgüternachfrage aller drei Spaltenvariablen nicht besonders ausgeprägt. Beachtenswert ist dagegen der Ein-

[60]Diese sind in den Tabellen 4 und 5 mit einem Pluszeichen gekennzeichnet.

	T	ΔTGZ	$\Delta\hat{M}1$	$\Delta\hat{M}3$
$\Delta\hat{K}$	2	0,276	0,334	0,0013***
	3	0,297	0,161	0,0051***
	4	0,255	0,264	0,242
	5	0,061*	0,292	0,200
	6	0,110+	0,249	0,392
	7	0,307	0,400	0,721
$\Delta C\hat{P}I$	2	0,181	0,132	0,817
	3	0,086*	0,019	0,641
	4	0,133+	0,209	0,781
	5	0,093*	0,830	0,987
	6	0,216	0,974	0,992
	7	0,408	0,930	0,966
$\Delta\hat{I}$	2	0,201	0,926	0,963
	3	0,254	0,397	0,783
	4	0,346	0,258	0,622
	5	0,269	0,367	0,805
	6	0,125+	0,431	0,173
	7	0,186	0,708	0,511
$\Delta B\hat{I}P$	2	0,026**	0,105	0,280
	3	0,068*	0,138+	0,060*
	4	0,127+	0,331	0,0039***
	5	0,414	0,303	0,296
	6	0,316	0,786	0,669
	7	0,585	0,855	0,842

Tabelle 5: **Ergebnisse der Granger-Kausalitätstests für die BRD im Zeitraum I/1992 - IV/1998 – Teil 2**

fluss des Tagesgeldzinses auf die Veränderungsraten der Industrieproduktion, des Konsumentenpreisindex und des Bruttoinlandsprodukts. Beim Konsumentenpreisindex ist der Tagesgeldzins die einzige Größe mit signifikantem Einfluss. Auch bezüglich der Industrieproduktion und des BIP wirkt der Tagesgeldzins überlegen, da sich die signifikanten Testergebnisse auf einander folgende T-Werte zeigen. Beim BIP kann auch der Geldmenge $M3$ eine Kausalwirkung zugeschrieben werden. Hinsichtlich des privaten Konsums scheinen alle drei Größen eine Kausalität aufzuweisen, die aber nur für den Tagesgeldzins und $\hat{M}1$ überzeugend ausfällt, nicht jedoch für $\hat{M}3$. Dagegen kann $\hat{M}3$ im Falle der Kreditvergabe bei $T = 2$ und $T = 3$ hohe Signifikanzen aufweisen. Für den Tagesgeldzins lässt sich nur ein schwacher kausaler Zusammenhang zur Kreditvergabe erkennen, für $\hat{M}1$ gar keiner.

Damit ist in diesem zweiten betrachteten Zeitraum der Einfluss des Tagesgeldsatzes weitaus schwächer und weniger robust als im ersten Zeitraum von 1970 bis 1989. Dies trifft besonders bezüglich der Veränderungsraten der beiden Arbeitsmarktgrößen, der Auftragseingänge und der Investitionsgüternachfrage zu. Die beiden Geldmengenaggregate können in diesem Fall aber ebenfalls keinen Erklärungsgehalt im Sinne der Granger-Kausalität aufbieten. Dennoch lässt sich erkennen, dass vom Tagesgeldsatz auch in diesem Zeitraum durchaus Wirkungen auf die übrigen Größen ausgehen, zum Teil auch stärkere als von der Geldmenge.

Im Folgenden werden mit denselben Daten lineare Regressionen nach der Kleinste-Quadrate-Methode (KQM) durchgeführt, wiederum beginnend mit dem Zeitraum I/1970 bis

IV/1989. In Tabelle 6 sind die zu erklärenden Variablen untereinander als Zeilenvariablen aufgeführt. Diese werden mit den in den Spalten dargestellten Variablen erklärt, sodass jede Zeile als eine Regressionsgleichung zu interpretieren ist. Die erklärenden Variablen sind neben dem Tagesgeldzins (TGZ) und den Geldmengenänderungsraten ($\hat{M}1, \hat{M}3$) auch die einperiodige Verzögerung der zu erklärenden Variablen selbst (lag of itself, loi). Die Berücksichtigung letztgenannter Größe dient dazu, die Qualität der Schätzungen zu verbessern und die Ergebnisse für alle Variablen damit aussagekräftiger zu machen. Alle Variablen werden — wie bereits im Zusammenhang mit den Granger-Tests festgestellt wurde — in ihren ersten Differenzen gebraucht. Der Einfluss des Zinses und der Geldmengenänderungsraten auf die jeweiligen Zeilenvariablen wurde für unterschiedliche Zeitverzögerungen n untersucht. Dabei wurden zunächst (bei jeweils $n = 1$ für $\hat{M}1$ und $\hat{M}3$) alternative Zeitverzögerungen für TGZ betrachtet und immer diejenigen Verzögerungen in der n-Spalte ausgewiesen, für die sich der signifikanteste Regressionskoeffizient gezeigt hat. Unter Berücksichtigung dieser so ermittelten Zeitverzögerung wurden dann alternative Verzögerungen für $\hat{M}1$ (bei $n = 1$ für $\hat{M}3$) getestet, wobei wiederum die Zeitverzögerung mit dem signifikantesten Regressionskoeffizienten ausgewiesen wurde. Für die Verzögerung bezüglich $\hat{M}3$ wurde analog vorgegangen. Die Höhe der Regressionskoeffizienten wurde erst aufgeführt, nachdem alle Zeitverzögerungen bestimmt waren. Die auf diese Weise geschätzten Koeffizienten sind in den entsprechenden Zellen der Tabelle 6 angegeben, wobei die relevanten Zeitverzögerungen in den n-Spalten vorangestellt sind. Die zugehörigen Werte des t-Tests sind in Klammern aufgeführt, um die Signifikanz beurteilen zu können. Die Signifikanzniveaus sind in derselben Art wie auch im Fall der Granger-Tests kenntlich gemacht.[61] In der CON-Spalte sind die entsprechenden Werte für das konstante Glied der Regressionsgleichung eingetragen. Die Spalte $\bar{R}^2$ gibt die Höhe des korrigierten Bestimmheitsmaßes an. Die Signifikanzkennzeichnungen (Sternchen) unter den Werten für die $\bar{R}^2$ beziehen sich auf die Signifikanz der den jeweiligen $\bar{R}^2$-Werten zu Grunde liegenden einfachen Bestimmtheitsmaße R^2. Erst wenn die R^2 signifikant sind, können die Schätzergebnisse und die Höhe der Bestimmtheitsmaße selbst interpretiert werden. Wie zu erkennen ist, sind alle zu Grunde liegenden R^2 signifikant auf dem 1%-Niveau. Die Spalte DWS zeigt den Wert der Durbin-Watson-Statistik.

Für die hier verwendeten erklärenden Variablen ΔTGZ, $\Delta\hat{M}1$ und $\Delta\hat{M}3$ sowie die jeweiligen loi ist außerdem zu prüfen, ob Multikollinearität auftritt, das heißt vereinfacht gesagt, ob die erklärenden Variablen gegenseitig voneinander abhängen.[62] Das kann insbesondere wegen der Verwendung der Geldmengenänderungsraten von $M1$ und $M3$ vermutet werden, da $M1$ eine Teilmenge von $M3$ darstellt. Die Untersuchung auf Multikollinearität mittels der Toleranzwerte (TW) kommt aber zu dem Ergebnis, dass Multikollinearität hier kein Problem darstellt.[63]

[61]Testergebnisse auf dem 1%-Niveau sind mit drei, auf dem 5%-Niveau mit zwei und auf dem 10%-Niveau mit einem Sternchen gekennzeichnet.

[62]Zum Problem der Multikollinearität vgl. z.B. von AUER 1999, S. 333-348 [230] oder ECKEY/KOSFELD/DREGER 2001, S. 83-95. [58]

[63]Zur Ermittlung des Toleranzwertes für eine der vier (eigentlich) erklärenden Variablen, wird diese in Abhängigkeit von den anderen drei geschätzt. Je geringer in dieser Regression das Bestimmtheitsmaß ist, umso weniger können die anderen Variablen einen Beitrag zur Erklärung der ersten leisten. Das Bestimmtheitsmaß wird von Eins subtrahiert, um den Toleranzwert zu erhalten. Es ist umso weniger mit Multikollinearität zu rechnen, je dichter der Toleranzwert an Eins liegt. Auf diesem Weg wird für jede der

Δ...	CON	ΔTGZ_{t-n}		$\Delta\hat{M}1_{t-n}$		$\Delta\hat{M}3_{t-n}$		*loi*	$\bar{R}^2$	DWS
		n	Test-ergebnis	n	Test-ergebnis	n	Test-ergebnis			
$B\hat{I}P$	−0,04 (−0,29)	3	−0,46 (−3,58)***	6	0,21 (2,89)***	1	0,16 (1,65)	−0,31 (−2,95)***	0,228 (***)	2,21
$B\hat{A}I$	−0,10 (−0,20)	3	−1,37 (−2,47)**	2	0,09 (0,28)	2	−0,28 (−0,78)	−0,27 (−2,58)**	0,121 (***)	2,09
$C\hat{P}I$	0,01 (0,20)	2	0,15 (2,68)***	1	0,02 (0,49)	2	0,05 (1,54)	0,41 (4,06)***	0,246 (***)	1,88
$\hat{K}$	−0,06 (−0,86)	4	−0,20 (−3,08)***	1	0,08 (2,39)**	5	−0,06 (−1,24)	0,36 (3,81)***	0,369 (***)	1,97
$\hat{ET}$	0,01 (0,25)	3	−0,10 (−3,97)***	6	0,03 (2,32)**	4	0,02 (1,22)	0,55 (6,66)***	0,531 (***)	2,10
$\hat{AE}$	0,07 (0,13)	4	−1,76 (−3,77)***	1	0,49 (1,79)*	1	0,75 (2,00)**	−0,21 (−2,17)**	0,274 (***)	2,07
$\hat{AL}$	0,16 (0,15)	3	6,96 (7,01)***	5	−1,02 (−1,80)*	2	1,26 (1,68)*	0,30 (3,53)***	0,521 (***)	2,23
$\hat{C}$	−0,09 (−0,61)	1	−0,30 (−2,05)**	2	0,09 (1,17)	1	−0,12 (−1,11)	−0,45 (−4,34)***	0,184 (***)	2,28
$\hat{IP}$	−0,10 (−0,37)	3	−0,71 (−3,04)***	6	0,52 (3,69)***	7	0,31 (−1,71)*	−0,05 (−0,45)	0,208 (***)	2,14

Tabelle 6: **Ergebnisse der KQM-Regressionen für die BRD im Zeitraum I/1970 - IV/1989**

Die in Tabelle 6 zusammengefassten Ergebnisse zeigen, dass bezüglich aller Zeilengrößen der Koeffizient und damit der geschätzte Einfluss des Tagesgeldzinses signifikant ist. Das ist für beide Geldmengenveränderungsraten nicht der Fall. Die Koeffizienten der $M3$-Rate sind nur in drei Regressionen signifikant, diejenigen der $M1$-Rate in sechs. Betragsmäßig sind die TGZ-Koeffizienten immer größer ist als die Koeffizienten der Geldmengenveränderungsraten. Damit zeigen die Regressionskoeffizienten des Tagesgeldzinses einen stärkeren Einfluss auf die betrachteten Größen als diejenigen der Geldmengenraten. Einschränkend muss jedoch darauf hingewiesen werden, dass der Tagesgeldzins und die Geldmengenwachstumsraten trotz der Angabe in *von Hundert* unterschiedlich dimensioniert sind, da ein Basispunkt Zinsänderung eine andere Bedeutung hat als ein Basispunkt Änderung der Geldmengenänderungsraten. Eine tatsächlich gehaltvolle Aussage über den Einfluss der

vier Variablen vorgegangen. Da insbesondere die Variable *loi* in jeder Regression eine andere ist, müssen auch die Toleranzwerte für jede Regression neu bestimmt werden. In den Regressionsschätzungen dieser Arbeit ist fast immer von einem gewissen Grad an Multikollinearität auszugehen. Bei der Verwendung von Zeitreihendaten moderner Volkswirtschaften, die durch ein System interdependenter makroökonomischer Größen gekennzeichnet sind, ist es wenig überraschend, dass sich viele Variablen gegenseitig beeinflussen. Legt man das Kriterium der Multikollinearität zu eng aus, lassen sich genau genommen mit makroökonomischen Zeitreihendaten gar keine Regressionen durchführen. Liegen deshalb im Folgenden Hinweise auf Multikollinearität vor, so wird auf dieses Problem hingewiesen, die betreffenden Schätzergebnisse werden aber dennoch interpretiert. Toleranzwerte im Bereich $0,50 \leq TW \leq 1,00$ werden als nicht besonders problematisch erachtet. In den Regressionsschätzungen der Tabelle 6 liegt der Toleranzwert für alle erklärenden Variablen in diesem Bereich. Ergebnistabellen, in denen alle Toleranzwerte aufgeführt sind, finden sich im Anhang A.2 (S. 237).

Größen ist daher nur mit den standardisierten Koeffizienten möglich.[64] Die Verwendung standardisierter Koeffizienten ändert hier jedoch (bis auf eine Ausnahme) nichts an der Aussage, dass die Regressionskoeffizienten des Tagesgeldzinses betragsmäßig größer sind als die Koeffizienten der Geldmengenveränderungsraten, wenngleich ihr betragsmäßiger Abstand untereinander abnimmt.[65] Die einzige Ausnahme bildet die Veränderungsrate der Industrieproduktion, die gemessen an den standardisierten Koeffizienten am stärksten von der $M1$-Veränderungsrate beeinflusst wird. Für den Tagesgeldzins zeigen sich überwiegend negativ gerichtete Einflüsse; bezüglich der Veränderungsraten der Zahl der Arbeitslosen und des Konsumentenpreisindex ist der Einfluss positiv. Die Vorzeichen geben damit für den Einfluss des Tagesgeldzinses auf fast alle Zeilenvariablen nachvollziehbare Richtungen an. Ein steigender (sinkender) Tagesgeldsatz führte damit im Zeitraum I/1970 bis IV/1989 zu rezessiven (expansiven) Effekten auf die betrachteten Größen. Eine Ausnahme bildet der positive Einfluss des Tagesgeldsatzes auf die Größe $\hat{CPI}$. Steigende Tagesgeldsätze haben demnach zu einem Druck auf das Preisniveau gemessen am Konsumentenpreisindex geführt (bzw. umgekehrt). Das ist ein Indiz für eine gleichgerichtete Bewegung von Zinsen und Preisen, die unter der Bezeichnung *Gibson-Paradoxon* diskutiert wird.[66]

Auch die Vorzeichen für die Geldmengenänderungsrate $\hat{M}1$ entsprechen den Erwartungen, obgleich, wie schon erwähnt, nicht alle Regressionskoeffizienten für $\hat{M}1$ signifikant sind und der Einfluss von $\hat{M}1$ beurteilt an der betragsmäßigen Höhe der Koeffizienten hinter dem des Tagesgeldzinses zurückbleibt. Bezüglich $\hat{M}3$ weisen überhaupt nur drei Koeffizienten ein ausreichendes Signifikanzniveau auf. Der Erklärungsgehalt der $M3$-Veränderungsrate steht damit insgesamt deutlich hinter den beiden anderen erklärenden Variablen zurück. Im Fall der Veränderung der Auftragseingänge ist der Koeffizient von $\hat{M}3$ allerdings dem Betrag nach größer und außerdem signifikanter als der von $\hat{M}1$. Interpretationsbedürftig ist der positive Zusammenhang zwischen der $M3$-Veränderungsrate und der Veränderung der Arbeitslosenzahl. Hier könnte eine Rolle spielen, dass die Geldmengenabgrenzung $M3$ Komponenten enthält, die weniger zur Finanzierung von Konsum- oder Investitionsausgaben, sondern eher zu Sparzwecken dienen. Damit ist es erklärbar, dass steigende (sinkende) $\hat{M}3$-Veränderungsraten mit sinkenden (steigenden) Veränderungsraten der Investitions- oder Konsumausgaben und deshalb auch mit steigenden (sinkenden) Veränderungsraten der Arbeitslosenzahlen einhergehen. Die Ergebnisse der Durbin-Watson-Statistik weisen insgesamt Werte aus, bei denen man davon ausgehen kann, dass keine Autokorrelation der Residuen vorliegt, da sie alle in der Nähe zum Wert Zwei liegen.[67] Zusammengenommen zeigt sich für den betrachteten Zeitraum, dass die stärksten und signifikantesten Einflüsse

---

[64]In einer Regression einer erklärenden Variablen x auf eine zu erklärende Variable y errechnet sich der standardisierte Regressionskoeffizient rk_S aus dem Produkt des nicht standardisierten Koeffizienten rk und der Standardabweichung der erklärenden Variablen σ_x geteilt durch die Standardabweichung der zu erklärenden Variablen σ_y:
$rk_S = rk \cdot (\sigma_x/\sigma_y)$. Vgl. BACKHAUS u.a. 2000, S. 18. [4]

[65]Die Ergebnistabellen mit den standardisierten Koeffizienten sind im statistischen Anhang A.2 (S. 237) dargestellt.

[66]Vgl. zum Gibson-Paradoxon z.B. KLUMP 1993, S. 513-516 [141] oder GEIGANT 2000b, S. 375-376. [90]

[67]Die Aussage des Durbin-Watson-Tests kann jedoch eingeschränkt sein, wenn Variablen durch ihre eigenen Vergangenheitswerte erklärt werden. Vgl. von AUER 1999, S. 298. [230] Dies ist in den vorliegenden Regressionen durch die Berücksichtigung der jeweiligen *loi* der Fall.

auf die Zeilengrößen vom Tagesgeldsatz ausgehen, gefolgt von der $M1$-Veränderungsrate. Die $M3$-Veränderungsrate dagegen leistet insgesamt wenig Beitrag zur Erklärung der Zeilengrößen. Damit werden bezüglich $\hat{M}3$ die Ergebnisse der Granger-Tests bestätigt.

Für den zweiten Zeitraum von I/1992 bis IV/1998 wurden analoge Schätzungen durchgeführt, wobei sich der betrachtete Zeitraum durch die Berücksichtigung der Zeitverzögerungen um acht Quartale verkürzt. In Tabelle 7 sind die Untersuchungsergebnisse aufgeführt.

Δ...	CON	ΔTGZ_{t-n}		$\Delta\hat{M}1_{t-n}$		$\Delta\hat{M}3_{t-n}$		*loi*	$\bar{R}^2$	DWS
		n	Test-ergebnis	n	Test-ergebnis	n	Test-ergebnis			
$\hat{BIP}$	−0,32 (−1,53)	2	−1,57 (−2,65)**	1	−0,30 (−1,95)*	1	0,38 (2,53)**	−0,12 (−0,60)	0,399 (**)	1,83
$\hat{I}$	−1,77 (−1,85)*	7	−6,16 (−2,64)**	6	1,62 (4,52)***	3	1,69 (4,53)***	−0,38 (−2,77)**	0,602 (***)	2,79
$\hat{CPI}$	−0,05 (−0,58)	2	0,48 (2,14)**	1	0,17 (2,74)**	1	−0,12 (−2,09)*	0,03 (0,18)	0,316 (**)	2,10
$\hat{K}$	0,14 (1,02)	2	1,06 (2,82)**	8	−0,10 (−1,89)*	1	0,30 (3,85)***	−0,35 (−1,59)	0,493 (***)	1,78
$\hat{ET}$	0,59 (1,48)	3	0,93 (0,96)	2	−0,68 (−2,81)**	2	0,50 (2,14)**	0,15 (0,69)	0,257 (*)	1,91
$\hat{AE}$	−0,72 (−1,20)	4	−3,13 (−1,95)*	3	0,75 (2,74)**	1	0,78 (3,34)***	0,06 (0,35)	0,570 (***)	2,21
$\hat{AL}$	−1,90 (−2,50)	6	−4,49 (−2,40)**	7	−0,78 (−2,99)***	3	−0,68 (−2,49)**	0,72 (5,78)***	0,711 (***)	2,28
$\hat{C}$	0,50 (2,34)**	8	1,31 (2,55)**	6	−0,19 (−1,94)*	2	−0,25 (−2,81)**	−0,27 (−1,56)+	0,406 (**)	2,57
$\hat{IP}$	−0,64 (−1,12)	4	−2,93 (−1,83)*	1	−0,68 (−1,71)	1	1,00 (2,50)**	0,15 (0,67)	0,244 (*)	2,15

Tabelle 7: **Ergebnisse der KQM-Regressionen für die BRD im Zeitraum I/1994 - IV/1998**

Die dargestellten Schätzergebnisse müssen vorsichtiger interpretiert werden als die für den ersten Zeitraum vor der deutschen Vereinigung. Zwar sind die korrigierten Bestimmtheitsmaße nun höher, aber die Signifikanz bei zwei der den $\bar{R}^2$ zu Grunde liegenden R^2 liegt nur noch auf dem 10%-Niveau. Außerdem können die Ergebnisse der Regressionen auf die Veränderungsraten der Investitionsnachfrage ($\hat{I}$) und der Konsumnachfrage ($\hat{C}$) nicht interpretiert werden, da hier die Durbin-Watson-Statistik Werte aufweist, die auf Autokorrelation der Residuen hindeuten. Daneben gibt es in den Regressionen auf die Veränderungsraten des BIP, des CPI, der Zahl der Erwerbstätigen und der Industrieproduktion Anzeichen für Multikollinearität zwischen den erklärenden Variablen. Somit verbleiben nur die Größen $\hat{K}$, $\hat{AE}$ und $\hat{AL}$ als solche mit gut interpretierbaren Regressionsergebnissen.

In diesen Regressionen haben alle drei erklärenden Variablen signifikanten Einfluss. Die ausgewiesenen Regressionskoeffizienten für den Tagesgeldzins sind betragsmäßig zwar immer höher als die der $M1$- und der $M3$-Wachstumsraten, aber bei Betrachtung der standardisierten Koeffizienten zeigt sich, dass zumindest immer eine der beiden Geldmengenänderungsraten den etwas stärkeren Einfluss als der Tagesgeldzins hat. Während die Vorzeichen aller drei erklärenden Variablen in der Regression auf die Größe $\hat{AE}$ nachvollziehbar sind, ist das negative Vorzeichen für den Tagesgeldzins in der Regression auf die Rate der Arbeitslosenzahl nur schwer interpretierbar. Es zeigt an, dass expansive (restriktive) Geldpolitik die Veränderungsrate der Arbeitslosenzahl erhöht (senkt), während die Vorzeichen der beiden Geldmengenraten genau den umgekehrten Zusammenhang widerspiegeln. Für den Zeitraum von 1970 bis 1989 sind (bis auf einen Wert) genau entgegengesetzte Zusammenhänge geschätzt worden (siehe Tabelle 6). Das positive Vorzeichen für den Tagesgeldzins in der Regression auf die Kreditvergabe deutet darauf hin, dass in diesem Zeitraum der Kreditmarkt angebotsseitig bestimmt war, während das entsprechende Regressionsergebnis für den Zeitraum von 1970 bis 1989 (siehe Tabelle 6) einen negativ gerichteten Einfluss des Zinses deutlich macht.

Für das BIP, den CPI, die Zahl der Erwerbstätigen und die Industrieproduktion gilt ebenfalls, dass der Tagesgeldsatz auf den ersten Blick die stärkste Erklärungskraft besitzt. Unter Beachtung der standardisierten Koeffizienten ist dieser Vorteil des Tagesgeldzinses allerdings nicht mehr festzustellen. Bezüglich der Vorzeichen bestätigt sich der positive Zusammenhang des Tagesgeldzinses und des Konsumentenpreisindex. Die Geldmengenänderungsrate $\hat{M}3$ hat nach dieser Schätzung außerdem einen negativen Einfluss auf $C\hat{P}I$, im Gegensatz zur $M1$-Rate. Ein steigender (sinkender) Tagesgeldzins hat in diesem Zeitraum außerdem einen expansiven (restriktiven) Effekt auf die Veränderungsrate der Zahl der Erwerbstätigen. Das deckt sich mit der für diesen Zeitraum geschätzten expansiven (restriktiven) Wirkung auf die Veränderungsrate der Arbeitslosenzahl bei einem steigenden (sinkenden) Tagesgeldsatz. Bezüglich der Zahl der Erwerbstätigen, der Industrieproduktion und des BIP gilt außerdem, dass sich, wie auch schon bezüglich des CPI, die Wirkungsrichtung der Geldmengenänderungsraten widersprechen. Steigt (sinkt) die Änderungsrate von $M1$, so sinken (steigen) nach diesen Ergebnissen $\hat{ET}$, $\hat{IP}$ und BIP, während der Zusammenhang für $\hat{M}3$ umgekehrt, also positiv ist. Die Regressionen auf die Größen $B\hat{I}P$, $C\hat{P}I$, $\hat{ET}$ und $\hat{IP}$ können aber, wie bereits angesprochen wurde, dem Problem der Multikollinearität unterliegen.

Zusammenfassend lässt sich sagen, dass in Deutschland für beide betrachteten Phasen davon ausgegangen werden kann, dass der Tagesgeldsatz einen nicht unerheblichen Einfluss auf die Entwicklung der betrachteten Größen hat. Während im ersten Untersuchungszeitraum die Hinweise für entsprechende Wirkungen der $M1$- und $M3$-Veränderungsraten im Vergleich zum Tagesgeldzins insgesamt deutlich schwächer sind, kann das für den zweiten Untersuchungszeitraum nicht mehr festgestellt werden, wenn man die standardisierten Regressionskoeffizienten als Beurteilungsmaßstab heranzieht. Gemessen an den standardisierten Koeffizienten sind dort die Geldmengenveränderungsraten gegenüber dem Tagesgeldzins leicht im Vorteil. Die These, die Prognosequalität insbesondere des $M1$-Wachstums sei in den Neunzigerjahren wieder gestiegen und auch besser als die der kurzfristigen Zinsen, kann durch die hier ermittelten Resultate bestätigt werden. Unter diesem Gesichtspunkt entsprechen die hier gefundenen Ergebnisse denen der Untersuchung von Kirchgässner und Savioz (1993). Übereinstimmung findet sich auch hinsichtlich der dominierenden Rolle des Tagesgeldzinses im Zeitraum bis zur deutschen Vereinigung. Den zum Teil relativ niedrigen Bestimmtheitsmaßen kann begegnet werden, indem die Regressionsgleichungen für beide Zeiträume um weitere erklärende Variablen ergänzt werden.[68] Da aber die Bestimmtheitsmaße durchweg wenigstens auf dem 10%-Niveau signifikant sind, ist ihre teilweise geringe Höhe kein Problem für die vorgenommene Interpretation der Ergebnisse, sofern nicht bestimmte Umstände, wie zu hohe oder zu niedrige Durbin-Watson-Werte, dagegen sprechen.

2.4.2 Euro-Währungsgebiet

Eine analoge Untersuchung für den Euro-Raum ist auf Grund der wenigen vorhandenen Daten nicht sinnvoll, da der Beobachtungszeitraum nur vom ersten Quartal 1999 bis zum vierten Quartal 2002 reicht. Die ohnehin schon geringe Datenbasis in Zusammenhang mit den zu berücksichtigenden Zeitverzögerungen würde die Aussagekraft sowohl der Kausalitätstests als auch der KQM-Regressionen so stark beeinträchtigen, dass die Präsentation und erst recht die Interpretation der Ergebnisse nicht zweckmäßig erscheint. Dennoch soll nicht darauf verzichtet werden, auch für den Euro-Raum auf die Entwicklung ähnlicher Größen wie im Falle Deutschlands einzugehen.[69] Dabei handelt es sich um die Veränderungsraten (zum Vorjahr, in *von Hundert*) der folgenden Größen: des Bruttoinlandsprodukt zu Preisen von 1995 (BIP), des Harmonisierten Verbraucherpreisindex ($HVPI$), der Höhe der Kreditvergabe (K),[70] des Index der Industrieproduktion auf Basis von 1995 (IP), des Index der Erwerbstätigen auf der Basis von 1995 (ET), der Anzahl der Arbeitslosen (AL), der Höhe der privaten Konsumausgaben in Preisen von 1995 (C) sowie der Höhe der Bruttoanlageinvestitionen in Preisen von 1995 (BAI). Als Politikvariable wird wieder der Tagesgeldzins (TGZ) betrachtet, wobei anschließend auch auf die Entwicklung von $M1$ und $M3$ eingegangen wird.

In Abbildung 2 ist der Verlauf des Tagesgeldzinses den Veränderungsraten des BIP, der Industrieproduktion, der Kreditvergabe und des privaten Konsums gegenübergestellt. Es ist zu erkennen, dass, nachdem der Tagesgeldzins ausgehend von $3,06\%$ im ersten Quartal 1999 im dritten Quartal desselben Jahres einen Tiefststand von $2,46\%$ erreicht hat, alle vier gegenübergestellten Größen bis zum zweiten Quartal 2000 ansteigen. Dies ist insbesondere für die Veränderungsrate der Industrieproduktion der Fall. Die genauen Zahlen lassen sich der Tabelle 8 entnehmen. Mit dem Ansteigen des Tagesgeldzinses bis auf $4,84\%$ im ersten Quartal 2001 beginnen die Veränderungsraten des BIP, der Industrieproduktion, des Konsums und der Kreditvergabe ab dem zweiten Quartal 2000 wieder zu sinken. Die Veränderungsrate der Industrieproduktion wird sogar negativ. Die Rate der Kreditvergabe erhöht sich zwar zum ersten Quartal 2001 noch einmal; dies ist aber lediglich dem Beitritt Griechenlands zum Euro-Währungsgebiet zuzuschreiben und stellt kein Indiz in konjunktureller Hinsicht dar.[71] Mit dem Absinken des Tagesgeldsatzes auf $3,28\%$ zum ersten Quartal 2001 erholen sich die betrachteten Größen — mit Ausnahme der Rate der Kreditvergabe — und steigen zum Ende des Beobachtungszeitraumes wieder an. Beson-

[68] In Abschnitt 4.3.3 werden die hier präsentierten Regressionen um eine Auslandszinsgröße erweitert.

[69] Die Grunddaten sind den Monatsberichten der Europäischen Zentralbank entnommen.

[70] Dabei handelt es sich um die Kredite von Monetären Finanzinstituten im Euro-Währungsgebiet (einschließlich des Eurosystems) an Nichtbanken im Euro-Währungsgebiet.

[71] Die Veränderungsraten des BIP, der Konsumausgaben sowie die weiter unten verwendeten Raten der Bruttoanlageinvestitionen und der Geldmengenaggregate sind um diese Entwicklung bereits bereinigt.

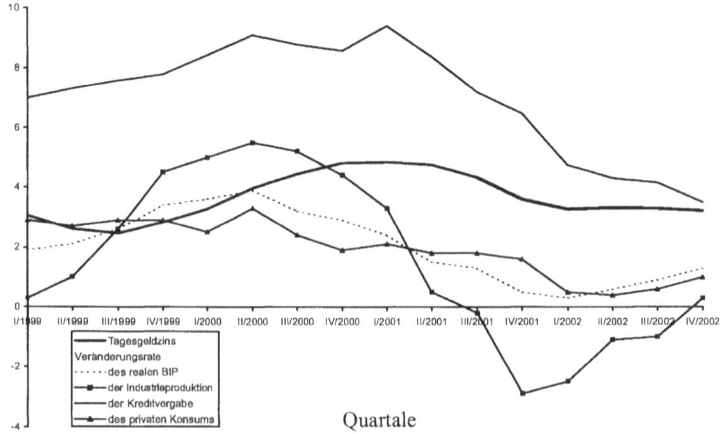

Abbildung 2: **Entwicklung des Tagesgeldsatzes sowie der Raten des BIP, der Industrieproduktion, des Konsums und der Kreditvergabe im Euro-Währungsgebiet im Zeitraum I/1999 - IV/2002**

Quelle für die Grundzahlen: EZB, Monatsberichte

ders empfindlich reagiert dabei wiederum die Veränderungsrate der Industrieproduktion.

Abbildung 3 zeigt den Tagesgeldzins gegenüber den Entwicklungen der übrigen oben genannten Größen. Auch hier lässt sich eine Wirkung des Tagesgeldzinses auf diese Größen erkennen, wenngleich nicht so deutlich wie im Fall der in Abbildung 2 dargestellten Größen. Nachdem der Tagesgeldzins im dritten Quartal 1999 seinen Tiefststand von 2,46% erreicht hat, sinkt vor allem die Zuwachsrate der Arbeitslosen kontinuierlich bis zum dritten Quartal 2000. Die Veränderungsrate der Zahl der Erwerbstätigen steigt leicht an, beginnt aber bereits nach einem Quartal wieder zu sinken. Im Fall der Bruttoanlageinvestitionen ist vor allem mit dem Ansteigen des Tagesgeldzinses ein Sinken der Zuwachsrate verbunden. Dieser Trend verstärkt sich ab dem vierten Quartal 2000 noch einmal und führt dazu, dass die Veränderungsrate der Bruttoanlageinvestitionen ab dem zweiten Quartal 2001 sogar negativ wird. Besonders stark reagiert auch die Veränderungsrate der Arbeitslosen auf den ansteigenden Tagesgeldzins. Sie steigt ab dem vierten Quartal 2000 stark an und ist ab dem dritten Quartal 2001 positiv. Auch für die Inflationsrate lässt sich erkennen, dass diese nach dem dritten Quartal 1999 bis zum zweiten Quartal 2001 ansteigt und nach dem Höchststand des Tagesgeldzinses wieder sinkt. Mit dem Sinken des Tagesgeldsatzes bis zum ersten Quartal 2002 auf 3,28% reagiert vor allem die Veränderungsrate der Bruttoanlageinvestitionen mit einem Anstieg sowie die Inflationsrate mit einem leichten Anstieg. Tabelle 9 fasst diese Entwicklungen noch einmal zusammen.

Die Entwicklung der Zuwachsraten von $M1$ und $M3$ steht nicht grundsätzlich im Widerspruch zur Entwicklung des Tagesgeldzinses. Die eben herausgestellten Ergebnisse

TGZ			$\widehat{BIP}$			$\widehat{IP}$			$\hat{C}$			$\hat{K}$		
I/99		III/99	III/99		II/00	III/99		II/00	III/99		II/00	III/99		II/00
3,06%	↘	2,46%	2,60%	↗	3,90%	2,60%	↗	5,50%	2,90%	↗	3,30%	7,58%	↗	9,09%
III/99		I/01	II/00		I/02	II/00		IV/01	II/00		II/02	II/00		IV/02
2,46%	↗	4,84%	3,90%	↘	0,30%	5,50%	↘	−2,90%	3,30%	↘	0,40%	9,09%	↘	3,50%
I/01		I/02	I/02		IV/02	IV/01		IV/02	II/02		IV/02	IV/02		IV/02
4,84%	↘	3,28%	0,30%	↗	1,30%	−2,90%	↗	0,30%	0,40%	↗	1,00%		—	

Tabelle 8: **Reaktionen der Raten des BIP, der Industrieproduktion, des Konsums und der Kreditvergabe im Euro-Währungsgebiet auf Änderungen des Tagesgeldzinses im Zeitraum I/1999 - IV/2002**

TGZ			$\widehat{ET}$			$\widehat{BAI}$			$\widehat{HVPI}$			$\widehat{AL}$		
I/99		III/99	III/99		IV/99	III/99		IV/99	III/99		II/01	III/99		III/00
3,06%	↘	2,46%	2,44%	↗	3,33%	5,40%	→	5,40%	1,17%	↗	3,12%	−7,13%	↘	−15,00%
III/99		I/01	IV/99		III/02	IV/99		II/02	II/01		II/02	III/00		IV/02
2,46%	↗	4,84%	3,33%	↘	0,30%	5,40%	↘	−3,20%	3,12%	↘	1,74%	−15,10%	↗	6,17%
I/01		I/02	III/02		III/02	II/02		IV/02	II/02		IV/02	IV/02		IV/02
4,84%	↘	3,28%		—		−3,20%	↗	−1,80%	1,74%	↗	2,10%		—	

Tabelle 9: **Reaktionen der Raten der Erwerbstätigenzahl, der Bruttoanlageinvestitionen, des HVPI und der Arbeitslosenzahl im Euro-Währungsgebiet auf Änderungen des Tagesgeldzinses im Zeitraum I/1999 - IV/2002**

bezüglich der Reaktion der ausgewählten Größen auf den Verlauf des Tagesgeldzinses lassen sich auch auf die Geldmengenaggregate übertragen. Abbildung 4 zeigt, dass Phasen relativ niedriger Tagesgeldzinsen als Ausdruck expansiver Geldpolitik mit Phasen hohen Geldmengenwachstums korrespondieren (und umgekehrt). Es lässt sich deshalb auch nicht eindeutig sagen, ob eher der Tagesgeldzins oder ein Geldmengenaggregat der bessere Indikator für die Entwicklung der oben betrachteten Größen ist. Auf jeden Fall aber kann davon ausgegangen werden, dass auch im Euro-Währungsgebiet der Satz für Zentralbankgeld (hier in Form des Tagesgeldzinses) Wirkungen auf nachgelagerte Größen — auch auf reale — entfaltet.

Damit liefern sowohl die empirischen Ergebnisse für Deutschland als auch für den Euro-Währungsraum deutliche Hinweise darauf, dass der Tagesgeldzins als ein Satz für Zentralbankgeld ein wichtiger Indikator und Einflussfaktor für die Entwicklung gesamtwirtschaftlicher Größen ist. Der Tagesgeldzins bzw. allgemeiner der Satz für Zentralbankgeld wird deshalb weiter im Mittelpunkt der Untersuchung stehen. In den folgenden Abschnitten werden nun mögliche theoretische Zusammenhänge zwischen geldpolitischem Handeln und realwirtschaftlichen Größen — die Transmissionsmechanismen — dargestellt. Damit

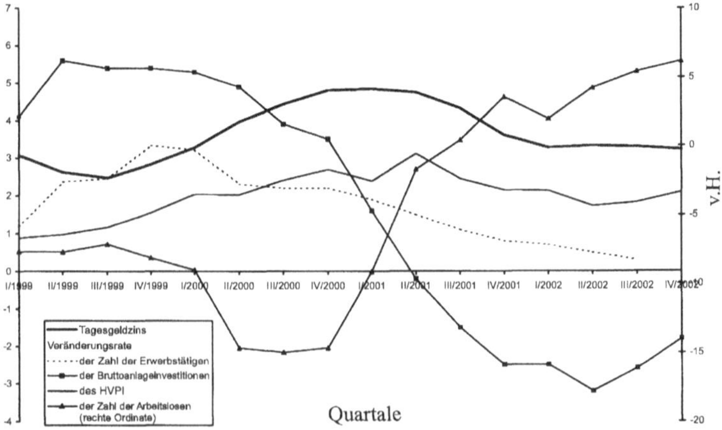

Abbildung 3: **Entwicklung des Tagesgeldsatzes sowie der Raten der Erwerbstätigenzahl, der Bruttoanlageinvestitionen, des HVPI und der Arbeitslosenzahl im Euro-Währungsgebiet im Zeitraum I/1999 - IV/2002**

Quelle für die Grundzahlen: EZB, Monatsberichte

erhalten die gefundenen empirischen Hinweise für die Wirkung des Zentralbankgeldmarktsatzes auf gesamtwirtschaftliche Größen die notwendige theoretische Basis.

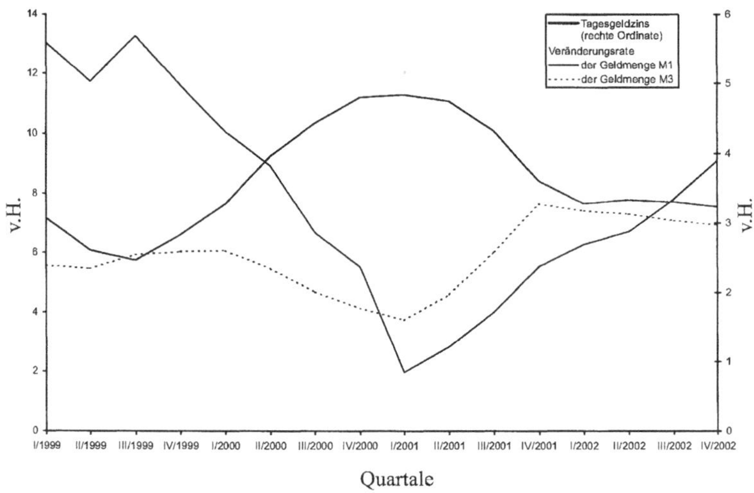

Abbildung 4: **Entwicklung des Tagesgeldsatzes sowie der Raten der Geldmengenaggregate M1 und M3 im Euro-Währungsgebiet im Zeitraum I/1999 - IV/2002**

Quelle für die Grundzahlen: EZB, Monatsberichte

3 Zinsen im Transmissionsprozess

3.1 Zur Systematik der Transmissionskanäle

Es wurde bereits angesprochen, dass der Zusammenhang zwischen der Geldpolitik einerseits und dem realwirtschaftlichen Geschehen andererseits durch Transmissionsmechanismen dargestellt wird. Transmissionsmechanismen sind Wirkungszusammenhänge, welche die von der Zentralbank ausgelösten (monetären) Maßnahmen in den (realen) Einkommensbildungsprozess einer Volkswirtschaft überführen.[72] Monetäre Maßnahmen sind dann in den realen Einkommensbildungsprozess einer Volkswirtschaft überführt, wenn durch sie eine Beeinflussung der Ausgaben der Wirtschaftssubjekte stattgefunden hat. Die Frage der Wirksamkeit geldpolitischer Maßnahmen einer Zentralbank berührt also zwangsläufig die Frage nach den relevanten Transmissionsmechanismen. In diesem Kapitel sollen daher die wichtigsten Transmissionskonzepte vorgestellt werden. Dabei wird insbesondere auf die Rolle der Zinsen eingegangen. Dies ist deshalb hervorzuheben, weil — in Übereinstimmung mit den Aussagen des Kapitels 2 — der kurzfristige Zins oder, um genauer zu sein, der Satz für Zentralbankgeld, diejenige Größe ist, die den geldpolitischen Impuls widerspiegelt und die Transmission in Gang setzt. Die Transmission geldpolitischer Impulse kann vereinfacht mit folgendem Zitat zusammengefasst werden: „The central bank sets the short-term interest rate, which influences interest rates over the whole maturity spectrum, other asset prices and the exchange rate. These changes in financial variables then affect output and prices through the different spending components."[73] Im Folgenden geht es um die Präzisierung der eben zitierten Aussage, das heißt also, um die Darstellung der wichtigsten Transmissionskonzepte.

Zunächst wird in Abschnitt 3.2 der einfache Zinskanal besprochen. Der Abschnitt 3.3 behandelt die vermögenstheoretische Transmission. Den Ansätzen der vermögenstheoretischen Gruppe von Transmissionsmechanismen ist gemein, dass Höhe und Struktur des Vermögens im Mittelpunkt stehen. Unzulänglichkeiten des Kreditmarktes kennzeichnen die Transmissionsvorstellungen des so genannten Kreditkanals. Sie sind Gegenstand des Abschnittes 3.4. Abschnitt 3.5 bezieht außenwirtschaftliche Zusammenhänge in den Transmissionsprozess ein. Diese Einteilung der Transmissionsmechanismen in verschiedene Ansätze folgt damit dem Prinzip, Transmissionskanäle nach ihren zentralen Transmissionsgrößen zu unterscheiden. In der Literatur werden solche Einteilungen durchaus unterschiedlich gehandhabt. Pohl (1976a) leitet eine saldenmechanische Systematik ab und teilt die Konzepte in Komplementär- und Substitutionsmechanismen ein.[74] Zur erstgenannten Gruppe gehören der Kreditkosten- und der Kreditverfügbarkeitsmechanismus, welche in anderen Systematisierungen als kredittheoretische Ansätze bezeichnet werden.[75] Zur zweiten Gruppe gehören jene Ansätze, die gemeinhin vermögenstheoretisch genannt werden.

---

[72]Vgl. POHL 1976a, S. 1. [183]. Die Europäische Zentralbank hebt zusätzlich hervor, dass Transmissionsmechanismen Kanäle seien, über die geldpolitische Maßnahmen *„insbesondere auf das Preisniveau wirken."* EUROPÄISCHE ZENTRALBANK 2000a, S. 45. [63]. Diese Betonung ergibt sich aus den strategischen Zielvorstellungen der EZB. In Kapitel 4.1.3 wird darauf näher eingegangen.

[73]SMETS 1995, S. 226. [214]

[74]Vgl. POHL 1976a, S. 1-28. [183]

[75]Vgl. z.B. DUWENDAG u.a. 1999, S. 214-232. [56]

Bofinger, Reischle und Schächter (1996) subsumieren letztlich sowohl die vermögenstheoretische als auch die kredittheoretische Transmission sowie den Zinskanal unter den Begriff der zinsstrukturtheoretischen Transmissionsprozesse. Zusätzlich wird dort die quantitätstheoretische und die erwartungstheoretische Transmission unterschieden.[76] Bei Mishkin (1995) findet man eine ähnliche wie die in dieser Arbeit verwendete Einteilung.[77] Dies trifft im Prinzip auch auf die Einteilung bei Nolte (2003) zu, der einen kompletten und sehr detaillierten Überblick über die relevanten Transmissionsvorstellungen gibt.

3.2 Transmission nach dem einfachen Zinskanal

3.2.1 Vorbemerkungen

Der einfache Zinskanal ist ein keynesianisches Transmissionskonzept, das sich auf die Zinsabhängigkeit vor allem von Investitionsausgaben konzentriert. Im Mittelpunkt der Argumentation steht dabei als einzige Zinsgröße die Wertpapierrendite. Die grundsätzliche Wirkungsweise ist dabei die, dass die Investitionsausgaben sinken, wenn die Zinsen steigen und umgekehrt. Der funktionale Zusammenhang zwischen den Ausgaben und dem Zins ist demnach in der ersten Ableitung negativ. Für das Transmissionsprinzip ist entscheidend, inwiefern es der Geldpolitik gelingen kann, den für die Investitionsausgaben relevanten Zins zu beeinflussen.

Die prinzipielle Wirkungsweise des einfachen Zinskanals ließe sich auch auf die Konsumausgaben anwenden. Die Betrachtung der Konsumausgaben im einfachen Zinskanal wird jedoch oft vernachlässigt. Die Berücksichtigung von Konsumausgaben im Rahmen des Zinskanals setzt voraus, dass die Konsumausgaben zinsabhängig sind. Im folgenden Abschnitt wird deshalb kurz auf die Zinsabhängigkeit der Konsumausgaben eingegangen, bevor in Abschnitt 3.2.3 die Investitionsnachfrage im Vordergrund steht.

3.2.2 Die Konsumnachfrage

Die Problematik bei der Berücksichtigung von Konsumausgaben im Zinskanal liegt darin, dass sich der notwendige Zusammenhang zwischen Zinsen und Konsumausgaben weder theoretisch vernünftig erklären noch empirisch überzeugend belegen lässt. Zwar ließe sich analog zu den Investitionsausgaben (siehe Abschnitt 3.2.3) argumentieren, dass die Entscheidung für eine größere Konsumausgabe entweder vom Kreditzins oder vom Zins für eine Alternativanlage abhängt. Demnach wären Konsumausgaben durchaus als zinsreagibel zu betrachten. Da es jedoch für langlebige Konsumgüter schwierig ist, interne Renditen zu ermitteln, fehlt die Grundlage für eine zinsreagible Nachfrageentscheidung. Es ist deshalb für die Konsumnachfrage eines privaten Haushalts viel eher determinierend, ob das regelmäßig verfügbare Einkommen ausreicht, die Konsumausgaben zu finanzieren.[78] Das entspricht der keynesianischen Vorstellung zur Konsumnachfrage, wonach diese eine Funktion des Einkommens ist.

---

[76] Vgl. BOFINGER/REISCHLE/SCHÄCHTER 1996, S. 549-579. [23]
[77] Vgl. MISHKIN 1995, S. 3-10. [161]
[78] Vgl. GISCHER 2000, S. 3. [97]

Auch empirisch lässt sich dies unterstreichen. Abbildung 5 zeigt für Deutschland den Privaten Verbrauch und drei verschiedene Zinssätze: den Zins für Sparbriefe (sp) als einen Habenzins, den Zinssatz für Kontokorrentkredite (kt) als einen Sollzins und einen langfristigen Zins (i_l).[79] Aus der Abbildung ist zu erkennen, dass die Entwicklung der Zinsen

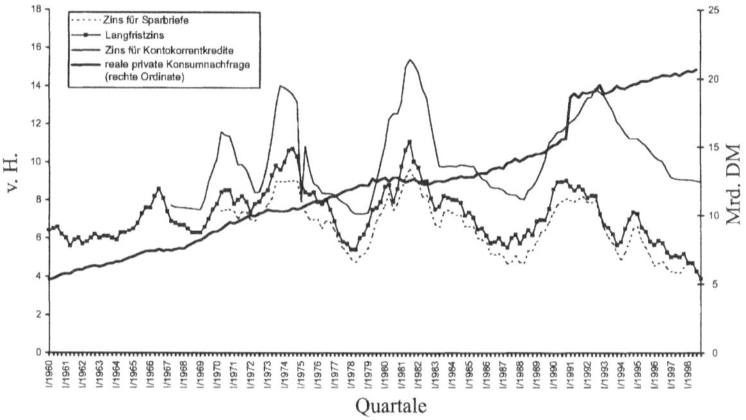

Abbildung 5: **Privater Verbrauch und Zinsen in der BRD im Zeitraum I/1960 - IV/1998**

Quelle für die Grundzahlen: IWF, International Financial Statistics
Deutsche Bundesbank, Monatsberichte

und des Privaten Verbrauchs kaum eine Synchronität zueinander aufweisen. Die Verläufe der Zinsreihen untereinander stimmen zwar nicht im Niveau, aber doch in ihrer Richtung miteinander überein. Zur Entwicklung des Privaten Verbrauches ist jedoch kein Zusammenhang erkennbar. Demgegenüber ergibt sich für die Gegenüberstellung der Konsumnachfrage und des Bruttoinlandsprodukts ein viel überzeugenderes Ergebnis. Abbildung 6 verstärkt die Annahme, dass der Private Konsum hauptsächlich durch das Einkommen, in diesem Fall durch das reale BIP, determiniert wird.

Der optische Eindruck wird durch die folgende KQM-Schätzung bestätigt. Die Schätzung erfolgt wiederum mit Reihen erster Differenzen, um die Stationaritätsbedingung zu erfüllen. Der zu Grunde gelegte Beobachtungszeitraum reicht vom dritten Quartal 1970 bis zum vierten Quartal 1997. Die Ergebnisse der erweiterten Dickey-Fuller-Tests sind in der ersten Zeile der Tabelle 10 aufgezeigt.[80] Die Regressionsergebnisse selbst sind in der zweiten

[79] Dabei handelt es sich im Konkreten um die Quartalsdurchschnitte des Zinses für Sparbriefe von vier Jahren, des Sollzinses für Kontokorrentkredite von 200000 DM bis unter eine Mio. DM sowie um die Umlaufsrendite für börsennotierte Bundeswertpapiere mit einer Restlaufzeit von zehn Jahren. Für den Zins auf Kontokorrentkredite standen Daten erst ab dem zweiten Quartal 1967 und für den Zins auf Sparbriefe erst ab dem zweiten Quartal 1970 zur Verfügung.

[80] Die Werte geben auch hier die Ergebnisse des linksseitigen t-Tests und in Klammern die dazugehörigen p-Werte an. Für die Reihe der ersten Differenz der Konsumnachfrage ergibt sich ein Testergebnis von

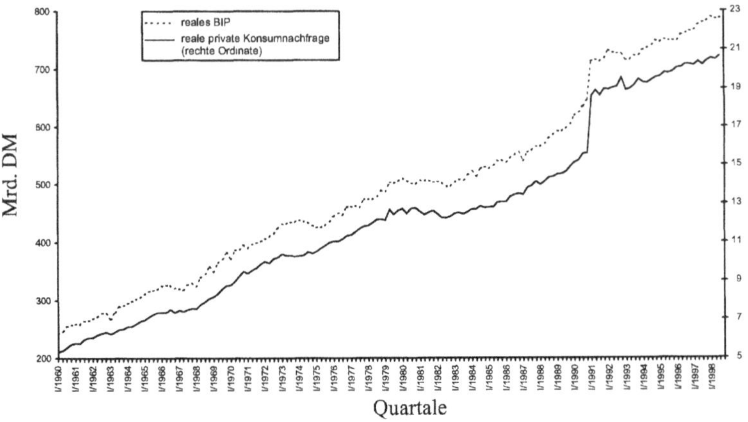

Abbildung 6: **Privater Verbrauch und Einkommen in der BRD im Zeitraum I/1960 - IV/1998**

Quelle für die Grundzahlen: IWF, International Financial Statistics

Zeile dargestellt, wobei diesmal explizit die standardisierten Koeffizienten ausgewiesen sind, da das *BIP* (in DM) und die Zinsen (in *von Hundert*) in sehr unterschiedlichen Dimensionen gemessen werden und die nicht standardisierten Koeffizienten dann keine Aussage über die Stärke des Einflusses der jeweiligen Variablen machen können. In Klammern ist wieder der entsprechende t-Wert angegeben. Es zeigt sich, dass der Einfluss des

	CON	ΔBIP	Δsp	Δkt	Δi_l	$\bar{R}^2$	DWS
ADF-Test		−10,04 (0,000)†	−6,69 (0,000)†	−9,58 (0,000)†	−7,19 (0,000)†		
Regressions-ergebnisse	−0,01 (−0,71)	0,81 (14,38)***	0,02 (0,16)	0,02 (0,39)	−0,19 (−1,88)*	0,653	2,46

Tabelle 10: **Ergebnis der KQM-Regression auf die Konsumnachfrage in der BRD (Zeitraum III/1970 - IV/1997)**

BIP neben der weitaus höchsten Signifikanz ($t = 14,38$) auch den dem Betrag nach höchsten Koeffizienten aufweist ($0,81$). Daneben kann nur noch dem langfristigen Zins ein signifikanter Einfluss zugeschrieben werden. Dies ist ein Indiz dafür, dass die Entscheidung für bestimmte Konsumausgaben, vor allem der Erwerb von Wohneigentum, durchaus zinsreagibel ist.[81] Für die beiden anderen Zinssätze lässt sich kein Einfluss auf

$-10,70$ $(0,000)$. Außerdem ist bei den Variablen sp und i_l mit Multikollinearität zu rechnen (TW$=0,28$ bzw. TW$=0,31$).

[81]Vgl. MISHKIN 1995, S. 4 [161] oder GISCHER 2000, S. 3. [97] Die Zinsreagibilität von Konsumausgaben im Bereich des Wohnungsbaus bzw. -kaufs mag auch ein Grund dafür sein, dass in der Volkswirtschaftlichen Gesamtrechnung der Kauf von Grundstücken und Gebäuden nicht zu den Konsumausgaben

die Konsumnachfrage feststellen, sodass der Einfluss des BIP auf die Konsumnachfrage als stärker gegenüber denen der Zinsen eingeschätzt werden muss. Da somit angenommen werden kann, dass den Konsumentscheidungen privater Haushalte das verfügbare Einkommen zu Grunde liegt, wird deshalb im Zusammenhang mit dem einfachen Zinskanal, aber auch für die anderen noch zu besprechenden Transmissionsansätze, im Wesentlichen die Zinsabhängigkeit der Investitionsnachfrage im Mittelpunkt stehen. Dies entspricht auch der Intention des IS/LM-Modells, das regelmäßig zur Darstellung des einfachen Zinsmechanismus herangezogen wird.[82]

3.2.3 Die Investitionsnachfrage

Der entscheidende Unterschied zwischen der Nachfrage nach Konsum- und Investitionsgütern besteht darin, dass sich für Investitionsgüter interne Renditen ermitteln lassen. Die dafür notwendigen zukünftigen Einnahmen- und Ausgabenströme sind zwar zum Zeitpunkt der Renditenermittlung nicht sicher, aber immerhin können sie zuverlässiger abgeschätzt werden als im Fall der Konsumausgaben, bei denen der aus einer Konsumausgabe realisierbare Einnahmenstrom kaum auch nur annähernd bekannt sein dürfte.[83] Die interne Rendite wird bestimmt als diejenige Rate, zu der sich die mit ihr diskontierten erwarteten Nettoerträge der Sachkapitalinvestition und der Angebotspreis derselben gerade ausgleichen.[84] Somit stellt die interne Rendite die Verzinsung des in der Investition gebundenen Kapitals dar und ist ein Vergleichsmaß gegenüber alternativen Engagements auf anderen Märkten. Die Entscheidung, ob eine einzelne Investition lohnend ist oder nicht, kann also nur gefällt werden, wenn die interne Rendite der geplanten Investition mit einem Referenzzins verglichen wird. Dieser Referenzzins kann entweder ein alternativer Kapitalmarktzins sein oder derjenige Zins, zu dem die Investitionsausgabe finanziert werden muss. Wenn der Referenzzins die interne Rendite übersteigt, dann ist die Investition in eine Kapitalmarktanlage lohnender bzw. dann reichen die zu erwartenden Erträge nicht aus, um die Finanzierungskosten zu decken. Je höher diese Referenzzinsen sind, umso weniger Investoren gibt es, deren Sachkapitalinvestition eine noch höhere interne Rendite erbringt und umso geringer ist das gesamtwirtschaftliche Investitionsvolumen.

Allerdings sei der Deutlichkeit halber darauf verwiesen, dass in diesem Fall das Vorgehen, die interne Rendite der Sachinvestition mit einer alternativen Anlage zu vergleichen, nicht das so genannte Wahlproblem betrifft. Letzteres kann dann auftreten, wenn mehrere Sachkapitalinvestitionen zur Verfügung stehen. Die interne Rendite versagt dann unter Umständen als Auswahlkriterium und muss somit nicht in jedem Fall das geeignete Attribut zur Auswahl der besten Mittelverwendung darstellen.[85] Exemplarisch soll dies

privater Haushalte, sondern zu den Bruttoanlageinvestitionen gerechnet wird. Vgl. SACHVERSTÄNDIGENRAT 2001, S. 357. [207]

[82] Vgl. NOLTE 2003, S. 39. [174]

[83] Gischer (1998) bezweifelt auch für den Fall von Realinvestitionen, ob alle notwendigen Informationen zur Verfügung stehen. Vgl. GISCHER 1998, S. 131. [96]

[84] Vgl. KEYNES 1936, wieder abgedruckt 1973, S. 135. [137]. Keynes wählt den Begriff der Grenzleistungsfähigkeit des Kapitals, da die interne Rendite das Verhältnis einer zusätzlichen Einheit Kapital zum Angebotspreis dieser Kapitaleinheit darstellt. Vgl. ebenda.

[85] Vgl. SCHNEIDER 1973, S. 42-44 [210], auch HERING 1995, S. 58-60 [107] oder MATSCHKE 1993,

am Beispiel sich schneidender Kapitalwertfunktionen deutlich gemacht werden, wie sie in Abbildung 7 dargestellt sind. Dort sind die Kapitalwertfunktionen zweier möglicher Sachkapitalinvestitionen A und B abgebildet. Die Kapitalwertfunktionen geben die Höhe des

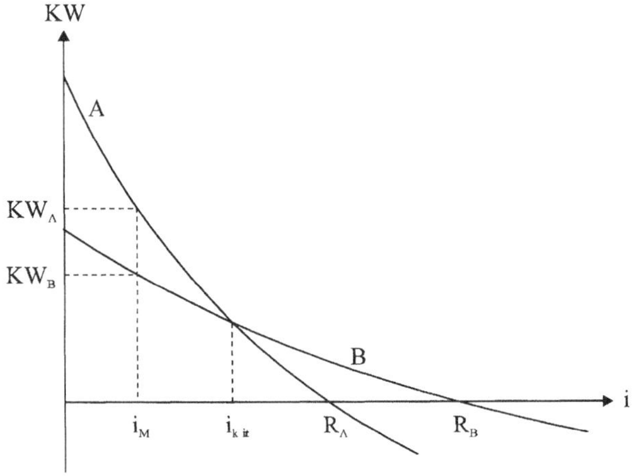

Abbildung 7: **Interne Rendite und Kapitalwert beim Wahlproblem**

Quelle: in Anlehnung an
SCHNEIDER 1973, S. 42.

Kapitalwertes KW der Investitionen in Abhängigkeit vom Kalkulationszins an, der hier mit i bezeichnet ist. Die internen Renditen der Investitionen A und B ergeben sich dort, wo die jeweiligen Kapitalwerte gleich Null sind (R_A bzw. R_B). Nach der internen Zinsfußmethode wäre Investition B wegen $R_A < R_B$ der Investition A vorzuziehen. Nach dem Kapitalwertkriterium wäre jedoch umgekehrt Investition A der Investition B vorzuziehen (wegen $KW_A > KW_B$), wenn als Kalkulationszins eine marktübliche Verzinsung in Höhe von i_M gewählt wird. Die interne Rendite kann in diesem Beispiel somit nur dann ein widerspruchsfreies Entscheidungskriterium sein, wenn für die Marktverzinsung $i_M > i_{krit}$ gilt, sofern sich der für die Berechnung des Kapitalwertes notwendige Kalkulationszinssatz an der Marktverzinsung orientiert.

Die oben gemachten Aussagen über den im Vergleich zur internen Rendite eines Investitionsprojektes heranzuziehenden Referenzzins alternativer Investitionen beziehen sich jedoch auf Kapitalmarktanlagen mit festem Zinssatz. Wird zur Berechnung des Kapitalwertes einer Kapitalmarktanlage als Kalkulationszins genau der Zins gewählt, welcher der Anlage zu Grunde liegt, dann ergibt sich daraus zwangsläufig, dass aus dem Vergleich der internen Rendite der Sachkapitalinvestition mit dem Kalkulationszins, also dem Kapitalmarktsatz, eine eindeutige Empfehlung folgt.[86]

233-239. [155]

[86]Vgl. auch BITZ 1977, S. 148. [19] Diese Aussage gilt aber auch nur dann, wenn die Kapitalwertfunk-

Für die Geldpolitik ergäben sich daraus theoretisch zwei Ansatzpunkte, um eine Wirkung auf die Investitionsausgaben zu erzielen. Sie könnte einerseits auf die internen Renditen oder andererseits auf die Referenzzinsen, also die Marktzinsen, Einfluss nehmen. Im Allgemeinen gilt jedoch, dass es für die Geldpolitik kaum Möglichkeiten gibt, die internen Renditen zu beeinflussen. Tobin (1963) beispielsweise beschäftigt sich in einem etwas anders gelagerten Zusammenhang (siehe Kapitel 3.3) ebenfalls mit der Grenzleistungsfähigkeit des Kapitals und führt dazu aus, diese sei „the anticipated marginal productivity of capital, determined by technology, factor supplies, and expectations about the economy. This cannot be controlled by the managers of money and public debt, except in the indirect sense that if they somehow succesfully control the economy they control all economic magnitudes.“[87]

Der Geldpolitik bleibt somit nur die Möglichkeit, das Investitionsvolumen über die relevanten Referenzzinsen zu beeinflussen. Dies sind langfristige reale Wertpapier- sowie Kreditzinsen.[88] Einigkeit besteht darüber, dass die Geldpolitik nur auf die kurzfristigen Nominalzinsen und auf das nominale Geldangebot direkten Einfluss hat.[89]

Der Transmissionsgedanke des einfachen Zinskanals entspricht dem Mechanismus des IS/LM-Modells und lässt sich wie folgt verdeutlichen.[90] Er basiert auf der Annahme, dass es in einer Volkswirtschaft nur zwei Anlageformen gibt, nämlich festverzinsliche Wertpapiere B und Sichteinlagen bei Geschäftsbanken D. Die aggregierte Bilanz des Geschäftsbankensektors enthält damit auf der Aktivseite von den Banken gehaltene Wertpapiere B_B und Mindestreserven MR sowie auf der Passivseite die Einlagen:

$$B_B + MR = D \tag{2}$$

Die Höhe der Überschussreserven $\ddot{U}R$ sei mit Null angenommen. Dies trägt der Tatsache Rechnung, dass die Zentralbank den Markt für Zentralbankgeld so steuern kann, dass die Überschussreserven nahe bei Null liegen. Nur so lässt sich die Wirkung geldpolitischer Impulse auf den Geschäftsbankensektor möglichst verlustfrei übertragen. Die Mindestreserven und die Einlagen sind über die Beziehung $MR = \rho D$ (ρ:=Mindestreservesatz) miteinander verknüpft. Aus Gleichung (2) folgt deshalb:

$$(1 - \rho)D = B_B \tag{3}$$

tion der Sachkapitalinvestition lediglich eine Nullstelle, also nur einen möglichen internen Zins aufweist.

[87] TOBIN 1963, wieder abgedruckt 1971, S. 385. [228]

[88] Der Fall, dass als Referenzzins ein Zins auf dem Kreditmarkt gewählt wird, stellt eine gewisse Besonderheit dar, da sich diese Sichtweise, für die sich der Begriff *Kreditkostenkonzept* etabliert hat, nur schwer in die Systematik der Transmissionstheorien einordnen lässt. Das Kreditkostenkonzept ist dann zu berücksichtigen, wenn die Investitionsausgabe kreditfinanziert wird. Genau genommen ist das im Rahmen des einfachen Zinskanals aber unmöglich, da diese Theorie nicht zwischen den Aktiva Wertpapier und Bankkredit unterscheidet. Eine solche Unterscheidung ist vielmehr charakteristisch für das Konzept des Kreditkanals, das in Abschnitt 3.4 Gegenstand der Darlegungen ist. Deshalb wird auf den Begriff des Kreditkostenkonzepts dort eingegangen.

[89] Vgl. z.B. GOTTSCHALK 1999, S. 359. [99]

[90] Vgl. zu diesem Modell etwa KASHYAP/STEIN 1994, S. 221-222 [130], WORMS 1998, S. 187-189 [238] oder BOFINGER/REISCHLE/SCHÄCHTER 1996, S. 558-560. [23]

Da die Zentralbank die Höhe der (Mindest-)Reserven entsprechend ihren geldpolitischen Vorstellungen nahezu punktgenau steuern kann, folgt bei weitestgehend stabiler Zentralbankgeldnachfrage, dass die Banken bei konstantem Reservesatz eine durch die Zentralbank ausgelöste Verbilligung (Verteuerung) von Zentralbankgeld nur durch eine Aufstockung (einen Abbau) der Einlagen kompensieren können und damit eine Vergrößerung (Verkleinerung) der Geldmenge bewerkstelligen. So gesehen sind die verfügbaren Mittel in Gleichung (3) und damit die Einlagen eine Funktion des Zentralbankgeldmarktsatzes τ, das heißt, es ergibt sich daraus und aus (3):

$$(1-\rho)D = f(\tau) \quad \text{mit} \quad \frac{\partial D}{\partial \tau} < 0, \tag{4}$$

$$D = \frac{B_B}{1-\rho} = f(\tau). \tag{5}$$

Der Effekt einer Geldmengenvariation auf das Einkommen ergibt sich nun unter Berücksichtigung der dem IS/LM-Modell zu Grunde liegenden Märkte, dem Geldmarkt (Gleichung (6))[91] und dem Gütermarkt (Gleichung (7))[92]. Der einzige Unterschied zum herkömmlichen IS/LM-Modell besteht hier darin, dass die Geldmenge D als nicht mehr exogen betrachtet wird, sondern gemäß (5) vom Zentralbankgeldmarktsatz abhängt. Der das Investitionsvolumen I determinierende Zins i ist in diesem Modell nicht näher spezifiziert und wird daher als nominale Durchschnittsrendite der im Umlauf befindlichen festverzinslichen Wertpapiere interpretiert:

$$D(\tau) = L_S(i) + L_T(Y) = L_S(i) + kY \tag{6}$$

$$Y = I(i) + C = I(i) + cY. \tag{7}$$

Die Geldnachfrageseite reagiert auf eine durch die Zinspolitik der Zentralbank induzierte Geldmengenerhöhung (Geldmengensenkung) auf Grund der unverändert gebliebenen Geldnachfrage durch den Kauf (Verkauf) von Wertpapieren, was auf dem Wertpapiermarkt zu sinkenden (steigenden) Wertpapierrenditen führt. Daraufhin kommt es zu einem Anstieg (Rückgang) der Investitionsnachfrage. Aus dem Gleichungssystem (6) und (7) folgt:[93]

$$\frac{\partial Y}{\partial \tau} = \frac{\frac{\partial I}{\partial i} \cdot \frac{\partial D}{\partial \tau}}{k \cdot \frac{\partial I}{\partial i} + (1-c) \cdot \frac{\partial L_S}{\partial i}} < 0. \tag{8}$$

Da die partiellen Ableitungen der Investitionsnachfrage und der Spekulationskassennachfrage jeweils nach dem Zins sowie der Geldmenge nach dem Zentralbankgeldmarktsatz

[91] Der Übersichtlichkeit wegen wird auf die Einbeziehung des Bargelds verzichtet, sodass sich die Geldmenge nur aus dem Sichteinlagenvolumen ergibt. Das Preisniveau wird als konstant angesehen.

[92] In der Gleichung des Gütermarktes findet die Staatsnachfrage keine Berücksichtigung, da sie bezüglich des Gleichgewichtsanpassungsprozesses nach einer Variation des Zentralbankgeldmarktsatzes keine Rolle spielt.

[93] Vgl. dazu auch die entsprechenden Ausführungen im mathematischen Anhang A.1, S. 221-222.

immer kleiner als Null sind, gilt für den gesamten Ausdruck $\partial Y/\partial \tau < 0$, das heißt, der Zusammenhang zwischen dem Zentralbankgeldmarktsatz und dem Einkommen im einfachen Zinskanal ist negativ. Wie nicht anders zu erwarten, führt eine restriktive (expansive) Geldpolitik gemäß diesem Transmissionsprinzip zu einem sinkendem (steigendem) Einkommen. Die Stärke der Reaktion des Einkommens hängt von den Zinsreagibilitäten der Investitionsnachfrage und der Spekulationskassennachfrage ab. Letztere verstärkt den Effekt auf das Einkommen, je kleiner sie dem Betrag nach ist. Bei kleinen Zinsreagibilitäten der Geldnachfrage geht der nach einer Zinsänderung notwendige Geldmarktausgleich nur langsam voran, sodass die notwendige Zinsänderung relativ stark ausfallen muss, um das Geldmarktgleichgewicht zu erreichen. Entsprechend stark ist dann auch der Effekt auf die Investitionen und das Einkommen. Die Reaktion der Investitionen auf Zinsänderungen hängt von der Höhe des Terms $\frac{\partial I}{\partial i}$ ab. Prinzipiell verstärkt eine hohe Zinsreagibilität der Investitionen den Effekt auf das Einkommen. Allerdings kann dieser Einkommenseffekt der Investitionen in Verbindung mit einem relativ hohen Kassenhaltungskoeffizient k (Term $k \cdot \frac{\partial I}{\partial i}$) dazu führen, dass der Geldmarktausgleich hauptsächlich über die Anpassung der Transaktionskasse vollzogen wird und damit die Zinsreaktion nicht mehr so hoch ausfallen muss, um das Geldmarktgleichgewicht herzustellen. Dies hat dann eine dämpfende Wirkung auf das Einkommen.

Da der einfache Zinsmechanismus als Bestandteil des IS/LM-Modells an sich die Wirkung auf die Investitionen nach einer Geldmengenänderung analysiert (was in der Darstellung hier etwas abgewandelt wurde), wird er auch als *money view* oder gelegentlich als *money channel* bezeichnet. Kritisiert wird an diesem Transmissionsgedanken vor allem die Tatsache, dass er sich allein auf (längerfristige) Wertpapiere als einziges Aktivum in der Bankenbilanz stützt. Die tatsächliche Bedeutung der Staatsanleihen ist jedoch weitaus geringer als die der Bankkredite an private Haushalte, die aber vom einfachen Zinskanal nicht berücksichtigt werden.[94] Man muss jedoch bei aller Berechtigung dieses Argumentes auch bedenken, dass sich diese Kritik auf die praktische Relevanz des Zinskanals richtet, nicht aber auf dessen theoretische Fundierung. Wird angenommen, dass vollkommene Kapitalmärkte existieren, kann die Wertpapierrendite im einfachen Zinskanal als stellvertretend für alle Formen finanzieller Investments angesehen werden, da sich eine Unterscheidung in verschiedene Kapitalmärkte unter dieser Prämisse erübrigt.[95] Selbst dann aber, wenn man die Annahme vollkommener Kapitalmärkte nicht trifft, ist die Kritik an der Berücksichtigung nur einer Aktivaposition nicht unbedingt treffend. Der einfache Zinsmechanismus behauptet nicht, eine Theorie zu sein, welche die Transmission in einer Volkswirtschaft vollständig erklären könnte, sondern er beschränkt sich nur auf die Rolle von (längerfristigen) Staatsanleihen bei der Übertragung monetärer Impulse, also auf einen Ausschnitt geldpolitischer Transmission. Dass der Zinskanal die Transmission nur partiell erklärt, ist aber nicht im besonderen Maß erstaunlich und kann deshalb auch kein echter Grund zur Kritik sein. Keiner der existierenden Transmissionsansätze kann das vollständige Transmissionsgeschehen erfassen, sondern immer nur Teilaspekte dessen. Es mag sein, dass der einfache Zinskanal nur einen schmalen Übertragungsstrang geldpolitischer Impulse berücksichtigt; das Transmissionsmodell an sich muss deshalb aber nicht

[94] Vgl. BOFINGER/REISCHLE/SCHÄCHTER 1996, S. 560. [23]

[95] Vgl. NOLTE 2003, S. 48. [174] Zu den Bedingungen für einen vollkommenen Kapitalmarkt vgl. z.B. GRÖßL/STAHLECKER 2000, S. 3-4. [102]

schlecht konstruiert sein.

In empirischer Hinsicht hängt die Relevanz des einfachen Zinsmechanismus zum einen davon ab, inwieweit nachweisbar ist, dass Zinsänderungen an den Kapitalmärkten die Investitionsnachfrage anregen bzw. abdämpfen, und zum anderen davon, ob auch eine Evidenz hinsichtlich der Beeinflussbarkeit der Zinsen an den Kapitalmärkten durch die Zentralbank feststellbar ist. Bezüglich des erstgenannten Problems kommt zum Beispiel Gischer (1998) zu dem Schluss, dass es für eine negative Abhängigkeit der Investitionen vom Zinssatz nicht den geringsten Hinweis gibt.[96] Jaenicke (1995) zeigt in seiner empirischen Analyse, dass auch von den Zinstendersätzen der Zentralbank keine kausale Wirkung auf die Kapitalmarktzinsen ausgeht.[97] Da zwischen den Refinanzierungssätzen der Zentralbank und den Zinsen am Zentralbankgeldmarkt ein sehr enger Zusammenhang besteht (siehe Abschnitt 2.3), folgt daraus auch, dass zwischen dem Tagesgeldsatz oder einem anderen Zins am Zentralbankgeldmarkt danach keine nennenswerte Wirkung auf die die Investitionsentscheidung determinierenden Kapitalmarktzinsen ausgeht. Ein Grund könnte darin zu suchen sein, dass der Zusammenhang zwischen den kurzfristigen und den langfristigen Zinsen durch internationale Einflüsse gestört ist. Darauf wird in Abschnitt 4.3 näher eingegangen. In der in Abschnitt 2.4 präsentierten Untersuchung hatten sich dagegen Hinweise auf einen direkten Zusammenhang zwischen dem Tagesgeldsatz und den dort verwendeten Investitionsgrößen ergeben. Dies könnte darauf hindeuten, dass Impulse der kurzfristigen Zinsen über einen anderen Weg als über den einfachen Zinskanal die Investitionsnachfrage erreichen. Zu nennen ist in diesem Zusammenhang insbesondere der Kreditkanal, der in Abschnitt 3.4 besprochen wird.

Der bisherige Kerngedanke dieses einfachen Zinsmechanismus ging davon aus, dass die Zentralbank fähig ist, die nominalen Wertpapierrenditen und damit die Investitionsnachfrage zu beeinflussen. Häufig wird jedoch darauf hingewiesen, dass der für die Investitionsentscheidungen der Investoren relevante Zins der reale Wertpapierzins sei.[98] Der Zusammenhang zwischen nominaler und realer Verzinsung wird über die erwartete Änderung des Preisniveaus π^* hergestellt. Die Verbindung von Nominal- und Realverzinsung über die erwartete Inflationsrate wurde von Fisher (1896) formuliert und wird deshalb als *Fisher-Theorem* bezeichnet.[99] Fisher zeigt die Verknüpfung nominaler und realer Zinsen mit folgendem Beispiel. In seiner Ausgangssituation zum Zeitpunkt t ist der Wert einer Menge Geldes M (in seinem Beispiel 100 $) gleich dem Wert einer Warenmenge W (in seinem Beispiel 100 Scheffel Weizen, was bedeutet, dass ein Scheffel Weizen 1$ kostet). Für den Zeitraum eines Jahres kann sowohl das Geld als auch der Weizen verliehen werden. Der Gleichgewichtsgedanke erfordert es, dass derjenige, der das Geld verleiht, nach Ablauf des Jahres genauso gestellt sein muss wie derjenige, der den Weizen verleiht. Dies analytisch ausgedrückt ergibt:

$$M(1+i) = W(1+r). \tag{9}$$

i sei hier der mit der Verleihung des Geldes erzielbare Zins und r der mit der realen

[96] Vgl. GISCHER 1998, S. 137. [96]
[97] Vgl. JAENICKE 1995, S. 209-225. [121]
[98] Vgl. z.B. KAMPS/PIERDZIOCH 2002a, S. 3 [128] oder GOTTSCHALK 1999, S. 359. [99]
[99] Vgl. auch im Folgenden FISHER 1896, S. 6-11. [77]

Verleihung (von Weizen) erzielbare Zins. Gleichzeitig ist in der Ausgangssituation sicher bekannt, dass sich nach Ablauf des Jahres der Scheffelpreis für Weizen geändert haben wird. Fisher wählt dafür als Szenario, dass sich der Wert des Geldes, ausgedrückt in Weizeneinheiten, vergrößert, das heißt, für die gleiche Geldeinheit lassen sich nun mehr Weizeneinheiten (Scheffel) erwerben oder einfacher, Weizen wird billiger (im Beispiel sinkt der Scheffelpreis von 1$ auf 96 Cents). Statt einer erwarteten Inflationsrate berücksichtigt Fisher somit eine erwartete Deflationsrate. Im Weiteren soll stattdessen analog zu den gängigen Darstellungen die erwartete Inflationsrate berücksichtigt werden. An der grundsätzlichen Aussage des Fisher-Theorems wird sich dadurch nichts ändern. Es soll also entgegen dem Fisher'schen Szenario die Annahme formuliert werden, dass sich der Wert des Weizens — ausgedrückt in Einheiten des Geldes — vergrößert, Weizen also teurer wird. Das ist:

$$W = M(1 + \pi^*), \tag{10}$$

mit π^* als der erwarteten Inflationsrate (bzw. in diesem Beispiel der erwarteten Teuerungsrate des Weizens). Wird (10) in (9) eingesetzt, dann erhält man:

$$\begin{aligned} M(1+i) &= M(1+\pi^*)(1+r), \\ 1+i &= 1+r+\pi^*+\pi^* \cdot r, \\ i &= r+\pi^*+\pi^* \cdot r. \end{aligned} \tag{11}$$

Wird der Term $\pi^* \cdot r$ vernachlässigt, was für relativ kleine Werte von π^* und r legitim ist, dann vereinfacht sich (11) zu:

$$i = r + \pi^*. \tag{12}$$

(12) stellt das Fisher-Theorem in der Nominalzinsvariante dar: Der Verleiher eines Geldbetrages fordert neben dem Entgelt für den Verzicht auf Konsum, welches dem Zins r für die Verleihung realer Werte entspricht, zusätzlich ein Entgelt für den in dieser Zeit schwindenden Wert des Geldbetrages, ausgedrückt durch die Inflationsrate. Die Realzinsvariante erhält man durch Umstellung von (12) nach r:

$$r = i - \pi^*. \tag{13}$$

Bei Fisher ist durch die Anwendung der erwarteten Deflationsrate dr^* die Realzinsvariante des Theorems formuliert als:

$$r = i + dr^*. \tag{14}$$

Gleichung (14) besagt, dass der Verleiher von realen Werten (Weizen) neben dem Entgelt i für die Überlassung des Weizens auf Zeit auch ein Entgelt für den in dieser Zeit schwindenden Wert des Weizens fordert. In (13) ergibt sich der Realzins dagegen aus der

Nominalverzinsung abzüglich der erwarteten Wertsteigerung des realen Wertes. Die Formulierungen in (13) und (14) unterscheiden sich damit lediglich durch die Richtung der erwarteten Preisänderung, nicht aber in ihrer grundsätzlichen Aussage.

Für die Funktionsweise des Zinskanals, aber im Prinzip auch aller anderen Transmissionstheorien, ist nun entscheidend, dass die Inflationserwartung π^* kurzfristig konstant ist.[100] Ist das nicht der Fall, dann können sich ändernde Inflationserwartungen den geldpolitischen Effekt abschwächen, kompensieren oder gar überkompensieren. Ergreift die Zentralbank beispielsweise eine expansive Maßnahme, in deren Gefolge die Zinsen sinken, so kann das zu Inflationsbefürchtungen führen. In Gleichung (13) würde i sinken und π^* steigen. Der für die Investitionsnachfrage relevante Realzins bliebe dann möglicherweise unverändert oder wäre nur sehr schwach berührt. Diese Wirkung wird auch als *Fisher-Effekt* bezeichnet.

3.3 Vermögenstheoretische Transmission

3.3.1 Vorbemerkungen

Vermögenstheoretische Transmissionstheorien betonen die Rolle des Vermögens der Wirtschaftssubjekte für die Übertragung geldpolitischer Impulse. Um diese Rolle beleuchten zu können, muss zunächst geklärt werden, was Vermögen überhaupt ist, bzw. genauer, welche Bestandteile dem Vermögen zuzurechnen sind.[101] Die vermögenstheoretische Transmission betrachtet einerseits die Höhe des Vermögens als eine Determinante der Ausgabenentscheidungen der Wirtschaftssubjekte. Eine Transmissionswirkung ist danach dann erreicht, wenn es der Zentralbank gelingt, die Höhe des Vermögens der Wirtschaftssubjekte zu ändern. Eine Reduktion des Vermögens soll die Ausgabentätigkeit dämpfen, eine Erhöhung diese anregen. Bei diesem Transmissionsansatz ergibt sich das Problem, dass prinzipiell jeder Finanzvermögensposition eine finanzielle Verbindlichkeit gegenübersteht. Ein von der Zentralbank ausgelöster Zuwachs bestimmter Vermögenspositionen geht auch immer mit einem Zuwachs von Schuldpositionen einher. Zwar besteht in einer offenen Volkswirtschaft die Möglichkeit der Verschuldung im Ausland, sodass einer inländischen Forderung nicht unbedingt auch eine inländische Schuld gegenüberstehen muss. In großen Währungsräumen wie etwa dem des Euro-Währungsgebietes muss aber dennoch davon ausgegangen werden, dass geldpolitische Impulse, welche zum Beispiel auf eine Zunahme von Forderungen ausgerichtet sind, gleichzeitig auch eine Zunahme des Schuldenvolumens im eigenen Währungsgebiet induzieren. Dieser Transmissionsansatz kann deshalb nur funktionieren, „wenn sich glaubhaft begründen ließe, dass die ausgabenanregende Wirkung einer Forderungszunahme größer ist als die ausgabendämpfende Wirkung der entsprechenden Schuldzunahme."[102] Die Frage, welche Finanzaktiva unter welchen Voraussetzungen einen positiven Nettoausgabeneffekt erzeugen, ist Gegenstand

[100] Vgl. TAYLOR 1995, S. 13. [225]

[101] Vgl. z.B. FRIEDMAN 1956, S. 4-5 [84], der dort im Rahmen seiner Neuformulierung der Quantitätstheorie eine Definition des Vermögensbegriffes vorstellt. Siehe dazu auch Abschnitt 3.3.2. Zur Rolle des Geldes als Vermögensbestandteil vgl. FRIEDMAN/SCHWARTZ 1969, S. 1-14. [86]

[102] POHL 1976a, S. 12-13. [183]

der auf Gurley und Shaw (1960) zurückgehenden Innengeld-Außengeld-Debatte, auf die hier nicht näher eingegangen werden soll.[103]

Auf der anderen Seite ist aber auch die Struktur des Vermögens Ansatzpunkt für transmissionstheoretische Betrachtungen. In den Abschnitten 3.3.2 und 3.3.3 werden zwei Ansätze besprochen, die das Hauptaugenmerk auf Anpassungsprozesse bezüglich der Zusammensetzung des Vermögens richten.

3.3.2 Die Monetaristische Theorie der relativen Preise

Da im Folgenden die Struktur des Vermögens eine zentrale Rolle spielt, ergibt sich, dass das Vermögen mehrere Bestandteile umfassen muss. Die Vertreter der monetaristischen Theorie definieren den Vermögensbegriff sehr breit. Maßgebend ist in dieser Hinsicht die Neuformulierung der Quantitätstheorie durch Friedman (1956).[104] Zum Vermögen zählen nach Friedman verschiedene Finanzaktiva (Geld, Wertpapiere, Aktien), Sachaktiva (langlebige Konsum- und Investitionsgüter) sowie Humankapital.[105] Der Ansatzpunkt für die Geldpolitik liegt hier bei den Sachaktiva. Für Sachaktiva gibt es nämlich zwei Märkte, einen für bereits bestehende Sachaktiva und einen für neu zu schaffende.[106] Bei optimaler Strukturierung weisen die jeweiligen Grenzerträge aller Vermögensbestandteile den gleichen Wert auf. Gelingt es der Zentralbank nun beispielsweise, die Grenzertragsraten für bestehende Sachaktiva zu senken, dann ist relativ gesehen die Neuschaffung von Sachaktiva attraktiver. Die vermehrte Neuschaffung von Sachaktiva geht einher bzw. ist gleichbedeutend mit der gesamtwirtschaftlichen Erhöhung der Investitionsausgaben.

Der Gedanke dieses Transmissionsansatzes ist somit, die Haltung von Finanz- und bestehenden Sachaktiva, gemessen an den jeweiligen Grenzerträgen, relativ zu neu zu schaffendem Sachkapital unattraktiv zu machen, um einen expansiven Effekt zu erzielen bzw. attraktiv zu machen, um einen restriktiven Effekt zu erzielen. Ausgangspunkt ist die Offenmarktpolitik der Zentralbank. Möchte diese einen expansiven Effekt erzielen, dann kauft sie zu über dem Marktniveau liegenden Kursen Wertpapiere von den Banken an.[107] Das hat zur Folge, dass die Überschussreserven der Banken zunehmen. Dadurch wird deren optimale Vermögensstruktur gestört, weil der Grenzertrag der Haltung von Zentralbankgeld gesunken ist. Gleichzeitig sind durch die hohen Ankaufskurse die Wertpapierrenditen gesunken. Die Banken sehen sich veranlasst, ihre Überschussreserven für vermehrte Kreditvergabe oder den Erwerb anderer, höherverzinslicherer Wertpapiere zu nutzen. Beides

[103] Vgl. GURLEY/SHAW 1960, insbesondere S. 72-86. [103] Andere Darstellungen dazu finden sich beispielsweise bei POHL 1976a, S. 13-15 [183] oder CLAASSEN 1970, S. 175-190. [37]

[104] Vgl. FRIEDMAN 1956, S. 3-21, zur Abgrenzung der verschiedenen Vermögensbestandteile vgl. ebenda, S. 4-5. [84]

[105] Vgl. für eine ausführliche Darstellung des gesamten monetaristischen Ansatzes POHL 1976a, S. 8-12 [183], DUWENDAG u.a. (1999), S. 201-207 [56] oder für eine etwas andere Darstellung MELTZER (1995), S. 53-59. [159]

[106] Vgl. POHL 1976a, S. 10. [183]

[107] Die Notwendigkeit höherer Ankaufkurse ergibt sich aus dem Umstand, dass ausgehend von einem Gleichgewicht mit identischen Grenzertragsraten für die Banken ein Anreiz bestehen muss, durch den Verkauf von Wertpapieren ihr Vermögensgleichgewicht zu verlassen. Vgl. FRIEDMAN/SCHWARTZ 1969, S. 14. [86]

geht mit einer Erhöhung der Geldmenge bei den Nichtbanken einher. Der Grenzertrag der Geldhaltung bei den Nichtbanken sinkt. Die Nichtbanken strukturieren ihr Vermögen zugunsten grenzertragsstärkerer Wertpapiere um, worauf deren Kurs steigt bzw. deren (Grenz-)Rendite fällt. Hat sich dieser Impuls durch den gesamten Bereich der Finanzaktiva fortgepflanzt, gehen die Wirtschaftssubjekte dazu über, ihr Vermögen zugunsten der noch ertragsstärkeren Sachaktiva umzustrukturieren. Ist es auch hier zu den zwangsläufigen Preissteigerungen bzw. Ertragssenkungen gekommen, verbleibt als Alternative nur noch die Neuschaffung von Sachaktiva, das heißt die Realisierung von Investitionen. Investitionsprojekte werden mit der internen Rendite bemessen, die ihnen innewohnt.[108] Die sich somit erhöhende Investitionsnachfrage lässt auch die Preise für neu zu schaffende Sachaktiva steigen, sodass am Ende des Transmissionsprozesses das Vermögen wieder optimal strukturiert ist, nun jedoch höher bewertet und mit geringeren (aber zwischen den Vermögensobjekten gleichen) Grenzerträgen. Auf Grund der höheren Vermögenswerte kann es auch zu einem Ausgabeneffekt kommen wie er in Abschnitt 3.3.1 beschrieben ist, da den höher bewerteten Aktiva keine gleichzeitig höher bewerteten Schulden gegenüberstehen.[109] Der Grundgedanke dieses Transmissionsprinzips ist also die Induzierung von Anpassungsreaktionen der Wirtschaftssubjekte hinsichtlich ihrer Vermögensstruktur.

Soll dieser Gedanke funktionieren, müssen mehrere Voraussetzungen erfüllt sein.[110] Erstens müssen die Wirtschaftssubjekte willens sein, stets auch kleinste Abweichungen von der optimalen Vermögensstruktur sofort zu korrigieren.[111] Zweitens muss sichergestellt sein, dass die notwendigen Anpassungen nicht nur im Bereich der Finanzaktiva stattfinden, sondern auch in den Bereich der Sachaktiva übergreifen.[112] Eine undurchsichtige Rolle spielt das Humankapital. Obwohl es nach monetaristischer Auffassung ebenfalls ein Vermögensgegenstand ist, hat das Humankapital im Prozess der relativen Preise eine untergeordnete oder gar keine Bedeutung. Das liegt daran, dass Erträge aus der Haltung bzw. Schaffung von Humankapital nicht wirklich zu berechnen sind, weil dafür der durch eine Bildungsinvestition hervorgerufene Ertragsstrom bekannt sein müsste.

Angesichts der genannten Gesichtspunkte ist es zweifelhaft, ob die von der Geldpolitik ausgelösten Anpassungsprozesse tatsächlich so ablaufen, wie das theoretisch gedacht ist. Die Vertreter dieses Ansatzes behaupten zwar nicht, dass ein monetärer Impuls die verschiedenen Bestandteile insbesondere des Finanzvermögens immer in der gleichen Chronologie durchlaufen muss. Die geschilderten Prämissen machen es aber unwahrscheinlich, dass ein monetärer Impuls tatsächlich über alle notwendigen relativen Preise realwirtschaftliche Größen erreichen kann.

---

[108] Zur internen Rendite siehe auch Abschnitt 3.2.3. TOBIN 1969 [229] formalisiert das Verhältnis der internen Rendite zum Ertragssatz auf vorhandenes Sachkapital als q. Siehe dazu den Abschnitt 3.3.3.

[109] Vgl. DUWENDAG u.a. 1999, S. 205. [56]

[110] Eine ausführliche kritische Würdigung des Ansatzes findet sich bei POHL 1975, S. 222-242. [182]

[111] Diese Annahme ist zum Beispiel dann nicht erfüllt, wenn die Nichtbanken die zusätzliche Geldhaltung nicht als Störung ihres Gleichgewichts empfinden oder die Umstrukturierung Anpassungskosten verursacht, die über den zusätzlichen Erträgen liegen.

[112] Diese Annahme ist durchaus problematisch. Sie verlangt zum ersten, dass Sachaktiva gute Substitute für Finanzaktiva darstellen, zum zweiten, dass Sachaktiva beliebig teilbar sind, damit die Anpassung auch in jedem Falle zu einem neuen Optimum führen kann, und zum dritten, dass die Wirtschaftssubjekte fähig sind, in jede Form von Sachaktiva zu investieren, wenn die dortigen Grenzerträge dies attraktiv machen.

3.3.3 Die Portfoliotheorie

Die Portfoliotheorie basiert auf verschiedenen Arbeiten des amerikanischen Ökonomen James Tobin. Darstellungen zur Tobinschen Theorie finden sich bei Duwendag (1999), Kath und Euba (1975) sowie bei Tobin (1963, 1969) selbst.[113] Hinsichtlich der Ertragsgesichtspunkte argumentiert Tobin wie die Vertreter der monetaristischen Variante, welche in Abschnitt 3.3.2 vorgestellt wurde. Tobin stellt jedoch eher die Gesichtspunkte der Risikostruktur des Portfolios in den Vordergrund.

Tobin unterteilt das Vermögen in zwei Gruppen, nämlich in die Finanzaktiva und die Sachaktiva. Zur ersteren zählt er das Bargeld sowie kurz-, mittel- und langfristige Wertpapiere. Keine Beachtung dagegen finden dauerhafte Konsumgüter und Humankapital. Im Gegensatz zu den Monetaristen berücksichtigt die Portfoliotheorie den Umstand, dass die Vermögensbestandteile mit Risiken behaftet sind. Diese Risiken sind für die verschiedenen Aktiva des Finanzvermögens gleicher Natur, es sind aber andere als die Risiken des Realvermögens.[114] Durch die Unabhängigkeit der unterschiedlichen Risikoquellen ist es sinnvoll, Finanz- und Sachaktiva in einer diversifizierten Mischung zu halten.[115] Das bedeutet, dass das Portfolio so strukturiert werden kann, dass das Gesamtrisiko des Portfolios unter die Einzelrisiken der Vermögensbestandteile fällt. Die Optimierung des Portfolios wird daher nicht nur unter Ertrags-, sondern vor allem unter Risikogesichtspunkten vorgenommen. Während die optimale Strukturierung unter Ertragsgesichtspunkten die Gleichheit der Grenzerträge aller Vermögensbestandteile fordert, ist aus der Betrachtung der Risiken heraus jene Aufteilung des Portfolios zwischen Finanz- und Realvermögen anzustreben, welche das Gesamtrisiko minimiert. Analytisch ergibt sich das Gesamtrisiko aus den Risiken des Finanzvermögens FV und denen des Realvermögens RV und wird durch die Varianz der Erträge des gesamten Portfolios σ_G^2 symbolisiert:[116]

$$\sigma_G^2 = \sigma_{FV}^2 \cdot A_{FV}^2 + \sigma_{RV}^2 \cdot A_{RV}^2 + 2 \cdot \sigma_{FV}\sigma_{RV} \cdot r_{FV,RV} \cdot A_{FV}A_{RV},$$

wobei die Variable A den Anteil des jeweiligen Vermögensblockes am Portfolio und $r_{FV,RV}$ den Korrelationskoeffizienten zwischen den Risiken des Finanz- und denen des Realvermögens darstellt. Durch Optimierung erhält man:

$$A_{FV} = \left(\frac{\sigma_{RV}^2 - \sigma_{FV}\sigma_{RV}r_{FV,RV}}{\sigma_{FV}^2 - \sigma_{FV}\sigma_{RV}r_{FV,RV}}\right) \cdot A_{RV} \tag{15}$$

und nach Berücksichtigung der Nebenbedingung $A_{FV} + A_{RV} = 1$ folgt für A_{FV} und A_{RV}:

$$A_{FV} = \frac{\sigma_{RV}^2 - \sigma_{FV}\sigma_{RV}r_{FV,RV}}{\sigma_{FV}^2 + \sigma_{RV}^2 - 2\sigma_{FV}\sigma_{RV}r_{FV,RV}}, \tag{16}$$

$$A_{RV} = \frac{\sigma_{FV}^2 - \sigma_{FV}\sigma_{RV}r_{FV,RV}}{\sigma_{FV}^2 + \sigma_{RV}^2 - 2\sigma_{FV}\sigma_{RV}r_{FV,RV}}. \tag{17}$$

[113]Vgl. DUWENDAG u.a. 1999, S. 207-213. [56], KATH/EUBA 1975, S. 458-464. [134], TOBIN 1963, wieder abgedruckt 1971, S. 384-411 [228] und TOBIN 1969, S. 15-29. [229]

[114]Für das Finanzvermögen existieren das Inflations- und Kursrisiko, für das Realvermögen das Konjunktur-, Branchen- sowie das technologische Risiko.

[115]Vgl. TOBIN 1963, wieder abgedruckt 1971, S. 402. [228]

[116]Siehe dazu auch die Ausführungen im Anhang, S. 223-225.

Die Gleichungen (16) und (17) zeigen, dass die Anteile A_{FV} und A_{RV} eine feste, von den Standardabweichungen und dem Korrelationskoeffizienten determinierte Höhe haben bzw. in einem konstanten Verhältnis stehen (Gleichung (15)).[117] Wird das Vermögen eines der beiden Vermögensblöcke erhöht, dann muss gleichzeitig auch das Vermögen des jeweils anderen Vermögensblockes erhöht werden, damit die Anteile wieder die optimale Höhe haben.

Das zeigt, dass Finanz- und Realvermögen in komplementärer Beziehung stehen müssen, damit das Portfolio hinsichtlich des Risikos optimal strukturiert werden kann. Die optimale Strukturierung des Portfolios folgt damit also nicht nur Überlegungen hinsichtlich der Maximierung des Ertrages (Gleichheit aller Grenzerträge), sondern auch hinsichtlich der Minimierung des Risikos. Innerhalb des Vermögensblockes der Finanzaktiva spielt das Risiko der einzelnen Wertpapiere (bzw. des Geldes) keine Rolle, da die Risikoquellen gleicher Natur sind. Die Beziehung unter den verschiedenen Finanzaktiva ist somit substitutiv, und die Strukturierung richtet sich allein nach Ertragsgesichtspunkten. Im Block der Sachaktiva ist das Verhältnis zweier Renditen entscheidend. Die eine ist der Supply Price of Capital r_K (Angebotspreis des Kapitals). Der Supply Price of Capital ist „that rate at which the public would be willing to hold the *existing* [*Herv. d. Verf.*] stock of capital, valued at current prices."[118] Die andere Rendite ist die Grenzleistungsfähigkeit des Kapitals R (interne Rendite). Bereits in Abschnitt 3.2.3 wurde darauf verwiesen, dass die interne Rendite nicht direkt von den Trägern der Wirtschaftspolitik beeinflussbar ist. Das Verhältnis beider Renditen bezeichnet Tobin als q:[119]

$$q = \frac{R}{r_K}.$$

Analog zum monetaristischen Ansatz ist die Schaffung neuer Sachaktiva — und damit der gewünschte realwirtschaftliche Effekt — für die Wirtschaftssubjekte dann attraktiv, wenn die interne Rendite über dem Supply Price of Capital liegt ($q > 1$). Ist das der Fall, dann führt die verstärkte Neubildung von Realkapital zu einem Sinken der internen Rendite,[120] bis sich im Gleichgewicht beide Renditen wieder entsprechen. Der transmissionstheoretische Hebel besteht somit darin, durch die Störung des Portfoliogleichgewichts

[117] Die oben dargestellte Lösung ist nur dann gültig, wenn für den Korrelationskoeffizienten die Bedingung $r_{FV,RV} \leq Min\{\frac{\sigma_{FV}}{\sigma_{RV}}, \frac{\sigma_{RV}}{\sigma_{FV}}\}$ (falls der identische Nenner in (16) bzw. (17) positiv ist) oder die Bedingung $r_{FV,RV} \geq Max\{\frac{\sigma_{FV}}{\sigma_{RV}}, \frac{\sigma_{RV}}{\sigma_{FV}}\}$ (falls der identische Nenner in (16) bzw. (17) negativ ist) erfüllt ist. Andernfalls wird die Nichtnegativitätsbedingung für die Anteile A_{FV} und A_{RV} verletzt. In diesem Falle gelten die durch die Kuhn-Tucker-Bedingungen bestimmten Randlösungen, nach denen der Anteil eines Vermögensblockes zu Null und der Anteil des jeweils anderen Vermögensblockes zu Eins wird. Gilt für den Korrelationskoeffizienten $r_{FV,RV} = 1$, dann dürfen sich die Standardabweichungen beider Vermögensarten nicht entsprechen, weil dieser Fall für das vorliegende System nicht definiert ist. Ökonomisch bedeutet dies, dass bei $r_{FV,RV} = 1$ und $\sigma_{FV} = \sigma_{RV}$ die Aufteilung des Portfolios in Finanzvermögen und Realvermögen völlig beliebig ist, da die beiden Vermögensarten dann faktisch identisch wären. Siehe auch die Ausführungen im mathematischen Anhang A.1, S. 223-225.

[118] TOBIN 1963, wieder abgedruckt 1971, S. 385. [228]

[119] Vgl. TOBIN 1969, S. 20. [229]

[120] Die Argumentation entspricht der bisherigen: die verstärkte Investition in neu zu schaffendes Sachkapital lässt die Anschaffungspreise der betroffenen Investitionsgüter steigen und damit die interne Rendite sinken. Vgl. KEYNES 1936, wieder abgedruckt 1973, S. 136. [137]

die Wirtschaftssubjekte zu solchen Anpassungsreaktionen zu veranlassen, dass sich im Ergebnis der Supply Price of Capital in der gewünschten Richtung von der internen Rendite unterscheidet, sodass $q \neq 1$ ist.

So erhöht beispielsweise ein expansiver geldpolitischer Impuls — wiederum dadurch, dass die Banken Wertpapiere zu attraktiven Kursen an die Zentralbank verkaufen — den Bestand an Geld bei den Wirtschaftssubjekten, wodurch der Grenzertrag der Geldhaltung sinkt. Über die verstärkte Nachfrage der jeweiligen (noch grenzertragsstärkeren) finanziellen Substitute sinken nacheinander deren Grenzerträge, bis im gesamten Bereich der Finanzaktiva wieder gleiche Grenzerträge herrschen. Der Supply Price of Capital liegt nunmehr über den Ertragsraten der Finanzaktiva. Diese Differenz veranlasst die Wirtschaftssubjekte, für ihr gehaltenes Sachkapital einen geringeren Supply Price of Capital zu fordern, weshalb sie bereit sind, bestehende Sachaktiva nachzufragen, bis der Supply Price of Capital auf die geforderte Mindesthöhe gesunken ist. Das hat einen expansiven Effekt auf die Höhe der Größe q, die nun einen Wert größer als Eins annimmt. Damit wird die Neuschaffung von Sachaktiva interessant, und es kommt zu expansiven realwirtschaftlichen Effekten. Dies ließe sich analog auch für einen restriktiven Impuls zeigen. Soweit unterscheidet sich dieses Transmissionsprinzip also nicht wesentlich vom monetaristischen Ansatz, mit Ausnahme der Einführung der Verhältnisgröße q.

Zu einem Unterschied beider Konzepte kommt es dann, wenn statt geldpolitischer Impulse fiskalische Impulse betrachtet werden. Erhöht der Staat seine Nachfragetätigkeit und finanziert dies durch eine Kreditaufnahme bei der Zentralbank, so folgt daraus eine Nettoerhöhung des Bestandes an Finanzaktiva, da die im Zuge der Kreditaufnahme steigende Geldmenge nicht durch die gleichzeitige Abgabe (Verkauf) von Wertpapieren der Privaten kompensiert wird. Der sinkende Grenzertrag der Kassenhaltung führt über die Kette der relativen Preise wiederum dazu, dass sich die Ertragsraten aller finanziellen Aktiva auf einem niedrigeren Niveau ausgleichen. Die Wirtschaftssubjekte sind auch in dieser Situation bereit, verstärkt Realkapital nachzufragen; nun aber aus zwei Gründen. Zum einen sind die Grenzertragsraten der Finanzaktiva geringer als der Suply Price of Capital, wodurch die Wirtschaftssubjekte Veranlassung haben, ihre Forderung bis auf die Höhe des Sachkapitalangebotspreises herunterzuschrauben. Sie werden solange bestehendes Sachkapital nachfragen, bis der Supply Price of Capital den Grenzerträgen der finanziellen Assets entspricht. Das ist der Ertrags- oder auch Geldeffekt. Der zweite Grund besteht darin, dass durch den erhöhten Bestand an Finanzaktiva bei den Wirtschaftssubjekten deren Portfoliorisiko gestiegen ist. Um die optimalen Anteile an Finanz- und Sachaktiva wiederherzustellen, muss auch der Bestand an Sachaktiva im Portfolio größer werden. Die Wirtschaftssubjekte fragen also auch aus dem Grund der Risikominimierung Sachkapital nach. Das ist der Risiko- oder auch Vermögenseffekt. Beide genannten Gründe lassen den Supply Price of Capital fallen und das Tobinsche q auf einen Wert größer als Eins steigen. Dies hat wieder zur Folge, dass die Neuschaffung von Sachaktiva, also die Investitionstätigkeit, attraktiv wird, bis sich R und r_K wieder entsprechen.

In diesem Beispiel eines expansiven Fiskalimpulses wirken Ertrags- und Risikoeffekt gleichgerichtet. Gleichwohl können beide Effekte auch gegengerichtet wirken. Ein fiskalischer Impuls derart etwa, dass der Staat seine zusätzliche Nachfrage nicht durch Kreditaufnahme bei der Zentralbank, sondern durch die Emission von Wertpapieren finanziert, führt dazu, dass sich die Ertragssätze der Kassenhaltung erhöhen. Gleichzeitig bewirkt die Zunahme des Wertpapierangebotes ein Sinken der Kurse und ein Steigen der Wertpapierrenditen. Der Substitutionsmechanismus entlang der relativen Preise sorgt für steigende Grenzerträge im gesamten Bereich der Finanzaktiva, sodass die Wirtschaftssubjekte auch einen höheren Supply Price of Capital fordern. Die Wirtschaftssubjekte sind bereit, Realkapital abzugeben, bis der Supply Price of Capital der geforderten Höhe entspricht. Für q gilt aus Sicht der Ertragsmaximierung $q < 1$, das heißt, der Ertragseffekt wirkt kontraktiv. Gleichzeitig bedeutet die Emission der Wertpapiere aber auch eine Erhöhung des Bestandes an Finanzaktiva und damit eine Abweichung des Finanzaktivaanteils vom risikominimierenden Optimum.[121] Um dies auszugleichen, fragen die Wirtschaftssubjekte Realkapital nach, bis das Portfolio wieder risikominimal strukturiert ist. Der Supply Price of Capital sinkt, und für q gilt aus Sicht der Risikominimierung $q > 1$, das heißt, der Risikoeffekt wirkt expansiv. Die Wirkung eines solchen Fiskalimpulses bleibt damit unbestimmt. Welcher der beiden Effekte, der Ertrags- oder der Risikoeffekt, in diesem Fall stärker wirkt, hängt davon ab, ob die Wirtschaftssubjekte bei der (Um)Strukturierung ihres Portfolios gewillt sind, sich eher nach Gesichtspunkten der Ertrags- oder der Risikooptimierung zu richten. Letztlich lässt sich dieses Verhalten, von dem anzunehmen ist, dass es zwischen den Wirtschaftssubjekten variiert, nur empirisch überprüfen, wenngleich den Vertretern der Portfoliotheorie zugeschrieben wird, sie würden den Risikoeffekt als den dominanteren betrachten.[122]

Der Supply Price of Capital und damit auch das Tobinsche q werden somit von zwei Momenten bestimmt, nämlich von den Grenzertragsraten der monetären Aktiva und dem Risiko des Gesamtportfolios. Da das Tobinsche q nur über den Supply Price of Capital variiert werden kann, ist der Supply Price of Capital *die* zentrale Größe im portfoliotheoretischen Transmissionsprinzip. Alle anderen betroffenen Größen im Block der Finanzaktiva — Wertpapier-, Kredit- oder Hypothekenzinsen — fungieren lediglich als Übertragungsparameter des geldpolitischen oder fiskalischen Impulses, nie jedoch als Ziel- oder Indikatorgröße: „But it is important to remember that these yields — interest rates on national debt instruments, bank loan rates, mortgage rates etc. — are means rather than ends. The target is the supply price of capital.“[123] Das heißt, die Wirkung der ergriffenen Maßnahmen wird am Supply Price of Capital abgelesen.[124]

Aus geldpolitischer Sicht ist anzumerken, dass im tobinschen Transmissionsprinzip die Überlegungen zur Risikooptimierung offenbar vernachlässigbar sind, wenn lediglich geldpolitische, also von der Zentralbank induzierte Impulse betrachtet werden. Da geldpolitische Maßnahmen in der Regel einen Tausch von Zentralbankgeld gegen Wertpapiere darstellen, ist der Bestand an finanziellen Aktiva im privaten Sektor, wie oben dargestellt, eigentlich nicht betroffen. Betrachtet man somit den portfoliotheoretischen Ansatz vor dem Hintergrund seiner Bedeutung bei der Übertragung geldpolitisch motivierter Impul-

[121] Im Zuge der Wertpapieremission sinkt zwar zunächst die Kassenhaltung der Wirtschaftssubjekte, sodass sich keine Bestandserhöhung der Finanzaktiva ergäbe, aber durch die investive oder konsumtive Verwendung der Mittel durch den Staat erhöht sich die Vermögensposition der Privaten, sodass sich netto eine Erhöhung des Finanzvermögens ergibt.

[122] Vgl. DUWENDAG u.a. 1999, S. 212. [56] oder KATH/EUBA 1975, S. 463. [134]

[123] TOBIN 1963, wieder abgedruckt 1971, S. 385. [228]

[124] Vgl. TOBIN 1963, wieder abgedruckt 1971, S. 447. [228]

se, so kann er sich in seiner Wirkungsweise kaum vom monetaristischen Ansatz abheben. Der Zentralbankgeldmarktzins spielt sowohl im tobinschen wie auch im monetaristischen Transmissionsprozess nur eine untergeordnete Rolle. Seine Bedeutung liegt hier wie auch im *money channel* in der Steuerung der von den Banken bei der Zentralbank gehaltenen Reserven.

3.4 Transmission nach dem Kreditkanal

3.4.1 Vorbemerkungen

Obwohl der Kreditkanal (auch *credit channel* oder *credit view*) ein relativ junges Transmissionskonzept ist, das erst etwa in den letzten zwei Jahrzehnten entwickelt wurde,[125] gehen seine Vorläufer bis auf die in den Fünfzigerjahren von Robert V. Roosa entwickelte *availability doctrine* zurück.[126] Die außerordentlich hohe Beachtung, die dem Kreditkanal in der Literatur entgegengebracht wird, ist dem Umstand zuzuschreiben, dass mit diesem Transmissionskonzept reale Effekte erklärt werden können, ohne dafür von zu großen, mithin unrealistischen Zinsschritten auf dem Zentralbankgeldmarkt ausgehen zu müssen.

Der Kreditkanal stellt im Rahmen der Übertragung monetärer Impulse den Kreditmarkt in den Vordergrund der Betrachtungen. Im Vergleich zum in Abschnitt 3.2 behandelten einfachen Zinsmechanismus bezieht der Kreditkanal neben den Aktiva Geld und Wertpapiere zusätzlich das Aktivum (Bank)Kredit mit ein.[127] Dadurch ergibt sich zusätzlich zur Transmission gemäß der IS/LM-Welt ein Transmissionsweg über den Kreditmarkt. Wie bereits in Abschnitt 3.2.3 angedeutet wurde, besteht das Investitionskalkül des Investors dann darin, die interne Rendite des jeweiligen Investitionsprojektes mit dem zur Finanzierung relevanten Kreditzins zu vergleichen. Ob die daraus resultierende Kreditnachfrage auch befriedigt werden kann, steht freilich auf einem anderen Blatt. In der Regel wird nämlich davon ausgegangen, dass der Bankkreditmarkt nicht so funktioniert, wie das perfekt funktionierende Märkte eigentlich tun sollten: „ [...] in practise there is the contingency to be considered that the conditions of a free competetive market for bank loans are imperfectly fulfilled."[128] Als Ursache dafür werden Informationsprobleme und Marktfehler angebracht, in deren Folge Ungleichgewichte bzw. Asymmetrien auftauchen und damit auch die Gleichgewichtsbildung und die Transmission monetärer Impulse entscheidend betroffen sind.

Die Informationsprobleme auf dem Kreditmarkt machen sich in Form der Phänomene der adversen Selektion und des moralischen Risikos (Moral Hazard) bemerkbar. Prozesse adverser Selektion entstehen, wenn Kreditanbieter auf Grund von Informationsasymmetrien nicht in der Lage sind, jedem Kreditnachfrager einen, dessen Kreditausfallrisiko

[125] Vgl. NOLTE 2003, S. 93. [174]

[126] Vgl. ROOSA 1951, S. 270-295. [202] Zusammenfassende Darstellungen sind bei Louda (1975) und Lindbeck (1962) zu finden. Vgl. LOUDA 1975, S. 461-469 [151] bzw. LINDBECK 1962, S. 15-35. [150]

[127] Die Konzentration auf die Finanzierungsform des Bankkredits ist wesentliches Merkmal des Bankenkanals (Abschnitt 3.4.2), während der in Abschnitt 3.4.3 zu besprechende Bilanzkanal weniger den Bankkredit, sondern allgemeiner jede Art der externen Finanzierung einschließt.

[128] KEYNES 1930, wieder abgedruckt 1971, S. 327. [136]

äquivalenten Zins zuzuordnen. Den für eine bestimmte Gruppe von Nachfragern somit einheitlichen Kreditzins empfinden jene als zu hoch, deren Investitionsprojekte relativ zu anderen wenig riskant sind, während Nachfrager mit vergleichsweise hohen Ausfallrisiken die Kreditaufnahme als zinsgünstig empfinden, da ihr Risiko nicht in vollem Umfang durch die Höhe des Zinses abgegolten wird. Auf diese Weise werden zu einem bestimmten Kreditzins relativ sichere Investitionsprojekte nicht realisiert, da deren Vertreter nicht als Nachfrager auftreten, während die Investoren relativ riskanter Projekte als Nachfrager verbleiben. Es findet also eine negative Auslese statt.[129] Während man die adverse Selektion als eine Form der ex ante asymmetrischen Information bezeichnen kann, die nur vor Vertragsabschluss auftritt, wird das Problem des moralischen Risikos gemeinhin als eine Verhaltensänderung bezeichnet, die nach Vertragsabschluss auftaucht und vom Kreditgeber nicht beobachtet werden kann.[130] Die Bezeichnung der ex post Informationsasymmetrie (ex post Moral Hazard) ist dabei jedoch nur für solche Situationen sachgerecht, bei denen zum Zeitpunkt des Vertragsabschlusses keine Informationsasymmetrie vorliegt, sondern erst nach Abschluss des Kontraktes (also ex post). Das ist zum Beispiel der Fall, wenn der Kreditnehmer den Kreditgeber über den Erfolg des Projektes nicht wahrheitsgemäß unterrichtet, um sich ärmer darzustellen als er ist und so nicht die volle Rückzahlung leisten zu müssen.[131] Die andere Form des moralischen Risikos, nämlich die Bereitschaft des Kreditnehmers, nach Vertragsabschluss zu einem riskanteren Investitionsprojekt zu wechseln, ist als Informationsasymmetrie bereits vor Vertragsabschluss angelegt und ist deshalb auch als eine ex ante Informationsasymmetrie (als ex ante Moral Hazard) zu verstehen.[132] Der Anreiz, auf ein riskanteres Investitionsprojekt zu wechseln, resultiert aus dem Umstand, dass riskantere Projekte einen höheren Gewinn erwarten lassen, da im Falle der erfolgreichen Projektrealisation höhere Erträge zu erwirtschaften sind. Die gleichzeitig höhere Wahrscheinlichkeit der negativen Projektrealisation ist nicht mit einem höheren Verlust für den Investor verbunden, da die Vertragskonditionen, also die Höhe der Rückzahlungsverpflichtungen, unverändert bleiben.

Die geschilderten Unzulänglichkeiten verdeutlichen, dass es angebracht scheint davon auszugehen, dass sich die Transmission monetärer Impulse über den Kreditmarkt nicht so vollzieht wie auf störungsfrei funktionierenden Märkten. Die Diskussion darüber, welche konkrete Rolle der Kreditmarkt in transmissionstheoretischer Hinsicht spielt, hat zu zwei Ausprägungen des Kreditkanals geführt.

---

[129] Wegweisend zur Problematik der adversen Selektion ist der Beitrag von Akerlof (1970) über den Gebrauchtwagenmarkt. Vgl. AKERLOF 1970, S. 488-500. [1]

[130] Die konzeptionelle Darstellung von adversen Verhaltensänderungen nach Vertragsabschluss kann bereits bei Knight (1921) nachgelesen werden. Vgl. KNIGHT 1921, insb. S. 51-93 u. S. 197-312. [142]

[131] Vgl. WILLIAMSON 1987, S. 137-141. [234]

[132] Zur Unterscheidung in ex ante und ex post Moral Hazard vgl. ECKERMANN 1995, S. 66-68. [57] Auf eine Kontroverse zwischen Mark V. Pauly (1968) und Kenneth J. Arrow (1963, 1968) geht die Frage zurück, ob moralisches Risiko überhaupt als Marktversagen zu interpretieren ist. Arrow sieht in seiner Analyse des Marktes für Gesundheitsleistungen moralisches Risiko im Prinzip als Verhaltensproblem, welches das Angebot an bestimmten Versicherungsleistungen beschränkt und deshalb die Notwendigkeit staatlicher Eingriffe begründet, während Pauly moralisches Risiko als marktimmanentes Verhalten interpretiert, das mit ökonomischen Mitteln erklärbar ist und zu rationalen Ergebnissen führt, die mithin keine Eingriffe von außen erfordern. Vgl. ARROW 1963, S. 961-962 [2], *derselbe* 1968, S. 537-539 [3] und PAULY 1968, S. 531-537. [179]

Abschnitt 3.4.2 behandelt den Bankenkanal oder auch *Bank Lending Channel*, der das Kreditangebotsverhalten der Geschäftsbanken in den Vordergrund stellt. Der Bilanzkanal (auch *Balance Sheet Channel* oder *Broad Credit Channel*), welcher in Abschnitt 3.4.3 vorgestellt wird, bringt demgegenüber die Auswirkung bilanzieller Vermögenspositionen auf den Kreditmarkt ins Spiel. Im Zusammenhang mit dem Kreditkanal ist außerdem das Phänomen der Kreditrationierung erwähnenswert, unter der man eine besondere Konstellation auf dem Kreditmarkt zu verstehen hat, in der Nachfrager bewusst rationiert werden. Kreditrationierung kann sowohl mit dem Bankenkanal als auch mit dem Bilanzkanal verbunden sein, aber sie begründet nicht die Existenz des Kreditkanals. In dieser Arbeit wird die Kreditrationierung im nächsten Abschnitt, also im Zusammenhang mit dem Bankenkanal behandelt, obwohl — wie gesagt — auch im Rahmen des Bilanzkanals ein rationierter Kreditmarkt denkbar ist.

3.4.2 Der Bankenkanal

Im Mittelpunkt der Transmission über den Bankenkanal steht der Markt für Bankkredite. Die Geldpolitik wirkt in diesem Ansatz auf die Investitionstätigkeit, wenn es ihr gelingt, das Kreditangebot der Geschäftsbanken zu beeinflussen.[133] Voraussetzung für die Wirkungsweise des Bankenkanals ist, dass es kreditfinanzierte Investitionen gibt, oder anders ausgedrückt, dass es Unternehmen gibt, die keine oder nur sehr eingeschränkte Möglichkeiten alternativer Finanzierungsformen haben und deshalb auf die Bankkreditfinanzierung angewiesen sind.[134] Die Änderung des Kreditangebotes auf Grund einer geldpolitischen Maßnahme kann, je nach Zustand des Kreditmarktes, verschiedene Konsequenzen haben. Bestehen auf dem Kreditmarkt keinerlei Marktfehler und sind die Aktiva Wertpapier und Bankkredit sowohl für die Banken als auch für die Investoren perfekte Substitute, dann vollzieht sich dort die Preisbildung völlig ungestört und vor allem äquivalent zur Preisbildung auf dem Wertpapiermarkt. Zwar gibt es dann sowohl einen Transmissionsweg über den Wertpapiermarkt (Zinskanal) als auch über den Kreditmarkt, aber in ihren Wirkungen unterscheiden sich beide nicht. Es erübrigt sich demnach, beide getrennt voneinander zu betrachten. Dennoch wird für diesen Fall die Transmission über den Kreditmarkt dann und wann als *Kreditkostenkonzept* bezeichnet. Der Bankenkanal schöpft seine Bedeutung jedoch aus der Annahme, dass sich die Preisbildung auf dem Kreditmarkt nicht äquivalent zu der auf dem Wertpapiermarkt vollzieht, sondern dass die Kreditzinsen nach oben von den Wertpapierzinsen abweichen können. Daraus folgt die Existenz einer Zinsdifferenz α zwischen den Zinsen für Bankkredite und jenen auf Wertpapiere, sodass $\alpha = i_C - i$ gilt.

Solche Zinsdifferenzen können zunächst die Ursache haben, dass Informationsprobleme zwischen den Banken und den Kreditnehmern das Risiko der Kreditvergabe relativ zum Risiko der Wertpapierhaltung steigen lassen und die Banken deshalb das Risiko der Kreditvergabe durch Zinsaufschläge zu kompensieren versuchen.[135] Wird davon ausgegangen,

[133]Vgl. KASHYAP/STEIN 1994, S. 222, zum Bankenkanal insgesamt S. 221-256. [130] Kürzere Darstellungen zum Bankenkanal finden sich bei BERNANKE/GERTLER 1995, S. 40-42 [16], OLINER/RUDEBUSCH 1995, S. 3-6 [175] oder MISHKIN 1996, S. 9-10. [162]

[134]Vgl. STÖß 1996, S. 8 [219], GRÖßL/STAHLECKER 2000, S. 4 [102] oder EUROPÄISCHE ZENTRALBANK 2002b, S. 52. [70]

[135]Vgl. STÖß 1996, S. 9. [219] Der Autor führt dieses Argument nur im Rahmen des Bilanzkanals (siehe

dass höhere Kreditzinsen dazu führen, dass Kreditnehmer mit höheren Risiken auf dem Markt verbleiben (adverse Selektion) und/oder dass Investoren zu riskanteren Projekten wechseln (moralisches Risiko), dann wird sich die Kreditnachfragerqualität verschlechtern und erst recht zur Notwendigkeit erhöhter Risikoprämien führen. Eine Einengung des Kreditangebotes wird so auf dem Kreditmarkt immer relativ stärker steigende Zinsen als auf dem Wertpapiermarkt verursachen. Des Weiteren sind Zinsdifferenzen zwischen den Aktiva Bankkredit und Wertpapier darauf zurückzuführen, dass sowohl für die Banken als auch für die Investoren diese beiden Aktiva keine perfekten Substitute darstellen. Reagieren Banken auf eine geldpolitische Restriktion deshalb bevorzugt mit der Reduktion ihres Kreditangebotes und sind die Investoren andererseits auf Bankkredite angewiesen, dann muss auch dies dazu führen, dass der Zins auf dem Kreditmarkt relativ zu dem auf dem Wertpapiermarkt stärker ansteigt (und umgekehrt).[136] Die so entstehende Zinsdifferenz α ist nicht konstant, sondern wird bei einer Einengung des Kreditangebotes wegen der zu erwartenden Prozesse des moralischen Risikos und der adversen Selektion größer. Der Effekt auf die kreditfinanzierten Ausgaben der Kreditnachfrager ist umso stärker, je weniger diese auf Kreditzinssteigerungen mit einer Substitution ihrer Finanzierungsmöglichkeiten reagieren können, weil sie auf die Bankkreditfinanzierung angewiesen sind. Den Investoren verbleibt damit nur die Möglichkeit, ihre Investitionsnachfrage zurückzuschrauben. Die (sich ändernde) Zinsdifferenz hat somit zur Folge, dass über den Bankenkanal viel effektivere Mengenwirkungen als über den Zinskanal erreicht werden können. Die Existenz einer Zinsdifferenz α ändert jedoch nichts daran, dass auf dem Kreditmarkt ein gleichgewichtiger Kreditzins existiert, zu dem sich Kreditangebot und Kreditnachfrage ausgleichen. Bei einer Variation des Kreditangebotes ändert sich also über den üblichen Marktmechanismus auch der gleichgewichtige Kreditzins und damit die Kosten der Investitionsfinanzierung. Deshalb könnte auch dieser Transmissionsweg als Kreditkostenkonzept bezeichnet werden.

Moralisches Risiko und adverse Selektion können aber auch dazu führen, dass die Banken nicht bereit sind, auf dem Kreditmarkt einen Preisanpassungprozess zuzulassen. Das ist dann der Fall, wenn die Risiken der Kreditvergabe so hoch sind, dass der aus der Kreditvergabe zu erwartende Ertrag mit steigendem Kreditzins zurückgehen kann. Für die Banken resultiert dann ein gewinnoptimaler Kreditzins, der nicht oder nur in geringem Ausmaß variiert, und zwar auch dann, wenn die Kreditnachfrage überschüssig ist. Man spricht dann von *Kreditrationierung.*[137]

---

dazu Abschnitt 3.4.3) an. Hier wird jedoch die Meinung vertreten, dass Informationsprobleme auf dem Kreditmarkt unabhängig vom betrachteten Transmissionskanal sind. Informationsprobleme sind deshalb auch bei der Betrachtung des Bankenkanals relevant.

[136] Vgl. MIRON/ROMER/WEIL 1994, S. 263. [160]

[137] Äußerungen zur Kreditrationierung sind bereits bei Keynes (1930) zu finden: *„Thus there is normally a fringe of unsatisfied borrowers who are not considered to have the first claims on a bank's favours, but to whom the bank would be quite ready to lend if it were to find itself in a position to lend more."* KEYNES 1930, wieder abgedruckt 1971, S. 327. [136] Zur mikroökonomischen Fundierung der Kreditrationierung vgl. die grundlegende Arbeit von STIGLITZ/WEISS 1981, S. 393-410. [217] Weitere Darstellungen sind z.B. bei JAFFEE/STIGLITZ 1990, S. 837-888 [123] oder BALTENSPERGER/DEVINNEY 1985, S. 482-491 [8] zu finden. Andere Rationierungsmodelle sind z.B. bei Clemenz (1986), der u.a. unterschiedliche Fähigkeiten und Anstrengungen der Kreditnehmer betrachtet, oder bei Jaffee und Russell (1976), die die Rolle von Bankrottkosten und Konsumentenkrediten analysieren, nachzulesen. Vgl. CLEMENZ, S. 41-66 [40] bzw. JAFFEE/RUSSEL 1976, S. 651-666. [122]

Die formale Darstellung des Bankenkanals erfordert zunächst die Modellierung des Kreditangebotes.[138] Da das Aktivspektrum der Geschäftsbanken nun auch das Aktivum Bankkredit umfasst, erweitert sich die Bilanzgleichung des Geschäftsbankensektors entsprechend um das Kreditangebot K^A:

$$B_B + K^A + MR = D \tag{18}$$

Wiederum unter Berücksichtigung der Beziehung $MR = \rho D$ folgt aus (18):

$$\begin{aligned} (1-\rho)D &= B_B + K^A, \\ \frac{K^A}{(1-\rho)D} &= \frac{K^A}{B_B + K^A} \equiv S, \\ K^A &= S \cdot (1-\rho)D, \end{aligned} \tag{19}$$

$$\text{mit} \quad \frac{\partial B_B}{\partial i} > 0, \quad \frac{\partial S}{\partial \alpha} > 0.$$

Dabei kennzeichnet S die Aktivstruktur der Geschäftsbanken. Diese stellt das Kreditangebot im Verhältnis zu allen Aktivposten dar und ist positiv abhängig von der Zinsdifferenz α.

Im Folgenden wird zwischen den oben angesprochenen Zuständen des Kreditmarktes unterschieden. Existiert ein markträumender Kreditzins, dann gesellt sich zu den beiden Gleichgewichtsbedingungen für den Güter- und den Geldmarkt (vgl. Gleichungen (6) und (7)) noch jene für den Kreditmarkt:

$$D(\tau) = L_S(i) + L_T(Y) = L_S(i) + kY, \tag{20}$$

$$Y = I(i,\alpha) + C = I(i,\alpha) + cY, \tag{21}$$

$$S \cdot (1-\rho)D(\tau) = K^N(i,\alpha). \tag{22}$$

Im Gegensatz zu Gleichung (7) enthält der Gütermarkt hier noch den Einfluss des Zinsdifferentials α auf die Investitionen, der — ebenso wie die gängige Zinsabhängigkeit der Investitionen im einfachen Zinsmechanismus — in der ersten partiellen Ableitung negativ ist.[139] Die Kreditnachfrage K^N ist ebenfalls negativ abhängig sowohl von der Zinsdifferenz α als auch vom Zins i.[140]

[138] Die ursprüngliche Formulierung des Bankenkanals findet sich bei BERNANKE/BLINDER 1988, S. 435-439. [14] Die hier folgende Darstellung orientiert sich an MIRON/ROMER/WEIL 1994, S. 265-267. [160] Vgl. dazu auch die Beiträge von WORMS 1998, S. 190-192 [238] oder KÜPPERS 2000, S. 83-87. [147]

[139] Die partiellen Ableitungen $\partial I/\partial i < 0$ und $\partial I/\partial \alpha < 0$ sind selbstverständlich nur unter Beachtung der *ceteris-paribus*-Klausel gültig. Eine Erhöhung von i kann c.p. (also bei Konstanz von α) nur eine gleich starke Erhöhung von i_C zur Folge haben, sodass die Investitionsnachfrage sinkt (und umgekehrt). Eine Erhöhung von α bedeutet c.p. (also bei Kostanz von i) eine Erhöhung von i_C und damit ein Sinken der Investitionsnachfrage (und umgekehrt).

[140] Die Argumentation ist analog zu den Erläuterungen zu den ersten partiellen Ableitungen der Investitionsnachfrage.

Ein restriktiver (expansiver) geldpolitischer Impuls der Zentralbank hat nun neben dem einfachen Zinsmechanismus noch zusätzlich den Effekt, dass die zur Kreditvergabe zur Verfügung stehenden Mittel reduziert (erhöht) werden. Dies führt zur Einschränkung (Ausweitung) des Kreditangebotes und über die daraus resultierenden Wirkungen auf den Kredit- und Wertpapierzins sowie auf die Zinsdifferenz ergibt sich ein Effekt auf die Investitionen und das Einkommen. Aus dem Gleichungssystem (20)-(22) ergibt sich:[141]

$$\frac{\partial Y}{\partial \tau} = \frac{\overbrace{-\frac{\partial D}{\partial \tau}\left\langle \frac{\frac{\partial K^N}{\partial i}}{K^A} + \frac{\frac{L_S}{\partial i}}{D} \right\rangle}^{(-)} + \overbrace{\left(\frac{\frac{\frac{\partial S}{\partial \alpha}}{S} - \frac{\frac{\partial K^N}{\partial \alpha}}{K^A}}{\frac{\partial I}{\partial \alpha}} \right)}^{(-)} \cdot \overbrace{\left[\frac{\partial I}{\partial i} \cdot \frac{\partial D}{\partial \tau} \right]}^{(+)}}{\underbrace{\frac{\frac{\partial K^N}{\partial i} \cdot k}{K^A}}_{(-)} + \underbrace{\left(\frac{\frac{\frac{\partial S}{\partial \alpha}}{S} - \frac{\frac{\partial K^N}{\partial \alpha}}{K^A}}{\frac{\partial I}{\partial \alpha}} \right)}_{(-)} \cdot \underbrace{\left[(1-c)\frac{\partial L_S}{\partial i} + \frac{\partial I}{\partial i} \cdot k \right]}_{(-)}} . \quad \begin{matrix} \} \; (-) \\ \} \; ? \end{matrix} \tag{23}$$

Die über bzw. unter den geschweiften Klammern angegebenen Plus- bzw. Minuszeichen signalisieren das entsprechende Vorzeichen der eingeschlossenen Terme. Analog zeigen die geschweiften Klammern rechts das daraus resultierende Vorzeichen des Zählers bzw. Nenners des gesamten Bruches. Die erwartete Reaktion tritt dann ein, wenn (23) insgesamt negativ, also der Nenner positiv ist. Dies ist nicht zwingend der Fall. Allerdings kann man sich vergegenwärtigen, dass die vom Wertpapierzins abhängige Kreditnachfrage, wie bereits erwähnt, nur ceteris paribus negativ ist, das heißt bei konstanter Differenz α. Die Änderung der Kreditnachfrage dürfte daher geringer ausfallen als nach einer Änderung der Zinsdifferenz an sich, sodass $\frac{\partial K^N}{\partial i}$ betragsmäßig eher gering eingeschätzt und der gesamte Nenner daher als positiv betrachtet werden kann. Ist das nicht der Fall, wird mithin $\frac{\partial K^N}{\partial i}$ vom Betrag zu groß, dann wirkt der Bankenkanal dem Zinskanal entgegen und überkompensiert diesen. Der Nenner in (23) wird dann negativ und damit der gesamte Ausdruck positiv.

Betrachtet man allein die beiden Ausdrücke in den eckigen Klammern in (23), erhält man die Wirkung aus dem einfachen Zinskanal gemäß Gleichung (8). Die restlichen Ausdrücke in (23) offerieren nun die Bedingungen, die erfüllt sein müssen, damit der Bankenkanal die Wirkung zentralbankpolitischer Maßnahmen auf das Einkommen über die entsprechende Wirkung des einfachen Zinskanals hinaus verstärkt:[142]

(a) Der Substitutionsgrad zwischen den Aktiva Wertpapier und Kredit muss für die Banken möglichst klein sein. Dies entspricht der Annahme, dass Wertpapiere und Kredite für die Banken keine perfekten Substitute sind, sodass sich bei Änderungen der Zinsdifferenz α die Aktivstruktur S nicht oder nur geringfügig ändert. Kommt es beispielsweise nach einer Verkürzung der verfügbaren Mittel zur Verknappung des Kreditangebotes und damit zu einem Anstieg des Kreditzinses und simultan

[141] Vgl. dazu auch die entsprechenden Ausführungen im mathematischen Anhang A.1, S. 226-228.

[142] Vgl. im Folgenden WORMS 1997, S. 192 [238] oder KÜPPERS 2000, S. 87. [147]

(über den einfachen Zinszusammenhang) durch die gesunkene Geldmenge zu einer Erhöhung der Wertpapierrendite, dann resultiert daraus eine Erhöhung der Zinsdifferenz α, da durch die Informationsprobleme auf dem Kreditmarkt und durch die Kreditabhängigkeit der Nachfrager der Zins dort stärker reagiert als auf dem Wertpapiermarkt. Der Bankenkanal wirkt nun umso stärker, je weniger diese Erhöhung der Zinsdifferenz zu einer Restrukturierung der Aktivstruktur zu Gunsten der Kreditvergabe führt, das heißt, je weniger Angebot dem Kreditmarkt dadurch wieder zugeführt wird. In Ausdruck (23) muss somit die Ableitung $\frac{\partial S}{\partial \alpha}$ möglichst gering sein.

(b) Der Substitutionsgrad zwischen Wertpapieren und Krediten muss auch für die Investoren möglichst gering sein. Das entspricht der Annahme, dass Wertpapiere und Bankkreditaufnahme für die Unternehmen keine perfekten Substitute darstellen, da die Unternehmen nicht oder in nur geringem Ausmaß in der Lage sind, Bankkreditfinanzierungen durch Ausgabe von Wertpapieren zu ersetzen. Die Abhängigkeit der Unternehmen vom Finanzierungsinstrument Bankkredit ist umso größer, je weniger sie bei einem Anstieg der Zinsdifferenz α bereit oder fähig sind, ihre Kreditnachfrage zu Gunsten der Vergabe von Wertpapieren einzuschränken. Folglich kann die Transmission über den Bankenkanal dann besonders stark wirken, je weniger die Kreditnachfrage K^N auf Änderungen der Zinsdifferenz α reagiert. In Ausdruck (23) muss somit die Ableitung $\frac{\partial K^N}{\partial \alpha}$ vom Betrag her möglichst gering sein. Die eingeschränkte Substitutionalität zwischen Krediten und Wertpapieren — und damit die Wirkungsweise des Bankenkanals — gilt deshalb als besonders relevant für kleinere und mittlere Unternehmen, denen andere Märkte als der Bankkreditmarkt nicht oder nur beschränkt offen stehen.

(c) Die Unternehmen sind nicht oder kaum in der Lage, Bankkredite durch andere Kreditformen wie etwa Handelskredite zu substituieren. Je weniger die Unternehmen andere Kreditformen zur Verfügung haben, umso weniger können sie Beschränkungen im Bankkreditbereich durch Handelskredite oder andere Kreditformen kompensieren, umso deutlicher reagieren die Unternehmen mithin in ihrer Investitionsnachfrage auf Änderungen der Zinsdifferenz. In Ausdruck (23) muss somit die Ableitung $\frac{\partial I}{\partial \alpha}$ vom Betrage her möglichst groß sein.

Je weniger die Punkte (a)-(c) erfüllt sind, das heißt, je größer die Beträge der Terme in den runden Klammern von (23) sind, umso weniger kann der Bankenkanal den konventionellen Zinskanal verstärken. Werden die genannten Klammerausdrücke vom Betrag her unendlich groß, das heißt, gilt

- $\frac{\partial S}{\partial \alpha} \rightarrow \infty$,

- $\frac{\partial K^N}{\partial \alpha} \rightarrow -\infty$ sowie

- $\frac{\partial I}{\partial \alpha} \rightarrow 0$,

dann kann über den Bankenkanal keine nennenswert andere Wirkung als über den Zinskanal erreicht werden. Darüber hinaus ist der Bankenkanal im Vergleich zum einfachen Zinsmechanismus auch dann wirkungslos, wenn das Produkt aus dem Term in den Winkelklammern und $-\frac{\partial D}{\partial \tau}$ sowie die Ableitung $\frac{\partial K^N}{\partial i}$ gleichzeitig Null sind.[143] Dann entfielen die genannten Terme und wegen der Identität der Ausdrücke in den runden Klammern bliebe nur die Formulierung gemäß (8) übrig, also die Wirkung nach dem Zinskanal. Um den Bankenkanal zu rechtfertigen, muss wenigstens einer der beiden Terme ungleich Null sein. Da $\frac{\partial K^N}{\partial i}$ als recht klein angenommen wurde (siehe oben), reicht es, als Bedingung für die Existenz eines Bankenkanals zu nennen, dass die Ableitungen $-\frac{\partial D}{\partial \tau}$ und $-\frac{\partial L_S}{\partial i}$ signifikant von Null verschieden sein müssen.

Ist der Kreditmarkt hingegen rationiert, dann gibt es dort keine Zinsbildung im eigentlichen Sinne mehr. Die Kreditzinsbildung ergibt sich in diesem Fall nicht durch den Ausgleich von Angebot und Nachfrage, sondern sie wird auf Grund von Informationsproblemen und deren Folgen allein bankseitig initiiert. Die Nachfrageseite dagegen ist unerheblich für das zu Stande kommende Kreditvolumen. Der Kreditzins fungiert dann nicht mehr in seiner Markträumungsfunktion und er stellt deshalb auch keinen Knappheitsindikator dar.[144] Der Kreditmarkt als Ort der Preisentstehung ist daher überflüssig und kann aus dem Gleichungssystem (20) bis (22) entfernt werden.

Die vom Kreditzins bzw. genauer von der Zinsdifferenz abhängige Investitionsnachfrage ist zwar weiterhin existent, aber für die Einkommensentstehung nicht relevant, weil nur soviele Kreditmittel zu Investitionszwecken aufgenommen werden können, wie der rationierte Kreditmarkt angebotsseitig hergibt und nicht wieviel nachgefragt werden. Um Kreditrationierung zu berücksichtigen, wird deshalb die vom Kreditmarkt abhängige Investitionsnachfrage einfach durch das Kreditangebot ersetzt, weil — wie gesagt — die kreditfinanzierte Investitionsnachfrage nur in Höhe des zur Verfügung stehenden Angebotes befriedigt werden kann. Damit entfällt auch die Zinsdifferenz α als Bestimmungsgröße des Gleichungssystems:

$$D(\tau) = L_S(i) + L_T(Y) = L_S(i) + kY, \tag{24}$$

$$Y = I(i) + K^A + C = I(i) + S(1-\rho)D + cY, \tag{25}$$

$$\text{mit} \quad \frac{\partial S}{\partial i} < 0.$$

Die Aktivstruktur S ist hier nun nicht mehr abhängig von der Zinsdifferenz, sondern nur noch vom Zins i, da sich das Kreditangebot nicht mehr nach der Höhe des Kreditzinses richten kann, wenn dieser eine gewinnoptimale Höhe hat. Aus dem Gleichungssystem (24)

[143] Vgl. WORMS 1998, S. 193. [238]
[144] Vgl. WORMS 1992, S. 25. [237]

und (25) folgt dann:[145]

$$\frac{\partial Y}{\partial \tau} = \frac{\overbrace{\frac{\partial D}{\partial \tau}\left(\frac{\frac{\partial L_S}{\partial i}}{D} + \frac{\frac{\partial S}{\partial i}}{S}\right)}^{(+)} + \overbrace{\frac{1}{K^A} \cdot \left[\frac{\partial I}{\partial i} \cdot \frac{\partial D}{\partial \tau}\right]}^{(+)}}{\underbrace{\frac{\frac{\partial S}{\partial i} \cdot k}{S}}_{(-)} + \underbrace{\frac{1}{K^A} \cdot \left[(1-c)\frac{\partial L_S}{\partial i} + \frac{\partial I}{\partial i} \cdot k\right]}_{(-)}} . \quad \begin{matrix} \} \ (+) \\ \} \ (-) \end{matrix} \qquad (26)$$

Wiederum geben die Ausdrücke in den eckigen Klammern den Effekt des einfachen Zinskanals mit den bekannten Vorzeichen an. Im Gegensatz zur Situation ohne Rationierung (Gleichung (23)) ist (26) eindeutig negativ. Wie durch die geänderte Modellstruktur bereits intendiert, spielen für den Effekt auf das Einkommen die zinsdifferenzreagible Investitionsnachfrage sowie die gesamte Kreditnachfrage keine Rolle mehr. Stattdessen wird das Ausmaß der Einkommensreaktion unter anderem direkt durch das Kreditangebot K^A determiniert. Damit wird das wesentliche Merkmal der Transmission bei Vorliegen von Kreditrationierung deutlich, nämlich dass geldpolitische Effekte hauptsächlich über Mengenreaktionen in den realen Bereich übertragen werden. Die Wirkung auf das Einkommen hängt somit nicht von der Höhe der Nachfrageelastizitäten ab, sondern direkt vom Ausmaß des Kreditangebots. Die Geldpolitik wirkt also in diesem Falle effektiver.[146]

Der Bankenkanal ist somit ein Transmissionskonzept, das nicht substitutiv zum einfachen Zinskanal zu sehen ist, sondern parallel: „ [...] money and credit are parallel forces of approximately equal importance."[147] Das ergibt sich letztlich schon aus den Modellstrukturen (20) bis (22) bzw. (24) bis (25), die auf dem Modell des einfachen Zinskanals der Gleichungen (6) und (7) aufbauen. Folglich ist der Mechanismus des *money view* nicht plötzlich annulliert, sondern er existiert auch im Rahmen des Bankenkanals. Letzterer wirkt daher also nicht getrennt, sondern parallel zum Zinsmechanismus und tritt als dessen Verstärker auf (wenn die oben genannten Bedingungen erfüllt sind bzw. wenn der Rationierungsfall vorliegt).

Die eingeschränkte Substitutionalität zwischen den Aktiva Kredit und Wertpapier ist somit essenziell für die Wirkungsweise des Bankenkanals. Sie stellt einerseits sicher, dass die Unternehmen durch Beschränkungen im Kreditangebot zur Unterlassung ihrer geplanten Investitionen veranlasst werden. Andererseits ist sie ein wichtiges Argument zur Stützung der Annahme, dass die Zentralbank tatsächlich die Kreditvergabe der Banken über die Variation der verfügbaren Mittel beeinflussen kann. Das setzt voraus, dass die Banken durch die Verkürzung ihrer verfügbaren Mittel nicht oder nur unvollkommen angeregt werden, nach anderen Mitteln der Kreditvergabe zu suchen. Denn eine Verkürzung der Mittel zur Kreditvergabe lässt neben der Reduzierung des Kreditangebotes — so wie das der Bankenkanal behauptet — auch noch zwei weitere Anpassungsstrategien seitens der Bank zu, um die verfügbaren Mittel wieder zu erhöhen:[148]

[145]Vgl. dazu die entsprechenden Ausführungen im mathematischen Anhang A.1, S. 228-229.

[146]Vgl. dazu BLINDER/STIGLITZ 1983, S. 300-301 [20] sowie ROHDE/REHBOCK 2000, S. 86. [199]

[147]BERNANKE 1986, S. 27. [11] Der Autor stützt diese Aussage auf vorhergehende empirische Untersuchungen. Vgl. ebenda, S. 20-27.

[148]Vgl. ECKERMANN 1995, S. 29. [57] Kashyap und Stein (1994) benennen als weitere Faktoren, die die

- Verkürzung des Bestandes an festverzinslichen Wertpapieren oder
- Umstrukturierung der Passivstruktur zugunsten weniger mindestreservebelastender Verbindlichkeiten.

Die erste Möglichkeit kommt aber nur dann in Frage, wenn Wertpapiere und Kredite nahezu perfekte Substitute sind. Davon kann aber nicht ausgegangen werden, weil beide Aktiva unterschiedlichen Zwecken dienen: „However [...] banks hold securities such as Treasury bills primarily for liquidity, to be used as collateral, and to satisfy various legal requirements, while loans are held primarily for their expected return."[149] Aus den unterschiedlichen Gründen, Wertpapiere zu halten bzw. Kredite zu vergeben, folgt, dass Wertpapiere und Kredite nicht perfekt substituierbar sein können.

Viel kontroverser wird daher die andere Möglichkeit diskutiert. Sie besteht darin, dass die Banken eine geldpolitische Restriktion in der Weise kompensieren, dass sie ihre Passivstruktur ändern, sich also neue, weniger oder nicht reservepflichtige Einlagen beschaffen, zum Beispiel *Certificates of Deposits (CDs)*: „The idea is that banks can mitigate the effects of tight money on lending by issuing large CDs and other kinds of managed liabilities to offset any drop in deposits."[150] Dieser Gedanke funktioniert aber nur, wenn Certificates of Deposits ein perfektes Substitut zu den Krediten darstellen würden, das heißt, wenn — statt die Kreditvergabe zu reduzieren — durch die Emission von CDs im selben Umfang liquide Mittel attrahiert werden könnten. Das ist jedoch nur dann der Fall, wenn die Vergabe von CDs nicht mit steigenden Grenzkosten verbunden ist, das heißt also, wenn zu einem bestimmten Zins auf dem Markt für CDs die Angebotsfunktion unendlich elastisch wäre. Das lässt sich an der folgenden Darstellung verdeutlichen:[151]

$$E_B = i_C \cdot K^A + i \cdot B_B - i_{CD} \cdot CD \quad \Rightarrow Max! \tag{27}$$

Nebenbedingungen:

$$MR = \rho D \tag{28}$$

$$MR + B_B \geq \iota D \tag{29}$$

$$B_B + K^A + MR = D + CD \tag{30}$$

Ausgangspunkt ist das Ertragsgleichgewicht (27) des Bankensektors. Dessen Gesamtertrag E_B ergibt sich aus dem Ertrag der Kreditvergabe und dem Ertrag der Wertpapierhaltung abzüglich den Kosten der attrahierten Einlagen. Auf die vorhandenen Depositen D werden keine Zinsen gezahlt. Die Nebenbedingung (29) gibt an, dass die Banken mindestens

Wirksamkeit des Bankenkanals schwächen können, die Existenz von Kreditgebern im Nichtbankenbereich sowie den Umstand, dass bestehende Risikostrukturerfordernisse bei den Banken eine Ausweitung des Kreditangebotes verhindern. Vgl. KASHYAP/STEIN 1994, S. 229-233 und S. 237-238. [130]

[149] BERNANKE 1993, S. 56. [13]

[150] GERTLER/GILCHRIST 1993, S. 46. [94] Vgl. zu diesem Argument auch den Beitrag von ROMER/ROMER 1990, S. 149-213. [200] Zum Instrument des Certificate of Deposit (CD) vgl. z.B. BÜSCHGEN 1997, S. 258 [31] oder FRENKEL/NICKEL 2000, S. 357-358. [83]

[151] Vgl. dazu KASHYAP/STEIN 1994, S. 235-237. [130]

einen bestimmten Teil ι der Depositeneinlagen, von dem sie annehmen, er könne kurzfristig von den Einlegern abgezogen werden, durch Liquiditätspuffer abgesichert haben. Nebenbedingung (30) stellt das Bilanzgleichgewicht des Bankensektors dar, das nun passivseitig um die Certificates of Deposits erweitert ist. Durch Einsetzen von (28) in (29) und Umformen nach D erhält man:[152]

$$D = \frac{B_B}{\iota - \rho}. \tag{31}$$

(31) eingesetzt in (30) und nach MR umgeformt ergibt:

$$MR = CD + \frac{1 - \iota + \rho}{\iota - \rho} \cdot B_B - K^A. \tag{32}$$

Diese Formulierung zusammen mit (31) eingesetzt in (28) und umgeformt ergibt dann:

$$K^A = CD - \left(\frac{\iota - 1}{\iota - \rho}\right) \cdot B_B \tag{33}$$

bzw.

$$B_B = \frac{\iota CD - \rho CD - \iota K^A + \rho K^A}{\iota - 1}. \tag{34}$$

Perfekte Substitutionalität zwischen Krediten und CDs ist nun — wie oben bereits erwähnt — nur dann gegeben, wenn die Grenzkosten der CD-Emission als konstant angenommen werden, wenn also i_{CD}:=konstant gilt. Werden die Gleichungen (33) und (34) in die Ertragsgleichung (27) eingesetzt und dann unter der Annahme i_{CD}:=konstant wiederum nach dem Kreditangebot und dem CD-Volumen differenziert, so erhält man:

$$\begin{aligned} \frac{\partial E_B}{\partial K^A} &= \frac{-i \cdot \iota + i \cdot \rho}{\iota - 1} \stackrel{!}{=} 0 \\ \rho &= \iota \end{aligned} \tag{35}$$

$$\frac{\partial E_B}{\partial CD} = i_C + \frac{i \cdot \iota - i \cdot \rho}{\iota - 1} - i_{CD} \stackrel{!}{=} 0$$

und wegen (35):

$$i_C = i_{CD}. \tag{36}$$

Somit ergibt sich also wie oben bereits betont, dass die Emission von CDs nur dann eine adäquate Maßnahme zur Liquiditätsbeschaffung darstellt, wenn die Grenzkosten der CD-Emission als konstant angenommen werden, weil dann unter dem Gesichtspunkt der Ertagsmaximierung $i_C = i_{CD}$ gilt.

[152] Im Fall der Nebenbedingung (29) wird mit der Gleichungsvariante gerechnet.

Insbesondere die zu erwartenden Informations- und Prüfungsaktivitäten der Investoren und vor allem bestehende Probleme auf Grund asymmetrischer Informationsverteilung lassen jedoch viel eher vermuten, dass die Banken CDs nur zu vergleichsweise höheren Zinsen absetzen können, die umso höher ausfallen, je höher das Emissionsvolumen ist.[153] Aus diesem Grund entstehen den Banken bei der CD-Emission höhere Grenzkosten. Deshalb wäre es unsinnig anzunehmen, die Banken könnten die Verkürzung ihrer verfügbaren Mittel tatsächlich durch die Ausgabe von Certificates of Deposits problemlos kompensieren. Außerdem darf gemutmaßt werden, dass, wenn Banken die Reduktion ihrer Reserven wirklich durch die Emission von CDs kompensieren würden, CDs auch nicht lange mindestreservefrei blieben. In diesem Fall würde das gesamte Argument schon von vornherein wegbrechen.

3.4.3 Der Bilanzkanal

Obwohl es diskussionswürdig ist, ob Banken tatsächlich in der Lage sind, Restriktionen seitens der Zentralbank immer wieder durch Innovationen im Einlagenbereich — wie eben Certificates of Deposits — ausgleichen zu können, ist die Annahme der eingeschränkten Substitutionalität zwischen den verschiedenen Aktiva und Passiva der Bank der Hauptkritikpunkt beim Bankenkanal: „ [...] because of financial deregulation and innovation, the importance of the traditional bank lending channel has most likely diminished over time.“[154] Das in diesem Abschnitt darzustellende Konzept des Bilanzkanals scheint demgegenüber auf eine breitere Akzeptanz zu stoßen, da hier nicht die Rolle der Geschäftsbanken als Kreditgeber im Mittelpunkt steht, sondern viel eher die Rolle der Investoren als Nachfrager von Finanzierungsmitteln.[155] Änderungen in der bilanziellen Vermögensposition haben — so die These dieses Transmissionsansatzes — Einfluss auf die Fähigkeit zur Finanzierung einer Investition.[156] Die Investitionsfinanzierung kann im Bilanzkanal auf zwei Wegen erfolgen; durch interne und durch externe Finanzierung. Die Summe aus internen und externen Finanzierungsmitteln ergibt die insgesamt zur Investitionsfinanzierung zur Verfügung stehenden Mittel, die mit F bezeichnet werden sollen.

Unter interner Finanzierung versteht man die Finanzierung aus im Unternehmen vorhandenen Mitteln.[157] Die Kosten der internen Finanzierung sind deshalb als Opportunitätskosten zu verstehen, die den Erträgen der alternativen Mittelverwendung entsprechen. Das ist üblicherweise die Anlage am Wertpapiermarkt zum Zinssatz i. Übersteigt das Investitionsvolumen das aus interner Finanzierung aufzubringende Volumen, muss das Unternehmen den Differenzbetrag extern finanzieren. Ob es sich bei der externen Finan-

[153]Vgl. KASHYAP/STEIN 1994, S. 235 [130] oder GERTLER/GILCHRIST 1993, S. 47. [94]

[154]BERNANKE/GERTLER 1995, S.42. [16]

[155]Zum Bilanzkanal insgesamt vgl. WORMS, 1998, S. 229-244 [238], KÜPPERS 2000, S. 89-95 [147] oder MISHKIN 1996, S. 10-13. [162]

[156]Vgl. CECCHETTI 1995, S. 85-86. [36]

[157]Der Unterscheidung in interne und externe Finanzierung entspricht in der betriebswirtschaftlichen Literatur am besten die Unterscheidung in Innen- und Außenfinanzierung. Die Innenfinanzierung umfasst die Finanzierung aus Gewinnen, Abschreibungsgegenwerten und Rückstellungen. Die Außenfinanzierung umfasst die Einlagen- bzw. Beteiligungsfinanzierung sowie die Kreditfinanzierung. Vgl. MATSCHKE 2002 S. 327. [156]

zierung um eine Finanzierung auf dem Wertpapier- oder dem Bankkreditmarkt handelt, wird nicht unterschieden. Hier liegt ein Unterschied zum Bankenkanal, wo diese Unterscheidung essenziell ist.[158] Die Kosten der externen Finanzierung sind höher als die der internen Finanzierung, da auf dem Markt für externe Mittelbeschaffung Anreize zu adversem Verhalten bestehen.[159] Das resultiert daraus, dass auch auf dem Markt für externe Finanzierungsmittel Informationsasymmetrien bestehen, welche die Kapitalgeber zu Überwachungs- und Prüfungsaktivitäten veranlassen. Diese lassen sich die Kapitalgeber durch einen Aufschlag, die so genannte externe Finanzierungsprämie, entgelten, sodass extern aufgenommene Mittel teurer sind als interne. Es wird angenommen, dass adverse Verhaltensweisen umso stärker ausfallen (und damit einen Anstieg der Finanzierungsprämie verursachen), je größer das Volumen der externen Mittelaufnahme und je geringer der Wert des besicherbaren Vermögens ist. Beide Umstände regen den Investor zu riskanteren Investitionsprojekten an (moralisches Risiko) bzw. veranlassen risikoscheue Investoren, sich vom Markt zurückzuziehen (negative Auslese).[160] Letztlich ergibt sich der für externe Finanzierungsmittel zu zahlende Kostensatz k_V als die Summe aus dem Zins auf interne Mittel (Opportunitätskosten i) zuzüglich der externen Finanzierungsprämie ω. Die Größe ω wird — und das ist das Entscheidende — von der bilanziellen Position des Investors beeinflusst. Transmissionstheoretisch ist somit eine Wirkung dann erzielt, wenn es der Zentralbank gelingt, die Vermögensposition der Unternehmen zu beeinflussen, wenn also „shifts in Fed policy [bzw. allgemeiner: Zentralbankpolitik - *Anm. d. Verf.*] affect not only market interest rates per se but also the financial position of borrowers".[161]

Unter der Voraussetzung, dass die Zinsentscheidungen der Zentralbank auch auf die längerfristigen Zinsen strahlen (das entspricht der Aussage des einfachen Zinsmechanismus), hat eine durch die Zentralbank induzierte Zinserhöhung folgende Wirkungen bei den Investoren bzw. auf die externe Finanzierungsprämie:

(a) Der Wert des besicherbaren Vermögens nimmt ab. Zum einen sinkt der Wert von Finanzaktiva direkt, da steigende Zinsen mit sinkenden Kursen einhergehen.[162] Wird das Vermögen als Barwert aller zukünftigen Einnahmeüberschüsse interpretiert, dann erhöht ein gestiegenes Zinsniveau zum anderen den Diskontierungsfaktor und senkt damit den Wert der Sicherheiten.[163] Je geringer der Wert der Sicherheiten ist, umso größer fällt die externe Finanzierungsprämie ω aus.

(b) Der Cash-Flow sinkt, weil der Wert der zu leistenden Zinszahlungen für bestehende Schulden ansteigt.[164] Das ist insbesondere dann denkbar, wenn Zinszahlungen dynamisch angepasst werden und sich gestiegene Zinsen in höheren Zinszahlungen der Schuldner deutlich machen. Ein geringerer Cash-Flow führt dazu, dass die Mittel zur internen Finanzierung sinken. Daraus entsteht ein höherer externer Finanzie-

---

[158] Demgegenüber spielt im Bankenkanal die interne Finanzierung keine Rolle; die Möglichkeit, dass ein Unternehmen eigene Mittel zur Verfügung hat, wurde dort nicht ausdrücklich berücksichtigt.

[159] Vgl. WORMS 1998, S. 232. [238]

[160] Vgl. MISHKIN 1995, S. 8. [161] oder OLINER/RUDEBUSCH 1996a, S. 5. [176]

[161] BERNANKE/GERTLER 1995, S. 36. [16]

[162] Vgl. BERNANKE/GERTLER 1995, S. 36. [16]

[163] Vgl. STÖß 1996, S. 6. [219]

[164] Vgl. BERNANKE/GERTLER 1995, S. 36. [16]

rungsbedarf. Da das Volumen der externen Finanzierung einen direkten positiven Zusammenhang zur externen Finanzierungsprämie ω hat, steigt diese an, wenn der externe Finanzierungsbedarf ansteigt.

Zusammenfassend lässt sich festhalten, dass die Zentralbank über die Effekte (a) und (b) Einfluss auf den Wert des Nettovermögens hat und dieser wiederum auf das Verhalten der Investoren: „With lower net worth, the firm is less creditworthy because it has an increased incentive to misrepresent the riskiness of potential projects."[165] Mit sinkendem Nettovermögen steigt somit die externe Finanzierungsprämie an. Dies verteuert die Finanzierung mit extern aufgenommenen Mitteln. Bei negativ elastischer Finanzierungsmittelnachfrage folgt ein zurückgehendes Finanzierungsmittelvolumen und damit auch zurückgehende Investitionen.

Analytisch lässt sich der Bilanzkanal folgendermaßen darstellen. Neben dem Geld- und dem Gütermarkt wird nun noch der Markt für externe Finanzierungsmittel betrachtet. Dieser kann allerdings nicht in der Form *Angebot an = Nachfrage nach Finanzierungsmitteln* an Stelle des Bankkreditmarktes in das Gleichungssystem des Bankenkanals (Gleichungen (20) bis (22)) eingesetzt werden, weil dann die Größe ω zur dritten endogenen Variable des Systems würde. Im Gegensatz zum Bankenkanal ist beim Bilanzkanal jedoch die analytische Berücksichtigung einer Zinsdifferenzgröße (neben dem Wertpapierzins) nicht notwendig. Beim Bankenkanal war einerseits die Reaktion der Kreditnachfrage auf eine Änderung der Zinsdifferenz α zu beachten, die möglichst gering sein sollte (damit die Wirkung über den Bankenkanal möglichst groß ist). Da diese Reaktion aber nicht unbedingt groß sein muss, wenn nämlich die Investoren in der Lage sind, auf andere Finanzierungsformen auszuweichen, musste zusätzlich die Reaktion der Investitionsnachfrage auf Änderungen der Zinsdifferenz mitbetrachtet werden (die möglichst groß sein sollte). Diese Unterscheidung ist jetzt nicht mehr erforderlich, da die durch eine Änderung der Finanzierungsprämie ω reagierende Finanzierungsmittelnachfrage auf jeden Fall auf die Investitionsnachfrage durchschlägt, da es keine alternativen Finanzierungsformen gibt. Die Größe F als die Gesamtheit aller zur Verfügung stehenden Finanzierungsmittel (Summe aus interner und externer Finanzierung) deckt jede Finanzierungsmöglichkeit ab.

Deshalb kann die Investitionsnachfrage als positiv abhängig vom Finanzierungsmittelvolumen F angesehen werden.[166] Im Folgenden wird der Zusammenhang $I = f(F) = F$ zugrunde gelegt. Da die Größe F (und nicht ω) damit zur dritten endogenen Variable des Systems wird, muss der Gleichgewichtsansatz für den Finanzierungsmittelmarkt in der Form $k_V = f(F)$ betrachtet werden. Angebotsseitig gilt deshalb:[167]

$$\begin{aligned} k_V &= i + \omega(i, V) = i + \lambda i \cdot V, \\ k_V &= i + \lambda i \cdot (F - I^{NT}(i)). \end{aligned} \tag{37}$$

Das heißt, der Kostensatz für externe Finanzierungsmittel setzt sich aus dem Wertpapierzins (im Sinne der Alternativkosten bei interner Finanzierung) und der externen Fi-

[165] CECCHETTI 1995, S. 86. [36]
[166] Vgl. WORMS 1998, S. 239-240. [238]
[167] Vgl. OLINER/RUDEBUSCH 1996a, S. 5. [176]

nanzierungsprämie zusammen, welche gemäß der Argumentation in den Punkten (a) und (b) eine Funktion des Zinses i und des Ausmaßes der externen Finanzierung V ist. Die (positive) Beziehung der externen Finanzierungsprämie zu den Größen i und V geht im Parameter λ auf, wobei V als die Differenz $(F - I^{NT})$ umformuliert wird. Die interne Mittelaufnahme I^{NT} ist gemäß des unter Punkt (b) beschriebenen Zusammenhanges vom Zins i abhängig. Damit ergibt sich:

$$D(\tau) = L_S(i) + L_T(Y) = L_S(i) + kY, \tag{38}$$

$$Y = F + C = F + cY, \tag{39}$$

$$i + \lambda i \cdot (F - I^{NT}(i)) = k_V(F). \tag{40}$$

Der Term $k_V(F)$ stellt die nach den Kosten umgeformte Finanzierungsmittelnachfrage dar. Die Reaktion des Einkommens auf eine Variation des Tagesgeldsatzes ergibt sich im Gleichungssystem (38) bis (40) als:[168]

$$\frac{\partial Y}{\partial \tau} = \frac{\frac{\partial D}{\partial \tau}}{k - \underbrace{\frac{\lambda i - \frac{\partial k_V}{\partial F}}{1+\lambda\left(F - I^{NT}(i) - \frac{\partial I^{NT}}{\partial i}\cdot i\right)}}_{(+)} \cdot \underbrace{(1-c)\cdot\frac{\partial L_S}{\partial i}}_{(-)}} . \quad \begin{matrix} \}\ (-) \\ \}\ (+) \end{matrix} \tag{41}$$

Analog zum Bankenkanal (Gleichung (23)) zeigt Gleichung (41) die Bedingungen, die gegeben sein sollten, damit der Bilanzkanal möglichst stark wirken kann:

(a) Der positive Zusammenhang zwischen dem Ausmaß der externen Finanzierung und der Höhe der externen Finanzierungsprämie muss möglichst groß sein, denn je stärker die Finanzierungsprämie auf Änderungen der (geplanten) externen Mittelaufnahme reagiert, umso stärker ist über den Kostensatz k_V der Effekt auf die Nachfrage nach externen Finanzierungsmitteln. In (41) muss der Parameter λ deshalb möglichst groß sein.

(b) Der positive Zusammenhang zwischen dem Wertpapierzins und der Höhe der externen Finanzierungsprämie muss möglichst groß sein. Das hat zur Folge, dass eine Erhöhung der Zinsen stärker auf eine Erhöhung der externen Finanzierungsprämie durchschlägt. Auch deshalb muss der Parameter λ möglichst groß sein.

(c) Eine Erhöhung des Zinsniveaus sollte sich außerdem (wegen des verringerten Cash-Flows) deutlich auf die Fähigkeit zur internen Finanzierung auswirken. In (41) muss deshalb der Ausdruck $\frac{\partial I^{NT}}{\partial i}$ vom Betrag her möglichst groß sein.

(d) Die Nachfrage nach externen Finanzierungsmitteln sollte möglichst elastisch auf Veränderungen der Finanzierungskosten reagieren. Das ist der Fall, wenn der Ausdruck $\frac{\partial k_V}{\partial F}$ vom Betrag her möglichst klein ausfällt.

[168] Vgl. dazu auch die Ausführungen im mathematischen Anhang A.1, S. 230-231.

Die folgende Darstellung (Abbildung 8) soll noch einmal die Wirkung einer Zinserhöhung über den Bilanzkanal veranschaulichen. Dargestellt ist das Angebot an bzw. die Nachfrage nach externen Finanzierungsmitteln gemäß Gleichung (37) bzw. (40).

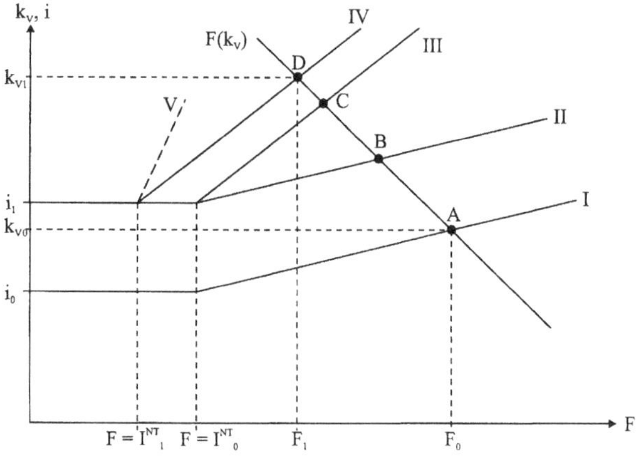

Abbildung 8: **Der Finanzierungsmittelmarkt im Bilanzkanal**

Quelle: in Anlehnung an WORMS 1998, S. 236.

Ausgangspunkt ist die Angebotskurve I bzw. das Gleichgewicht in Punkt A. Das Angebot an Finanzierungsmitteln beträgt F_0, wobei der Teil I_0^{NT} zu den konstanten marginalen Kosten von i_0 intern zur Verfügung steht. Die externe Finanzierungsprämie hat die Höhe $k_{V0} - i_0$. Eine Zinserhöhung auf i_1 verschiebt die Angebotskurve nach oben (Kurve II). Das Gleichgewicht läge jetzt in Punkt B. Der höhere Zins vermindert zudem den Wert der Sicherheiten durch den höheren Abzinsungsfaktor bzw. durch sinkende Wertpapierkurse, sodass die externe Finanzierungsprämie (bei selbem Volumen an externer Finanzierung) ansteigt. Dies macht sich durch eine Drehung der Kurve deutlich, sodass diese nun steiler verläuft (Kurve III). Das zugehörige Gleichgewicht wäre nun das in Punkt C. Der gestiegene Zins bedingt weiterhin, wie erläutert, eine Abnahme der Fähigkeit zur internen Finanzierung. Das Volumen der internen Finanzierung beträgt jetzt I_1^{NT}. Die Angebotskurve verschiebt sich nach links und das neue Gleichgewicht besteht schließlich in Punkt D. Die nunmehr höhere Finanzierungsprämie hat die Höhe $k_{V1} - i_1$. Geht die Verringerung der internen Finanzierungsmittel mit einer Erhöhung der (geplanten) externen Mittelaufnahme einher (weil das gesamte Finanzierungsmittelvolumen gleich bleibt), dann folgt daraus wiederum eine Erhöhung der externen Finanzierungsprämie. Die entsprechende Drehung der Angebotskurve ist in Abbildung 8 durch die Kurve V angedeutet.

Zum Abschluss der Darstellung des Bilanzkanals sei noch auf einen etwas anderen möglichen Erklärungsansatz zur Wirkungsweise dieses Transmissionsprinzips verwiesen, der auf Fisher (1933) zurückgeht.[169] Fisher sieht als Ursache eines sinkenden Nettovermögens

[169] Vgl. FISHER 1933, S. 337-357. [80]

einen plötzlichen Rückgang des Preisniveaus.[170] Ein sinkendes Preisniveau führt zu einem Anstieg der realen Schulden und zu einem Sinken der Nettovermögensposition. Da der Bilanzkanal davon ausgeht, dass eine geschwächte Nettovermögensposition die adversen Verhaltensweisen der Betroffenen verstärkt, folgt deshalb auch hier über den Anstieg der externen Finanzierungsprämie ein zurückgehendes Volumen der externen Mittelaufnahme und sinkende Investitionen sowie „a reduction in output, in trade and in employment of labor. These losses, bankruptcies, and unemployment, lead to [...] pessimism and loss of confidence".[171]

Beide Ansätze des Kreditkanals argumentieren wie gezeigt auf der Basis der Annahme unvollkommener Kapitalmärkte. Diese Annahme begründet, dass durch die Geldpolitik ausgelöste Transmissionseffekte stärker ausfallen als unter der Annahme vollkommener Kapitalmobilität. Damit wird der Kreditkanal besonders unter geldpolitischen Gesichtspunkten interessant, da bei Vorliegen der entsprechenden Voraussetzungen — wie bereits eingangs des Abschnittes 3.4 erwähnt — von geldpolitischer Seite reale Effekte erzielt werden können, ohne dafür zu drastische geldpolitische Maßnahmen ergreifen zu müssen. Vielleicht auch deshalb ist die empirische Überprüfung des Kreditkanals ein weitverbreitetes Thema in der Literatur.[172] Bezüglich der empirisch ausgerichteten Literatur zum Kreditkanal macht Neumann (1995) eine erstaunliche Bemerkung: Er sei von den vielen Bemühungen um den empirischen Nachweis des Kreditkanals überrascht. Da weder die Existenz von Kreditmärkten noch die Unterschiedlichkeit verschiedener finanzieller Aktiva hinsichtlich deren Informations- und Transaktionskosten bestritten werden könne, folge daraus zwangsläufig die Existenz des Kreditkanals.[173] Er müsste so gesehen dann auch nicht mehr empirisch bestätigt werden. Nun ist dieses Argumentationsprinzip aber so unzulässig wie es einfach ist. Geht man wie Neumann von der unbedingten Existenz der Annahmen einer Theorie auch in der Realität aus, dann erübrigt sich freilich nahezu jede empirische Untersuchung. Der Ansatz vieler empirischer Fragestellungen ist es aber gerade festzustellen, ob die in der Theorie gemachten Aussagen auch tatsächlich anzutreffen sind. Darüber hinaus sind es vor allem die Informationsprobleme zwischen den Anbieter- und Nachfragergruppen, die den Kreditkanal konstituieren, weniger die unterschiedlich hohen Transaktions- und Informationskosten für verschiedene Aktiva. Es liegt durchaus nicht auf der Hand, dass auf den Kreditmärkten jeder Volkswirtschaft nennenswerte In-

[170] Ursache des Rückgangs des Preisniveaus ist bei Fisher allerdings nicht ein restriktiver geldpolitischer Impuls, sondern eine unerwartet heftige Kreditrückzahlungswelle. Plötzliche Kreditrückzahlungen führen zu einem verstärkten Rückgang des Einlagenvolumens und der Kreislaufgeschwindigkeit. Dies muss nach der Fisher'schen Verkehrsgleichung zu einem Rückgang des Preisniveaus führen, wenn das Handelsvolumen konstant ist.

[171] FISHER 1933, S. 342. [80]

[172] Einen Überblick über verschiedene empirische Untersuchungen zum Kreditkanal bezogen auf den EU-Raum gibt NOLTE 2003, S. 115-123. [174] Vgl. außerdem die Hinweise zu empirischen Ergebnissen bei der EUROPÄISCHEN ZENTRALBANK 2002b, S. 52-53 u. S. 58-59. [70] Der Umfang der empirischen Literatur zum Kreditkanal in den USA ist reichhaltig. Bestätigung für den Bankenkanal finden z.B. KASHYAP/STEIN/WILCOX 1993 [132], KASHYAP/STEIN 2000 [131] oder GERTLER/GILCHRIST 1993 [94], während OLINER/RUDEBUSCH 1995 [175] und *dieselben* 1996b [177] im Speziellen den Ergebnissen von Kashyap, Stein und Wilcox (1993) widersprechen (siehe dazu auch die Erwiderung von KASHYAP/STEIN/WILCOX 1996 [133]). OLINER/RUDEBUSCH 1996a [176] finden dagegen eher Hinweise für die Existenz des Bilanzkanals. Vgl. außerdem den Beitrag von ROMER/ROMER 1993 [201].

[173] Vgl. NEUMANN 1995, S. 140. [170]

formationsasymmetrien bestehen und es so Friktionen von relevantem Ausmaß zwischen den Finanzkapitalmärkten gibt. So kommt zum Beispiel Stöß (1996) in seiner Untersuchung über die Relevanz des Kreditkanals in Deutschland zu dem Resultat, dass von einer breiten Existenz an Informationsasymmetrien in Deutschland wegen des Hausbankprinzips und der gläubigerfreundlichen Rechtslage nicht auszugehen ist: „Hausbankprinzip und einschlägige rechtliche Regelungen reduzieren die asymmetrischen Informationen zwischen Kreditgeber und -nehmer und mildern auf diese Weise die theoretisch begründbare Nichtneutralität des Finanzsektors [...] Damit geht einher, daß [sic!] der Credit Channel bzw. speziell der Balance Sheet Channel möglicherweise in Deutschland deshalb nicht zum Tragen kommt, weil das Finanzsystem Moral Hazard und adverse Selektion [...] abfedert.“[174] Dies zeigt, unabhängig davon, ob nun in Deutschland tatsächlich ein Kreditkanal relevant ist oder nicht, dass die Bedingungen in Volkswirtschaften so sein können, dass die Existenz einer Transmission über den Kreditkanal nicht unbedingt angenommen werden kann. Die Notwendigkeit empirischer Untersuchungen dazu ergibt sich also durchaus. Die empirischen Betrachtungen in Abschnitt 2.4 waren zwar nicht auf den Nachweis eines Kreditkanals gerichtet, aber die zum Teil recht deutlichen Einflüsse des Tagesgeldsatzes auf die Kreditvergabe vor dem Hintergrund des fehlenden bzw. schwachen Zusammenhanges des Tagesgeldzinses zum langfristigen Zins (siehe die Abschnitte 3.2.3 und 4.3.3) sind dennoch ein Hinweis für die Existenz eines Kreditkanals in Deutschland bzw. im Euro-Währungsgebiet.

3.5 Außenwirtschaftliche Transmission

Die bisher vorgestellten Transmissionsansätze beschränkten sich auf binnenwirtschaftliche Zusammenhänge. In offenen Volkswirtschaften kann aber der Wechselkurs als Übertragungsgröße geldpolitischer Impulse hinzukommen. Für die Geldpolitik eröffnet sich damit ein zusätzlicher Transmissionsmechanismus, der *Wechselkurskanal*. Die Transmission über den Wechselkurs tritt nicht allein als substitutiver Übertragungskanal zu den anderen bisher diskutierten möglichen Ansätzen auf, sondern er ergänzt sie für den Fall der offenen Volkswirtschaft. Die Zentralbank erreicht im Rahmen des Wechselkurskanals dann einen realen Effekt, wenn es ihr gelingt, über ihre geldpolitischen Entscheidungen eine Wirkung auf den Wechselkurs auszuüben, und sich diese Wechselkursreaktion auf realwirtschaftliche Größen im Inland auswirkt.[175]

Die Verbindung von Zinsvariationen im Inland und Wechselkursreaktionen wird über den internationalen Zinszusammenhang, die Zinsparität, hergestellt.[176] Wird der Wechselkurs

---

[174] STÖß 1996, S. 51-52. [219] Die EZB bemerkt, dass die aus ihren Untersuchungen folgende geringe Bedeutung des Bankenkanals im Euro-Raum auf die relativ hohe Finanzstabilität zurückzuführen sein könnte. Vgl. EUROPÄISCHE ZENTRALBANK 2002b, S. 53. [70]

[175] Vgl. MISHKIN 1996, S. 5-6 [162] oder TAYLOR 1995, S. 15-16. [225]

[176] Die Zinsparität wird hier nur in der ungesicherten Version erläutert. Darstellungen auch zur gesicherten Zinsparität finden sich in den gängigen Lehrbüchern, z.B. bei JARCHOW/RÜHMANN 2000, S. 83-89 [126], ROSE/SAUERNHEIMER 1999, S. 189-193 u. S. 217-218 [203] oder bei WILLMS 1995, S. 20-21 und S. 25-26. [235] Bereits bei Keynes (1923) finden sich Äußerungen zum internationalen Zinszusammenhang. Er schreibt u.a.: *„If by lending dollars in New York for one month the lender could earn interest at the rate of* 5¹/₂ *per cent per annum, whereas by lending sterling in London for one month he*

in Preisnotierung definiert, dann ist die Zinsparität:

$$i = i_a + \hat{e}^*. \tag{42}$$

Die Zinsparität stellt dar, dass Zinsunterschiede zwischen In- und Ausland nur dann bestehen können, wenn für die Währung des Landes, in dem der höhere Zins besteht, eine Abwertung erwartet wird, die den Zinsvorteil gerade wieder aufhebt. Der Inlandszins i muss also dem Auslandzins i_a zuzüglich der erwarteten Wechselkursänderungsrate $\hat{e}^*$entsprechen. Wenn dem nicht so ist, dann setzen Kapitalströme ein, um den bestehenden Zinsvorteil auszunutzen. Solche Arbitragereaktionen sorgen dafür, dass die Bedingung in (42) wieder erfüllt ist. Deshalb wird dieser Zusammenhang auch Zinsarbitragegleichgewicht genannt. Die Zinsparität nach (42) ist zunächst so formuliert, dass sie den Einfluss des Auslandszinses i_a und der Wechselkursänderungserwartung $\hat{e}^*$ auf den Inlandszins i begründet. Es ist jedoch nicht eindeutig, ob und wie stark Störungen dieses Arbitragegleichgewichtes auf den Inlandszins wirken. Steigt der Zins im Ausland an, dann werden für die Wirtschaftssubjekte ausländische Kapitalanlagen attraktiver und die inländische Währung wertet ab. Führt die Abwertung zu Aufwertungserwartungen bzw. zu einer Abschwächung der Abwertungserwartungen (jeweils gegenüber der Inlandswährung) in derselben Höhe wie die anfängliche Zinssteigerung im Ausland ($|\Delta\hat{e}^*| = |\Delta i_a|$), dann ergibt sich kein Effekt auf den inländischen Zins, denn dann entspricht die Summe aus Auslandszinsniveau und erwarteter Wechselkursänderungsrate nach wie vor dem Inlandszinsniveau. Von diesem Fall ist dann auszugehen, wenn sich der erwartete Wechselkurs selbst nicht ändert. Die Änderung der erwarteten Wechselkursänderungsrate wird dann nur durch die Erhöhung des tatsächlichen Wechselkurses, also durch die Abwertung bestimmt, sodass die Zinssteigerung des Auslandes genau durch die Variation der erwarteten Wechselkursänderungsrate kompensiert wird.

Ein Effekt tritt erst dann ein, wenn sich im Zuge der Anpassung des Arbitragegleichgewichtes auch die Wechselkurserwartung an sich ändert. Zunächst kann es dadurch sein, dass die erwartete Wechselkursänderungsrate nach der durch die Zinserhöhung im Ausland bedingten Abwertung nicht so stark oder stärker sinkt als vorher der Auslandszins gestiegen ist. Sinkt sie weniger stark, resultiert eine Zinserhöhung im Inland, sinkt sie stärker, resultiert eine Zinssenkung im Inland.[177] Denkbar wäre aber auch, dass die Wirtschaftssubjekte ihre Vorstellung vom erwarteten Wechselkurs auf Grund der Abwertung so stark ändern, dass die erwartete Wechselkursänderungsrate nicht sinkt, sondern ansteigt. Der inländische Zins muss dann gemäß der Zinsparität erst recht stark ansteigen.

Variierende Wechselkursänderungserwartungen sind soweit keine Auslöser für Störungen des internationalen Zinsgleichgewichtes, sondern sie stellen lediglich endogene Reaktionen auf Zinsänderungen dar. Rohde (1996) weist darauf hin, dass sich Wechselkursänderungserwartungen auch von den so genannten Fundamentalfaktoren, also hier von den Zinsen,

---

could only earn interest at the rate of 4 *per cent, then the preference observed above for holding funds in New York rather than in London is wholly explained. That is to say, forward quotations for the purchase of the currency of the dearer money market tend to be cheaper than spot quotations by a percentage per month equal to the* ***excess*** *[Herv. d. Verf.] of the interest which can be earned in a month in the dearer market over what can be earned in the cheaper.“* KEYNES 1923, wieder abgedruckt 1971, S. 103-104. [135]

[177]Vgl. FILC 1998b, S. 159. [76]

loslösen können.[178] Die Störung des Arbitragegleichgewichtes in (42) würde dann exogen durch eine Veränderung der Größe $\hat{e}^*$ verursacht. Steigt beispielsweise die erwartete Wechselkursänderungsrate an, weil der erwartete Wechselkurs ansteigt, dann lässt eine Anlage im Ausland einen höheren Ertrag erwarten als im Inland. Der einsetzende Kapitalstrom ins Ausland kann grundsätzlich zu einer Abwertung sowie zu einer Zinserhöhung im Inland und /oder zu einer Zinssenkung im Ausland führen, die jeweils so ausfallen müssen, dass sich die Zinsparität wieder ausgleicht.

Auswirkungen auf den Inlandszins können somit nicht nur durch Zinsänderungen im Ausland, sondern auch durch exogene Änderungen der Wechselkursänderungserwartungen verursacht werden. Wie stark diese Auswirkung ist, ist aber ähnlich wie im Fall sich exogen ändernder Auslandszinsen nicht eindeutig. So kann es möglich sein, dass ein Sinken der erwarteten Wechselkursänderungsrate nahezu vollständig durch steigende Auslandszinsen kompensiert wird und der Effekt auf die inländischen Zinsen nur sehr klein ist. Andersherum kann diese Erwartungsänderung voll durch steigende Inlandszinsen kompensiert werden, ohne dass das Auslandszinsniveau betroffen ist.

Hinsichtlich der Transmission über den Wechselkurskanal gilt, dass diese nur dann wirksam werden kann, wenn durch die Zentralbank ausgelöste Zinsänderungen im Inland auf den Wechselkurs durchschlagen. Transmissionstheoretisch geht es also darum, dass das Arbitragegleichgewicht nicht durch Einflüsse aus dem Ausland, sondern aus dem Inland gestört wird. Gleichung (42) ausformuliert und nach dem Wechselkurs aufgelöst ergibt:

$$
\begin{aligned}
i &= i_a + \hat{e}^* = i_a + \frac{e^* - e}{e}, \\
e &= \frac{e^*}{1 + i - i_a}. \qquad (43)
\end{aligned}
$$

Danach kommt es ceteris paribus bei einem steigenden (sinkenden) Inlandszins zu einem sinkenden (steigenden) Wechselkurs, also zu einer Aufwertung (Abwertung), da inländische Kapitalanlagen attraktiver (unattraktiver) werden. Die Zentralbank kann also dann eine Wechselkursreaktion erwirken, wenn sie über ihre Zinspolitik internationale Kapitalströme induziert, die in einem System flexibler Wechselkurse zu Wechselkursanpassungen führen müssen.[179] Ein geänderter Wechselkurs hat Einfluss auf die Importnachfrage des Inlandes und die Exportnachfrage des Auslandes. Über diesen Einfluss ergibt sich der gesuchte realwirtschaftliche Effekt auf den Gütermarkt. Die analytische Darstellung des Wechselkurskanals erfolgt in der Weise, dass das Modell des einfachen Zinsmechanismus aus Abschnitt 3.2.3 (IS/LM-Modell) um die für eine offene Volkswirtschaft relevanten Zusammenhänge erweitert wird.[180] Die Modellkonstruktion entspricht damit dem Mundell-

---

[178] Vgl. ROHDE 1996, S. 80 und ausführlicher ebenda S. 41-51. [194]

[179] Für ein System tatsächlich fixer Kurse gilt das selbstverständlich nicht. In diesem Fall wäre aber der gesamte Wechselkurskanal ohnehin nicht relevant. Die Darstellung der Transmission geldpolitischer Impulse über den Wechselkurskanal muss daher ein System flexibler Kurse oder zumindest ein Festkurssystem mit in einer Bandbreite flexiblen Kursen voraussetzen. Auch die in einem Fixkurssystem durch administrative Anpassungen der Leitkurse ausgelösten realwirtschaftlichen Effekte werden nicht unter den Begriff des Wechselkurskanals eingeordnet. Vgl. NOLTE 2003, S. 129. [174]

[180] Es wäre auch möglich, den Wechselkurskanal durch die entsprechende Erweiterung aller anderen

Fleming-Modell (IS/LM/ZZ-Modell).[181] Neben der Gleichgewichtsbedingung des Geldmarktes, die entsprechend Gleichung (6) (siehe S. 60) unverändert übernommen wird, ist der Gütermarkt um Ex- und Importe zu erweitern und zusätzlich eine Gleichgewichtsbedingung für den Devisenmarkt hinzuzufügen:

$$\begin{aligned} D(\tau) &= L_S(i) + L_T(Y) = L_S(i) + kY, && (44)\\ Y &= I(i) + cY + Ex(e) - Im(e, Y), \\ &= I(i) + cY + AB(e, Y), && (45)\\ KBS(i) &= AB(e, Y), && (46) \end{aligned}$$

mit

$$\frac{\partial Ex}{\partial e} > 0, \frac{\partial Im}{\partial e} < 0, \frac{\partial Im}{\partial Y} > 0 \quad \text{und} \quad \frac{\partial AB}{\partial e} > 0, \frac{\partial AB}{\partial Y} < 0.$$

Die Differenz aus Ex- und Importen bildet den Außenbeitrag AB. Dieser steigt an, wenn die heimische Währung abwertet und er sinkt mit steigendem Einkommen. Das Devisenmarktgleichgewicht in (46) fordert, dass der Kapitalbilanzsaldo gleich dem Saldo der Leistungsbilanz sein muss, welcher hier vereinfachend durch den Außenbeitrag dargestellt ist.[182] Die gerade erwähnte Reaktion des Außenbeitrages auf Wechselkursänderungen lässt sich dadurch mit der Gültigkeit der Marshall-Lerner-Bedingung begründen, die eigentlich für die gesamte Leistungsbilanz definiert ist.[183]

Transmissionsansätze, insbesondere auch des Bankenkanals, darzustellen. Aus Gründen der Übersichtlichkeit wird jedoch an der Erweiterung des einfachen Zinskanals auf eine offene Volkswirtschaft festgehalten. Die Modellergebnisse sind davon nicht betroffen.

[181] Das Mundell-Fleming-Modell fußt auf mehreren Arbeiten von Mundell (1960, 1961, 1962, 1963) sowie von Fleming (1962). Vgl. MUNDELL 1960, S. 227-257 [166], ***derselbe*** 1961, S. 240-249 [167], ***derselbe*** 1962, S. 70-79 [168], ***derselbe*** 1963, S. 475-485 [169] sowie FLEMING 1962, S. 309-380. [82]

[182] Die Verkürzung des Leistungsbilanzsaldos auf den Außenbeitrag entspricht in der Systematik der Zahlungsbilanz der Vernachlässigung der Bilanz der laufenden Übertragungen und der Faktoreinkommensbilanz, die beide Teilbilanzen der Leistungsbilanz sind. Damit werden für die Leistungsbilanz nur die Handelsbilanz und die Dienstleistungsbilanz als relevant betrachtet, die den Im- und Export von Waren und Dienstleistungen erfassen. Unter dieser Prämisse ist der Leistungsbilanzsaldo gleich dem Außenbeitrag. Zur Zusammensetzung der Zahlungsbilanz vgl. z.B. HASLINGER 1997, S. 341-349 [106] oder RUCKRIEGEL 2002, S. 1218-1224. [204] Eine sehr gute Darstellung inkl. Buchungsbeispielen gibt es bei JARCHOW/RÜHMANN 2000, S. 1-18. [126]

[183] Die Zunahme (Abnahme) des Außenbeitrages nach einer Abwertung (Aufwertung), die so genannte Normalreaktion, ergibt sich durch die aus der Abwertung (Aufwertung) folgende Verbilligung (Verteuerung) der Exporte bzw. die Verteuerung (Verbilligung) der Importe. Voraussetzung für die geschilderte Reaktion des Außenbeitrages ist jedoch, dass diesen durch den Wechselkurs vorgegebenen Preiseffekten entsprechende Mengenreaktionen nachfolgen, also eine Zunahme (Abnahme) der Exportmengen bzw. eine Abnahme (Zunahme) der Importmengen. Die Marshall-Lerner-Bedingung fordert in diesem Zusammenhang für eine Normalreaktion der Leistungsbilanz bzw. des Außenbeitrages, dass die Summe der Beträge der Nachfrageelastizitäten nach Im- und Exportgütern größer als Eins sein muss. Als Voraussetzung dafür gilt die vorher ausgeglichene Leistungsbilanz bzw. $AB = 0$ und unendlich große Angebotselastizitäten. Die Bedeutung der Nachfrageelastizitäten im internationalen Handel wird von Marshall (1923) herausgehoben. Vgl. MARSHALL 1923, wieder abgedruckt 1997, insbesondere S. 155-190. [154] Die eigentliche

Die Wirkung eines geldpolitischen Impulses auf das Einkommen ergibt sich nun analog zur Verfahrensweise beim Zinsmechanismus und beim Kreditkanal durch die Ableitung des Einkommens Y nach dem Zentralbankgeldsatz τ innerhalb des Gleichungssystems (44) bis (46):[184]

$$\frac{\partial Y}{\partial \tau} = \frac{\overbrace{\frac{\partial KBS}{\partial i} \cdot \frac{\partial D}{\partial \tau}}^{(+)} + \overbrace{\left[\frac{\partial I}{\partial i} \cdot \frac{\partial D}{\partial \tau}\right]}^{(+)}}{\underbrace{\frac{\partial KBS}{\partial i}}_{(-)} \cdot k + \underbrace{\left[(1-c) \cdot \frac{\partial L_S}{\partial i} + k \cdot \frac{\partial I}{\partial i}\right]}_{(-)}} < 0. \tag{47}$$

Die Terme in den eckigen Klammern zeigen wiederum den Einfluss des einfachen Zinsmechanismus. Zusätzlich zeigt sich für den Wechselkurskanal, dass der Transmissionseffekt umso stärker ist, je empfindlicher die internationalen Kapitalströme auf eine inländische Zinsvariation reagieren, denn je größer $\left|\frac{\partial KBS}{\partial i}\right|$ ist, umso größer wird Ausdruck (47) insgesamt. Das bedeutet, dass schon kleine Zinsänderungen kräftige Kapitalzuflüsse bzw. -abflüsse induzieren können und die daraus resultierende Wechselkursreaktion ceteris paribus entsprechend stark sein muss, um die Devisenbilanz wieder auszugleichen. Entsprechend stark ist dann mithin die Wirkung auf den Gütermarkt und das Einkommen.

Die Transmission über den Wechselkurs kann somit — ähnlich wie der Bankenkanal — den realen Effekt auf das Einkommen über die Wirkung des einfachen Zinskanals hinaus verstärken. In gewisser Hinsicht problematisch ist aber, dass die Wirkung zentralbankpolitischer Zinsimpulse auf den Wechselkurs nicht eindeutig bestimmt ist, denn die Zinsparität, welche die Wirkung einer Zinsvariation auf den Wechselkurs erklären soll, formuliert lediglich ein Arbitragegleichgewicht, aber sie begründet keinen eindeutigen funktionalen Zusammenhang. Damit stellt die Zinsparität nicht sicher, dass inländische Zinsvariationen tatsächlich in der gedachten Weise auf den Wechselkurs wirken müssen. So kann es durchaus sein, dass zum Beispiel eine Zinssenkung im Inland keine Abwertung, sondern überhaupt keine Wechselkursreaktion oder gar eine Aufwertung induziert. Dies kann dann der Fall sein, wenn die Wirtschaftssubjekte in der Zinssenkung ein Signal für zukünftig wachsende Produktion und damit steigendes Einkommen zu erkennen glauben und deshalb mit einer Aufwertung rechnen.[185] Sie werden dann trotz der Zinssenkung Inlandswährung nachfragen. Um das Arbitragegleichgewicht zu gewährleisten, müsste dann der Zins im Ausland sinken. Man sollte deshalb zwischen einem funktionalen internationalen Zinszusammenhang, beispielsweise der Form $e = f(i, i_a)$, und der Zinsparität nach (42), die eine Gleichgewichtsbedingung darstellt, aber über die Richtung der Erfüllung derer nichts aussagt, unterscheiden. In Abschnitt 4.3 wird darauf noch näher eingegangen.

Die in diesem Abschnitt dargestellten Transmissionsvorstellungen verdeutlichen, dass die Übertragung monetärer Impulse hauptsächlich über Zinsen erfolgt. Dies waren im einfachen Zinskanal die Wertpapierrendite und im Kreditkanal die Differenz zwischen der

(verbale) Formulierung der Marshall-Lerner-Bedingung ist bei Lerner (1944) zu finden. Vgl. LERNER 1944, wieder abgedruckt 1970, S. 377-380. [148] Vgl. außerdem ROSE/SAUERNHEIMER 1999, S. 77-79 [203], JARCHOW/RÜHMANN 2000, S. 44-48 [126] oder WESTPHAL 2000, S. 628. [233]

[184] Siehe hierzu auch die Ausführungen im mathematischen Anhang A.1, S. 232-233.

[185] Vgl. FILC 1998b, S. 160. [76]

Wertpapierrendite und dem Kreditzins bzw. die Differenz zwischen der Wertpapierrendite und dem Kostensatz der Finanzierung. In den vermögenstheoretischen Ansätzen sind eine Reihe verschiedener Zinssätze zu berücksichtigen, wobei allerdings das Verhältnis der Ertragsraten auf vorhandenes und neu zu schaffendes Sachkapital die entscheidende Größe darstellt. Der Wechselkurskanal zeigt, dass außenwirtschaftliche Zusammenhänge die Transmissionswirkung im Inland verstärken können. Die Transmissionstheorien wurden so formuliert, dass der Zins für Zentralbankgeld den Startpunkt der Transmissionsprozesse bildet. Es hat sich gezeigt, dass der Erklärungsgehalt der besprochenen Theorien auf die Reaktion realer Größen, hauptsächlich der Investitionen und des Einkommens, und nicht auf die Reaktion des Preisniveaus gerichtet ist. Für die bestimmende Rolle des Zentralbankgeldmarktsatzes hinsichtlich realwirtschaftlicher Aktivität gibt es somit neben den empirischen Hinweisen auch genügend theoretische Fundierung. Im folgenden Kapitel wird untersucht, inwieweit der Satz für Zentralbankgeld im Rahmen einer geldpolitischen Strategie nutzbar ist.

4 Implikationen für die Geldpolitik

4.1 Geldpolitische Strategien

4.1.1 Geldpolitische Strategie und geldpolitische Regel

Die Geldpolitik einer Volkswirtschaft folgt in der Regel einer Zielvorstellung. Diese Zielvorstellung leitet sich oft aus einem entsprechenden Auftrag ab, der der Zentralbank vom Gesetzgeber gegeben ist.[186] Dieses so genannte geldpolitische Endziel (Preisniveaustabilität, Einkommen) gilt oft als für eine Zentralbank schwer direkt zu beeinflussende Größe, weshalb der Einsatz von Zwischenzielen notwendig werden kann.[187] Das Zwischenziel wird von der Zentralbank dann in der Weise versucht zu steuern, dass im Ergebnis die Sicherung des Endzieles gelingt. Dabei greift die Zentralbank auf das ihr zur Verfügung stehende geldpolitische Instrumentarium zurück. Als unmittelbaren Ansatzpunkt des Instrumenteneinsatzes wählt die Zentralbank eine Größe, die sie direkt unter Kontrolle hat. Diese Größe wird als operationales Ziel bezeichnet. In der Regel ist dies entweder die Geldbasis oder der Geldmarktsatz für Zentralbankgeld.[188] Werden diese Zusammenhänge in eine grafische Reihenfolge gebracht, dann kann man sich folgenden Kontext vorstellen:

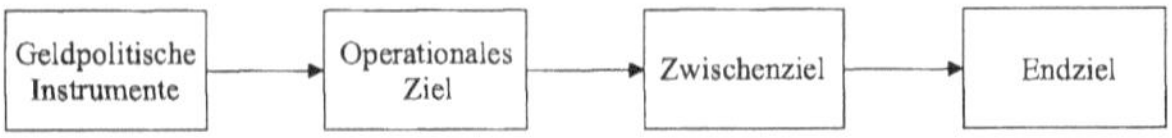

Abbildung 9: **Grundstruktur der geldpolitischen Strategie**

Quelle: leicht verändert aus
BOFINGER/REISCHLE/SCHÄCHTER 1996, S. 246.

Die Erfüllung geldpolitischer Endziele kann auch ohne die Verwendung eines Zwischenzieles umgesetzt werden, wenn die geldpolitischen Entscheidungsträger der Meinung sind, das geldpolitische Endziel direkt steuern zu können. In Abbildung 9 entfiele dann der Zwischenziel-Block. Der Einsatz von Zwischenzielen wird damit begründet, dass eine direkte Endzielsteuerung nur schwer oder gar nicht möglich sei.[189] Gründe dafür sind erstens, dass der Zusammenhang zwischen dem operationalen Ziel und dem Endziel zu komplex und unsicher ist, und zweitens, dass die Zeitverzögerungen zwischen dem Ergreifen geldpolitischer Maßnahmen und der Reaktion der Endzielgröße zu groß sind, sodass auf Zielverfehlungen bzw. auf Störungen, die zu Zielverfehlungen führen, erst viel zu spät reagiert werden kann. An ein zu verwendendes Zwischenziel werden die Anforderungen gestellt, dass es mit dem operationalen Ziel gut gesteuert werden kann und es in einem engen Zusammenhang zum geldpolitischen Endziel stehen muss. Diese Forderungen an

[186]Vgl. ISSING 1996, S. 254. [117]

[187]Vgl. BOFINGER/REISCHLE/SCHÄCHTER 1996, S. 246. [23]

[188]Vgl. BOFINGER/SCHÄCHTER 1997, S. 106. [24]

[189]Die Diskussion zur Notwendigkeit von Zwischenzielen wird in der gängigen Lehrbuchliteratur behandelt. Vgl. exemplarisch BOFINGER/REISCHLE/SCHÄCHTER 1996, S. 246-248 [23], DUWENDAG u.a. 1999, S. 322 [56] oder ISSING 1996, S. 179. [117]

ein Zwischenziel beinhalten eine gewisse Inkonsistenz: Wenn einerseits der Zusammenhang zwischen dem operationalen Ziel und dem Zwischenziel eng sein soll (im Sinne einer Steuerbarkeit) und andererseits auch der Zusammenhang zwischen der Zwischen- und der Endzielgröße eng sein soll, dann ergibt sich doch daraus, dass auch der Zusammenhang zwischen dem operationalen Ziel und dem Endziel insgesamt eng ist. Ein Zwischenziel würde sich aus dieser Sicht erübrigen. Die Problematik langer Zeitverzögerungen zwischen dem geldpolitischen Impuls und der Reaktion der Zielgröße lässt die Verwendung eines Zwischenzieles dennoch rechtfertigen. Wird kein Zwischenziel verfolgt, so wird versucht, das Endziel direkt zu steuern. Dem Problem der Zeitverzögerungen bei Endzielstrategien wird dadurch begegnet, dass Prognosen über die Entwicklung der Endzielgröße erstellt werden, um schneller auf Abweichungen reagieren zu können und nicht erst abwarten zu müssen, bis die Zielgröße an sich eine Verfehlung anzeigt.

Der geldpolitische Plan, den die Zentralbank durch den Einsatz ihrer Instrumente sowie unter Beobachtung von geldpolitischen Indikatoren verfolgt und der zur Erreichung des Endzieles führen soll, wird als geldpolitische Strategie bezeichnet. Je nachdem, ob dabei Zwischenziele verwendet werden oder nicht, unterscheidet man Zwischenziel- und Endzielstrategien. An geldpolitische Strategien werden eine Reihe von Anforderungen gestellt. Im Wesentlichen sind folgende Punkte zu nennen. Erstens muss eine geldpolitische Strategie verständlich formuliert sein, damit nach außen ein gewisses Maß an Transparenz erreicht wird. Zweitens sollte die Strategie so beschaffen sein, dass die Geldpolitik für die Wirtschaftssubjekte überprüfbar ist und eine stabile Erwartungsbildung ermöglicht wird. Außerdem muss sie sich im praktischen Einsatz anwenden und den geldpolitischen Entscheidungsträgern Freiraum lassen.[190]

Eng verbunden mit dem Begriff der geldpolitischen Strategie ist der Begriff der geldpolitischen Regel. Eine geldpolitische Regel ist wesentlicher Bestandteil der geldpolitischen Strategie und stellt eine zur Erreichung des End- oder Zwischenzieles zu verfolgende Handlungsanweisung dar. Wie strikt eine geldpolitische Regel formuliert sein sollte, ist umstritten. Die Deutsche Bundesbank versteht unter einer geldpolitischen Regel „eine formelartige Vorab-Festlegung der Geldpolitik".[191] Svensson (1999) definiert eine geldpolitische Regel als „a prescribed guide for monetary policy conduct"[192] und Ball (1999a) eher beschreibend als „a rule for setting the interest rate r",[193] wobei r für die Aktionsvariable der Zentralbank steht, also in der hier verwendeten Symbolik für τ. Unter einer geldpolitischen Regel muss aber nicht zwangsläufig eine starre Zielvorgabe oder eine unveränderliche mathematische Formel verstanden werden, sondern es kann sich auch allgemeiner um ein systematisches Vorgehen handeln, das nicht zufällig oder fallweise beeinflusst ist.[194] Dies entspricht der Ansicht, dass eine geldpolitische Regel eben gerade nicht unbedingt als numerische Formel zu interpretieren ist.[195] Wie eng eine geldpolitische Regel aufgestellt ist, hängt auch damit zusammen, ob es sich um eine Ziel- oder eine

[190] Vgl. TIETMEYER 1996, S. 5 [227] und NEUMANN 2000, S. 1594. [171]
[191] DEUTSCHE BUNDESBANK 1999, S. 48. [52]
[192] SVENSSON 1999, S. 614. [221]
[193] BALL 1999a, S. 69. [6]
[194] Vgl. TAYLOR 1993, S. 198-199. [224]
[195] Vgl. von LANDESBERGER 2001, S. 13. [231]

Instrumentenregel handelt.[196]

Zielregeln beinhalten für die Zentralbank die Verpflichtung, ihr geldpolitisches Ziel möglichst effizient zu verfolgen. In theoretischer Hinsicht heißt das, dass die Zentralbank die Zielregel so einzusetzen hat, dass eine Verlustfunktion minimiert wird, bei deren Variable(n) es sich genau um das zu verfolgende geldpolitische Ziel (die zu verfolgenden geldpolitischen Ziele) handelt. Ein sehr einfaches Beispiel für den Gebrauch einer Zielregel ist die Strategie des strikten Inflationszieles. Die Verlustfunktion würde dabei

$$L = \pi - \pi_Z = p \tag{48}$$

lauten. Die Minimierung der Verlustfunktion fordert, dass die Abweichung der Inflationsrate π von ihrem Zielwert π_Z möglichst gering ist. Die zugehörige Zielregel lautet dann

$$\pi = \pi_z \tag{49}$$

oder, wenn die Inflationsrate nicht wirklich direkt zu beeinflussen ist,

$$\pi^* = \pi_Z, \tag{50}$$

mit π^* als der erwarteten Inflationsrate. Bei der Verfolgung der Zielregel, also in diesem Beispiel dem Bemühen, die Inflationsrate bzw. die erwartete Inflationsrate dem Inflationsziel anzugleichen, geht die Zentralbank diskretionär vor, da die erforderlichen geldpolitischen Maßnahmen selbst keiner bestimmten Vorschrift oder Regel folgen, sondern lediglich dem geldpolitischen Endziel untergeordnet sind. Dabei werden von der Zentralbank alle verfügbaren (und sich ändernden) Informationen verwertet, die für die Verfolgung der Zielregel und damit für die Erreichung des geldpolitischen Endzieles relevant sind. Bei der oben genannten Zielregel (50) würde die Zentralbank also alle Informationen und Indikatoren auswerten, mit deren Hilfe eine Inflationserwartung gebildet werden kann, und dann fallweise, je nach dem, wie das Ergebnis ausfällt, eine geldpolitische Entscheidung treffen, deren Ausmaß im Ermessen der Zentralbank liegt. Im Allgemeinen werden auch Zwischenzielstrategien wie die Geldmengenregel der Klasse der Zielregeln zugeordnet.

Instrumentenregeln dagegen stellen einen festen funktionalen Zusammenhang zwischen den geldpolitischen Maßnahmen und den Zielvariablen her. Eine viel diskutierte Instrumentenregel ist die Taylor-Regel (siehe Abschnitt 4.2.1). Nach der Taylor-Regel ist der Satz für Zentralbankgeld in Abhängigkeit von den Abweichungen der geldpolitischen Endziele Inflationsrate und reales Einkommen von deren jeweiligen Zielwerten zu steuern. Instrumentenregeln werden somit oft als Mechanismus interpretiert, mit dem die Zentralbank auf Zielverfehlungen reagiert. Sie werden deshalb auch als Reaktionsfunktion bezeichnet.[197] Eine sehr einfache Instrumentenregel wäre — wiederum bezogen auf die strikte Inflationssteuerung — die Reaktionsfunktion

$$r = \pi - \pi_Z = p. \tag{51}$$

---

[196] Zum Unterschied von Ziel- und Instrumentenregeln vgl. z.B. SVENSSON 1999, S. 614-623 [221], RUDEBUSCH/SVENSSON 1999, S. 211 [205] oder BRANDNER/SCHUBERTH 1999, S. 62-64. [27]

[197] Vgl. BRANDNER/SCHUBERTH 1999, S. 63-64. [27]

Danach soll die Höhe des Satzes für Zentralbankgeld genau der Inflationslücke entsprechen.

Zwischen beiden hier exemplarisch genannten Regeln existiert ein qualitativer Unterschied, der verallgemeinert werden kann. Nur die Zielregeln (49) bzw. (50) korrespondieren tatsächlich mit der Strategie eines strikten Inflationszieles, da deren Anwendung darauf gerichtet ist, die tatsächliche Inflationsrate der gewünschten anzugleichen und so die Verlustfunktion (48) zu minimieren. Die Instrumentenregel (51) impliziert dagegen nicht zwangsläufig die Strategie eines strikten Inflationszieles, denn die (mechanistische) zinspolitische Reaktion auf Zielverfehlungen stellt nicht sicher, dass sich die Inflationsrate auch wirklich in Richtung Zielwert entwickelt, und wenn doch, dann möglicherweise unter Inkaufnahme starker Schwankungen. Zielregeln gelten deshalb als anreizkompatibler und effizienter zur Erfüllung geldpolitischer Endziele.[198] Wie allerdings in Abschnitt 4.2.3 dargestellt wird, können auch Instrumentenregeln — dort insbesondere die Taylor-Regel — unter bestimmten Voraussetzungen effizienter als Zielregeln sein.

Es sind Zweifel angebracht, ob die Unterscheidung in Ziel- und Instrumentenregeln sinnvoll ist. Der wesentliche Unterschied besteht — wie dargestellt wurde — darin, dass Zielregeln diskretionäres Tun implizieren, während die Geldpolitik bei Instrumentenregeln ihre geldpolitischen Maßnahmen gemäß einer festen Regel trifft. Letztlich obliegt es aber den geldpolitischen Entscheidungsträgern, ob nicht auch eine bestehende Instrumentenregel diskretionär geändert wird, wenn dies für erforderlich gehalten wird. Darüber hinaus lassen sich aus Zielregeln immer auch Reaktionsfunktionen ableiten, die den Charakter von Instrumentenregeln besitzen. Eine so abgeleitete Reaktionsfunktion wird aber, so die Behauptung, „in der Praxis keine explizite Instrumentenregel ergeben, sondern eine endogene und implizite Reaktionsfunktion, weil alle für die Geldpolitik relevanten Informationen berücksichtigt werden.“[199] Es ist zu fragen, ob eine solche Unterscheidung wirklich zweckmäßig ist. Auch die Aufstellung und — wie eben bereits gesagt — die Änderung von expliziten Instrumentenregeln verlangt die Berücksichtigung aller relevanten Informationen (siehe dazu auch Abschnitt 4.2.3.8).

4.1.2 Geldpolitische Strategien im Überblick

In diesem Abschnitt sollen die gängigen End- und Zwischenzielstrategien kurz vorgestellt werden. Es werden dabei die Zwischenziele Geldmenge, Zins und Wechselkurs sowie als Endzielstrategie das direkte Inflationsziel besprochen.[200] Anschließend wird in einem gesonderten Abschnitt noch auf das Konzept der Europäischen Zentralbank eingegangen.

Die **Geldmengenstrategie** ist ein Konzept, das sich aus der Anwendung der Quantitätstheorie ergibt. Die Quantitätstheorie selbst basiert auf dem tautologischen Zusammenhang der Quantitätsgleichung. Diese sagt aus, dass das Produkt aus der Geldmenge und der

[198] Vgl. SVENSSON 1999, S. 622-623. [221]
[199] BRANDNER/SCHUBERTH 1999, S. 64. [27]
[200] Entsprechende Ausführungen finden sich in den gängigen Abhandlungen zur Geldpolitik. Vgl. im Folgenden exemplarisch die sehr guten Darstellungen bei BOFINGER/REISCHLE/SCHÄCHTER 1996, S. 239-380 [23] und bei GÖRGENS/RUCKRIEGEL/SEITZ 2003, S. 90-174. [98] sowie die knappe Übersicht bei NEUMANN 2000, S. 1595-1600. [171]

Umlaufgeschwindigkeit des Geldes, also der Wert aller Zahlungen, gleich dem Produkt aus dem Handelsvolumen und dem Preisniveau, also dem Wert aller Käufe, sein muss:[201]

$$\underbrace{M \cdot v_H}_{\text{Wert aller Zahlungen}} = \underbrace{H \cdot P}_{\text{Wert aller Käufe}} , \tag{52}$$

mit v_H als der Umlaufgeschwindigkeit des Geldes bezogen auf das Handelsvolumen. Wird statt des Handelsvolumens die reale Wertschöpfung (die hier gleich dem realen Inlandsprodukt Y sein soll) berücksichtigt, so gilt $H = j \cdot Y$, und (52) wird dann geschrieben als:

$$\begin{aligned} M \cdot v_H &= j \cdot Y \cdot P, \\ M \cdot v &= Y \cdot P, \quad \text{mit} \quad v = \frac{v_H}{j} \end{aligned} \tag{53}$$

sowie mit $j > 1$, da das reale Inlandsprodukt die Vorleistungen nicht mit berücksichtigt und daher kleiner als das Handelsvolumen ist. Die Umlaufgeschwindigkeit v wird in diesem Zusammenhang auch Einkommenskreislaufgeschwindigkeit genannt. Unter bestimmten Annahmen können aus der Quantitätsgleichung theoretische Zusammenhänge konstruiert werden, die allgemein als Quantitätstheorie bezeichnet werden. Dies geschieht in zweierlei Hinsicht: zum einen kann eine Geldnachfragetheorie, zum anderen eine Inflationstheorie abgeleitet werden.[202] Als Theorie zur Erklärung von Inflation gereicht die Quantitätsgleichung dann, wenn neben der Konstanz der Kreislaufgeschwindigkeit v — wie dies für die Formulierung der Quantitätsgleichung als Geldnachfragetheorie notwendig ist — auch die Konstanz des realen Einkommens Y unterstellt wird. Dies ist möglich, wenn das reale Einkommen als Vollbeschäftigungseinkommen interpretiert wird, das sich kurzfristig bis mittelfristig nicht ändert, oder aber, wenn es als unabhängig von den anderen in der Verkehrsgleichung enthaltenen Variablen, sprich durch reale Faktoren bestimmt, angesehen wird.[203] Dies berücksichtigt und zudem in Veränderungsraten ausgedrückt, wird

[201] Obwohl die Zusammenhänge der Quantitätsgleichung auf Grund ihres tautologischen Charakters schon immer gegolten haben und das Prinzip bereits im 16. Jahrhundert erkannt wurde (Vgl. ISSING 1995, S. 144 [119]), geht die eigentliche Formulierung der Quantitätsgleichung auf Fisher (1911) zurück. Vgl. FISHER 1911, S. 24-28. [78] Deshalb hat sich für die Quantitätsgleichung auch der Begriff *Fisher'sche Verkehrsgleichung* durchgesetzt.

[202] Bezüglich der Geldnachfrage wird die Verkehrsgleichung nach M umgeformt. Da M auch der Geldnachfrage M^N entsprechen muss, ergibt sich für die Quantitätstheoretiker eine Geldnachfragefunktion der Form $M^N = f(v, Y_{nom})$. Bei weitgehender Konstanz von v, die aus konstanten oder sich nur sehr langsam ändernden Kassenhaltungsgewohnheiten der Wirtschaftssubjekte folgt, kann aus dem nominalen Einkommen direkt auf die nominale Geldnachfrage geschlossen werden (Umlaufgeschwindigkeitsansatz). Etwas erweitert wurde dieser Ansatz Fishers durch den so genannten Kassenhaltungsansatz nach Marshall und Pigou (1917). Vgl. PIGOU 1917, S. 38-65, insbesondere S. 38-54. [181] Pigou schreibt selbst, dass sein Ansatz keinen Konflikt zum Umlaufgeschwindigkeitsansatz darstellt und nicht besser oder schlechter sei als dieser. Er betont aber die für seine Begriffe vorteilhaftere Sichtweise des Kassenhaltungsansatzes, der den Wunsch nach Kassenhaltung hervorhebt: *„This fact gives it, as I think, a real advantage, because it brings us at once into relation with volition — an ultimate cause of demand — instead of with something that seems at first sight accidental and arbitrary."* PIGOU 1917, S. 54. [181]

[203] Vgl. DUWENDAG u.a. 1999, S. 78. [56]

(53) zu:

$$\hat{M}_{nom} + \underbrace{\hat{v}}_{=0} = \underbrace{\hat{Y}}_{=0} + \pi. \qquad (54)$$

Unter diesen Annahmen sieht man leicht, dass sich in Gleichung (54) Änderungen der Geldmenge direkt in gleich gerichteten und gleich starken Änderungen des Preisniveaus niederschlagen müssen.

Aus vielfachen Gründen wird die Quantitätstheorie bis heute kritisiert.[204] Einer der wesentlichen Kritikpunkte der älteren Quantitätstheorie ist, dass diese Theorie einen Zusammenhang zwischen Geldmenge und Preisen behauptet, ohne diesen genau erklären zu können (so genanntes *missing link*-Problem).[205] Zu nennen ist außerdem die unterstellte Konstanz der Kassenhaltungsgewohnheiten der Wirtschaftssubjekte oder die einseitige Kausalitätsauslegung. Trotzdem baut die geldpolitische Konzeption von der Geldmenge als Zwischenziel auf der Basis des quantitätstheoretischen Zusammenhanges auf. Wenn Änderungen der Geldmenge zu solchen des Preisniveaus führen, dann — so die Vorstellung — kann über die Steuerung der Wachstumsrate der Geldmenge auch die Inflationsrate kontrolliert werden.

Die Anwendung der Geldmenge als geldpolitisches Zwischenziel ist eng mit dem Wirken der Deutschen Bundesbank verknüpft. Die Bundesbank war im Dezember 1974 die erste Zentralbank, die sich als Zwischenziel ein Geldmengenaggregat suchte.[206] Wesentlicher Bestandteil der Geldmengenstrategie ist die Ermittlung einer angestrebten Wachstumsrate des monetären Zielaggregats. Diese Wachstumsrate ergibt sich direkt aus der Anwendung der Quantitätstheorie gemäß (54). Dabei wird (54) nach $\hat{M}_{nom}$ umgeformt und für die restlichen Größen tatsächliche Werte gesamtwirtschaftlicher Eckdaten — die Zielkomponenten — eingesetzt. Zuletzt waren das im Falle der Strategie der Deutschen Bundesbank das Wachstum des realen Produktionspotenzials, ein normativer Preisanstieg, der letztlich die Zielvorstellung über die Inflationsrate zum Ausdruck brachte, sowie die trendmäßige (manchmal auch *längerfristig* genannte) Veränderungsrate der Umlaufgeschwindigkeit des

[204] Vgl. dazu zusammenfassend ISSING 2001, S. 144-145. [119]

[205] Auch Keynes (1936) greift diesen Kritikpunkt auf. Eigentlich, so Keynes, wären doch Preise ein Ergebnis der Angebots- und Nachfrageverhältnisse, aber „*we hear no more of these homeley but intelligible concepts and move into a world where prices are governed by the quantity of money, by its income-velocity* [...]“ Süffisant stellt er zum Problem des missing link weiter fest: „ [...] *we are lost in a haze where nothing is clear and everything is possible. We have all of us become used to finding ourselves sometimes on the one side of the moon and sometimes on the other, without knowing what route or journey connects them.*“ KEYNES 1936, wiederabgedruckt 1973, S. 292. [137]

[206] Von 1974 bis 1987 verfolgte die Deutsche Bundesbank mit der Zentralbankgeldmenge ein eigens erfundenes rechnerisches Gebilde, das nicht mit der eigentlichen Zentralbankgeldmenge im Sinne der monetären Basis zu verwechseln ist. Die Zentralbankgeldmenge als Zielgröße ergab sich aus dem Bargeld der Nichtbanken zuzüglich des Mindestreserve-Solls zu konstanten Reservesätzen vom Januar 1974. Vgl. ROHDE 2000, S. 347. [195] Ab 1988 wechselte die Bundesbank ihr Zielaggregat zur Abgrenzung M3. Diese beinhaltete das bei den Nichtbanken gehaltene Bargeld sowie Sichteinlagen, Termineinlagen unter vier Jahren und Spareinlagen mit einer Kündigungsfrist von drei Monaten (die letzten drei Komponenten jeweils als von inländischen Nichtbanken bei inländischen Kreditinstituten gehaltene Einlagen). Vgl. z.B. MÖLLER/GEIGANT 2000, S. 345. [165]

Geldes.[207] Damit ergibt sich:

$$\hat{M}_{nom,Z} = \hat{Y}_{pot} + \pi_Z - \hat{v}_{Trend}. \quad (55)$$

Die Formulierung in (55) — die so genannte *Potenzialformel* — zeigt das angestrebte Zielwachstum der nominalen Geldmenge als Ergebnis der Zielkomponenten.[208] Die Potenzialformel weicht von der einfachen Formulierung der Quantitätstheorie in (54) in der Hinsicht ab, dass die Veränderungsraten des realen Einkommens und der Umlaufgeschwindigkeit nicht wirklich mit Null angenommen werden. Wichtig für die Funktionsweise der Geldmengensteuerung ist aber dennoch, dass diese beiden Werte im Erfüllungszeitraum nahezu konstant sind, so wie das durch ihre jeweiligen Potenzial- bzw. Trendwerte zum Ausdruck kommt. Das gilt insbesondere für die Veränderungsrate der Umlaufgeschwindigkeit, da deren Konstanz Ausdruck einer stabilen Geldnachfrage ist. Deshalb ist die Stabilität der Geldnachfrage eine entscheidende Voraussetzung für die Funktionsfähigkeit der Geldmengenstrategie. Wäre die Stabilität der Geldnachfrage nicht gewährleistet, wäre es nicht möglich, mittels der Potenzialformel eine angestrebte Zuwachsrate der nominalen Geldmenge zu ermitteln. Oder anders: Stellt sich heraus, dass in einem Währungsraum die Geldnachfrage nicht genügend stabil ist, dann stellt die Geldmengenstrategie ein ungeeignetes geldpolitisches Konzept dar. Deshalb ist das Problem einer stabilen Geldnachfrage auch immer wieder Gegenstand zahlloser empirischer Untersuchungen gewesen.[209]

Die Idee der Geldmengenstrategie ist es, dass die Zentralbank restriktive Maßnahmen einleitet, wenn das tatsächliche nominale Geldmengenwachstum über dem Zielwachstum liegt (bzw. umgekehrt). In der Realität steht die Geldmengenpolitik jedoch einer Reihe von Problemen gegenüber. Gemäß der Quantitätsgleichung ist die Geldmenge multipliziert mit der Umlaufgeschwindigkeit gerade so hoch, um das nominale Einkommen finanzieren zu können. Wird das Geldmengenziel aus der Quantitätsgleichung abgeleitet, so folgt daraus, dass die Zentralbank für ihre Geldmengensteuerung ein solches Geldmengenaggregat wählt, das für die Finanzierung der ökonomischen Aktivitäten der Wirtschaftssubjekte relevant ist. Gerade der monetäre Sektor moderner Volkswirtschaften ist jedoch durch stete Veränderung und finanzielle Innovationen gekennzeichnet, die dafür sorgen, dass immer neue Zahlungsmöglichkeiten entstehen und dass immer mehr Aktiva geldnahen Charakter tragen.[210] Dieser Umstand würde verlangen, das relevante Geldmengenaggregat öfter

---

[207] Vgl. DEUTSCHE BUNDESBANK 1995b, S. 83-86. [46] Dabei ist der normative Preisanstieg nicht wirklich ein gesamtwirtschaftliches Eckdatum, da dessen Höhe eine Zielvorstellung widerspiegelt und von der Zentralbank deshalb autonom gesetzt wird. Das wird auch daran deutlich, dass der normative Preisanstieg im Fall der Geldmengenstrategie der Bundesbank in der Regel kleiner war als die für den betreffenden Zeitraum erwartete Inflationsrate. Im Laufe der Zeit hatte sich die Zielableitung der Bundesbank etwas gewandelt. So wurde früher statt des normativen Preisanstieges ein unvermeidlicher zu Grunde gelegt und statt des Wachstums des realen Produktionspotenzials dessen erwartetes Wachstum zuzüglich der angestrebten Veränderung des Auslastungsgrades. Vgl. dazu ROHDE 1988, S. 526. [191]

[208] Zu Details bei der Zielableitung, wie etwa zur Unterscheidung in Durchschnitts- und Verlaufsziel vgl. ROHDE 1988, S. 528-533 [191] oder BOFINGER/REISCHLE/SCHÄCHTER 1996, S. 260-266. [23]

[209] Einen Überblick dazu geben BOFINGER/REISCHLE/SCHÄCHTER 1996, S. 495-501. [23] Eine ausführliche empirische Analyse zur Geldnachfragestabilität in Deutschland und Europa findet sich bei LESCHKE 1999, S. 137-195 und S. 205-215. [149]

[210] Vgl. GURLEY/SHAW 1960, insb. S. 132-246. [103] Zur Problematik der relevanten Geldmengenabgrenzung vgl. auch ROHDE 1985, S. 49-53 [190] oder POHL 1976b, S. 33-41. [184]

neu abzugrenzen, um der Entwicklung geldnaher Aktiva und der Änderung des Verhaltens der Wirtschaftsteilnehmer Rechnung zu tragen. Dies steht in eklatantem Widerspruch zur praktizierten Politik der Bundesbank, die ihr Zielaggregat in dreiundzwanzig Jahren gerade einmal geändert hat. Auf der anderen Seite hätte ein ständiges Herumdoktern an der vermeintlich richtigen Geldmengenabgrenzung, auch wenn dies sachlich geboten schiene, negative Auswirkungen auf die Erwartungs- und Vertrauensbildung der Wirtschaftssubjekte. Glaubhaft kann eine Geldmengenpolitik des Weiteren auch nur dann sein, wenn die verantwortliche Zentralbank willens ist, den Zielwert, der sich aus dem selbstgewählten Rahmen der Quantitätstheorie ergibt, auch tatsächlich zu akzeptieren und nicht etwa einen anderen, für die geldpolitischen Entscheidungsträger vielleicht plausibleren Wert zu veröffentlichen. Dennoch zeigt Rohde (1988), dass sich die Zielableitung der Bundesbank zumindest bis 1988 in den meisten Fällen nur schwer oder gar nicht durch die entsprechenden gesamtwirtschaftlichen Eckdaten ergibt, und konstatiert: „Dies ist ein für die Glaubwürdigkeit einer geldmengenorientierten Politik äußerst bedenkliches Ergebnis.“[211]

Weiterhin ist zu fragen, ob die Zentralbank tatsächlich in der Lage ist, die Geldmengenentwicklung genügend eng kontrollieren zu können, um das tatsächliche Geldmengenwachstum auf den gewünschten Kurs zu bringen. Denn während die Quantitätstheorie den Zusammenhang zwischen Geldmenge und Preisen postuliert, vermag sie über den Zusammenhang geldpolitischer Impulse auf die Geldmenge selbst keine Aussage zu treffen. Als unmittelbares geldpolitisches Werkzeug stehen einer Zentralbank in der Regel Instrumente zur Verfügung, die auf die Mengen- und Preisverhältnisse am Markt für Zentralbankgeld wirken und die deshalb nicht zwangsläufig auch die Geldmenge berühren müssen. In theoretischer Hinsicht wird die Wirkung zentralbankpolitischer Maßnahmen auf die Geldmenge in der Regel durch das Geldbasiskonzept erklärt.[212] Das Geldbasiskonzept zerlegt den Geldmengenentstehungsprozess in die Komponenten Geldbasis GB, die von der Zentralbank zu kontrollieren ist und als operationales Ziel dient, und Geldangebotsmultiplikator m_B, der dem Einfluss der Geschäfts- und Nichtbanken unterliegt. Beide Komponenten sind multiplikativ miteinander verknüpft, sodass sich

$$M = m_B \cdot GB$$

ergibt. Wenn GB durch die Zentralbank kontrollierbar und gleichzeitig m_B konstant oder prognostizierbar ist, dann wäre der Einfluss der Zentralbank auf die Geldmenge M gegeben. Von einer völligen Kontrolle der Zentralbank über die Geldbasis ist aber dann nicht auszugehen, wenn es zum Auftreten von Markteinflüssen, auch Marktfaktoren genannt, kommt, die dafür sorgen können, dass die Zentralbank zur Bereitstellung von Zentralbankgeld gezwungen wird.[213]

Außerdem ist kritisch anzumerken, dass die Geldmengenstrategie allein schon durch ihre quantitätstheoretische Fundierung allzu einseitig auf das Ziel der Preisniveaustabilität

[211] ROHDE 1988, S. 531. [191]

[212] Das Konzept geht auf Brunner und Meltzer (1968) zurück. Vgl. zum Modellaufbau BRUNNER/MELTZER 1968, S. 3-11 [28], aber auch z.B. ROHDE 1985, S. 19-37. [190] Brunner und Meltzer behandeln parallel zum Zusammenhang von Geldbasis und Geldmenge auch den Zusammenhang von Geldbasis und Aktivanachfrage (staatliche Wertpapiere und Kredite) der Banken, wonach diese Nachfrage sich aus der Multiplikation der Geldbasis mit einem *earning-asset multiplier* ergibt.

[213] Vgl. dazu näher ROHDE 1985, S. 42-44. [190]

ausgerichtet ist. Dies ist zwar kompatibel mit vielen Notenbankgesetzgebungen, wenn es um das Primärziel der Geldpolitik geht. Zumindest aber im Fall der Deutschen Bundesbank und der Europäischen Zentralbank gilt, dass diese auch die Aufgabe hatte bzw. hat, die allgemeine Wirtschaftspolitik zu unterstützen, soweit dies nicht mit der Gefährdung ihrer eigentlichen Aufgabe einhergeht.[214] Sieht sich eine Zentralbank gezwungen oder ist sie gewillt, unter Wahrung ihrer Aufgabe der Sicherung der Preisniveaustabilität auch andere wirtschaftspolitische Ziele wie Einkommen oder Beschäftigung zu verfolgen, dann bietet eine Geldmengenstrategie kaum Anhaltspunkte, wie dies zu geschehen habe. Außer der Betonung darauf, dass die Geldmengensteuerung ein stabiles Preisniveau gewährleiste und dieses wiederum an sich schon die beste Voraussetzung für ein stabiles Wirtschafts- und Beschäftigungswachstum sei, lassen sich aus der Geldmengenorientierung ansonsten keine konkreten Maßnahmen für eine wirklich zielgerichtete, die allgemeine Wirtschaftspolitik unterstützende Geldpolitik ableiten. Eine Zentralbank in dieser Situation ist darauf angewiesen, intuitiv ihre Zinspolitik einzusetzen und damit entsprechende expansive oder rezessive Impulse auf zinsabhängige reale Größen zu senden — ein Vorgehen, dass eigentlich außerhalb der Politik einer Geldmengensteuerung steht. Da wundert es nicht, dass die Deutsche Bundesbank einen Großteil, nämlich elf von vierundzwanzig ihrer selbstgesteckten Geldmengenziele, nicht erreicht hat. Die Zielüberschreitungen wurden von ihr zwar immer weitreichend begründet.[215] Dennoch ist erstens zu fragen, ob der Zusammenhang von Geldmenge und Preisniveau stimmen kann, wenn trotz erheblicher Zielüberschreitungen die Inflationsrate niedrig bleibt, so wie das überwiegend in den Neunzigerjahren in Deutschland der Fall war.[216] Zweitens fragt man sich, ob angesichts der Tatsache, dass in diesem Zeitraum gleichzeitig eine Zinssenkungspolitik verfolgt wurde, noch davon auszugehen ist, dass die Geldmengenpolitik, die ja eigentlich steigende Zinsen erfordert hätte, von den geldpolitischen Entscheidungsträgern selbst noch in genügendem Maß ernst genommen wurde. Denn je mehr sich eine Zentralbank zum Teil auch bewusst über ihre eigenen Geldmengenziele hinwegsetzt — und die Bundesbank hat selbst immer wieder angedeutet, ihre Geldmengenpolitik nicht mechanistisch, sondern pragmatisch auszulegen[217] — umso verzichtbarer wird die Geldmengensteuerung, denn offenbar lässt sich auch ohne strikte Einhaltung von Geldmengenzielen zumindest das Ziel der Preisniveaustabilität erreichen.

Insgesamt weist die Geldmengensteuerung also eine Reihe von Nachteilen auf. Für den hier betrachteten Kontext ist vor allem herauszustellen, dass sie einseitig das Ziel der Preisniveaustabilität favorisiert. Daneben ist die Transparenz und Nachvollziehbarkeit von Geldmengenzielen eingeschränkt. Der Forderung nach Transparenz ist nicht allein dadurch Genüge getan, dass Geldmengenziele veröffentlicht werden, wenn nicht gleichzeitig klar wird, wie sie zu Stande gekommen sind, oder wenn Zielverfehlungen die Regel und nicht die Ausnahme bilden. Dass die Deutsche Bundesbank als eiserne Verfechterin einer geldmengenorientierten Politik durchaus Stabilititätserfolge — zumindest was die Inflation angeht — vorzuweisen hat, ist weniger ein Verdienst des Geldmengenkonzepts an sich, sondern vielmehr seiner pragmatischen, zum Teil zielignorierenden Auslegung.

---

[214] Vgl. BUNDESBANKGESETZ 1992, §12 [30] bzw. EG-VERTRAG 1992, Art. 105. [59]
[215] Vgl. z.B. zur Zielverfehlung 1996 DEUTSCHE BUNDESBANK 1997b, S. 72-74. [49]
[216] Vgl. ROHDE/JANSSEN 1998, S. 24. [198]
[217] Vgl. z.B. DEUTSCHE BUNDESBANK 1987 oder DEUTSCHE BUNDESBANK 1997, S. 76. [49]

Alternativ zur Geldmengensteuerung steht grundsätzlich der Ansatz einer **Zinssteuerung** zur Verfügung, die eine Zinsgröße als Zwischenziel postuliert. Als theoretisches Konzept, auf dem die Zinssteuerung basiert, ist damit der Transmissionsmechanismus des einfachen Zinskanals angesprochen (siehe dazu Abschnitt 3.2.3). Sofern der zu steuernde Zins ein Kreditzins ist, ist die kredittheoretische Transmission insbesondere des Bankenkanals relevant. Die Zinssteuerung verlangt von der Zentralbank, Zinsen so zu steuern, dass entsprechend ihren Vorstellungen rezessive bzw. expansive Impulse auf zinsreagible Ausgabengrößen wirken und damit über Multiplikator- und Akzeleratorprozesse insgesamt ein Effekt auf das wirtschaftliche Geschehen entsteht. Damit sind von der Zinspolitik zunächst reale Nachfragekategorien, vor allem Investitionen, betroffen, deren Anstieg bzw. deren Rückgang sich erst in einem zweiten Schritt auf den Gütermärkten unter Umständen in Preisbewegungen niederschlägt. Was nun aber genau unter einer Zinssteuerung zu verstehen ist, ist interpretationsbedürftig. Im engeren Sinne müsste es sich analog zur Geldmengensteuerung um ein Vorgehen handeln, bei dem die Zentralbank einen Zielzins festlegt und bei Überschreiten (Unterschreiten) dieses Zielwertes zinssenkende (zinserhöhende) Maßnahmen ergreift. Dies ist die Auffassung, wie sie auch in der viel zitierten Analyse von Poole (1970) zum Ausdruck kommt. Poole vergleicht im Rahmen eines IS/LM-Modells die Geldmengensteuerung mit der Zinssteuerung bei alternativ auftretenden Güter- bzw. Geldnachfrageschocks.[218] Abbildung 10 zeigt die Auswirkung einer Zinssteuerung, wobei das IS/LM-Modell um eine AS/AD-Betrachtung erweitert wird, um ebenfalls Auswirkungen auf das Preisniveau analysieren zu können.[219]

In Abbildung 10 ist der Zielzins als i_Z gekennzeichnet. Geldnachfrageschocks machen sich in Verschiebungen der LM-Kurve bemerkbar (Abbildung 10a). Je nachdem, ob ein restriktiver (LM') oder ein expansiver (LM") Schock zu Grunde gelegt wird, ergibt sich ein neues Güter-Geldmarkt-Gleichgewicht im Punkt A' bzw. A" mit einem Zins, der über bzw. unter dem Zielzins liegt. Um den Zielzins wieder zu erreichen, ergreift die Zentralbank entsprechend eine expansive (zinssenkende) bzw. restriktive (zinserhöhende) Maßnahme. Die LM-Kurve wird dadurch wieder genau um das Ausmaß zurückversetzt, um das sie sich durch den Geldnachfrageschock verschoben hatte. Die dünnen Pfeile kennzeichnen die Wirkung der Schocks und die dickeren Pfeile die Gegenmaßnahmen der Zentralbank. Reales Einkommen und Preisniveau bleiben letzten Endes unberührt (die zwischenzeitlich eintretende Verschiebung der AD-Kurve wurde nicht eingezeichnet). Die Zinssteuerung geht hier also mit einer Stabilisierung des Preisniveaus und des realen Einkommens einher. Sie ist in diesem Fall einer Geldmengensteuerung überlegen.[220] Treten dagegen Güternachfrageschocks auf, verschiebt sich die IS-Kurve (Abbildung 10b). Es resultiert daraus ein gesunkener Zins (in Punkt A' bei IS') bzw. ein gestiegener Zins (in Punkt A" bei IS"). Um das gewünschte Zinsniveau wiederherzustellen, muss die Zentralbank restriktiv bzw. expansiv wirken, bis das Gleichgewicht in Punkt B bzw. C erreicht ist, jeweils zum Zielzins i_Z. Das Gleichgewicht zwischen aggregierter Nachfrage und aggregiertem Angebot kann damit zwischen den Punkten D (Y_1, P_1) und E (Y_2, P_2) schwanken. Diese Schwankung fällt höher aus, als wenn die Zentralbank keine zinsstabilisierenden Maßnahmen ergriffen hätte, denn die Verschiebung der AD-Kurve setzt sich zu einem Teil aus der

[218] Vgl. POOLE 1970, S. 197-216. [188]
[219] Vgl. zu dieser Erweiterung BOFINGER/SCHÄCHTER 1997, S. 107-113. [24]
[220] Vgl. POOLE 1970, S. 202. [188]

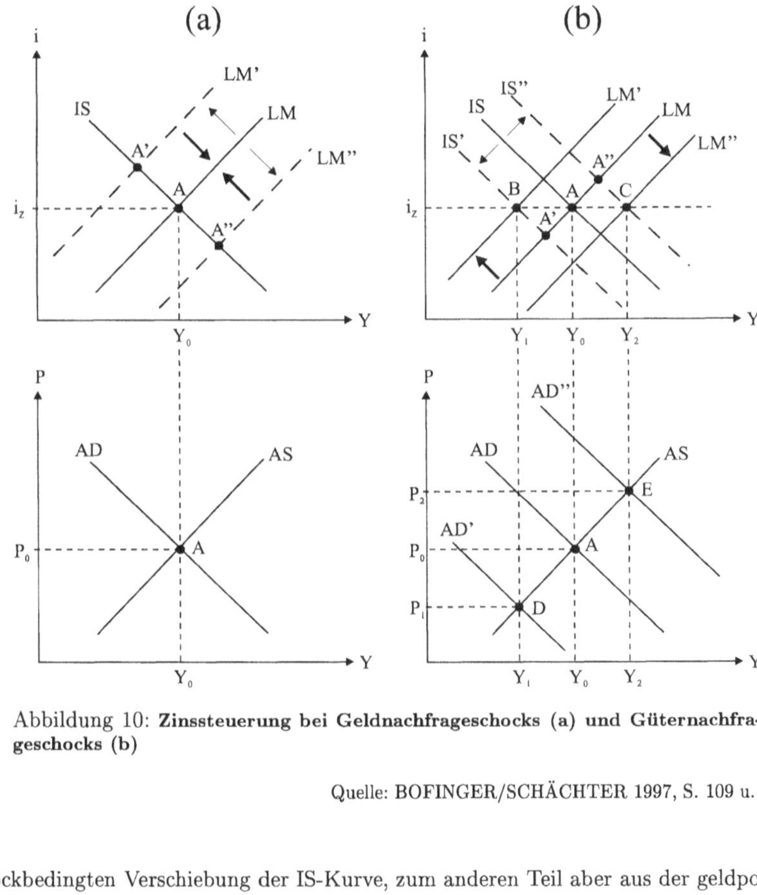

Abbildung 10: **Zinssteuerung bei Geldnachfrageschocks (a) und Güternachfrageschocks (b)**

Quelle: BOFINGER/SCHÄCHTER 1997, S. 109 u. S. 111.

schockbedingten Verschiebung der IS-Kurve, zum anderen Teil aber aus der geldpolitisch induzierten Verschiebung der LM-Kurve zusammen. Im Falle von IS-Schocks ist die Zinssteuerung somit der Geldmengensteuerung unterlegen. Der Geldmengensteuerung gelingt zwar auch keine vollständige Stabilisierung des Einkommens und des Preisniveaus, aber die potenziell mögliche Abweichung von Y_0 und P_0 ist geringer.[221]

Abbildung 11 zeigt die Auswirkungen der Zinssteuerung bei Güterangebotsschocks, die sich in Verschiebungen der AS-Kurve ausdrücken. Ein restriktiver Angebotsschock, bei dem sich die AS-Kurve nach links verschiebt (AS'), hat eine Erhöhung des Preisniveaus auf P_1 zur Folge. Dies hat Auswirkung auf den Geldmarkt, denn das reale Geldangebot wird kleiner (Linksverschiebung der LM-Kurve nach LM'). Im neuen Gleichgewicht (Punkt A') ist der Zins höher als der Zielzins, was die Zentralbank veranlasst, zinssenkende Maßnahmen zu ergreifen. Die vorher, durch den Angebotsschock verursachte Ver-

[221]Vgl. POOLE 1970, S. 202. [188]

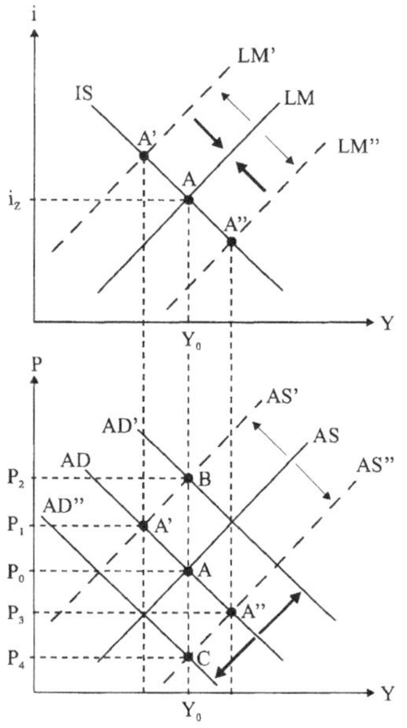

Abbildung 11: **Zinssteuerung im engen Sinn bei Güterangebotsschocks**

Quelle: BOFINGER/SCHÄCHTER 1997, S. 111.

schiebung der LM-Kurve wird rückgängig gemacht. Dies hat eine Rechtsverschiebung der AD-Kurve nach AD' zur Folge. Das neue Gleichgewicht auf dem Güter- und Geldmarkt entspricht dem alten (Punkt A im IS/LM-Schema), allerdings bei einem höheren Preisniveau P_2 (Punkt B im AS/AD-Schema). Bei Angebotsschocks in die andere Richtung (AS") ist entsprechend umgekehrt zu argumentieren. Die Zinssteuerung ist damit bei Auftreten von AS-Schocks im Vergleich zur Geldmengenstrategie die bessere Strategie, wenn es um die Stabilisierung des realen Einkommens geht, welches sich nicht ändert. Dies geht allerdings auf Kosten des Preisniveaus, das hier im Spektrum von P_4 bis P_2 liegt. Bei einer Geldmengensteuerung greift die Zentralbank in diesem Fall nicht ein, denn die nominale Geldmenge ist von den Angebotsschocks nicht betroffen. Der Anpassungsprozess würde dann in den Punkten A' oder A" enden. Das bedeutet, dass die Geldmengensteuerung bei AS-Schocks reale Einkommensschwankungen zulässt, aber die Schwankungen des Preisniveaus nicht so stark ausfallen (hier von P_3 bis P_1).

Zusammenfassend lässt sich festhalten, dass die Zinssteuerung nur bei Geldnachfrageschocks eine geeignete Strategie ist sowie bei Angebotsschocks nur dann, wenn es um die Stabilisierung des realen Einkommens geht. Die Effektivität der Zinssteuerung ist damit ebenso eingeschränkt wie die der Geldmengensteuerung. Problematisch an einer solchen

Zinssteuerung sind aber insbesondere zwei Aspekte. Zum einen müsste ermittelt werden, welche Höhe der Zielzins haben soll. Aus dem IS/LM-AD/AS-Modell lässt sich aber ein auf gesamtwirtschaftlichen Eckdaten beruhendes Zinsziel nicht in der transparenten Weise herleiten, wie das beim Geldmengenziel möglich ist und wie es von einer für das Publikum nachvollziehbaren geldpolitischen Strategie zu fordern ist. Zum anderen würde sich angesichts der Vielzahl der in einer Volkswirtschaft vorzufindenden Zinsen die Schwierigkeit ergeben, einen zur Steuerung relevanten Zins zu finden.[222] Daneben ist überdenkenswert, ob ein festes Zinsziel generell sinnvoll sein kann. Grundsätzlich muss eher davon ausgegangen werden, dass eine Zinssteuerungsstrategie ihre Wirkung über Zinsänderungen entfaltet und nicht über die Einhaltung eines konstanten Zinsniveaus.[223]

Auf Grund der genannten Unzulänglichkeiten ist die Zinssteuerung deshalb in einem weiteren Sinn als eine geldpolitische Steuerungsstrategie zu verstehen, die ihre Endzielvariablen über die gezielte *Änderung* von Zinsen beeinflusst. Es gibt dann in diesem Sinne kein Zinsziel mehr und auch die geplanten Zinsänderungen müssen nicht den Charakter einer Zielvorgabe erfüllen, die unbedingt einzuhalten wäre. Abbildung 12 versucht, diesen Gedanken annähernd am Beispiel eines Angebotsschocks zu verdeutlichen.

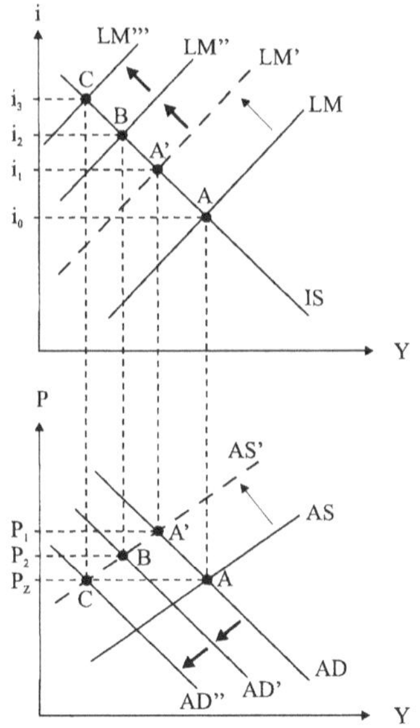

Abbildung 12: **Zinssteuerung im weiteren Sinn bei Güterangebotsschocks**

Ausgangspunkt ist das Gleichgewicht in Punkt A, in dem das gewünschte Preisniveau P_Z

---

[222]Vgl. dazu ROHDE 1985, S. 97-100. [190]

[223]Vgl. ROHDE 1985, S. 78. [190] Weitere Kritikpunkte an einer Zinssteuerung diskutiert REMSPERGER 1983, S. 4-6. [189]

realisiert ist. Ein AS-Schock verschiebt zunächst die AS-Kurve und damit die LM-Kurve nach links (AS' bzw. LM'). Im neuen Gleichgewicht (Punkt A') ist das Preisniveau mit P_1 zu hoch. Eine Zinssteuerung im weiteren Sinn verlangt nun nicht — wie das noch in Abbildung 11 dargestellt wurde — eine expansive geldpolitische Maßnahme, um das Zielzinsniveau wiederherzustellen, sondern die Steuerung der Zinsen in der Weise, dass das Zielpreisniveau wieder erreicht wird. Die Zentralbank müsste somit in diesem Beispiel eine restriktive Maßnahme ergreifen, die den Zins bis auf i_3 ansteigen lässt. Die Reduktion der aggregierten Nachfrage nach AD" führt dazu, dass das Gleichgewicht in Punkt C erreicht wird, zum Preisniveau P_Z. Das Ausmaß der Zinsanhebung muss dabei nicht als Zielformulierung existieren, da das Ausmaß der notwendigen Zinsänderung von vornherein schwer festzustellen sein dürfte. Diese Art der Zinssteuerung intendiert vielmehr, dass der Zins über gegebenenfalls mehrere Zinsschritte an das Niveau i_3 herangeführt wird.[224]

Eine Zinssteuerung muss zudem nicht beinhalten, dass die gewünschten Zinsänderungen über Änderungen der nominalen Geldmenge zu bewerkstelligen sind, so wie das letztlich im Modell der Abbildung 12 zum Ausdruck kommt (da das IS/LM-Modell nur die nominale Geldmenge als geldpolitischen Steuerungsparameter kennt). Zinssteuerung heißt auch, dass die gewünschten Änderungen über die Zinspolitik der Zentralbank, also über entsprechende Maßnahmen auf dem Zentralbankgeldmarkt induziert werden und von dort über die Einlagen- und Kreditmärkte bis auf die Kapitalmärkte strahlen.[225] Damit entfällt auch das Problem der Abgrenzung des zur Steuerung relevanten Zielzinses, da die Zinssteuerung im weiteren Sinne nicht einen bestimmten Zins, sondern ein ganzes Spektrum an Zinsen im Auge hat. Das heißt allerdings auch, dass eine so verstandene Zinssteuerung die Rolle einer klassischen Zwischenzielvariable nicht mehr bedienen kann, weil es eben nicht um die Steuerung genau einer Zinsgröße geht. Im Mittelpunkt geldpolitischen Agierens steht vielmehr der von der Zentralbank direkt steuerbare Satz für Zentralbankgeld, dessen Änderung den Einstieg in die Beeinflussung des gesamten zinspolitischen Klimas bildet. Eine solche Zinssteuerung legt damit das Augenmerk weniger auf ein Zwischenziel, sondern eher auf das operationale Ziel. Das Zinsziel — sofern man diese Formulierung weiterhin verwenden möchte — ist dann am Markt für Zentralbankgeld anzusiedeln.[226] Es handelt sich dabei aber — das sei noch einmal betont — nicht um ein Zwischenziel.[227] Der Gedanke einer am Geldmarktsatz orientierten geldpolitischen Strategie ohne Verwendung eines klassischen Zwischenzieles liegt auch dem Konzept der Taylor-Regel zu Grunde, auf die in Abschnitt 4.2 näher eingegangen wird.

Eine Zinssteuerung also, die auf die fest vorgegebene Steuerung (irgendeines) Marktzinses verzichtet und die ihre Steuergröße (ihre Zielgröße) stattdessen am Zentralbankgeldmarkt sieht, muss aber dennoch in der Lage sein, über die Zinsmaßnahmen am Zentralbankgeldmarkt die Zinsen an den anderen, weiter hinten gelagerten monetären Märkten zu erreichen. Der theoretische Zusammenhang zwischen kurzfristigen Zinsen, zum Beispiel

[224]Diese schrittweise Zinspolitik beinhaltet jedoch die Gefahr, prozyklisch zu wirken. Vgl. ROHDE 1985, S. 96. [190]

[225]Vgl. ROHDE 1985, S. 80. [190]

[226]Dies ist auch die Intention der Arbeit von VON LANDESBERGER (2001). [231]

[227]Bofinger, Reischle und Schächter weisen mit Recht darauf hin, dass der Zins für Zentralbankgeld aus rein logischen Gesichtspunkten keine Zwischenzielgröße sein kann. Vgl. BOFINGER/REISCHLE/SCHÄCHTER 1996, S. 328. [23]

dem Satz für Zentralbankgeld, und langfristigen Zinsen wird durch die Erwartungstheorie der Zinsstruktur hergestellt.[228]

Gemäß der Erwartungstheorie der Zinsstruktur ist der langfristige Nominalzins i_l ein geometrischer Durchschnitt aus dem aktuellen kurzfristigen Nominalzins und den in den Folgeperioden erwarteten kurzfristigen Nominalzinsen. Ausgangspunkt dafür ist die Überlegung, dass im Gleichgewicht für einen Anleger der Ertrag aus einer beispielsweise zehnjährigen Anlage genauso groß sein muss wie der Ertrag aus zehn einjährigen Anlagen, wobei es sich mit Ausnahme der ersten dieser zehn Kurzfristanlagen um erwartete Erträge handelt.[229] Die Formalisierung dieser Bedingung führt zu:

$$(1+i_l)^{10} = (1+i_{k1}) \cdot (1+i_{k2}^*) \cdot (1+i_{k3}^*) \cdot \ldots \cdot (1+i_{k10}^*).$$

Umgeformt nach i_l und unter der (der Einfachheit halber unterstellten) Voraussetzung, dass die Erwartung bezüglich der zukünftigen Kurzfristzinsen nicht variiert, das heißt, dass $i_{k2}^* = i_{k3}^* = i_{k4}^* = \ldots = i_{k10}^* = i_k^*$ gilt, ergibt sich:

$$i_l = \sqrt[10]{(1+i_{k1}) \cdot (1+i_k^*)^9} - 1$$

bzw. in allgemeiner Schreibweise:

$$i_l = \sqrt[n]{(1+i_{k1}) \cdot (1+i_k^*)^{n-1}} - 1 \tag{56}$$

mit n:=Anzahl der Anlageperioden.

Wenn man den kurzfristigen Nominalzins i_{k1} als Geldmarktsatz τ interpretiert, dann stellt i_{k1} in Gleichung (56) die einzige Größe dar, auf welche die Zentralbank einen direkten Einfluss ausübt. Jedoch wird der langfristige Zins nach Gleichung (56) außerdem in nicht unerheblichem Maß von den erwarteten Zinsen für kurzfristige Anlagen bestimmt. Für die Zentralbank ist deshalb interessant, inwieweit sie durch ihre Politik ebenfalls Einfluss auf die entsprechenden Erwartungen hat. Hat sie diesen Einfluss nicht, wird die Wirkung auf den langfristigen Zins mit Zunahme der betrachteten Perioden immer geringer. Verbleibt also als einziger Ansatzpunkt die Größe i_{k1}, dann ergibt sich die Änderung des langfristigen Zinses durch:

$$\frac{\partial i_l}{\partial i_{k1}} = \frac{1}{n}(1+i_k^*)^{\frac{n-1}{n}} \cdot (1+i_{k1})^{\frac{1-n}{n}}.$$

Offensichtlich kann eine Änderung des aktuellen Kurzfristzinses umso weniger auf den Langfristzins wirken, je mehr Perioden berücksichtigt werden. Für eine unendlich große Periodenzahl resultiert überhaupt keine Wirkung:

$$\lim_{n\to\infty} \frac{\partial i_l}{\partial i_{k1}} = 0.$$

[228]Die Erwartungstheorie der Zinsstruktur wird in ihrem Prinzip schon von Fisher (1930) behandelt: *„The rate of interest on a long term loan is virtually an average of the separate rates for the separate years constituting that long term.“* FISHER 1930, S. 313-314. [79] Vgl. auch ebenda, S. 70-76, S. 208-210 und S. 312-315 oder LUTZ 1941, S. 36-63. [152]

[229]Zur näheren Darstellung vgl. auch im Folgenden JARCHOW 1998, S. 151-154 [125] oder WASMUND 1999, S. 32-35. [232]

Demgegenüber steht der Effekt einer Änderung der erwarteten Kurzfristzinsen. Gelingt der Zentralbank eine Wirkung auf die Größe i_k^*, dann folgt:

$$\frac{\partial i_l}{\partial i_k^*} = \frac{n-1}{n}(1+i_{k1})^{\frac{1}{n}} \cdot (1+i_k^*)^{-\frac{1}{n}}$$

und weiter:

$$\lim_{n \to \infty} \frac{\partial i_l}{\partial i_k^*} = 1.$$

Für eine vom Markt für Zentralbankgeld ausgehende Zinssteuerung ist damit auch von Bedeutung, ob es der Zentralbank gelingen kann, durch die Variation der Kurzfristzinsen auch die erwarteten kurzfristigen Zinsen in die gleiche Richtung zu variieren.

Als weitere Variante einer zwischenzielorientierten Strategie ist die **Wechselkurssteuerung** zu nennen. Der grundlegende Gedanke dieser Strategie ist, dass die Zentralbank die Geldwertstabilität eines selbstgewählten Ankerlandes auf die eigene Volkswirtschaft überträgt.[230] Theoretische Basis der Wechselkurssteuerung ist der direkte internationale Preiszusammenhang, wonach Güterarbitrageprozesse dafür sorgen, dass der Preis eines Gutes im Inland genauso hoch ist wie der mit dem Wechselkurs umgerechnete Preis des gleichen Gutes im Ausland. Das setzt voraus, dass der internationale Güteraustausch frei vollzogen werden kann und möglichst nicht durch administrative Maßnahmen behindert wird. Überträgt man dieses *Gesetz des einheitlichen Preises* auf den Durchschnitt aller Güterpreise, das Preisniveau P, dann ergibt sich:

$$P = e \cdot P_a. \tag{57}$$

Dabei bezeichnet P_a das Preisniveau im Ausland, bzw. genauer des Landes, das als Ankerwährungsland ausgewählt wurde. Annahmegemäß ist dies ein Land, von dessen Preisniveaustabilität das Inland profitieren möchte. Wird also P_a als konstant gesetzt, dann ergibt sich aus (57) unmittelbar, dass Änderungen des Wechselkurses Änderungen des inländischen Preisniveaus zur Folge haben müssen bzw. dass aus der Konstanz eines festgelegten Wechselkurses die Konstanz des inländischen Preisniveaus folgt. Über die Steuerung des Wechselkurses gelingt somit die Steuerung des Preisniveaus.

Nun ist jedoch zusätzlich zu berücksichtigen, dass der direkte Preiszusammenhang nur für solche Güter gelten kann, die international gehandelt werden, weil freilich bei nicht gehandelten Gütern der Arbitrageprozess nicht einsetzen kann und infolgedessen auch eine direkte Preisangleichung nicht möglich ist.[231] Der Zusammehang in (57) darf sich damit

[230] Neben der Geldwertstabilität der Ankerwährung sollte die Geldpolitik des Ankerwährungslandes über hinreichend große Erfahrung, Reputation und Glaubwürdigkeit verfügen.

[231] In der Literatur wird in diesem Zusammenhang oft zwischen international handelbaren und nicht handelbaren Gütern unterschieden. Dabei kann es aber eigentlich gar nicht darum gehen, ob ein Gut handelbar ist oder nicht, sondern ob es auch tatsächlich gehandelt wird. Für ein prinzipiell handelbares Gut, das aber gar nicht gehandelt wird, kann auch keine internationale Preisangleichung durch Güterarbitrage stattfinden. Deshalb werden hier die Begriffe des (tatsächlich) international gehandelten und nicht gehandelten Gutes gebraucht.

nur auf die Preisniveaus international gehandelter Güter beziehen:

$$P_T = e \cdot P_{T,a}. \tag{58}$$

Das inländische Preisniveau P ergibt sich deshalb aus den gewichteten Preisniveaus des Sektors der international gehandelten (P_T) und des Sektors der nicht gehandelten Güter (P_N):

$$P = \gamma \cdot P_T + (1-\gamma) \cdot P_N, \quad \text{mit} \quad 0 \leq \gamma \leq 1. \tag{59}$$

Wird (59) nach P_T umgeformt und in (58) eingesetzt, dann folgt:

$$\begin{aligned} \frac{1}{\gamma}P - \frac{1-\gamma}{\gamma}P_N &= e \cdot P_{T,a}, \\ P &= \gamma e P_{T,a} + (1-\gamma)P_N. \end{aligned} \tag{60}$$

Ist $P_{T,a}$ konstant (die angenommene Geldwertstabilität der Ankerlandes gilt natürlich auch für den Bereich der gehandelten Güter) und wird e von der Zentralbank als Zwischenzielgröße gesteuert, also auch als konstant angesehen, so ergibt sich nun aus Gleichung (60) nicht mehr zwangsläufig eine stabilisierende Wirkung auf das inländische Preisniveau, da dieses auch vom Preisniveau der nicht gehandelten Güter determiniert wird. Gleichung (60) zeigt, dass je kleiner γ ist, die Fixierung des Wechselkurses umso weniger zu einem Import der ausländischen Geldwertstabilität beitragen kann. Daraus folgt umgekehrt, dass die Wechselkurssteuerung eine umso bessere Strategie darstellt, je höher der Anteil der international gehandelten Güter ist. Dies ist vor allem für kleine offene Volkswirtschaften der Fall.

Anders als die Geldmengensteuerung wird die Wechselkurssteuerung in der Weise interpretiert, dass es sich beim Zielwert nicht um eine Zielrate (Veränderungsrate) handelt, sondern um einen festen Wert, der auch über einen längeren Zeitraum beibehalten wird. Die Ermittlung des Zielwertes für den zu steuernden Wechselkurs erfolgt, indem wiederum auf die Gesetzmäßigkeit des internationalen Preiszusammenhangs zurückgegriffen wird. Aus (57) folgt durch Umstellung:

$$e = \frac{P}{P_a}. \tag{61}$$

(61) stellt den Wechselkurs in Abhängigkeit vom inländischen und ausländischen Preisniveau dar. Dieser Erklärungsansatz für den nominalen Wechselkurs wird als *absolute Kaufkraftparitätentheorie* bezeichnet.[232] Folglich müsste der Zielwert für die Wechselkurssteuerung dem Verhältnis beider Preisindices entsprechen. Die Ermittlung des Zielwertes

[232]Der Name *Kaufkraftparitätentheorie* leitet sich daraus ab, dass die Kaufkraft einer Währung gerade dem Reziprokwert des Preisniveaus entspricht. Wird (61) umformuliert, sodass sich $e = \frac{1/P_A}{1/P}$ ergibt, dann ist der Wechselkurs durch das Verhältnis der Kaufkraft der jeweiligen Währungen erklärt. Die Kaufkraftparitätentheorie wird — vor allem in ihrer relativen Formulierung (siehe unten) — Cassel (1918) zugeschrieben. Er stellt fest, dass im Verlauf der Kriegsjahre die Wechselkursentwicklung vom durch

auf Basis der absoluten Kaufkraftparitätentheorie stößt jedoch deshalb auf Probleme, weil die Gültigkeit der Theorie selbst als eingeschränkt beurteilt werden muss. Wie oben bereits bemerkt, ist der zu Grunde liegende direkte internationale Preiszusammenhang nur gültig, wenn keinerlei Hindernisse im internationalen Güteraustausch existieren, was aber nicht der Fall sein muss und auch selten ist: „Aufgrund [sic!] von Transportkosten, Zöllen und anderen Handelshemmnissen sowie unterschiedlicher Wettbewerbsgrade im internationalen Handel mit Industrieprodukten und anderer struktureller Faktoren gibt es allerdings internationale Preisniveauunterschiede, die keine entsprechenden Arbitragereaktionen auslösen.“[233] Diesem Umstand wird Rechnung getragen, wenn die Kaufkraftparität mittels Veränderungsraten relativ formuliert wird:

$$\hat{e} = \pi - \pi_a. \tag{62}$$

Das relative Konzept macht somit keine Aussage über die absolute Höhe des Wechselkurses, sondern es erklärt dessen Änderungsrate aus der Differenz der bilateralen Inflationsraten.[234] Der Zielwert für den Wechselkurs ergibt sich dann aus dem Wechselkurs einer Basisperiode, für die von der Existenz eines gleichgewichtigen Wechselkurses ausgegangen wird, und der nach (62) berechneten Wechselkursänderung von der Basisperiode bis zum Zielermittlungszeitpunkt. Die Verwendung der relativen Form ändert nichts am Konzept des Geldwertstabilitätsimports. Wird (57) in relativer Schreibweise formuliert

$$\pi = \hat{e} + \pi_a,$$

so ändert sich nichts am Prinzip der Wechselkurssteuerung. Ist das betrachtete Ankerwährungsland preisniveaustabil, gilt somit $\pi_a = 0$, und wird der Wechselkurs fixiert ($\hat{e} = 0$), dann folgt für die inländische Inflationsrate $\pi = 0$, also Preisniveaustabilität.

Die Wechselkurssteuerung hat in der Praxis vor allem dann Bedeutung, wenn kleine offene Volkswirtschaften ihren hohen Offenheitsgrad dazu nutzen, sich an den Stabilitätserfolg anderer Währungen anzukoppeln. Eine besonders drastische Form der Wechselkursbindung ist das *Currency-Board-System.*[235] Das Prinzip der Currency-Board-Systeme besteht darin, dass die Währungsbehörde, das Currency Board, verpflichtet ist, die Ankerwährung zum festgesetzten Kurs gegen eigene Währung anzukaufen bzw. zu verkaufen. Dies bildet die einzige Möglichkeit der Schaffung bzw. Vernichtung von Zentralbankgeld. In Europa werden Currency Boards von einigen Transformationsländern, zum Beispiel Estland

die (absolute) Kaufkraftparität vorgesehenen Kurs abgewichen ist, und zwar „ [...] *in proportion to the inflation of each country.*“ CASSEL 1918, S.413. [35] Cassel ist aber auch an der Formulierung der absoluten Kaufkraftparitätentheorie beteiligt: *„Thus the rate of exchange between* [...] *two countries will be determined by the quotient between the general levels of prices in the two countries.*“ CASSEL 1916, S. 62. [34] Vgl. zu den Kaufkraftparitätentheorien des Weiteren z.B. FRENKEL/NICKEL 2000, S. 342-346. [83]

[233] DEUTSCHE BUNDESBANK 1993, S. 45. [43]

[234] Es ist allerdings möglich, dass auch die in der relativen Kaufkraftparitätentheorie zum Ausdruck kommende Beziehung, wonach die Inflationsratendifferenz die Wechselkursentwicklung erklärt, obstruiert wird, wenn die Entwicklung der Produktivitäten in beiden Ländern unterschiedlich ist. Vgl. BALASSA 1964, S. 584-596. [5]

[235] Vgl. zu Currency-Board-Systemen beispielsweise ENOCH/GULDE 1998, S. 40-43 [60], NOLTE 2000, S. 162-163 [173], GHOSH/GULDE/WOLF 1998, S. 1-22 [95] oder ausführlicher JANSSEN 2002 [124].

oder Bulgarien, verwendet, die in ihrer Geldpolitik um den Aufbau von Reputation und Glaubwürdigkeit bemüht sind und in erster Linie die Stabilität der eigenen Währung in den Vordergrund stellen. Insgesamt ist also die Wechselkurssteuerung nur für bestimmte Volkswirtschaften zu empfehlen und außerdem, ähnlich der Geldmengensteuerung, einseitig auf das Ziel der Preisniveaustabilität fixiert.

Bevor im Folgenden noch auf die Strategie des direkten Inflationszieles eingegangen wird, sei erwähnt, dass als weitere Zwischenzielstrategie bisweilen die **Steuerung des nominalen Bruttoinlandsprodukts** genannt wird. Da das nominale Bruttoinlandsprodukt aber gleichzeitig auch als alternative Größe für ein geldpolitisches Endziel in Frage kommt, müsste zuallererst geklärt werden, welcher dieser beiden Zielebenen das nominale BIP zuzurechnen ist, da generell ein und dieselbe ökonomische Größe die unterschiedlichen Anforderungen an ein End- bzw. ein Zwischenziel nicht gleichzeitig erfüllen kann. Diese Diskussion soll jedoch an dieser Stelle nicht geführt werden.[236] Es ist aber durchaus logisch, dass das nominale Bruttoinlandsprodukt als Produkt aus zwei Endzielen selbst kein brauchbares Zwischenziel sein kann, sondern auch ein Endziel ist.[237] Deshalb wird hier auf die Darstellung des nominalen BIP als Zwischenziel verzichtet.

Zwischenzielstrategien dienen der Aufgabe, das Ziel der Preisniveaustabilität oder einer anderen geldpolitischen Endzielgröße über die Steuerung des Zwischenzieles zu erfüllen. Zwischenzielstrategien beinhalten jedoch schon aus ihrer Konstruktion heraus die Gefahr, dass sich der Erfüllungsgrad beider Zielebenen widersprechen kann. Es kann prinzipiell zu Situationen kommen, in denen die Zentralbank ihr Zwischenziel erreicht hat, die Inflation als Endziel aber dennoch (zu) hoch ist, bzw. als (zu) hoch empfunden wird, oder in denen das Zwischenziel verfehlt wurde, aber trotzdem keine Gefahr für die Preisniveaustabilität besteht. Im ersten Fall kann die Zentralbank darauf verweisen, dass sie ihr Zwischenziel erreicht hat und demzufolge die Verfehlung des Endzieles Folge von Vorgängen ist, die nicht in ihren Verantwortungsbereich fallen. Im zweiten Fall kann sie darauf verweisen, dass die Erfüllung des geldpolitischen Endzieles trotz der Zwischenzielverfehlung nicht gefährdet ist. In jedem Fall gerät die Zentralbank aber gegenüber der Öffentlichkeit in Erklärungsnot und dieser ist vor allem dann unnötig, wenn die von der Zentralbank zu verfolgenden Endziele, auf die es eigentlich ankommen sollte, erfüllt sind und nur die Verfehlung des Zwischenzieles zur Disposition steht. Es wäre dann zu fragen, ob die Verwendung eines Zwischenzieles noch sinnvoll ist. Diesen Ansatzpunkt wählt die **Strategie des direkten Inflationszieles**, die sich mit Beginn der Neunzigerjahre durchzusetzen begann. Es handelt sich dabei also um eine Strategie, die versucht, ohne ein explizites Zwischenziel auszukommen. Situationen, in denen sich die verschiedenen Zielebenen widersprechen, sind damit von vornherein ausgeschlossen. Diese Strategie fokussiert direkt auf das eigentliche Ziel der Arbeit vieler Zentralbanken — die Sicherung der Preisniveaustabilität — und sorgt damit auch dafür, dass der Erfolg der Arbeit der Zentralbank unmittelbar an der Inflationsrate gemessen werden kann.[238]

---

[236] Vgl. dazu und zum Ziel des nominalen BIP z.B. die Beiträge von BEAN 1983, S. 806-819 [10], TAYLOR 1985, S. 61-84 [223], McCALLUM 1988, S. 173-204 [158] oder HALL/MANKIW 1994, S. 71-93. [104]

[237] Vgl. BOFINGER/REISCHLE/SCHÄCHTER 1996, S. 357. [23]

[238] Vgl. SVENSSON 1997, S. 1112. [220]

Erster Eckpfeiler einer direkten Inflationsstrategie ist deshalb auch die Bildung und Bekanntgabe eines Zielwertes oder eines Zielkorridors für die Inflation.[239] Der bloße Verzicht auf ein Zwischenziel hebt nun andererseits nicht die Gründe auf, welche eigentlich die Notwendigkeit von Zwischenzielen in geldpolitischen Strategien konstituieren. Diese besteht darin, dass die Preisniveauentwicklung nicht der direkten Kontrolle der Zentralbank unterliegt. Das sehen auch die Befürworter der direkten Inflationssteuerung so.[240] Darüber hinaus gibt es selbst dann, wenn perfekte Kontrolle der Inflation durch die Zentralbank möglich wäre, das Problem, dass das Preisniveau eine Größe ist, die sehr spät reagiert, es sich also um einen Spätindikator handelt. Es dauert entsprechend lange, bis die Wirkung geldpolitischer Maßnahmen an der Reaktion des Preisniveaus bzw. der Inflationsrate deutlich wird, und entsprechend spät ist es der Zentralbank erst möglich, auf Zielverfehlungen zu reagieren. Es entsteht so die Gefahr, dass die Geldpolitik erst in den Gefährdungsphasen agiert und so prozyklisch wirkt.[241] Allerdings muss in diesem Zusammenhang auch festgehalten werden, dass Zielgrößen und Indikatoren zwei verschiedene Dinge sind. Indikatoren haben im Wesentlichen zwei Funktionen. Sie sollen zum einen frühzeitig Auskunft über den Zustand der Volkswirtschaft geben (Frühwarnfunktion) und zum anderen anzeigen, ob und wie stark die geldpolitischen Impulse der Zentralbank in die gewünschte Richtung wirken (Wirkungsindikatorfunktion).[242] Es ist klar, dass eine Zielgröße gleichzeitig auch immer die Funktion eines Wirkungsindikators hat, weil an ihrer Entwicklung letztlich die Wirkung geldpolitischer Maßnahmen deutlich wird. Es ist aber nicht klar, dass — insbesondere bei der Strategie des direkten Inflationszieles — die Inflationsrate der einzige Wirkungsindikator in dieser Strategie sein muss und dass man erst zu warten hätte, bis diese die Wirkung geldpolitischer Impulse anzeigt. Insofern ist die Kritik an der Inflationsrate als Spätindikator nicht gerechtfertigt, weil die Inflationsrate im Konzept des direkten Inflationszieles in erster Linie die Rolle einer Zielgröße und weniger eines Indikators wahrnimmt. Stattdessen wird die Indikatorfunktion von anderen Größen eingenommen, die eher als die Inflationsrate selbst Inflationsgefahren signalisieren sollen.

Die Vertreter der Strategie des direkten Inflationszieles schlagen deshalb vor, dass sich eine Strategie des direkten Inflationszieles an den Inflationserwartungen orientieren sollte, bzw. genauer, dass auf Inflationserwartungen beruhende Inflationsprognosen gebildet werden. Diese Prognose soll im Rahmen der Strategie die Rolle des eigentlich fehlenden Zwischenzieles übernehmen.[243] Die Inflationsprognose wird dabei für genau jenen Zeit-

---

[239] Vgl. SVENSSON 1997, S. 1112 [220] bzw. *derselbe* 1999, S. 624. [221] Auch ohne die Bekanntgabe eines Zielwertes kann eine Strategie des direkten Inflationszieles implementiert werden. Dementsprechend wird zwischen explizitem und implizitem Inflationsziel unterschieden. Vgl. BOFINGER/REISCHLE/SCHÄCHTER 1996, S. 365-366. [23]

[240] Vgl. z.B. SVENSSON 1997, S. 1113 [220] bzw. *derselbe* 1999, S. 627. [221]

[241] Vgl. ROHDE/JANSSEN 1998, S. 25-26. [198]

[242] Vgl. DAVIS 1990, S. 72-73 [42] und ISSING 1994, S. 4. [116]

[243] Vgl. KING 1994, S. 118 [138], BOWEN 1995, S. 57 [26] oder SVENSSON 1997, S. 1113-1114 [220] bzw. SVENSSON 1999, S. 627. [221] Bofinger, Reischle und Schächter (1996) verweisen darauf, dass Prognosen an sich aus logischen Gründen kein Zwischenziel sein können, weil der enge Zusammenhang der Prognose einerseits zum Preisniveau und andererseits zum Instrumenteneinsatz der Zentralbank fehlt. Allenfalls die Inflationserwartungen würden den Anforderungen an ein Zwischenziel genügen. Vgl. BOFINGER/REISCHLE/SCHÄCHTER 1996, S. 367-372. [23] Mit Hilfe der Inflationserwartungen in der Rolle eines Zwischenzieles lassen sich dann, so die Argumentation, Inflationsprognosen erstellen. Die Termini *Inflationsprognose* und *Inflationserwartungen* werden aber dennoch nicht einheitlich verwendet.

raum aufgestellt, die man als Zeitverzögerung vom Ergreifen geldpolitischer Maßnahmen bis zur Reaktion des Preisniveaus annimmt[244] und bildet den zweiten Eckpfeiler der Strategie des direkten Inflationszieles. Bei der Analyse der Inflationserwartungen, mit deren Hilfe die Prognose erstellt wird, sollen alle Informationen, die Aufschluss über inflationäre Gefahren und die diesbezüglichen Erwartungen der Marktteilnehmer beinhalten, verwertet werden.[245]

Das geldpolitische Kalkül besteht darin, die Inflationsprognose mit dem Inflationsziel zu vergleichen und entsprechende Maßnahmen zu ergreifen. Liegt der Prognosewert über (unter) dem Zielwert bzw. dem Zielband, dann wird die Zentralbank ihre Geldpoltik restriktiv (expansiv) ausrichten.[246] Der Einsatz der Geldpolitik erfolgt somit bevor die Inflationsrate selbst Zielverfehlungen anzeigt. Geldpolitische Maßnahmen werden solange ergriffen, bis die Inflationsprognose dem Inflationsziel entspricht. Dadurch trägt die Inflationsprognose in der Tat den Charakter eines Zwischenzieles. Weil, wie gesagt, die Inflationsprognosen alle verfügbaren, die künftige Inflation betreffenden Informationen enthalten sollen, kann definitionsgemäß auch kein Konflikt zwischen der Prognose in der Rolle des Zwischenzieles und der Inflation selbst entstehen.[247] Gleichzeitig erfüllen die Inflationsprognosen auch die Funktion eines Frühwarn- und Wirkungsindikators, weil an ihrer Entwicklung die Wirkung geldpolitischer Maßnahmen deutlich wird und sie gleichzeitig auch auftretende Inflationsgefahren anzeigen sollen.

Die Strategie des direkten Inflationszieles trägt der Tatsache Rechnung, dass die Preisniveaustabilität in vielen Fällen das geldpolitische Endziel der Zentralbanken ist. Es liegt auf der Hand, dass es dann auch sinnvoll ist, sich direkt um dieses Ziel zu kümmern und nicht über die Erfüllung von expliziten Zwischenzielen wie Geldmengenwachstum oder Wechselkurs die Gefahr von Zielkonflikten herauszufordern. Eine Zentralbank, die diese Strategie verfolgt, wird durch die Konzentration auf das Ziel der Preisniveaustabilität (und noch stärker durch die Veröffentlichung des Zielwertes) auch immer an der Erfüllung dieser Maßgabe und nicht an der Erfüllung irgendwelcher anderer (Zwischen-)Zielgrößen gemessen. Die Inflationsprognosen bzw. die Inflationserwartungen, die bei der direkten Inflationssteuerung an die Stelle eines Zwischenzieles treten, fungieren daher auch eher als wichtige Indikatoren und nur in zweiter Linie als transparente Zielgrößen, wie das zum Beispiel bei der Geldmenge der Fall ist. Die Orientierung an einem direkten Inflationsziel kann so zu einer erhöhten Glaubwürdigkeit der Zentralbank beitragen.

Obwohl direkte Inflationsziele in den Neunzigerjahren immer größere Popularität erlangt haben, gilt dieses Konzept dennoch nicht als uneingeschränkt geeignet.[248] Insbesondere ist zu nennen, dass die Erstellung der Inflationsprognosen kompliziert, damit wenig transparent und durch die zwangsweise notwendige Verwendung von Erwartungen mit Unsicherheiten behaftet ist.[249] Der Erstellung von Inflationsprognosen wohnt außerdem

---

Svensson (1997, 1999) spricht von *inflation forecast*, King (1994) spricht vom *expected level of inflation* als Zwischenzielgröße.

[244]Vgl. KING 1994, S. 118. [138]

[245]Vgl. SVENSSON 1999, S. 628. [221]

[246]Vgl. SVENSSON 1997, S. 1120. [220]

[247]Vgl. BERNANKE/WOODFORD 1997, S. 654. [18]

[248]Vgl. zu Problemen beim direkten Inflationsziel BOWEN 1995, S. 66-68. [26]

[249]Vgl. ISSING 1998, S. 9. [118] Bernanke und Woodford (1997) ziehen aus ihrer Analyse den Schluss,

das Problem inne, dass die Zentralbank dabei Annahmen über ihre eigene Zinssetzung machen muss (da in die Einschätzung zukünftiger Inflation auch die Entwicklung kurzfristiger Zinsen einfließt), die Zinspolitik der Zentralbank ja aber eigentlich erst das Ergebnis des Vergleiches der Prognose mit dem Inflationsziel ist. Die Erstellung und die Qualität der Inflationsprognosen ist deshalb für die Öffentlichkeit nur schwer nachvollziehbar und ihre Aussagekraft sicher eingeschränkt. Das Argument, die Zentralbank müsse sich hinsichtlich ihrer Prognosen mit anderen, externen Anbietern von Inflationsprognosen, zum Beispiel Wirtschaftsforschungsinstituten, messen[250] und dieser Wettbewerb sorge für transparente und vor allem sachlich korrekte Prognosen, wirkt nicht überzeugend. Letztlich ließen sich unterschiedliche Aussagen und Ergebnisse jeder alternativen Inflationsprognose irgendwie rechtfertigen, da diverse Prognosen über denselben Prognosegegenstand immer unterschiedlich ausfallen können, ohne dass es dabei nur eine richtige gäbe. Andererseits sei noch einmal betont, dass für die Beurteilung der Geldpolitik durch die Öffentlichkeit im Rahmen dieser Strategie hauptsächlich die Erfüllung des Zieles der Preisniveaustabilität eine Rolle spielt und nicht die Frage, ob die Inflationsprognose transparent ist oder nicht. Hinsichtlich der Transparenz stellt die direkte Inflationssteuerung vielmehr das angesprochene geldpolitische Kalkül in den Vordergrund: „Although the construction of inflation forecasts is difficult and demanding, the monetary policy conclusions for a given forecast follow simple and intuitive principles: If the forecast is on target, monetary policy is appropriate. If the forecast is above (below) the target, monetary policy should be tightened (eased). This should improve monetary authority communication with the public, the public's understanding of monetary policy, and the predictability of monetary policy."[251]

Bisweilen wird von Kritikern dieser Strategie hervorgehoben, direkte Inflationsziele hätten sich nur auf Grund der Schwäche der bis dato zur Verfügung stehenden geldpolitischen Strategien etablieren können.[252] Es ist nun aber grundsätzliches Merkmal jeden Vergleiches, dass sich die Vor- bzw. Nachteilhaftigkeit bestimmter Dinge immer auch aus der relativen Position zu den Alternativen ergibt. Man darf deshalb aus dem Umstand, dass die Entwicklung einer geldpolitischen Strategie Ergebnis der Unzulänglichkeiten der bestehenden Strategien gewesen ist, noch keine Kritik ableiten.[253] Die Strategie des direkten Inflationszieles kann nicht allein deshalb als — überspitzt formuliert — schlecht beurteilt werden, weil die anderen Strategien noch schlechter sind. Genauso kann man argumentieren, dass eine geldpolitische Strategie solange die beste darstellt, solange noch keine bessere gefunden ist. Immerhin zeigen die Erfahrungen mit dieser Strategie ein überwiegend positives Ergebnis: „The clearest finding from the international experience is that inflation-targeting does indeed lead to lower inflation."[254] Der Umstand, dass diese Er-

dass eine zu enge Orientierung an Größen, die sehr eng von der Erwartungsbildung der Wirtschaftssubjekte beeinflusst sind, geldpolitisch riskant ist. Vgl. BERNANKE/WOODFORD 1997, S. 656. [18]

[250]Vgl. SVENSSON 1997, S. 1137. [220]

[251]SVENSSON 1997, S. 1138. [220]

[252]Vgl. ISSING 1996, S. 209 [117], DEUTSCHE BUNDESBANK 1998b, S. 41 [51] oder ROHDE/JANSSEN 1998, S. 26. [198]

[253]Würde man eine solche Argumentation beispielsweise auf den Fußballsport übertragen, so müsste man etwa den deutschen Fußballmeister mit dem Argument kritisieren, er sei nicht auf Grund eigener Stärke Meister, sondern nur deshalb, weil die anderen Vereine an diesem Ziel gescheitert seien.

[254]BERNANKE u.a. 1999, S. 297. [17]. Einen ausführlichen Überblick über die Erfahrungen mit dem direkten Inflationsziel in Neuseeland, Kanada, dem Vereinigten Königreich, Schweden, Israel, Australien

gebnisse in eine Phase allgemeiner weltweiter Disinflation gefallen sind, darf nicht der Strategie angelastet werden. Richtig ist, dass die Bedingungen für die Implementierung der direkten Inflationssteuerung günstig gewesen sind und sie „deshalb ihre eigentliche Bewährungsprobe erst noch bestehen muss.“[255] Daraus kann aber nicht geschlossen werden, dass die direkte Inflationssteuerung grundsätzlich nicht zu empfehlen wäre.

4.1.3 Die Zwei-Säulen-Strategie der EZB

Im Vorfeld des Eintritts in die dritte Stufe der Europäischen Währungsunion war die Frage nach der für die Europäische Zentralbank relevanten geldpolitischen Strategie ein viel diskutiertes Thema. Während das geldpolitische Endziel, die Preisniveaustabilität, bereits durch den Maastrichter Vertrag vorgegeben war, wurden bezüglich der weiteren Ausgestaltung der geldpolitischen Strategie fast ausnahmslos nur zwei Optionen genannt: die Geldmenge als Zwischenziel oder ein direktes Inflationsziel.[256] Ausgehend von den bekannten und vor allem bis dato praktizierten geldpolitischen Konzepten waren diese beiden Optionen die einzig denkbaren Möglichkeiten. Dennoch gelang es der Europäischen Zentralbank, die Öffentlichkeit bei der Präsentation ihrer geldpolitischen Strategie Ende 1998 mit einem scheinbar neuen Konzept zu überraschen, der Zwei-Säulen-Strategie.[257] Um das Ziel der Preisniveaustabilität zu erreichen, möchte die EZB zweigleisig vorgehen. Auf der einen Seite verfolgt sie die Entwicklung wichtiger gesamtwirtschaftlicher Indikatorgrößen, die Aufschluss über bestehende Inflationsgefahren geben könnten, und analysiert deren Informationsgehalt bezüglich inflationärer Tendenzen. Bei dieser Analyse geht es um „die Auswirkungen des Zusammenspiels von Angebot und Nachfrage und/oder des Kostendrucks auf die Preisgestaltung an den Güter-, Dienstleistungs- und Arbeitsmärkten.“[258] Diese Vorgehensweise bildet die zweite Säule der Zwei-Säulen-Strategie. Zu dieser Säule gehören auch die zweimal jährlich erstellten gesamtwirtschaftlichen Projektionen.[259]

Auf der anderen Seite hebt die EZB einen Indikator im besonderen Maße heraus, das ist die Geldmenge. Sie wird deshalb nicht im Rahmen der zweiten Säule analysiert, wo sie genauso gut ihre Informationen bezüglich der inflationären Tendenzen im Euro-Währungsgebiet offenbaren könnte, sondern ihr wird eine extra Säule gewidmet, die erste. Die besondere Bedeutung der Geldmenge wird weiter dadurch herausgehoben, dass für deren Wachstum in der Abgrenzung M3 ein Referenzwert ermittelt und veröffentlicht wird.[260] Dieser Re-

und Spanien geben die Autoren auf den Seiten 86-251. Vgl. des Weiteren zu den bisherigen Erfahrungen mit direkten Inflationszielen CORBO/LANDERRETCHE/SCHMIDT-HEBBEL 2001, S. 343-368. [41]

[255] ROHDE/JANSSEN 1998, S. 26. [198]

[256] Vgl. exemplarisch ROHDE/JANSSEN 1998, S. 23 [198], BUDZINSKI/JASPER/KOHLER 1998, S. 42 [29], ISSING 1998, S. 7 [118], POLLEIT 1998, S. 468 [186] oder DEUTSCHE BUNDESBANK 1998a, S. 86. [50] Die Bundesbank belässt es natürlich nicht bei der bloßen Nennung der beiden in Frage kommenden Alternativen, sondern schlägt die Geldmengensteuerung als die geeignetere Strategie für die Europäische Zentralbank vor.

[257] Vgl. EUROPÄISCHE ZENTRALBANK 1998a, S. 1. [61] Vgl. ausführlicher zu diesem Konzept auch im Folgenden EUROPÄISCHE ZENTRALBANK 2001a, S. 41-65 [67] oder *dieselbe* 2000c, S. 41-53. [65]

[258] EUROPÄISCHE ZENTRALBANK 2001a, S. 57. [67]

[259] Vgl. dazu EUROPÄISCHE ZENTRALBANK 2000c, S. 47-48. [65]

[260] Die Geldmenge M3 ist hier jedoch noch etwas anders abgegrenzt als das gleichnamige Aggregat, das der Deutschen Bundesbank als Zielgröße diente. Zu M3 gehören nun der Bargeldumlauf bei den

ferenzwert ergibt sich auf ähnliche Weise wie der Zielwert des Geldmengenwachstums in der Geldmengenstrategie der Bundesbank (siehe S. 101). Auf Basis der Quantitätsgleichung wird der Referenzwert aus einer Inflationsrate, die mit der Preisniveaustabilität als vereinbar gilt, aus dem mittelfristigen Trend des BIP-Wachstums und aus dem Trend des Rückganges der Umlaufgeschwindigkeit berechnet.[261]

Auf den ersten Blick scheint die Zwei-Säulen-Strategie damit aus Teilelementen der Geldmengen- und der Inflationssteuerung zusammengesetzt zu sein: in der ersten Säule wird ein Referenzwert für das Geldmengenwachstum ermittelt, der aber kein Zielwert ist, in der zweiten Säule werden im Hinblick auf ein definiertes Ziel der Preisniveaustabilität anderweitig Inflationsgefahren analysiert, anfänglich jedoch ohne eine Prognose zu veröffentlichen.[262] Die Teilung der geldpolitischen Strategie in zwei Säulen begründet die EZB damit, dass eine Konzentration auf einen bestimmten Ansatz oder Indikator angesichts der Vielzahl von Transmissionsprinzipien und Inflationsmodellen unklug wäre. Sie möchte sich deshalb auf der einen Seite auf die Analyse von Ansätzen und Modellen stützen, welche die Rolle der Geldmenge betonen, auf der anderen Seite aber auch alternative Modelle der Inflationstheorie nicht unberücksichtigt lassen.[263] Abgesehen von der Tatsache, dass aus der Zusammenführung von Teilaspekten bestehender Strategien nicht zwingend eine brauchbarere wird, welche die Wirklichkeit besser erfassen könnte, rechtfertigt diese Argumentation noch nicht, warum die Inflationsanalysen in zwei Säulen aufzuteilen sind. Letztlich ergibt sich bei genauerer Betrachtung der Zwei-Säulen-Strategie, dass es sich um eine Strategie der direkten Inflationssteuerung handelt, wie sie im vorangegangenen Abschnitt skizziert wurde.

Dafür sprechen mehrere Punkte.[264] Zunächst ist festzuhalten, dass die Strategie der EZB einem klar definierten Inflationsziel folgt. Die EZB bestimmt Preisniveaustabilität „als Anstieg des Harmonisierten Verbraucherpreisindex (HVPI) für das Euro-Währungsgebiet von unter 2% gegenüber dem Vorjahr."[265] Da gleichzeitig deflationäre Tendenzen als nicht zielkonform gelten, kann das Inflationsziel der EZB als ein Korridor von 0 – 2% definiert werden.[266] Des Weiteren ist es Inhalt sowohl der Zwei-Säulen-Strategie als auch der des direkten Inflationszieles, künftige Inflationsgefahren einzuschätzen, die sich aus einer möglichst vollständigen Analyse der Wirtschaftslage und des Verhaltens der Wirtschaftssubjekte ergeben. Svensson (1997) sagt dies mit den Worten: „Inflation forecast

Nichtbanken sowie folgende, von Ansässigen des Euro-Währungsgebietes gehaltenen Einlagen bzw. Finanzinstrumente: täglich fällige Einlagen, Einlagen mit vereinbarter Laufzeit von bis zu zwei Jahren, Einlagen mit vereinbarter Kündigungsfrist von bis zu drei Monaten, Repogeschäfte, Geldmarktfondanteile, Geldmarktpapiere und Schuldverschreibungen von bis zu zwei Jahren.

[261]Der erste, für das Jahr 1999 geltende Referenzwert für das Wachstum der Geldmenge M3 hatte danach die Höhe von 4,5%. Vgl. EUROPÄISCHE ZENTRALBANK 1998b, S. 3. [62] Dieser Wert wurde für die darauf folgenden Jahre beibehalten.

[262]Vgl. NEUMANN 2000, S. 1603-1604. [171]

[263]Vgl. EUROPÄISCHE ZENTRALBANK 2001a, S. 61-62. [67]

[264]Vgl. im Folgenden auch SVENSSON 2000, S. 95-99. [222]

[265]EUROPÄISCHE ZENTRALBANK 1998a, S. 1-2. [61]

[266]Vgl. KRUPP/CABOS 2000, S. 1. [146] Mittlerweile hat die EZB diesen Korridor eingeschränkt und bezeichnet nun ihr Inflationsziel als *„unter, jedoch nahe 2%"*. EUROPÄISCHE ZENTRALBANK 2003b, S. 87. [73]

targeting generally uses all relevant information for predicting future inflation.“[267] Die EZB formuliert ihrerseits, ihre „im Rahmen der zweiten Säule durchgeführte Analyse soll vor allem den Einfluss einer Reihe von Faktoren herausstellen, die sich normalerweise auf kürzere Sicht auf die Preisentwicklung auswirken“ und die „somit die Aussichten für die Preisstabilität auf mittlere Sicht gefährden können.“[268] Diese Aussagen zeigen, dass zwischen beiden Strategien — was die Analyse der zukünftigen Inflation angeht — kein essenzieller Unterschied bestehen kann.

Letztlich ließe sich die Aussage der EZB auch auf die erste Säule übertragen. Da der Referenzwert für das M3-Wachstum kein Zwischenziel darstellt, ist das Geldmengenwachstum ebenfalls als ein Faktor zu sehen, dessen Einfluss sich auf die Preisentwicklung auswirkt. Die unterschiedliche Fristigkeit, die bezüglich der Geldmenge unter Umständen zu berücksichtigen wäre, rechtfertigt es eigentlich nicht, die Beobachtung der Geldmenge gleich als eine Säule zu bezeichnen. Auch der Umstand, dass die Geldmenge für die EZB nicht irgendein Indikator unter vielen ist, sondern eine herausgehobene Bedeutung hat, steht nicht im Widerspruch zur Strategie des direkten Inflationszieles — im Gegenteil. Die Vertreter dieser Strategie weisen explizit darauf hin, dass die Geldmenge eine wichtige Rolle spielt: „Money is at the heart of the inflationary process, and it would be bizarre for a central bank not to pay careful attention to the behaviour of the monetary aggregates.“[269] Die Geldmenge kann somit auch im Rahmen der Strategie des direkten Inflationzieles eine besondere Rolle spielen, wenn die geldpolitischen Entscheidungsträger dies wünschen. Auch dafür muss man sie nicht mit der Bezeichnung der 'ersten Säule' schmücken. Es lässt sich somit konstatieren, dass eine wirklich zwingende Motivation für die Konstruktion von zwei Säulen nicht zu erkennen ist: „There seems to be no rational reason for giving a certain set of indicators of future inflation the status of a separate 'pillar' (rather than one of the bricks in one main pillar).“[270]

Die Strategie der EZB unterschied sich zunächst von einer direkten Inflationssteuerung wesentlich dadurch, dass die EZB keine Inflationsprognosen veröffentlichte. Dieser Umstand muss aber nicht gleichzeitig bedeutet haben, dass nicht trotzdem welche gebildet wurden. Die EZB sprach selbst davon, dass ihre zweite Säule Prognosen enthält, gleichwohl sie ihnen vorerst nur eine untergeordnete Bedeutung beizumessen schien.[271] Dennoch kündigte EZB-Präsident Duisenberg im Dezember 1999 an, dass die EZB Inflationsprognosen auch veröffentlichen werde.[272] Seitdem veröffentlicht die EZB halbjährlich die *von Experten des Eurosystems erstellten gesamtwirtschaftlichen Projektionen für das Euro-Währungsgebiet*, die auch Inflationsprognosen enthalten.[273] So prognostizierte die EZB

[267]SVENSSON 1997, S. 1127. [220]

[268]EUROPÄISCHE ZENTRALBANK 2001a, S. 57. [67]

[269]KING 1994, S. 117. [138]

[270]SVENSSON 2000, S. 97. [222]

[271]Vgl. EUROPÄISCHE ZENTRALBANK 2000c, S. 51. [65] Die EZB schreibt dort: *„Herkömmliche makroökonomische Projektionen und Prognosen sind stets mit einer beträchtlichen Unsicherheit behaftet, und diese Unsicherheit wächst mit dem Zeithorizont der Prognose. Deshalb entstehen Probleme, wenn man eine mittelfristig orientierte Geldpolitik allein an Projektionen und Prognosen im Rahmen der zweiten Säule ausrichtet.“*

[272]Vgl. DUISENBERG 1999. [55]

[273]Die Projektionen werden beginnend seit Dezember 2000 jeweils in der Juni- und Dezemberausgabe des Monatsberichtes der EZB veröffentlicht. Die EZB unterstellt dabei für den Prognosezeitraum kon-

im Dezember 2002, dass sich die Inflationsrate für das Jahr 2003 im Bereich von 1,3% bis 2,3% bewegen dürfte.[274]

Zusammengefasst lässt sich festhalten, dass auch neue bzw. andere Bezeichnungen für die Bestandteile der Strategie der Europäischen Zentralbank nichts daran ändern, dass die Zwei-Säulen-Strategie eine Strategie ist, die

- dem Ziel der Preisniveaustabilität verpflichtet ist,
- ein vorgegebenes Inflationsziel verfolgt,
- kein explizites Zwischenziel beinhaltet,
- versucht, über die Beobachtung verschiedenster gesamtwirtschaftlicher Indikatoren, darunter der Geldmenge, die Inflationsgefahr im Euro-Währungsgebiet einzuschätzen,
- halbjährlich gesamtwirtschaftliche Projektionen veröffentlicht, die auch Inflationsprognosen enthalten, und die
- die Ergebnisse ihrer Einschätzungen in entsprechend restriktive oder expansive geldpolitische Maßnahmen umsetzt.

Angesichts dieser Merkmale — die mit denen der direkten Inflationssteuerung identisch sind — ist es nicht nachvollziehbar, warum die Strategie der EZB nicht auch als Strategie des direkten Inflationszieles bezeichnet wird. Denn gerade die Zwei-Säulen-Verpackung kann dazu führen, dass Situationen eintreten, die für die geldpolitischen Entscheidungsträger gar kein Problem darstellen mögen, von außen aber so wahrgenommen werden: "Auch ergibt sich eine Schwierigkeit durch das Nebeneinander der beiden Säulen, insbesondere wenn sie unterschiedliche Signale hinsichtlich des geldpolitischen Kurses geben. Dies war zum Beispiel im April 1999 der Fall, als die Geldmenge zu stark zunahm, die Inflationserwartungen aber eher nach unten gerichtet waren. Damit werden die Entscheidungen der EZB weniger nachvollziehbar."[275] In der geschilderten Situation reagierte die EZB mit einer Zinssenkung und anschließend mit zunächst unveränderten Refinanzierungssätzen. Auch wenn davon auszugehen ist, dass diese Entscheidung wohlüberlegt und sachlich richtig war, so darf es nicht verwundern, dass durch die Parallelität zweier Säulen, von denen diejenige, welche die herausragende Rolle der Geldmenge beinhaltet, eigentlich eine Zinsanhebung verlangt hätte, in der Öffentlichkeit Erklärungsbedarf und Transparenzprobleme entstehen. Die EZB erkennt zwar diesen Sachverhalt, sieht darin aber kein Problem, sondern ein potenzielles Spannungsfeld, das nicht als Nachteil zu betrachten sei.[276] Eine Zinsentscheidung im Rahmen einer direkten Inflationssteuerung hätte hingegen genauso ausfallen können, ohne dass es zu offensichtlichen Widersprüchen gekommen wäre.

---

stante kurzfristige Zinssätze, um die Konsequenzen einer unveränderten Geldpolitik aufzuzeigen. Gleichzeitig verweist sie aber auch auf die deshalb eingeschränkte Aussagekraft dieser Prognosen. Vgl. EUROPÄISCHE ZENTRALBANK 2000d, S. 54-55. [66]

[274] Vgl. EUROPÄISCHE ZENTRALBANK 2002c, S. 64. [71]

[275] SCHEIDE 2000, S. 2. [209]

[276] Vgl. EUROPÄISCHE ZENTRALBANK 2000c, S. 50. [65]

Im Kontext geldpolitischer Strategien kann die Strategie der EZB somit keine neuen Akzente setzen. Es handelt sich in fast allen Merkmalen um die Strategie eines direkten Inflationszieles. Es spricht deshalb auch nichts dagegen, wenn die EZB ihre Strategie so benennen würde. Auf längere Sicht kann es nicht klug sein, in der Öffentlichkeit den Eindruck aufrechtzuerhalten, die eigene Strategie aus Elementen zweier anderer zusammengesetzt zu haben. Und selbst wenn dies tatsächlich so wäre, gebietet die Forderung nach Transparenz und Glaubwürdigkeit, sich irgendwann definitiv für eine der beiden Strategien zu entscheiden: „Since the crucial task for the ECB will be to establish credibility as quickly as possible it will have to choose one of the strategies as soon as its experience with the transmission of monetary policies in Euroland permits.“[277]

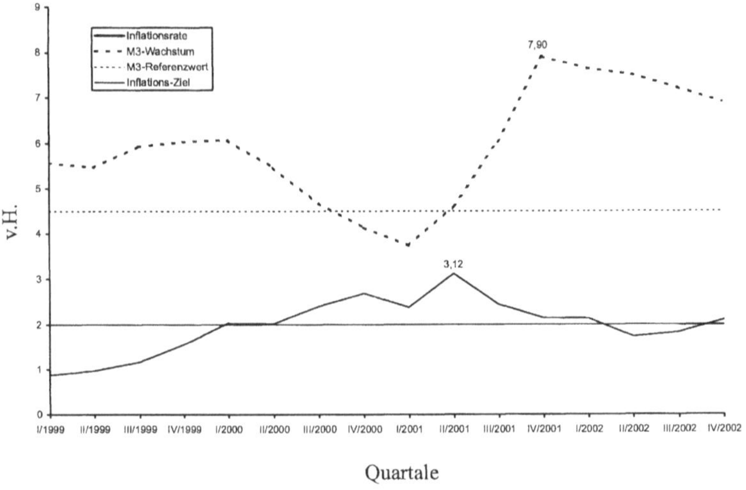

Abbildung 13: **Entwicklung der Inflationsrate und des M3-Wachstums im Euro-Währungsraum im Zeitraum I/1999 - IV/2002**

Quelle für die Grundzahlen: EZB, Monatsberichte

Ein Blick auf die Entwicklung der Inflationsrate und der Geldmengenwachstumsrate seit Beginn der dritten Stufe der Europäischen Währungsunion zeigt (siehe Abbildung 13), dass die EZB ihre Zielinflationsrate zwar vom ersten Quartal 2000 bis zum ersten Quartal 2002 überschritten hatte, aber seit dem Höchststand im zweiten Quartal 2001 in Höhe von 3,12% entwickelte sich die Inflationsrate wieder darauf zu. Vom zweiten bis zum vierten Quartal 2002 kann die Zielinflationsrate als erreicht angesehen werden. Durchschnittlich lag die Inflationsrate damit im betrachteten Zeitraum bei 1,98%, also bei einem durchaus zufriedenstellenden Wert. Die Entwicklung des M3-Wachstums verläuft dagegen relativ erratisch. Nur vom dritten Quartal 2000 bis zum zweiten Quartal 2001 kann der Referenzwert in Höhe von 4,5% als erfüllt gesehen werden. Im vierten Quartal 2001 hat sich die

277 CABOS/FUNKE/NIKOLAUS 2001, S. 219. [32]

M3-Wachstumsrate so weit vom Referenzwert entfernt, dass man sich fragen muss, wie ernst dieser genommen werden kann, auch wenn es sich nur um eine Referenz und nicht um einen Zielwert handelt. Durchschnittlich lag das Geldmengenwachstum bei immerhin 5,93%. Dies ist ein Indiz mehr dafür, dass die Geldmengenorientierung der EZB de facto nicht existiert und deshalb auch offiziell aufgegeben werden könnte. Inzwischen hat die EZB mit einer Klarstellung vom 08.05.2003 ihre geldpolitische Strategie leicht geändert und damit der Kritik am Zwei-Säulen-Konzept zumindest teilweise Rechnung getragen.[278] Danach überprüft die EZB den Referenzwert für das M3-Wachstum nun nicht mehr auf jährlicher Basis. Das Konzept der Zwei-Säulen-Strategie bleibt nach Aussage der EZB erhalten, wobei die Analysen im Rahmen der ersten Säule künftig jedoch als *monetär* und die im Rahmen der zweiten Säule als *wirtschaftlich* bezeichnet werden. Mit diesen Änderungen wird nun auch nach außen hin offensichtlicher, dass es sich bei der EZB-Strategie um ein Konzept der direkten Inflationssteuerung handelt.

4.2 Der Taylor-Zins als geldpolitische Steuerungsvariable

4.2.1 Darstellung des Taylor-Konzepts

Die Darstellung der gängigen geldpolitischen Strategien in Abschnitt 4.1.2 hat verdeutlicht, dass diese Strategien mit Ausnahme der Zinssteuerung einseitig das Ziel der Preisniveaustabilität favorisieren. Wie in Abschnitt 2.1 diskutiert wurde, folgt dies zumeist praktischen geldpolitischen Erfordernissen, wonach die der Geldpolitik übertragene Aufgabe vorrangig in der Preisniveaustabilität zu suchen ist. Die von einer Zentralbank ergriffenen geldpolitischen Maßnahmen reflektieren aber über den Markt für Zentralbankgeld auf viele gesamtwirtschaftliche Daten, nicht nur auf das Preisniveau. Dies zu zeigen bzw. Hinweise dafür zu finden, war Gegenstand der Darlegungen des Abschnittes 2.4. Angesichts der breiten Wirkung von Änderungen der Zentralbankgeldmarktsätze auch auf reale Größen müsste es eigentlich auf der Hand liegen, den Zentralbankgeldmarktsatz in eine geldpolitische Strategie einzubinden, die neben der Preisniveaustabilität auch eine reale Endzielgröße beinhaltet. Die in Abschnitt 4.1.2 dargestellten Strategien sind jedoch kaum in der Lage, diese Forderung zu erfüllen. Zentralbanken, die entweder neben der Preisniveaustabilität als gleichrangiges Endziel eine reale Einkommensgröße verfolgen, oder die unter Wahrung des vorrangigen Zieles der Preisniveaustabilität auch die allgemeine Wirtschaftspolitik zu unterstützen haben, finden in den konventionellen geldpolitischen Strategien kaum eine wirklich brauchbare Orientierung.

Dem Gedanken einer auch am Einkommen orientierten geldpolitischen Strategie trägt der von Taylor (1993) entwickelte, so genannte *Taylor-Zins* Rechnung. In einer viel beachteten Arbeit macht Taylor den Vorschlag, den Satz für Zentralbankgeld (Tagesgeldsatz, Federal Funds Rate) entsprechend den Abweichungen der Inflationsrate und des realen BIP jeweils von deren Zielwert zu steuern.[279] Konkret ergibt sich der auf diese Weise zu bestimmende

[278]Vgl. EUROPÄISCHE ZENTRALBANK 2003a, S. 1-2 [72] sowie ausführlicher *dieselbe* 2003b, S. 87-102. [73]

[279]Vgl. TAYLOR 1993, S. 202. [224]

Zins als:

$$\tau = \pi_{t-1} + 0,5 \cdot OL + 0,5 \cdot p + \tau_{r,G} \tag{63}$$

mit

$$OL = 100 \cdot \left(\frac{Y - Y_{pot}}{Y_{pot}}\right) = 100 \cdot \left(\frac{y_D}{Y_{pot}}\right)$$

und

$$p = \pi - \pi_Z.$$

Dabei stellen π_{t-1}, π_Z, $\tau_{r,G}$, Y und Y_{pot} die Inflationsrate des letzten Jahres (bzw. genauer: der letzten vier Quartale), die angestrebte Zielinflationsrate, den realen Gleichgewichtswert des Zentralbankgeldmarktsatzes, das reale Einkommen und den realen potenziellen Output dar. Taylor spricht zunächst nicht ausdrücklich vom potenziellen Output, sondern von einem Ziel- bzw. Trendeinkommen. Es hat sich jedoch durchgesetzt, dieses durch den potenziellen Output darzustellen. Das Zieleinkommen für die USA ist bei Taylor jenes Einkommen, das sich ergäbe, wenn die Wirtschaft jährlich um 2,2% wachsen würde. Dieses 2,2%ige Trendwachstum ermittelt er durch lineare Regression der Zeit auf den realen Output (siehe Abbildung 14).[280]

Den realen Gleichgewichtszins auf dem Zentralbankgeldmarkt legt Taylor mit 2% fest, da dies „is close to the assumed steady-state growth rate of 2.2 percent“[281], und die Zielinflationsrate setzt er ebenfalls auf 2%. Die Inflationsrate der letzten vier Quartale (hier mit π_{t-1} bezeichnet) soll eine Annäherung an die Inflationserwartung π^* sein.

Der in Gleichung (63) zum Ausdruck kommende Zusammenhang besagt, dass die Zentralbank dann mit einer Erhöhung (Senkung) des Satzes für Zentralbankgeld reagieren soll, wenn die Inflationslücke p ansteigt (sinkt) und/oder wenn das tatsächliche Einkommen das potenzielle übersteigt (unter das potenzielle fällt). Die Outputlücke OL ist dabei relativ formuliert, nämlich als Abweichung des realen Einkommens von einem potenziell möglichen Einkommen, bezogen auf dieses potenziell mögliche Einkommen. Dies setzt voraus, dass die in Gleichung (63) verwendeten Einkommensgrößen als Niveaugrößen formuliert sind und keine Änderungsraten darstellen. Taylor selbst schafft diesbezüglich allerdings Verwirrung, indem er Y als „real GDP“ definiert, Y_{pot} jedoch als „trend real GDP (equals 2.2 percent per year [...])“[282] bezeichnet, wobei letztere Formulierung suggeriert, dass es sich bei den Einkommensgrößen doch um relative Werte handeln könnte.

So gesehen verwundert es nicht, dass die bei der Berechnung des Taylor-Zinses verwendete Outputlücke in der Literatur unterschiedlich interpretiert wird. Bei der Deutschen Bundes-

---

[280] Der von Taylor in der Abbildung 14 mittels einer Regressionsgerade dargestellte 2,2%-Wachstumspfad kann natürlich nur eine Annäherung sein, da ein konstantes Wachstum nicht mit einer Gerade darstellbar ist, bzw. umgekehrt, eine Gerade keinem konstanten Wachstum unterliegt (sondern nur einen konstanten Anstieg hat). Bei den zu Grunde liegenden Quartalswerten von I/1984 bis III/1992 für die USA gelingt allerdings die Approximation eines 2,2%-Wachstums an eine Gerade recht gut, da es sich nur um insgesamt 35 Daten handelt.

[281] TAYLOR 1993, S. 202. [224]

[282] TAYLOR 1993, S. 202. [224]

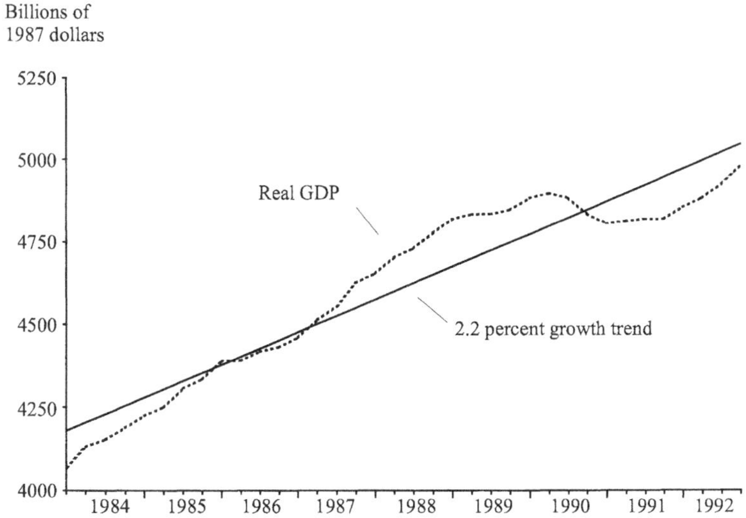

Abbildung 14: **Reales BIP und 2,2% Wachstumstrend für die USA**

Quelle: leicht verändert aus
TAYLOR 1993, S. 205.

bank (1999) findet sich ausdrücklich die Formulierung, es handele sich um „die relative Abweichung zwischen dem tatsächlichen und dem potentiellen [sic!] Produktions*niveau* [*Herv. d. Verf.*].“[283] Die Europäische Zentralbank (2001b), Judd und Rudebusch (1998), Hetzel (2000) oder auch Nierhaus (2001) stellen die Outputlücke ebenfalls in der eben definierten Weise dar. Auch die Darstellung bei Gerlach und Schnabel (1999) könnte darauf schließen lassen, dass Niveaugrößen gemeint sind.[284] Üblich scheint es außerdem zu sein, für die Berechnung der Outputlücke logarithmierte Daten zu verwenden. Die Outputlücke wird dann durch die Differenz zwischen dem logarithmierten realen Einkommen und dem logarithmierten potenziellen Einkommen gebildet.[285]

Eine weitere Variante ist, dass die Outputlücke auch mittels Veränderungsraten definiert wird.[286] Dieser Ansatz soll im weiteren Verlauf der Darstellungen Verwendung finden,

[283] DEUTSCHE BUNDESBANK 1999, S. 48. [52]

[284] Die Autoren sprechen lediglich von der Outputlücke, ohne diese genauer zu definieren. Vgl. GERLACH/SCHNABEL 1999, S. 1-2. [92]

[285] Vgl. WOODFORD 2001, S. 232 [236] oder PEERSMAN/SMETS 1999, S. 91. [180] Peersman und Smets formulieren allerdings nicht eindeutig. Mit der Outputlücke als *„the log difference between actual real GDP* [...] *and potential GDP“* könnte auch gemeint sein, dass zunächst die Differenz zwischen tatsächlichem und potenziellen BIP gebildet und diese dann logarithmiert wird. Das wäre jedoch ungewöhnlich.

[286] Vgl. z.B. FILC 1998a, S. 18 [75] oder FRITZER 2000, S. 131. [88] Bei Fritzer wird die Konzeption der Outputlücke mittels Veränderungsraten nur im Kontext deutlich. Er definiert allerdings etwas verwirrend

weil er durch die Orientierung an Veränderungsraten kompatibel zur Modelldarstellung in Abschnitt 4.2.3.3 ist. Die Outputlücke ergibt sich dann wie folgt:

$$OL = \hat{Y} - \hat{Y}_{pot} = y. \tag{64}$$

In dieser Formulierung ist die Outputlücke als Wachstumslücke zu interpretieren. In Abbildung 15 sind die Outputlücke nach dem ursprünglichen Konzept und die Wachstumslücke nach (64) für die Bundesrepublik Deutschland für den Zeitraum I/1961 bis IV/1998 grafisch gegenübergestellt. Auf die Ermittlung des dafür notwendigen potenziellen Einkommens wird in Abschnitt 4.2.4 näher eingegangen.

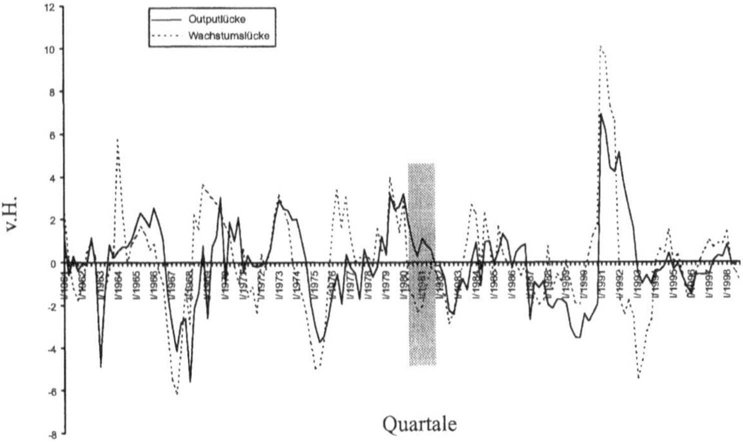

Abbildung 15: **Output- und Wachstumslücke in der BRD im Zeitraum I/1961 - IV/1998 im Vergleich**

Man erkennt, dass die beiden Konzepte zu unterschiedlichen Verläufen führen. Insbesondere Phasen, in denen die Outputlücke negativ und gleichzeitig die Wachstumslücke positiv (bzw. umgekehrt) ausfällt, hätten eine nicht unerhebliche Auswirkung auf die Empfehlung, welche sich durch die Anwendung der Taylor-Regel ergibt. Beispielsweise würde im Zeitraum II/80 bis III/81 (in der Abbildung gekennzeichnet) die Anwendung der (hier positiven) Outputlücke zu einem restriktiven Einfluss (im Sinne einer Zinserhöhung) auf den Taylor-Zins führen, während es durch die Anwendung der (hier negativen) Wachstumslücke zu einem expansiven Einfluss (im Sinne einer Zinssenkung) auf den Taylor-Zins kommt. Der Grund für eine solche Diskrepanz kann darin liegen, dass zu einem bestimmten Zeitpunkt das Produktionspotenzial zwar noch überausgelastet ist, das Produktionspotenzial aber im Vergleich zur Vorperiode bereits gestiegen und/oder das tatsächliche Einkommen im Vergleich zur Vorperiode bereits gefallen ist, sodass die Wirtschaft trotz

y_t als reales BIP, aber y^* als Potenzialwachstum des BIP.

positiver Outputlücke zu einer Situation mit unterausgelastetem Potenzial tendiert. Andersherum kann zu einem Zeitpunkt die Outputlücke negativ sein, während jedoch das Wachstum des tatsächlichen Einkommens bereits das Potenzialwachstum übersteigt und die Wirtschaft sich auf einen Zustand ausgelasteten oder gar überausgelasteten Potenzials zubewegt. Aus dieser Sicht kann die Wachstumslücke ein Vorlaufindikator für die Produktionslücke sein. Durch die Taylor-Regel intendierte Zinssenkungen (-erhöhungen) werden unter Anwendung der Wachstumslücke schon dann ergriffen, bevor die eigentliche Outputlücke negativ (positiv) wird. In Abbildung 15 ist für bestimmte Zeiträume zu erkennen, dass die Wachstumslücke der Outputlücke vorläuft.

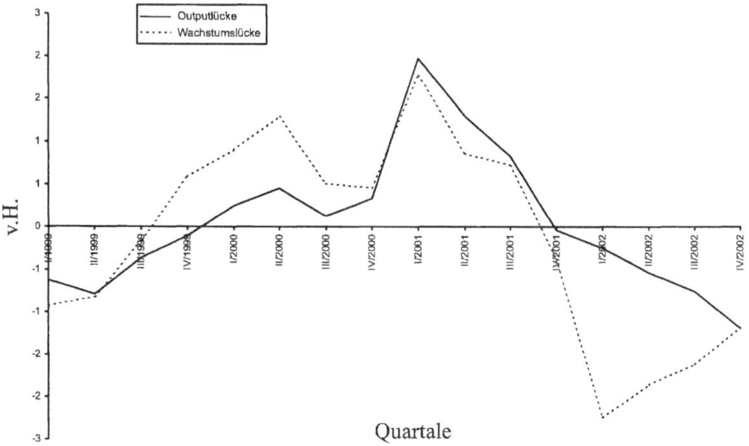

Abbildung 16: **Output- und Wachstumslücke im Euro-Währungsgebiet im Zeitraum I/1999 - IV/2002 im Vergleich**

Eine entsprechende Darstellung für das Euro-Währungsgebiet bestätigt diese These allerdings nicht in dem Maße (siehe Abbildung 16).[287]

Insbesondere für die Ausführungen in Abschnitt 4.2.3.3 wird der Taylor-Zins aus (63) nun etwas umformuliert. Die Outputlücke wird gemäß des Zusammenhanges aus Gleichung (64) im Sinne einer Wachstumslücke interpretiert.[288] Weiterhin soll der Einfachheit halber die Zeitindizierung weggelassen werden. Außerdem werden die Gewichte für die Output- und Inflationslücke nicht mehr mit jeweils 0,5 angenommen, sondern verallgemeinert. Für

[287] Der relativ starke Anstieg beider Reihen zum ersten Quartal 2001 ist dem Umstand zuzuschreiben, dass Griechenland zu Beginn des Jahres 2001 dem Euro-Währungsgebiet beitrat und sich deshalb das Bruttoinlandsprodukt des Euro-Währungsgebietes und damit auch dessen Wachstumsrate sprunghaft erhöhte. Aus der dargestellten Output- bzw. Wachstumslücke können vor allem für das Jahr 2001 daher nur bedingt Schlussfolgerungen gezogen werden. Da es jedoch in Abbildung 16 lediglich um die Gegenüberstellung zweier Konzepte auf Basis derselben Daten geht, kann darüber hinweggesehen werden.

[288] Für die weiteren Ausführungen wird jedoch der Begriff der Outputlücke weiterverwendet.

den Taylor-Zins ergibt sich somit:

$$\tau = \pi + t_1 y + t_2 p + \tau_{r,G}. \tag{65}$$

Da $\tau_{r,G}$ einen realen Satz darstellt, gilt für diesen auch $\tau_{r,G} = \tau_{n,G} - \pi$ und damit für den Taylor-Zins:

$$\begin{aligned}
\tau &= \pi + t_1 y + t_2 p + (\tau_{n,G} - \pi) \\
\tau - \pi - (\tau_{n,G} - \pi) &= t_1 y + t_2 p \\
\tau - \tau_{n,G} &= t_1 y + t_2 p \\
\tilde{\tau} &= t_1 y + t_2 p \quad \text{mit} \quad t_1, t_2 \geq 0.
\end{aligned} \tag{66}$$

Auf die Taylor-Regel gemäß Gleichung (66) wird, wie bereits erwähnt, in Abschnitt 4.2.3.3 zurückgegriffen werden. Sie stellt die Differenz zwischen dem Satz für Zentralbankgeld und dessen nominalem Gleichgewichtswert in Abhängigkeit von der Inflations- und Outputlücke dar. Damit verdeutlicht sich auch, dass die durch die Taylor-Regel bestimmten Variationen des (nominalen) Zentralbankgeldmarktsatzes relativ zu seinem realen Gleichgewichtswert erfolgen.[289]

Die Taylor-Regel stellt eine Instrumentenregel dar (siehe dazu Abschnitt 4.1.1) und weicht deshalb aus strategischer Sicht von den üblichen geldpolitischen Konzepten in zweierlei Hinsicht ab. Zum einen steht weder die Steuerung einer klassischen Zwischenzielgröße noch eine direkte Endzielsteuerung im Mittelpunkt. Vielmehr wählt Taylor mit dem Satz für Zentralbankgeld eine Variable, die bezogen auf Abbildung 9 (Seite 95) eine operationale Zielgröße darstellt. Zum anderen bestimmt sich deren Höhe nicht direkt durch die Betrachtung und Auswertung ausgewählter Indikatoren, sondern unmittelbar durch die Verfehlungen der Endziele. Dabei wird deutlich, dass im Konzept von Taylor ausdrücklich auch eine Einkommensgröße gleichberechtigt neben dem Ziel der Preisniveaustabilität steht. Die Taylor-Regel bietet daher einen Ansatzpunkt, Geldpolitik nicht nur an der Preisniveaustabilität, sondern auch direkt an einer realen Zielgröße auszurichten.

4.2.2 Kritik und Diskussion der Taylor-Regel

Obwohl die Taylor-Regel auf Grund ihrer Transparenz und einfachen Konzeption in theoretischer Hinsicht eine recht große Popularität hat, wird die praktische Umsetzung dieses Konzepts immer wieder abgelehnt. Dafür werden eine Reihe von Kritikpunkten angeführt, die zum einen auf die Konzeption an sich und zum anderen auf rechnerische Probleme zielen.[290]

Ein konzeptioneller Schwachpunkt der Taylor-Regel ist sicher, dass der nach ihr berechnete Zins durch die aktuellen Daten für die Inflations- und Outputlücke gebildet wird.

[289] Vgl. DEUTSCHE BUNDESBANK 1999, S. 53. [52]

[290] Vgl. im Folgenden POLLEIT 1999, S. 945 [187], FRITZER 2000, S. 130-131 [88], EUROPÄISCHE ZENTRALBANK 2001b, S. 47-51 [70], DEUTSCHE BUNDESBANK 1999, S. 50-51 [52] und PEERSMAN/SMETS 1999, S. 86. [180]

Die Geldpolitik reagiert damit auf Zielverfehlungen, die bereits realisiert sind. Unter der Berücksichtigung von Zeitverzögerungen wirkt die nach der Taylor-Regel getroffene Zinsentscheidung erst dann auf das Einkommen und das Preisniveau, wenn die zu Grunde gelegte Inflations- und Outputlücke unter Umständen gar nicht mehr stimmen muss. Das heißt also, zu diesem Zeitpunkt müssen die Zielverfehlungen, welche die Zinsreaktion ausgelöst haben, überhaupt nicht mehr existieren oder können sich verstärkt haben. Es könnte daher angebrachter sein, den Taylor-Zins unter Zugrundelegung der erwarteten Inflations- bzw. Outputlücke zu bilden.[291] Nun können Erwartungen über bestimmte Größen aber auch nur auf Basis bekannter, also aktueller Daten gebildet werden. Der Umfang der zur Verfügung stehenden Daten und Informationen bleibt derselbe, egal ob eine geldpolitische Regel von aktuellen Größen ausgeht oder von prognostizierten.[292] Dennoch zeigen Batini und Haldane (1999), dass auf Prognosen beruhende geldpolitische Regeln (so genannte *forecast rules*) besser geeignet sind als auf aktuellen Daten beruhende Regeln wie die originäre Taylor-Regel.[293] Die Bildung von auf Erwartungsgrößen basierenden Prognosewerten ist sicher mit Problemen behaftet, wie auch schon im Zusammenhang mit der Strategie des direkten Inflationszieles erwähnt wurde. Das Problem der Ermittlung von Erwartungsgrößen für die Inflations- und Outputlücke wiegt jedoch unter Umständen weniger schwer als das Problem, keine Erwartungsgrößen zu berücksichtigen, aber dafür mit dem Taylor-Zins der tatsächlichen Entwicklung von Inflations- und Outputlücke 'hinterherzulaufen'. Wie in Abschnitt 4.2.1 im Zusammenhang mit der Outputlücke angedeutet wurde, könnte eine Möglichkeit zur Abschwächung dieses Problems darin bestehen, statt der originären Outputlücke die Differenz zwischen der realen Einkommenswachstumsrate und der Trendwachstumsrate (Wachstumslücke) heranzuziehen.

Ein weiteres Argument gegen die Taylor-Regel zielt auf den Umstand, dass die Unabhängigkeit einer Zentralbank untergraben werden könnte, da sie mit der Orientierung an der Outputlücke für steuerliche oder lohnpolitische Fehlentwicklungen haftbar gemacht werden kann, für die sie nicht verantwortlich ist, aber die von ihr geheilt werden sollen. Das ist sicher richtig, gilt aber gleichermaßen auch für die Preisniveaustabilität. Denn auch Bewegungen des Preisniveaus können ihre Ursache in steuerlichen und lohnpolitischen Entscheidungen haben, die der Geldpolitik nicht zuzurechnen sind, aber trotzdem von ihr geheilt werden müssen. Das Problem ist vielmehr grundsätzlicherer Natur. Es liegt darin, dass vielen Zentralbanken mehr Kompetenz und Verantwortung bei der Steuerung des Preisniveaus als bei der Beeinflussung von Outputgrößen zugesprochen wird, ohne dass es dafür einen triftigen Grund gäbe. Wie bereits die Untersuchungen in Abschnitt 2.4 gezeigt haben, darf der Geldpolitik durchaus auch eine Verantwortung für reale Größen zugesprochen werden. Dass diese Größen dabei nicht vollends dem Einfluss der Zentralbank unterliegen ist genauso selbstverständlich wie die Tatsache, dass die Zentralbank auch über die Inflation keine perfekte Kontrolle hat.[294] Da also sowohl das Preisniveau (bzw. die Inflation) als auch der Output von Bestimmungsgrößen abhängen, von denen

[291] Ein entprechender Vorschlag findet sich bei Clarida, Galí und Gertler (1998, 2000) und wird auch von Kamps und Pierdzioch (2003) diskutiert. Vgl. CLARIDA/GALÍ/GERTLER 1998, S. 1036-1038 [38], *dieselben* 2000, S. 150-151 [39] bzw. KAMPS/PIERDZIOCH 2003, S. 15-19. [129]

[292] Vgl. BATINI/HALDANE 1999, S. 60. [9]

[293] Vgl. BATINI/HALDANE 1999, S. 60-67. [9]

[294] Vgl. SVENSSON 1997, S. 1113. [220]

sich einige dem Einfluss der Geldpolitik entziehen, andere aber nicht, ist es grundsätzlich nicht logisch, dass eine der genannten Zielgrößen Vorzug vor der anderen erhält. Deshalb berücksichtigt die Taylor-Regel beide Größen gleichzeitig und gleichberechtigt nebeneinander.

Außerdem wird bemängelt, dass die Taylor-Regel zu wenige Variablen beinhaltet, anhand derer die Geldpolitik mit ihren Zinsentscheidungen reagiert. Diese Kritik verwundert, ist es doch eine immer wiederholte Forderung, eine geldpolitische Strategie müsse transparent und einfach formuliert sein, damit sie vom Publikum verstanden wird und so eine Überprüfung der zentralbankpolitischen Arbeit möglich ist.[295] Gerade aber der Taylor-Regel ist nur schwer vorzuwerfen, sie würde diese Kriterien nicht erüllen. Durch ihre einfach gehaltene Struktur ist die Nachvollziehbarkeit geldpolitischer Entscheidungen gerade gewährleistet. Der im Zusammenhang mit der Verwendung nur zweier Variablen genannte Kritikpunkt, die Taylor-Regel reagiere dadurch nicht oder nur zuwenig auf strukturelle Änderungen der Wirtschaft, greift ebenfalls nicht. Da die Koeffizienten in der Taylor-Regel als Funktionen gesamtwirtschaftlicher Parametergrößen interpretiert werden können, kann die Taylor-Regel durchaus auf strukturelle Änderungen reagieren, wenn man bereit ist, die Koeffizienten diesen strukturellen Änderungen anzupassen.[296]

In rechnerischer Hinsicht wird auf drei Schwachpunkte hingewiesen. Zum ersten bewirkt das Vorhandensein mehrerer möglicher Inflationsindices, dass — je nachdem, welcher von diesen für die Ermittlung der Inflationslücke und des realen Gleichgewichtssatzes gewählt wird — unterschiedliche Taylor-Zinsen berechnet werden können, die sich unter Umständen erheblich voneinander unterscheiden. Die Folge wäre, dass geldpolitische Schritte davon abhängen, welcher Inflationsindex den Berechnungen der geldpolitischen Regel zu Grunde liegt. Nun kann aber der Umstand, dass sich verschiedene Inflationsindices anbieten, kein triftiges Argument gegen die Taylor-Regel sein. Die Anforderung, einen geeigneten Index zur Messung der Inflation zu finden, ist grundsätzlicher Natur und betrifft die Geldpolitik schlechthin. Wäre es tatsächlich ein unüberwindbares Problem, dass mehrere (sinnvolle) Preisindices zur Verfügung stehen und man sich für einen davon entscheiden muss, dann würde die Arbeit der meisten Zentralbanken dieser Welt schon allein deshalb scheitern, weil die Preisniveaustabilität ein weitverbreitetes geldpolitisches Ziel ist und die Messung derselben dafür bewerkstelligt werden muss. Da die Taylor-Regel einen Reaktionsmechanismus auf die Zielverfehlung hinsichtlich der Preisniveaustabilität beinhaltet, sollte für die Berechnung der Inflationslücke und des realen gleichgewichtigen Zentralbankgeldsatzes genau dasjenige Konzept zur Messung der Inflation verwendet werden, welches die betreffende Zentralbank sowieso schon zur Beurteilung der Inflation (als geldpolitisches Endziel) in ihrem Währungsgebiet heranzieht. In den meisten Fällen wird es sich dabei um einen Konsumentenpreisindex handeln. Wollte also beispielsweise die Europäische Zentralbank die Taylor-Regel anwenden, so müsste sie den Taylor-Zins unter Hinzuziehung des HVPI berechnen. Es würde kaum Sinn haben, den Taylor-Zins zum Beispiel mit Hilfe eines BIP-Deflators zu berechnen, wenn das Ausmaß der Inflation im Euro-Währungsgebiet aber ansonsten mit dem HVPI bemessen und beurteilt wird. Immer wieder wird auch darauf hingewiesen, dass es möglich wäre, der Berechnung des

[295] Siehe zu den Anforderungen an eine geldpolitische Strategie auch Abschnitt 4.1.1.
[296] Sieh dazu auch die Ausführungen in Abschnitt 4.2.3.

Taylor-Zinses eine Kerninflationsrate zu Grunde zu legen, um den Einfluss stark zyklisch schwankender Indexkomponenten auszuschließen.[297] Dahinter steht der Gedanke, dass nicht jede Änderung des an einem Konsumentenpreisindex gemessenen Preisniveaus zu Zinsreaktionen seitens der Zentralbank führen sollte, sondern nur solche, die dauerhafter Natur sind. Diese Sichtweise ist aus drei Gründen problematisch. Erstens verlangt sie von der Zentralbank die Fähigkeit, zwischen vorübergehenden und dauerhaften Schocks unterscheiden zu können und die Kerninflationsrate entsprechend zu definieren. Selbst wenn dies möglich wäre, kann es zweitens trotzdem immer wieder zu Situationen kommen, in denen Änderungen von Indexkomponenten, die nicht in die Ermittlung der Kerninflationsrate eingehen, durchaus auch dauerhafter Natur sein können, obwohl man dies anfänglich ausgeschlossen hat. Die Zinssetzung nach einer auf Basis der Kerninflationsrate berechneten Taylor-Regel würde solche Vorgänge dann nicht berücksichtigen. Drittens muss davon ausgegangen werden, dass — auch wenn Zentralbanken in der Lage wären, vorübergehende Schocks korrekt zu identifizieren — solche Schocks trotz ihrer Kurzfristigkeit auch zu so genannten Zweitrundeneffekten führen und damit erhebliche gesamtwirtschaftliche Folgewirkungen verursachen können. Dies ist insbesondere deshalb zu vermuten, weil stark zyklische Preisindexkomponenten, wie etwa Energie- oder Nahrungsmittelpreise, regelmäßig nicht dem Kerninflationsindex angehören, gerade solche Preisentwicklungen aber oft Basis von Lohnsteigerungsforderungen sind. Ein 'Kern-Taylor-Konzept' würde somit in diesem Fall keinen Handlungsbedarf anzeigen, obwohl dieser offensichtlich angebracht wäre. Der Argumentation, nur dauerhafte Preisanstiege würden inflationäre Zweitrundeneffekte begründen, kann somit nicht gefolgt werden. Insgesamt ist das Konzept der Kerninflationsrate nicht überzeugend, weil es vereinfacht gesagt nicht einsichtig ist, bestimmte Komponenten des Preisniveaus als weniger wichtig zu erachten als andere und sie deshalb herauszurechnen. Auch die EZB verweist darauf, dass die Wahl einer Kerninflationsrate nicht den Kriterien eines für die Geldpolitik angemessenen Preisindex entspricht, „insbesondere nicht dem der Transparenz. Darüber hinaus wäre sie [die Kerninflationsrate - *Anm. d. Verf.*] ziemlich willkürlich, da es keine eindeutige, unumstrittene Methode zur Ableitung derartiger Messgrößen gibt."[298] Es sei noch einmal betont, dass es am sinnvollsten erscheint, den Taylor-Zins auf Basis desjenigen Index zu berechnen, der auch ansonsten zur Beurteilung der Inflation herangezogen wird. Die Gefahr, damit auf Preisentwicklungen zu reagieren, die tatsächlich vorübergehender Natur sind und deshalb eigentlich kein geldpolitisches Eingreifen erfordert hätten, dürfte kleiner sein als die Gefahr, durch die Berücksichtigung einer Kerninflationsrate bestimmte Preisniveautendenzen zu missachten.

Zum zweiten stößt die Ermittlung des Potenzialwachstums auf Probleme, da auch hier unterschiedliche Werte angenommen werden können, je nachdem welches Verfahren zur Ermittlung des Potenzialwachstums zur Anwendung kommt. Mehrere Ansätze zur Berechnung sind möglich, zum Beispiel die Verwendung einer Produktionsfunktion oder die Ermittlung eines Trends aus der ansonsten zyklischen wirtschaftlichen Entwicklung, wobei der Trendverlauf das Potenzial widerspiegeln soll.[299] Zur letzteren Möglichkeit zählt

[297] Vgl. DEUTSCHE BUNDESBANK 1999, S. 51 [52], GERN/KAMPS/SCHEIDE 2002, S. 61-63 [93], NIERHAUS 2001, S. 47-48 [172] oder HARTMANN 2001, S. 29. [105]

[298] EUROPÄISCHE ZENTRALBANK 2003b, S. 91. [73]

[299] Für einen kurzen Überblick zu den Methoden der Berechnung des Produktionspotenzials vgl.

auch die Anwendung des Hodrick-Prescott-Filters, mit dem aus der Zeitreihe einer Einkommensgröße mittels eines ökonometrischen Ansatzes ein nichtlinearer Trend geschätzt wird. Dieser Ansatz wird auch im Rahmen des Abschnittes 4.2.4 Verwendung finden. Dass die Höhe des Taylor-Zinses mit den unterschiedlichen Konzepten zur Ermittlung des Potenzialwachstums entsprechend variieren kann, scheint zunächst auf der Hand zu liegen. Auf der anderen Seite sollte man sich vergegenwärtigen, dass dieser Kritikpunkt seltsamerweise auch von Vertretern geldmengenorientierter Strategien vorgebracht wird.[300] Gerade aber die Erstellung von Geldmengenzielen bzw. Referenzwerten benötigt die Berechnung von Produktionspotenzialen und damit die Wahl eines entsprechenden Verfahrens. Es ist nicht einsichtig, dass in diesem Fall die Ermittlung des Produktionspotenzials keine Schwierigkeit ist, während es im Rahmen der Taylor-Regel auf einmal ein Problem darstellen soll. Offensichtlich kann dieser Mangel also so schwer nicht wiegen.

Ein weiteres rechnerisches Problem stellt zum dritten die Ermittlung des realen Gleichgewichtswertes des Zentralbankgeldsatzes dar. Wenn dieser als durchschnittliche Differenz zwischen den nominalen Sätzen und den Inflationsraten gebildet wird, dann hängt dessen Höhe von der Länge der für die Durchschnittsbildung herangezogenen Zeitperiode ab.[301] Allerdings ist zu fragen, warum der reale Gleichgewichtssatz überhaupt mit Hilfe des Durchschnitts der gesamten betrachteten Periode abgebildet werden muss. So wird in Abschnitt 4.2.4 für den Zeitraum 1961-1997 eine Zeitreihe von Taylor-Zinsen nachgebildet werden. Würde der reale Gleichgewichtssatz dort als Durchschnitt über den gesamten Zeitraum berechnet (er betrüge dann 2,27%), dann ginge in die Berechnung des Taylor-Zinses zum Beispiel für das Quartal II/1975 ein realer Durchschnittssatz ein, der sich aus einer Periode bildet, die weit über das Jahr 1975 hinausgeht. Insofern kann der Gleichgewichtswert zu diesem Moment nicht 2,27% betragen haben, sondern er beträgt 0,24% als Durchschnitt des Zeitraumes I/1961-II/1975. Es erscheint also sinnvoller, bei der Berechnung von Taylor-Zinsen über einen vergangenen Zeitraum, für jeden Taylor-Zins den Gleichgewichtswert des Realzinses neu anzupassen, indem der Durchschnitt aus den realen Geldmarktsätzen vom Beginn des betrachteten Stützzeitraumes bis zu jenem Zeitpunkt gebildet wird, für den gerade ein Taylor-Zins erstellt wird. Eine Möglichkeit, die Durchschnittsbildung ganz zu umgehen, ist — äquivalent zur Ermittlung des potenziellen Einkommens — die Schätzung eines Trendverlaufs für die Entwicklung des realen Zentralbankgeldsatzes.

Insgesamt sind die der Taylor-Regel entgegengebrachten Vorwürfe weniger schwer, als sie zunächst erscheinen. Das Problem, bei der Ermittlung von Taylor-Zinsen bestimmte Indices bzw. Rechenmethoden auszuwählen und sich Unsicherheiten gegenüber zu sehen, kann allein kein Grund zur Ablehnung der Taylor-Regel sein, da es nicht nur hier, sondern

---

KÖHLER 1996, S. 62-64. [143] Ausführlicher sind die Verfahren zum Beispiel bei der Deutschen Bundesbank (1995a,2003) oder Europäischen Zentralbank (2000b) nachzulesen. Vgl. DEUTSCHE BUNDESBANK 1995a, S. 41-44 [45], *dieselbe* 2003, S. 43-54 [53] bzw. EUROPÄISCHE ZENTRALBANK 2000b, S. 39-50. [64]

300 So DEUTSCHE BUNDESBANK 1999, S. 50 [52] oder EUROPÄISCHE ZENTRALBANK 2001b, S. 49. [68]

301 Vgl. DEUTSCHE BUNDESBANK 1999, S. 52. [52] Eine Darstellung von Taylor-Zinsen bei alternativen Realzinsannahmen findet sich bei FRITZER 2000, S. 133-136 [88] oder auch bei GERN/KAMPS/SCHEIDE 2002, S. 62. [93]

generell bei der Ermittlung von geldpolitischen Ziel- und/oder Indikatorgrößen auftritt. Wenn es Zentralbanken bis jetzt auch gelungen ist, unter vielen möglichen Indices einen zur Messung der Inflation auszuwählen oder Geldmengenregeln aufzustellen, dann dürfte auch die Berechnung eines Taylor-Zinses kaum ein Problem darstellen. Ähnliches trifft auch für die eventuelle Verwendung von Erwartungsgrößen zu. Wenn es möglich ist, für die Strategie des direkten Inflationszieles Inflationsprognosen zu bilden, dann sollte es auch möglich sein, für die Taylor-Regel die Inflationslücke zu prognostizieren. Dass bei alldem Spielraum für Interpretationen und Beliebigkeiten bleibt, ist normal. Im Zweifel ist aber das Beliebigkeitspotenzial bei der Berechnung der Taylor-Regel auch nicht größer als das bei der Einschätzung von Inflationsgefahren im Rahmen der Strategie des direkten Inflationszieles oder bei der Erstellung von Geldmengenzielen im Rahmen der Geldmengensteuerung.

Dennoch findet die Taylor-Regel in der Literatur auf Grund der dargestellten Kritikpunkte oft nur dann Akzeptanz, wenn es um die Rolle dieses Konzeptes als Bewertungsmaßstab für in der Vergangenheit praktizierte Geldpolitik geht (siehe dazu auch den Abschnitt 4.2.4).[302] Eine wirklich normative Rolle im Sinne einer geldpolitischen Entscheidungshilfe oder gar -grundlage wird der Taylor-Regel dagegen nicht zugesprochen.[303]

4.2.3 Der Taylor-Zins im Rahmen einer modelltheoretischen Betrachtung

4.2.3.1 Vorgehensweise

Die Eignung des Taylor-Zinses als geldpolitische Regel soll nun anhand eines makroökonomischen Modells überprüft werden. Zuvor wird anhand dreier Ansätze dargestellt, wie diese Problematik bereits in der Literatur behandelt wurde. Diese drei Ansätze und deren wichtigste Ergebnisse werden in Abschnitt 4.2.3.2 vorgestellt. Dieser Überblick erhebt nicht den Anspruch der Vollständigkeit. Alle vorzustellenden Arbeiten enthalten jedoch Aspekte, auf die später in Abschnitt 4.2.3.3 zurückgegriffen wird. Frisch und Staudinger (1999) setzen die Taylor-Regel im Rahmen ihres Modells unter Effizienzgesichtspunkten in Vergleich zu zwei anderen geldpolitischen Regeln. Peersman und Smets (1999) stellen die optimale Höhe der Taylor-Koeffizienten für die Output- und Inflationslücke in den Mittelpunkt ihrer Untersuchung. Das Modell von Ball (1999a) bildet den analytischen Rahmen, der auch in Abschnitt 4.2.3.3 Verwendung finden wird. Dort wird an die besprochenen Ansätze angelehnt ein weiteres Modell entwickelt, mit Hilfe dessen dann die Taylor-Regel im Vergleich zu zwei anderen geldpolitischen Regeln begutachtet wird.

4.2.3.2 Untersuchungen zum Taylor-Zins

4.2.3.2.1 Die Untersuchung von Frisch und Staudinger

Das Modell von Frisch und Staudinger basiert auf einer Darstellung von Canzoneri und Henderson (1991).[304] Es handelt sich um ein Zwei-Länder-Modell, in dem fast alle Va-

[302] Vgl. z.B. FRITZER 2000, S. 136 [88], PEERSMAN/SMETS 1999, S. 87 [180] oder SVENSSON 1999, S. 616. [221]

[303] Vgl. z.B. FRITZER 2000, S. 136 [88] oder HARTMANN 2001, S. 29. [105]

[304] Vgl. FRISCH/STAUDINGER 1999, S. 46-58. [87] Zur Vorlage von Canzoneri und Henderson vgl. CANZONERI/HENDERSON 1991, S. 10-18. [33] Die Autoren wenden ihr Modell auf eine spieltheoreti-

riablen, bis auf die Zinssätze, logarithmisch dargestellt sind. Die Autoren gehen von den folgenden acht Modellgleichungen aus:

1. Güterangebot
   Ausgangspunkt ist die Produktionsfunktion $Y = N^{\eta} \cdot X^{-1}$ mit N als Inputfaktor Arbeit (Beschäftigung) und X als Angebotsschock. Durch Logarithmierung folgt:[305]

   $$y = \eta n - x.$$

2. Reallohnbildung
   Unter der Annahme des Vollbeschäftigungsniveaus ($\bar{n} = 0$) und der Abwesenheit von Schocks ($x = 0$) ergibt sich für den Reallohn:

   $$w - p = ln\eta.$$

3. Realer Wechselkurs

   $$z = e + p_a - p,$$

   wobei das tiefgestellte a die Größe für das Ausland kenntlich macht.

4. Verbraucherpreisindex:

   $$q = p + m \cdot z,$$

   mit m als marginaler Importneigung.[306]

5. Zinsparität

   $$i = i_a + e^* - e,$$

   wobei das hochgestellte * die Erwartungsgröße symbolisiert, hier also den erwarteten nominalen Wechselkurs.

6. Realzinsbildung

   $$r = i - q^* + q.$$

   Diese etwas eigenartige Formulierung für den Realzins wird von den Autoren nicht begründet.

---

sche Analyse an.

[305] Bei der folgenden Darstellung des Modells von Frisch und Staudinger werden die logarithmierten Größen durch Kleinbuchstaben kenntlich gemacht. Das gilt aber nur für diesen Abschnitt; in anderen Abschnitten (insb. 4.2.3.3) können dieselben Kleinbuchstaben eine andere Bedeutung haben.

[306] Frisch und Staudinger verwenden für die Definition des Verbraucherpreisindex die durchschnittliche Importneigung, führen aber später aus, dass der Einfachheit halber die durchschnittliche und die marginale Importneigung als gleich angenommen werden. Vgl. FRISCH/STAUDINGER 1999, S. 48. [87]

7. Güternachfrage

$$y = c(1-m)y + m \cdot c \cdot y_a - \beta(1-m)r - m \cdot \beta \cdot r_a + o \cdot z + u,$$

mit β als die Zinselastizität der Nachfrage. Es wird — wie schon gesagt — angenommen, dass die marginale der durchschnittlichen Importneigung entspricht. u ist ein Güternachfrageschock.

8. Geldmarkt

$$m = p + y - b \cdot i.$$

Bis auf die Formulierungen des realen Wechselkurses und der Zinsparität ist jede der Modellgleichungen zweimal aufgeführt, nämlich einmal in der hier dargestellten Weise für das Inland, sowie ein zweites Mal für das Ausland, wobei die Auslandsgrößen entsprechend gekennzeichnet sind.

Mit Hilfe des Modells werden drei Politikvarianten betrachtet: das direkte Inflationsziel, das Nominaleinkommensziel und die Taylor-Regel. Um diese Regeln bewerten zu können, wird eine Verlustfunktion gebildet:

$$L = 0,5\left\{(q_{t-1} - q_t)^2 + a(n_t - \bar{n})^2\right\}. \tag{67}$$

Die Verlustfunktion bemisst die Abweichungen der Inflation und der Beschäftigung von deren Zielwerten. Diese betragen $\bar{n} = 0$ und $q_{t-1} = 0$. (67) vereinfacht sich dann zu:

$$L = 0,5\left\{q^2 + an^2\right\}. \tag{68}$$

Die Autoren lösen dann unter (separater) Anwendung der verschiedenen Politikvarianten das Modell auf, wobei sie diese verschiedenen Varianten nur für das Inland gebrauchen. Für das Ausland wird als geldpolitische Strategie das Inflationsziel festgesetzt, sodass immer $q_a = 0$ gilt. Für die Lösung des Modells wird also alternativ $q = 0$ (direktes Inflationsziel), $y + p = 0$ (Nominaleinkommensziel) oder $i = t_1 y + t_2 q$ (Taylor-Regel) gesetzt. Es wird für jede geldpolitische Strategie nach drei Variablen gelöst, nämlich nach q, n und z, wobei die Lösung für das direkte Inflationsziel eigentlich nur die Lösungen nach n und z beinhaltet, da q in diesem Fall Null ist. Folgende Zwischenergebnisse leiten die Autoren aus diesen Lösungen, die sehr komplex sind und hier nicht formal dargestellt werden müssen, ab:

- Bei einem Inflationsziel haben symmetrische Nachfrageschocks ($u = u_a$) und symmetrische Angebotsschocks ($x = x_a$) keinen Einfluss auf den realen Wechselkurs z. Die Beschäftigung n bleibt von symmetrischen Nachfrageschocks unbeeinflusst.

- Bei einem nominalen Einkommensziel ist die Beschäftigung n überhaupt nicht von Schocks betroffen, egal ob diese symmetrisch oder asymmetrisch auftreten, da hier die Modelllösung für die Beschäftigung $n = 0$ beträgt, also der Zielvorstellung entspricht. Die Verbraucherpreise q und der reale Wechselkurs z sind nur beim Auftreten von Angebotsschocks oder asymmetrischen Nachfrageschocks betroffen.

- Bei Anwendung der Taylor-Regel wirken sich alle Arten von Schocks auf alle betrachteten Größen aus. Die Taylor-Regel besitzt somit im Rahmen dieses Modells die geringste schockabsorbierende Qualität.

Als nächstes werden getrennt voneinander die Wirkungen der beiden Arten von Schocks noch näher analysiert. Begonnen wird mit dem Auftreten symmetrischer Angebotsschocks. An dieser Stelle werden dabei nur Wirkungen auf Beschäftigung und Preise wiedergegeben.

- Im Fall von symmetrischen Angebotsschocks zeigt sich, dass die Beschäftigung bei Anwendung der Taylor-Regel weniger stark sinkt als bei Anwendung des Inflationszieles. Die Beschäftigung ist von symmetrischen Angebotsschocks, wie bereits oben bemerkt, nicht betroffen, wenn ein nominales Einkommensziel angewandt wird.
- Dafür ist die Reaktion der Verbraucherpreise bei Anwendung der BIP-Regel am stärksten, gefolgt von der Reaktion unter Anwendung der Taylor-Regel. Unter einem Inflationsziel gilt schon vom Ansatz her, dass keine Reaktion der Preise auf die Schocks vorliegt ($q = 0$).

Beim Auftreten von symmetrischen Angebotsschocks ist zwar die Taylor-Regel somit in diesem Modell die einzige geldpolitische Strategie, die weder hinsichtlich der Beschäftigung noch hinsichtlich der Preise diese Störungen absorbieren kann, aber die Wirkungen fallen nie so stark aus wie die bei Anwendung der anderen Regeln. Die BIP-Regel absorbiert zwar den Schock hinsichtlich der Beschäftigung voll, lässt aber eine umso heftigere Wirkung hinsichtlich der Preise zu. Bei der Inflationsregel ist es genau umgekehrt.

Zuletzt wird bezüglich der Angebotsschocks noch ausgelotet, welche der drei Strategien den geringsten Verlust erwarten lässt. Dafür werden die Gleichgewichtslösungen der Variablen n und q unter den jeweiligen Politikvarianten in die Verlustfunktion (67) eingesetzt (und wegen der ausschließlichen Berücksichtigung von Angebotsschocks unter der Bedingung $x = x_a$ und $u, u_a = 0$) und daraus dann die erwarteten Verluste gebildet. Die jeweiligen erwarteten Verluste werden sodann als Funktionen in Abhängigkeit des Parameters a, also des Gewichtungsfaktors für die Beschäftigung in der Verlustfunktion, formuliert. Je nachdem wie hoch a gewählt wird, ist der erwartete Verlust einer anderen Strategie der kleinste. Abbildung 17 verdeutlicht dies.

Wie zu erkennen ist, gibt es von den betrachteten Strategien keine, die bei symmetrischen Angebotsschocks über das gesamte Spektrum von a den geringsten erwarteten Verlust bieten würde. Der gestrichelte Kurvenzug zeigt die effiziente Geldpolitik in Abhängigkeit von a. Bis zur Höhe von a_1 ist das direkte Inflationsziel am effizientesten (Gerade I), danach die Taylor-Regel bis $a = a_2$ (Gerade T) und bei hohen a mit $a > a_2$ das nominale Einkommensziel (Gerade BIP).

Treten symmetrische Nachfrageschocks auf, so zeigt sich, dass

- sowohl die nominale BIP-Regel als auch das Inflationsziel die Schocks sowohl hinsichtlich der Beschäftigung als auch hinsichtlich der Verbraucherpreise vollständig absorbieren können;

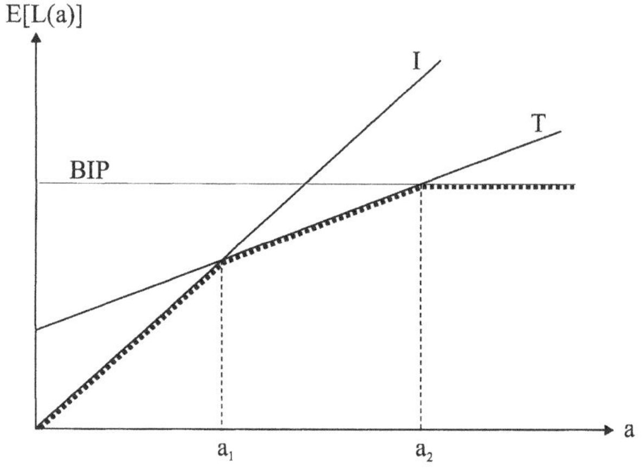

Abbildung 17: **Geldpolitische Strategien im Vergleich bei Auftreten von symmetrischen Angebotsschocks**

Quelle: leicht verändert aus FRISCH/STAUDINGER 1999, S. 54.

- bei Anwendung der Taylor-Regel die Beschäftigung und die Verbraucherpreise ansteigen.

Die erwarteten Verluste werden wie oben bereits erläutert gebildet, nun aber unter der Bedingung $u = u_a$ und $x, x_a = 0$. Das Ergebnis ist, dass die Verluste unter Anwendung der nominalen BIP-Regel und des Inflationszieles jeweils gleich Null sind, während sich unter Anwendung der Taylor-Regel ein positiver Verlust ergibt. Somit ist die Taylor-Regel bei symmetrischen Nachfrageschocks auf jeden Fall die ungeeignetere Strategie, unabhängig von der Höhe des Parameters a.

Zum Schluss wird noch der Fall eines asymmetrischen, nämlich einseitig heimischen Nachfrageschocks betrachtet. Während, wie bereits oben dargestellt, die Beschäftigung unter einem nominalen BIP-Ziel nicht betroffen ist, gibt es unter den anderen beiden Strategien jeweils eine Beschäftigungssteigerung, wobei sich keine Angabe darüber findet, welche Wirkung stärker ist. Hinsichtlich der Preise führt die Anwendung der nominalen BIP-Regel zu einem fallenden q und die Anwendung der Taylor-Regel zu einem steigenden q.

Bezüglich der erwarteten Verluste erweist sich — wie auch schon im Fall symmetrischer Angebotsschocks (siehe oben) — keine Strategie über das gesamte a-Spektrum als die effizienteste. Auch hinsichtlich der Reihung der Strategien gibt es keine Änderung: für kleine a ist das Inflationsziel die effizienteste Strategie, gefolgt von der Taylor-Regel. Für große a ist die nominale BIP-Regel die am meisten geeignete Strategie.

Frisch und Staudinger kommen somit zu dem Schluss, dass die Taylor-Regel durchaus eine effiziente Strategie sein kann. Zu Recht verweisen sie kritisch auf die Einschätzung von Brandner und Schuberth (1999), Zielregeln, wie das direkte Inflationsziel, seien unter dem Gesichtspunkt der Effizienz Instrumentenregeln, wie zum Beispiel der Taylor-Regel, überlegen.[307] Diese Einschätzung lässt sich bei der Betrachtung des Modells von Frisch und Staudinger nur im Falle symmetrischer Nachfrageschocks teilen. Die Bewertung der Effizienz der Strategien anhand der Verlustfunktion erfolgt bei Frisch und Staudinger allerdings nur für alternative Werte des Parameters a. Der Verlauf der Verlustfunktionen wird darüber hinaus aber auch von anderen Parametern beeinflusst, wie etwa der Importneigung m, der Zinsreagibilität der Nachfrage β oder auch der Größe t_1, welche die Gewichtung der Outputlücke in der Taylor-Regel darstellt. Durch die Konzentration auf den Parameter a und die alternativ zur Taylor-Regel betrachteten Strategien direktes Inflationsziel und nominales Einkommensziel wirkt das Ergebnis der Analyse banal: ist a klein, also die Gewichtung der Beschäftigung in der Verlustfunktion gering (und mithin die der Inflation relativ groß), dann ist die Inflationsregel am effizientesten. Ist umgekehrt die Gewichtung der Beschäftigung in der Verlustfunktion hoch, dann ist die Einkommensregel am effizientesten. Es kann also nicht überraschen, dass gerade diejenige Strategie die größten Effizienzvorteile aufweist, welche jenes geldpolitische Ziel verfolgt, das in der Verlustfunktion höher gewichtet wird, wenn die gesamte Betrachtung in Abhängigkeit von dieser Gewichtung erfolgt. Die Taylor-Regel bildet durch die Berücksichtigung sowohl des Einkommens als auch der Inflation quasi die goldene Mitte.

4.2.3.2.2 Die Untersuchung von Peersman und Smets

Peersman und Smets (1999) verwenden für ihre Analyse ein Drei-Gleichungssystem, dessen Koeffizienten zunächst ökonometrisch geschätzt werden.[308] Als Datengrundlage für Output und Inflation dient jeweils ein gewichteter Durchschnitt für fünf EU-Länder, das sind Deutschland, Frankreich, Österreich, Belgien und die Niederlande. Die Modellgleichungen lauten:

$$y_{t+1} = \varrho_1 y_t + \varrho_2 y_{t-1} + \beta(r_t - \pi_t) + u_{t+1}, \tag{69}$$

$$\pi_{t+1} = \alpha \cdot \pi_t + \epsilon \cdot y_t + x_{t+1}, \tag{70}$$

$$y_{pot,t+1} = \mu + y_{pot,t} + x_{pot}. \tag{71}$$

Alle darin verwendeten Einkommensgrößen sind logarithmiert. y bezeichnet hier die Outputlücke als Differenz des logarithmierten tatsächlichen und des logarithmierten potenziellen Outputs. y_{pot} ist der logarithmierte potenzielle Output. Der reale Geldmarktsatz $(r_t - \pi_t)$ in Gleichung (69) ist allerdings nicht mittels gewichteter Durchschnitte gebildet, sondern nur aus den jeweiligen Tagesgeldzinsen und Inflationsraten für Deutschland. Dies impliziert eine geldpolitische Führungsrolle Deutschlands, da der reale Tagesgeldsatz hier als Spiegelbild geldpolitischer Impulse für das gesamte betrachtete EU5-Gebiet fungiert. Gleichung (69) stellt im Prinzip einen IS-Zusammenhang dar und Gleichung (70) einen

[307] Vgl. BRANDNER/SCHUBERTH 1999, S. 64 u. S. 69. [27]

[308] Vgl. zum gesamten Modell PEERSMAN/SMETS 1999, S. 85-116. [180]

Phillips-Kurven-Zusammenhang. Letzterer ist über das Okunsche Gesetz als gesamtwirtschaftliche Angebotsfunktion formuliert und wird auch als Preisgleichung bezeichnet.[309] Gleichung (71) definiert den potenziellen Output als einen Zufallsprozess mit konstantem Trend. x ist ein Angebots- oder auch Preisschock, u ein Nachfrageschock und x_{pot} ein Schock, der auf das potenzielle Einkommen wirkt.

Die Schätzung der Parameter erfolgt für den Zeitraum I/1975 bis IV/1997, und zwar einmal für den oben genannten EU5-Raum, und zum anderen vergleichend für die USA. Tabelle 11 zeigt die Ergebnisse dieser Schätzungen.[310]

Koeffizienten	EU5	USA
ϱ_1	0,84	1,41
ϱ_2	0,10	−0,52
ϵ	0,33	0,11
β	−0,10	−0,12
α	0,74	0,92

Tabelle 11: **Schätzergebnisse für die Modellparameter der Gleichungen (70) und (69)**

Quelle: in Anlehnung an PEERSMAN/SMETS 1999, S. 92.

Auf Basis der Schätzergebnisse untersuchen Peersman und Smets anhand einer Simulation die Wirkung eines temporären Anstieges der Politikvariable τ auf den Output und die Inflation. Dabei kommen sie zu dem Ergebnis, dass die Wirkung auf die Outputlücke in ihrem Ausmaß im EU5-Gebiet geringer ist als in den USA (siehe auch $|\beta|_{EU5} < |\beta|_{USA}$ in Tabelle 11). Die Outputwirkung hält im EU5-Gebiet dafür aber länger an. Der Effekt auf die Inflationslücke ist im EU5-Gebiet höher als in den USA ($\epsilon_{EU5} > \epsilon_{USA}$), hält dafür aber weniger lang an ($\alpha_{EU5} < \alpha_{USA}$).

Für die weitere Analyse stellen die Autoren eine Verlustfunktion auf, anhand derer die verschiedenen, später zu benennenden Instrumentenregeln verglichen werden:

$$E[L_t] = a \cdot Var(p_t) + (1-a)Var(y_t) + gVar(\tau_t - \tau_{t-1}). \qquad (72)$$

Der Verlust bemisst sich hier aus den Varianzen der aktuellen Inflationslücke, der aktuellen Outputlücke sowie der Änderung des nominalen Kurzfristzinses.[311] Die Aufgabe der Zentralbank ist es nun, ihre Aktionsvariable τ so zu wählen, dass unter Berücksichtigung des Modells (70) bis (71) sowie der Schätzwerte die Verlustfunktion (72) minimiert wird.

Verglichen werden dazu insgesamt acht Instrumentenregeln:

$$\tau_t = t_1 y_t + t_2 \pi_t, \qquad (73)$$

[309] Vgl. JARCHOW 1998, S. 263. [125] Zum Okunschen Gesetz vgl. auch HUBERT 1997, S. 90-94 [114] oder KREMSKI 2000, S. 718-719. [144] Der Parameter ϵ in (70) zeigt somit nicht nur die Stärke des Einflusses der Outputlücke auf die Inflationsrate an, sondern ist auch ein Maß für die Stärke des Einflusses der Arbeitslosigkeit auf die Lohnentwicklung.

[310] Die Schätzergebnisse sind alle ausreichend signifikant. Die Standardfehler sind von den Autoren in ihrem Beitrag angegeben, wurden aber hier nicht dokumentiert.

[311] Etwas missverständlich ist, dass die Autoren für die Inflationslücke das Symbol für die Inflationsrate in Deutschland einsetzen. Im Text heißt es dann jedoch, es handele sich um *"deviations of annual inflation from a constant inflation target"*. Vgl. PEERSMAN/SMETS 1999, S. 95. [180]

$$\tau_t = t_1 y_t + t_2 \pi_t^*, \quad (74)$$

$$\tau_t = t_1 y_t + t_2 \pi_t + t_3 \tau_{t-1}, \quad (75)$$

$$\tau_t = t_1 y_t + t_2 \pi_t^* + t_3 \tau_{t-1}, \quad (76)$$

$$\tau_t = t_2 \pi_t^*, \quad (77)$$

$$\tau_t = t_2 \pi_t^* + t_3 \tau_{t-1}, \quad (78)$$

$$\tau_t = 0,5 y_t + 1,5 \pi_t, \quad (79)$$

$$\tau_t = 1,0 y_t + 1,5 \pi_t. \quad (80)$$

Die mit * gekennzeichneten Symbole stehen für Erwartungsgrößen. Die Reaktionsfunktionen (73) bis (76) sowie (79) und (80) stellen dabei verschieden formulierte Taylor-Regeln dar. Die Reaktionsfunktionen (77) und (78) werden von den Autoren als „pure inflation-forecast rules with and without smoothing“ bezeichnet.[312] Die Minimierung der Verlustfunktion (72) erfolgt, indem für jede der sechs Reaktionsfunktionen (73) bis (78) die optimalen Gewichte bestimmt werden. Die letzten beiden Regeln (79) und (80) haben im Gegensatz dazu feste Gewichte; sie sollen die ursprüngliche Taylor-Regel (Funktion (79)) sowie eine daraus abgeleitete modifizierte Taylor-Regel mit erhöhter Output-Gewichtung (Funktion (80)) darstellen. Durch die vorab festen Gewichte ergibt sich demnach ein Verlust, der nicht zwangsläufig minimal ist. Die Hinzuziehung dieser beiden Taylor-Regeln hat den Zweck festzustellen, wie sie im Vergleich zur Reaktionsfunktion (73) abschneiden, die dieselbe Struktur hat, deren Gewichte aber im Sinne der Verlustminimierung noch bestimmt werden müssen.[313]

Zu den oben vorgestellten Reaktionsfunktionen kommt noch eine neunte, die optimale Regel hinzu, die als Referenz dient und die von den Autoren als

$$\tau_t = 0,34\pi_t + 0,17\pi_{t-1} + 0,09\pi_{t-2} + 0,05\pi_{t-3} + 1,17y_t + 0,12y_{t-1} + 0.56\tau_{t-1} \quad (81)$$

angeführt wird.

Das Modell wird für alle neun Regeln gelöst und der entsprechende Verlust gebildet. Es zeigt sich, dass nach der optimalen Reaktionsfunktion (81), die ja so gewählt ist, dass sie den geringsten Verlust ergibt, die Reaktionsfunktion (76) das beste Ergebnis erzielt, gefolgt von der Regel (75). Das komplette Ergebnis der Untersuchung zeigt Tabelle 12.

Die Autoren weisen im Rahmen der Auswertung ihrer Betrachtungen besonders auf folgende Punkte hin:

---

312 PEERSMAN/SMETS 1999, S. 95. [180]

313 Es ist anzumerken, dass die Taylor-Regel in (79) eigentlich nicht der originären Taylor-Regel entspricht, denn dort beträgt die Gewichtung der Inflationslücke 0,5 (siehe dazu Abschnitt 4.2.1) Es ist davon auszugehen, dass sich die Autoren auf einen späteren Vorschlag von Taylor beziehen, in dem er als Koeffizienten für die Inflationslücke 1,5 und für die Outputlücke unverändert 0,5 anregt. Vgl. TAYLOR 1998, S. 25 [226] bzw. Abschnitt 4.2.3.8.

Reaktionsfunktion	t_1	t_2	t_3	Verlust/Platzierung
(81)	—	—	—	1,03/1
(73): $\tau_t = t_1 y_t + t_2 \pi_t$	1,0	1,53	—	1,18/4
(74): $\tau_t = t_1 y_t + t_2 \pi_t^*$	1,54	1,89	—	1,19/5
(75): $\tau_t = t_1 y_t + t_2 \pi_t + t_3 \tau_{t-1}$	1,33	0,67	0,55	1,06/3
(76): $\tau_t = t_1 y_t + t_2 \pi_t^* + t_3 \tau_{t-1}$	1,26	0,84	0,58	1,05/2
(77): $\tau_t = t_2 \pi_t^*$	—	2,39	—	1,89/9
(78): $\tau_t = t_2 \pi_t^* + t_3 \tau_{t-1}$	—	2,47	−0,03	1,89/8
(79): $\tau_t = 0,5 y_t + 1,5 \pi_t$	0,5	1,5	—	1,48/7
(80): $\tau_t = 1,0 y_t + 1,5 \pi_t$	1,0	1,5	—	1,25/6

Tabelle 12: **Modellergebnisse bei Peersman und Smets (1999)**

Quelle: in Anlehnung an PEERSMAN/SMETS 1999, S. 96.

- Je höher a, also die Gewichtung der Inflationsrate in der Verlustfunktion ist, umso höher liegt der optimale Koeffizient für die Inflationsrate in der Taylor-Regel. Dieses Ergebnis deckt sich mit dem der Untersuchung von Frisch und Staudinger (siehe Abschnitt 4.2.3.2.1).

- Die Höhe des Koeffizienten der Outputlücke in der Taylor-Regel wird dagegen vom Parameter a weniger beeinflusst, sondern viel mehr vom Parameter g, dem Gewicht für die Zinsdifferenz in der Verlustfunktion.

- Die einfachen Inflationsregeln (77) und (78) stehen hinter den Taylor-Regeln deutlich zurück, da sie die mit Abstand höchsten Verluste ergeben. Nach Meinung der Autoren zeigt sich darin die Bedeutung der Outputlücke, da diese in der Taylor-Regel Berücksichtigung findet, in den Inflationsregeln jedoch nicht. Sie kommen zum Schluss, dass „the results [...] suggest that a simple Taylor rule with a relatively strong feedback on the output gap would perform quite well in stabilizing the economy in the face of macroeconomic shocks."[314]
  Diese Aussage relativiert sich jedoch, wenn man, wie die Autoren dies im weiteren Verlauf ihrer Darstellung tun, Unsicherheiten in Betracht zieht, die bei der Ermittlung der Outputlücke entstehen, wenn diese nicht beobachtbar ist, sondern geschätzt werden muss. Sie kommen zu dem Ergebnis, dass mit steigender Standardabweichung bei der Schätzung der Outputlücke der optimale Koeffizient der Outputlücke immer kleiner wird, während der optimale Koeffizient für die Inflationslücke ansteigt.

Im Gegensatz zu der Analyse von Frisch und Staudinger steht bei Peersman und Smets nicht der Parameter a im Mittelpunkt, sondern die Betrachtung der Gewichte t_1, t_2 bzw. t_3 in der Taylor-Regel. Dies impliziert den Ansatz, eine Taylor-Regel über die Höhe der Gewichte so zu formulieren, dass eine vorgegebene Verlustfunktion minimiert wird. Hinsichtlich der Eignung der Taylor-Regel als geldpolitisches Konzept gibt die hier vorgestellte

[314] PEERSMAN/SMETS 1999, S. 99. [180]

Untersuchung allerdings kaum Hilfestellung, denn es erfolgt kein Vergleich der Taylor-Regel mit anderen geldpolitischen Strategien, sondern nur ein Vergleich verschiedener Taylor-Regeln untereinander sowie mit zwei (wenig relevanten) Inflationsregeln. Deshalb sagen auch die Verlustwerte in Tabelle 12 wenig aus, da nicht gleichzeitig gezeigt wird, welche Verluste die Anwendung anderer Strategien ergäben. Eine Aussage über die Vorteilhaftigkeit von Instrumentenregeln gegenüber Zielregeln ist hier nicht möglich.

4.2.3.2.3 Die Untersuchung von Ball

Ball verwendet für seine Untersuchung folgendes Zwei-Gleichungssystem:[315]

$$y_D = -\beta r_{D,t-1} + \varrho y_{D,t-1} + u, \quad \text{mit} \quad \beta > 0, 0 \leq \varrho \leq 1 \tag{82}$$

$$p = p_{t-1} + \epsilon y_{D,t-1} + x, \quad \text{mit} \quad \epsilon > 0. \tag{83}$$

Dabei bezeichnen y_D die Outputlücke als Differenz zwischen realem Output und potenziellem realen Output, r_D die Differenz zwischen dem Realzins und dem realen Gleichgewichtszins und p die Inflationslücke als Differenz zwischen der Inflationsrate und der durchschnittlichen Inflationsrate. u und x sind Schocks mit so genannten White-Noise-Eigenschaften. Die beiden Gleichungen stellen ähnlich zu Peersman und Smets (1999) einen IS-Zusammenhang (Gleichung (82)) und eine Preisgleichung (Gleichung (83)) dar. Die Zeitverzögerungen im Modell sind so gewählt, dass ein geldpolitischer Impuls (gemessen an r_D) eine Periode später den Output erreicht und dieser wiederum eine Periode später die Inflationsrate beeinflusst. Zusammengenommen hat demnach ein geldpolitischer Impuls nach zwei Perioden Einfluss auf die Inflation.

Ball verweist darauf, dass r_D eine Größe darstellt, die direkt von der Zentralbank zu beeinflussen ist, es sich mithin also um eine „overnight interest rate"[316] handelt, welche über den Zinsstrukturzusammenhang mit der für die Güternachfrage relevanten langfristigen Rendite verbunden ist. Des Weiteren gibt er zu bedenken, dass die Zentralbank nur Nominalzinsen direkt beeinflussen kann, die hier gewählte Größe r_D aber ausdrücklich als Differenz aus kurzfristigem Realzins und dessen (realem) Gleichgewichtswert definiert ist. Deshalb soll der kurzfristige Nominalzins von der Geldpolitik so gewählt werden, dass er in der Höhe die Summe aus des im Modell zu berücksichtigenden realen Zinses und der Inflationsrate erreicht. Allerdings ist bei der Betrachtung von Differenzen die Unterscheidung in reale und nominale Sichtweise ohnehin verzichtbar, sodass die reale Differenz r_D der nominalen Differenz $\tilde{\tau}$ entspricht.[317] Deshalb wird im weiteren Verlauf r_D durch $\tilde{\tau}$ ersetzt.

Die erwartete Outputlücke der nächsten Periode $E[y_{D,t+1}]$ ergibt sich aus Gleichung (82), indem diese um eine Periode nach vorn formuliert wird:

$$E[y_{D,t+1}] = -\beta\tilde{\tau} + \varrho y_D. \tag{84}$$

[315] Vgl. im Folgenden BALL 1999a, S. 66-72. [6]

[316] BALL 1999a, S. 67, Fußnote 1. [6]

[317] Das ergibt sich bereits aus der Darlegung auf Seite 127 im Zusammenhang mit Gleichung (66). Es gilt: $r_D = (\tau - \pi) - \tau_{r,G} = (\tau - \pi) - (\tau_{n,G} - \pi) = \tau - \tau_{n,G} = \tilde{\tau}$. Es ergibt sich also kein Unterschied zwischen der auf Seite 127 definierten Differenz der kurzfristigen nominalen Raten ($\tilde{\tau}$) und der Differenz der kurzfristigen realen Raten (r_D).

Dabei wird der Schock u als nicht prognostizierbar angenommen. Diesem einfachen Zusammenhang gemäß ist die Suche nach einer geldpolitischen Regel zur Festsetzung des Zentralbankgeldsatzes r (bzw. hier der Differenz $\tilde{r}$) gleichbedeutend mit der Suche nach einer Regel zur Festsetzung von $E[y_{D,t+1}]$. Ließe sich somit ein alternativer Zusammenhang zur Bestimmung von $E[y_{D,t+1}]$ finden, dann wäre über (84) auch gleichzeitig $\tilde{r}$ determiniert. Ball sieht mit Blick auf das Modell nur die erwartete Inflationsrate als weitere Determinante von $E[y_{D,t+1}]$, und das ist in dem hier gewählten Rahmen die Größe $E[p_{t+1}]$. Diese ergibt sich, indem (83) ebenfalls um eine Periode nach vorn umformuliert wird:

$$E[p_{t+1}] = p + \epsilon y_D. \tag{85}$$

(85) wird über den Faktor $-l$ $(l > 0)$ mit der erwarteten Outputlücke verbunden, sodass die erwartete Outputlücke eine Funktion der erwarteten Inflationslücke ist:

$$E[y_{D,t+1}] = -l \cdot E[p_{t+1}] = -l \cdot (p + \epsilon y_D). \tag{86}$$

Die Ausdrücke (84) und (86) werden gleichgesetzt. Umformung nach $\tilde{r}$ ergibt dann:

$$\tilde{r} = \frac{l}{\beta}p + \left(\frac{\varrho + \epsilon \cdot l}{\beta}\right) y_D. \tag{87}$$

Gleichung (87) stellt die Taylor-Regel dar, wie sie der Struktur nach schon in Gleichung (66) zum Ausdruck gekommen ist. Wird (87) eine Periode zurückformuliert und in (82) eingesetzt, wobei wie bereits besprochen in (82) r_D durch $\tilde{r}$ ersetzt wird, dann ergibt sich:

$$y_D = -l \cdot p_{t-1} - l \cdot \epsilon \cdot y_{D,t-1} + u. \tag{88}$$

Zur weiteren Untersuchung verwendet Ball, wie auch andere Autoren, eine Verlustfunktion, die hier

$$L = Var(y_D) + a \cdot Var(p) \tag{89}$$

lautet. Der Verlust bildet sich demnach aus den Varianzen der Abweichungen des Outputs und der Inflationsrate von deren jeweiligen potenziellen bzw. durchschnittlichen Werten.

Die Formulierung in (88) bildet nun zusammen mit Gleichung (83) das relevante System, mit Hilfe dessen die Varianzen für die Output- und die Inflationslücke gemäß der Verlustfunktion (89) gebildet werden. Diese lauten:

$$\begin{aligned} Var(y_D) &= \left(\frac{2}{2 - \epsilon \cdot l}\right)\sigma_u^2 + \left(\frac{l}{2\epsilon - \epsilon^2 \cdot l}\right)\sigma_x^2, \\ Var(p) &= \left(\frac{\epsilon}{2l - \epsilon \cdot l^2}\right)\sigma_u^2 + \left(\frac{1 + 2\epsilon \cdot l - \epsilon^2 l^2}{2\epsilon \cdot l - \epsilon^2 l^2}\right)\sigma_x^2. \end{aligned}$$

Eingesetzt in die Verlustfunktion (89) und nach l minimiert, folgt die optimale Höhe des Parameters l für die Taylor-Regel:

$$l = \frac{-a\epsilon + \sqrt{a^2\epsilon^2 + 4a}}{2}. \tag{90}$$

Ausdruck (90) zeigt, dass das Intervall für l in Abhängigkeit von a steht. Für $a = 0$ wird $l = 0$ und für $a \to \infty$ ist $l = {}^{1}/_{\epsilon}$.

Drei Ergebnisse dieses Modells sind heraushebenswert:

- Laut Gleichung (90) und den daran anschließenden Bemerkungen wird l durch den Parameter a determiniert. Da l in (87) sowohl den Koeffizienten der Inflations- als auch der Outputlücke in positiver Richtung beeinflusst, folgt daraus, dass eine Erhöhung von a, also eine Erhöhung des Gewichtes der Inflationslücke in der geldpolitischen Verlustfunktion, zu einer Erhöhung sowohl des Inflations- als auch des Outputkoeffizienten in der Taylor-Regel (87) führt. Dabei fällt die Reaktion des Inflationskoeffizienten auf Änderungen von l größer aus, soweit $\epsilon < 1$ ist, wie sich aus dem Vergleich der partiellen Ableitungen des Inflations- und Outputkoeffizienten jeweils nach l erkennen lässt.

- Die Koeffizienten der Taylor-Regel (87) stehen in einem linearen Zusammenhang, da der Koeffizient für die Inflationslücke selbst Teil des Koeffizienten der Outputlücke ist. Das wird deutlich nach Umformung des Outputkoeffizienten t_1 gemäß (87):

$$\begin{aligned} t_1 &= \frac{\varrho + \epsilon \cdot l}{\beta}, \\ &= \epsilon\frac{l}{\beta} + \frac{\varrho}{\beta}, \\ t_1 &= \epsilon \cdot t_2 + \frac{\varrho}{\beta}. \end{aligned} \tag{91}$$

  mit t_2 als Koeffizient der Inflationslücke.

- Wird der Outputkoeffizient zu gering gewählt, ist die Taylor-Regel ineffizient. Um das zu verdeutlichen, nimmt Ball für die Parameter ϵ, β und ϱ numerische Werte an, die er aber nicht selbst schätzt, sondern die auf andere Veröffentlichungen gestützt sind:[318] $\epsilon = 0,4$, $\beta = 1,0$ und $\varrho = 0,8$. Zum einen ergibt sich schon aus (91), dass, wenn wie in der originären Taylor-Regel $t_2 = 0,5$ gesetzt wird, der Outputkoeffizient $t_1 = 1,0$ betragen muss, also doppelt so hoch ist wie in der ursprünglichen Taylor-Regel. Zum anderen zeigt sich durch Einsetzen von (87) in (84):

[318] Vgl. BALL 1999a, S. 67-68. [6]

$$
\begin{aligned}
E[y_{D,t+1}] &= -\beta \cdot \left[\frac{l}{\beta} p + \left(\frac{\varrho + \epsilon \cdot l}{\beta}\right) y_D\right] + \varrho y_D, \\
&= -l \cdot p - \beta \left(\frac{\varrho + \epsilon \cdot l}{\beta}\right) y_D + \varrho y_D, \\
&= -l \cdot p + \left[-\beta \left(\frac{\varrho + \epsilon \cdot l}{\beta}\right) + \varrho\right] y_D, \\
E[y_{D,t+1}] &= -l \cdot p + (-\beta \cdot t_1 + \varrho) y_D, \qquad (92)
\end{aligned}
$$

dass der Koeffizient vor y_D, nämlich $(-\beta \cdot t_1 + \varrho)$, unter Zugrundelegung der genannten numerischen Werte und mit $t_1 = 0,5$ als willkürlich festgesetztem Outputgewicht in der Taylor-Regel positiv wird $(= 0,6)$. Ein positiver y_D-Koeffizient in (92) bedeutet aber ebenfalls eine positive erwartete Outputlücke $E[y_{D,t+1}]$ für die nächste Periode und damit auch wegen (85) eine positive Inflationslücke für die übernächste Periode. Offenbar ist t_1 mit $0,5$ für eine Outputstabilisierung zu niedrig gewählt worden. Um diese zu erreichen, muss t_1 so groß angesetzt werden, dass der y_d-Einfluss auf $E[y_{D,t+1}]$ nicht-positiv wird.

Die Taylor-Regel wird hier endogen aus dem präsentierten Modell heraus erklärt. Das gelingt allerdings nur deshalb, weil mit (85) eine zusätzliche Annahme eingeführt wird, die sich nicht zwingend aus dem Modellaufbau ergibt. Wie auch in der Darstellung von Peersman und Smets (siehe Abschnitt 4.2.3.2.2) stellt auch Ball die optimale Höhe der Taylor-Koeffizienten in den Mittelpunkt. Dabei ist die wichtigste Implikation die besondere Bedeutung des Koeffizienten der Outputlücke in der Taylor-Regel, der auch dann noch von Bedeutung ist, wenn die Gewichtung der Inflationsrate in der Verlustfunktion sehr hoch ist. Ball konstatiert, dass "countries such as the USA are right to follow Taylor rules, but they should change the coefficients to respond more strongly to output fluctuations."[319] Ball stellt außerdem der von ihm betrachteten Taylor-Regel noch zwei andere geldpolitische Konzepte gegenüber, eine Inflationsregel und eine nominale Einkommensregel.[320] Beide Regeln werden nicht anhand konkreter Verlustwerte mit der Taylor-Regel verglichen; Ball kommt dennoch zu dem Schluss, dass eine Inflationsregel mit gradueller Anpassung der Taylor-Regel gleichwertig und eine nominale Einkommensregel nicht zu empfehlen sei. Die von ihm vorgeschlagene Inflationsregel mit gradueller Anpassung lautet:

$$E[p_{t+2}] = (1 - \epsilon \cdot l) \cdot E[p_{t+1}].$$

Diese geldpolitische Regel, die weniger streng als eine strikte Inflationsregel $(E[p_{t+2}] = 0)$ formuliert ist, passt die Inflationsrate langsamer an den Zielwert an als die strikte Regel. Das erhöht die Varianz der Inflationslücke in der Verlustfunktion, mindert aber die Varianz

[319] BALL 1999a, S. 78. [6]

[320] Vgl. dazu BALL 1999a, S. 72-78. [6]

der Outputlücke. Die Anwendung der nominalen Einkommensregel führt in diesem Modell dagegen zu oszillierenden Output- und Inflationslücken. Ausgehend von einem Outputschock steigt eine Periode später die Inflationsrate. Dies erfordert von der Geldpolitik die Reduktion des Outputs. Ist der inflationäre Effekt des Schocks damit bekämpft (also $p = 0$), wäre es aus Sicht des gesamtwirtschaftlichen Verlustes optimal, den Output wieder an seinen Trend heranzuführen. Damit würde aber ein überproportional steigender Output mit einer Inflationslücke von Null korrespondieren, somit wäre das Wachstum des nominalen Einkommens zu groß. Deshalb kann der Output nicht zu seinem Trend hinaufgeführt werden. Diese rezessive Situation verursacht eine negative Inflationslücke. Nunmehr muss die Geldpolitik eine Konjunktur induzieren, um das nominale Ziel zu gewährleisten usw. Die Einhaltung des nominalen Einkommenszieles wird so zwar gewährleistet, aber unter Inkaufnahme starker Schwankungen des Outputs und der Inflationsrate. Das nominale Einkommensziel steht hier mithin im Konflikt zur Verlustfunktion.

4.2.3.3 Modellaufbau und Gleichgewichtslösungen

In diesem Abschnitt soll mittels einer ähnlichen modelltheoretischen Betrachtung überprüft werden, ob die Taylor-Regel anderen geldpolitischen Strategien überlegen sein kann. Dieses Modell ist an das in Abschnitt 4.2.3.2.3 dargestellte Modell von Ball (1999a) angelehnt, das leicht modifiziert wird. Im Unterschied zu Ball wird auf Veränderungsraten des realen Einkommens abgestellt, das heißt, es wird die Differenz zwischen realem Wachstum und dem Wachstum des potenziellen Outputs, also die Wachstumslücke y, betrachtet. Die Inflationslücke p wird hier nicht wie bei Ball als Differenz zwischen der Inflationsrate und der durchschnittlichen Inflationsrate, sondern als Differenz zwischen der Inflationsrate und der Zielinflationsrate interpretiert. Außerdem wurde die Preisgleichung um Erwartungen ergänzt.[321] Des Weiteren wird die dynamische Betrachtungsweise aufgegeben. Schließlich wird noch eine Gleichgewichtsbedingung für den Geldmarkt hinzugefügt. Damit lauten die Modellgleichungen:

$$y = -\beta\tilde{r} + u \quad \text{mit} \quad \beta > 0, \tag{93}$$

$$p = p^* + \epsilon y + x \quad \text{mit} \quad \epsilon > 0, \tag{94}$$

$$d = \kappa y - b\tilde{r} + v \quad \text{mit} \quad \kappa, b > 0. \tag{95}$$

β, b und ϵ haben eine vergleichbare Bedeutung wie auch schon in den Ausführungen des Abschnittes 4.2.3.2. β bemisst den Einfluss der Zinsdifferenzgröße $\tilde{r}$ auf die Outputlücke und b den Einfluss von $\tilde{r}$ auf die Differenz zwischen dem (nominalen) Geldmengenwachstum und dem Zielwachstum, die mit d bezeichnet ist.[322] ϵ gibt an, wie stark die Out-

[321] Da die Preisgleichung aus der Phillips-Kurve abgeleitet werden kann, ist die Berücksichtigung der erwarteten Inflationsrate in der Preisgleichung analog zur Berücksichtigung von Inflationserwartungen in der Phillips-Kurve zu verstehen. Gute Darstellungen zur mit Erwartungen angereicherten Phillips-Kurve finden sich bei JARCHOW 1998, S. 259-263 [125] oder BOFINGER/REISCHLE/SCHÄCHTER 1996, S. 22-31. [23]

[322] Auch hier gilt, dass die Unterscheidung in nominale und reale Betrachtung unerheblich ist. Siehe dazu auch die Fußnotenbemerkung zu den Zinsdifferenzen r_D bzw. $\tilde{r}$ auf Seite 141.

putlücke in der Preisgleichung auf die Inflationslücke wirkt.[323] Der Parameter κ stellt den Einflusses der Outputlücke auf d dar. κ spiegelt somit die Rolle des Kassenhaltungskoeffizienten k wider, ist aber nicht mit diesem identisch, da k im Rahmen dieser Arbeit den Einfluss des realen Einkommens Y auf die Sichteinlagen D zeigt. v ist ein Geldnachfrageschock, der wie auch der Güternachfrageschock u und der Güterangebotsschock x die White-Noise-Eigenschaften erfüllt.[324]

Die Modellgleichungen (93) bis (95) stellen damit einen transmissionstheoretischen Zusammenhang dar, der dem einfachen Zinskanal entspricht (siehe insb. Abschnitt 3.2.3), wobei hier jedoch zusätzlich die Preisgleichung hinzugefügt wurde, um auch die Rolle des Preisniveaus (der Inflationsrate) betrachten zu können.[325] Dass das hier betrachtete Modell die Struktur des einfachen Zinskanals widerspiegelt, stellt eine vertretbare Vereinfachung dar, denn insbesondere die Ansätze des Kreditkanals stehen dem einfachen Zinskanal nicht entgegen, sondern treten hinsichtlich der Einkommenswirkung als Verstärker auf.

Die Taylor-Regel wird mit zwei anderen geldpolitischen Regeln verglichen, mit der Geldmengenregel und der Zinsregel. Als Vergleichskonzepte werden somit zwei Zwischenzielstrategien gewählt, die traditionell einander gegenüberstehen und die problemlos im vorliegenden Modell berücksichtigt werden können. Die Ergebnisse werden auch hier anhand einer Verlustfunktion miteinander verglichen. Diese lautet:

$$L = aE\left[p^2\right] + (1-a)E\left[y^2\right]. \qquad (96)$$

Die Verlustfunktion enthält einen gewichteten Durchschnitt der erwarteten Abweichungen der Inflationsrate und des realen Wachstums jeweils von deren Zielwerten. Sie ist damit Ausdruck des Verlustes, der entsteht, wenn beide oder eines der geldpolitischen Endziele nicht erreicht werden. Jede der drei geldpolitischen Regeln führt zu anderen Gleichgewichtslösungen für p und y und damit auch zu verschiedenen erwarteten Verlusten. Diese werden anschließend bei Vorhandensein von separaten Güterangebots-, Güternachfrage- und Geldnachfrageschocks unter Abwesenheit der jeweils anderen Schocks verglichen. Diese Vorgensweise orientiert sich an Frisch und Staudinger (1999).

Die geldpolitischen Regeln werden wie folgt implementiert. Unter Berücksichtigung einer Geldmengenregel wird $d = 0$ gesetzt. Wird das Modell (93) bis (95) unter dieser Bedingung gelöst, dann ergeben sich für die Inflations- und die Outputlücke folgende Ausdrücke:

$$\begin{aligned} p &= p^* + x + \frac{\epsilon(bu - v\beta)}{b + \kappa\beta}, \\ y &= \frac{bu - v\beta}{b + \kappa\beta}. \end{aligned}$$

[323] Die Preisgleichung kann umformuliert werden, wenn für die Inflationslücke $p = \pi - \pi_Z$ und für die erwartete Inflationslücke $p^* = \pi^* - \pi_Z$ eingesetzt wird. Gleichung (94) wird dann zu $\pi = \pi^* + \epsilon y + x$ und bringt so etwas stärker den Charakter der Phillips-Kurve zum Ausdruck. Dennoch wird aber die Formulierung in (94) beibehalten, da sie für die gleich zu berücksichtigende Taylor-Regel kompatibler ist.

[324] Für die hier vorliegende Untersuchung ist dabei insbesondere die Eigenschaft von Bedeutung, dass der Erwartungswert aller Störgrößen gleich Null ist.

[325] Zur Erinnerung: die Darstellung der Transmissionstheorien in Kapitel 3 wurde unter der Annahme eines konstanten Preisniveaus geführt.

Eingesetzt in die Verlustfunktion (96) ergibt sich der erwartete Verlust L_d, der bei Anwendung der Geldmengenregel entsteht:[326]

$$L_d = \frac{1}{(b+\kappa\beta)^2} \cdot \Big[b^2\sigma_u^2 - 2br_{u,v}\sigma_u\sigma_v\beta + \sigma_v^2\beta^2 + a(2b\beta(r_{u,v}\sigma_u\sigma_v + \kappa(p^{*2} + \sigma_x^2) + \sigma_x\epsilon(\kappa r_{u,x}\sigma_u - r_{v,x}\sigma_v) - r_{u,v}\sigma_u\sigma_v\epsilon^2) + \beta^2(-\sigma_v^2 + \kappa^2(p^{*2} + \sigma_x^2) - 2\kappa r_{v,x}\sigma_v\sigma_x\epsilon + \sigma_v^2\epsilon^2) + b^2(p^{*2} + \sigma_x^2 + \sigma_u(2r_{u,x}\sigma_x\epsilon + \sigma_u(\epsilon^2 - 1))))\Big]. \quad (97)$$

Dabei bezeichnen σ^2 und σ die Varianz bzw. die Standardabweichung der jeweiligen, durch den Index kenntlich gemachten Störgrößen, sowie r den jeweiligen Korrelationskoeffizienten.

Bei Anwendung der Zinsregel gilt $\tilde{\tau} = 0$. Mit dieser Annahme löst sich System (93) bis (95) zu:

$$p = p^* + x + u\epsilon,$$
$$y = u.$$

Dies wiederum eingesetzt in die Verlustfunktion (96) ergibt den erwarteten Verlust L_z:[327]

$$L_z = \sigma_u^2 + a(p^{*2} + \sigma_x^2 + 2r_{u,x}\sigma_u\sigma_x\epsilon + \sigma_u^2(\epsilon^2 - 1)). \quad (98)$$

Schließlich ist noch die Taylor-Regel zu berücksichtigen. Dafür muss das Gleichungssystem (93) bis (95) um die Formulierung für den Taylor-Zins (Gleichung (66)) ergänzt werden. Mit $\tilde{\tau} = t_1 y + t_2 p$ ergeben sich dann die folgenden Lösungen:

$$p = \frac{p^* + x + t_1\beta(p^* + x) + u\epsilon}{1 + t_1\beta + t_2\beta\epsilon},$$
$$y = \frac{u - t_2\beta(p^* + x)}{1 + t_1\beta + t_2\beta\epsilon}.$$

Der erwartete Verlust beträgt dann:[328]

$$L_t = \frac{1}{(1 + t_1\beta + t_2\beta\epsilon)^2} \cdot \Big[\sigma_u^2 + t_2\beta(-2r_{u,x}\sigma_u\sigma_x + t_2\beta(p^{*2} + \sigma_x^2)) + a(-\sigma_u^2 + \sigma_x^2 + \sigma_x\beta(2t_1\sigma_x + 2t_2r_{u,x}\sigma_u + t_1^2\beta\sigma_x - t_2^2\beta\sigma_x) + p^{*2}(1 + t_1\beta - t_2\beta)(1 + \beta(t_1 + t_2)) + 2\epsilon r_{u,x}\sigma_u\sigma_x(1 + t_1\beta) + \sigma_u^2\epsilon^2)\Big]. \quad (99)$$

[326] Siehe dazu auch die Ausführungen im mathematischen Anhang A.1, S. 234.
[327] Siehe dazu auch die Ausführungen im mathematischen Anhang A.1, S. 235.
[328] Siehe dazu auch die Ausführungen im mathematischen Anhang A.1, S. 236.

Die Höhe aller drei erwarteten Verluste hängt von den Parametern des Modells sowie von den Varianzen der Schocks ab. Grundsätzlich ist eine Strategie effizienter als die anderen, wenn ihr erwarteter Verlust am geringsten ist. Ein solcher Vergleich zwischen den Strategien wird in den Abschnitten 4.2.3.5 bis 4.2.3.7 vorgenommen. Dort wird von der Annahme ausgegangen, dass nicht alle drei Arten von Schocks gleichzeitig auftreten, sondern immer nur einer, um die Darstellungen übersichtlich zu halten.

4.2.3.4 Schätzung der Parameter

Damit die Untersuchung der Vorteilhaftigkeit der zu betrachtenden geldpolitischen Regeln für die verschiedenen Arten von Schocks leichter fällt, ist es sinnvoll, für die Parameter b, β, ϵ und κ zunächst ungefähre numerische Vorgaben zu bilden. Dies geschieht, indem das Modell (93) bis (95) mittels der Kleinste-Quadrate-Methode (KQM) geschätzt wird. Dieser ökonometrischen Analyse liegen Quartalsdaten für die Bundesrepublik Deutschland vom ersten Quartal 1961 bis zum vierten Quartal 1989 zu Grunde.[329]

Begonnen wird mit der Schätzung der Geldnachfrage, um numerische Werte für die Parameter b und κ zu ermitteln. Üblicherweise werden in empirischen Untersuchungen zur Geldnachfrage Schätzmodelle der allgemeinen Form

$$lnM = \chi_0 + \chi_1 lnY + \chi_2 lni + \chi_3 sw + v \tag{100}$$

gebildet, wobei M eine nominale oder reale Geldmengenabgrenzung, Y eine reale Einkommensgröße (aber auch nominale Inlandsproduktsgrößen werden verwendet), i einen beliebigen Nominalzins und sw den Swapsatz darstellen. Im Einzelnen können solche Schätzmodelle von der genannten Form abweichen, beispielsweise, wenn für die genannten Variablen Zeitverzögerungen berücksichtigt oder Zinsen nicht logarithmiert werden.[330]

Da im hier vorliegenden Fall jedoch die Modellgleichungen (93) bis (95) empirisch gestützt werden sollen, ist die vorangestellte Form als Schätzmodell weniger geeignet, da hier von vornherein Veränderungsraten betrachtet werden (oder um genau zu sein, die Differenz von Veränderungsraten und deren Zielwerten). Im Folgenden wird deshalb die Geldmengenänderungsrate (in der Abgrenzung M1) geschätzt, und zwar sowohl nominal als auch real. Das entspricht den beiden folgenden Schätzgleichungen:

$$\hat{M}_{nom} = \varphi_0 + \varphi_1 \cdot \hat{Y}_{nom} + \varphi_2 \cdot DMZ + v_1, \tag{101}$$

$$\hat{M}_r = \varphi_0 + \varphi_1 \cdot \hat{Y} + \varphi_2 \cdot DMZ + v_2. \tag{102}$$

Vergleichend werden diese Schätzungen für die Annahme wiederholt, dass der Zins mit

[329] Die Grunddaten wurden den Monatsberichten der Deutschen Bundesbank sowie den *International Financial Statistics* des IWF entnommen. Auf Grund des Problems der deutschen Vereinigung wurden nur Daten bis zum vierten Quartal 1989 verwendet. Auf eine weitere Analyse für den Zeitraum ab 1992 wurde hier verzichtet, da die beispielhafte Ermittlung der Parameter im Vordergrund steht, aber nicht deren Entwicklung über verschiedene Zeiträume.

[330] Vgl. z.B. die Geldnachfrageschätzungen bei HONDROYIANNIS 2000, S. 321-337 [112] oder bei BOHL 1999, S. 209-224. [25]

einperiodiger Verzögerung wirkt:[331]

$$\hat{M}_{nom} = \varphi_0 + \varphi_1 \cdot \hat{Y}_{nom} + \varphi_2 \cdot DMZ_{t-1} + v_3, \tag{103}$$

$$\hat{M}_r = \varphi_0 + \varphi_1 \cdot \hat{Y} + \varphi_2 \cdot DMZ_{t-1} + v_4. \tag{104}$$

Die Änderungsraten der nominalen Geldmenge geben die Änderung zum Vorjahr an. Für die Ermittlung der realen Änderungsrate wurden die $M1$-Bestände mit dem Konsumentenpreisindex auf der Basis von 1995 deflationiert, um daraus dann die Änderungsraten zu ermitteln, ebenfalls wieder zum Vorjahreszeitraum. Analog wurden die Änderungsraten des nominalen und des realen Sozialprodukts ermittelt. Als Grundlage dient das Bruttoinlandsprodukt (Verwendungsseite) zu den jeweiligen Preisen. DMZ bezeichnet den Dreimonatszins. Der Koeffizient φ_1 stellt den Schätzer für den Parameter κ und der Koeffizient φ_2 den Schätzer für den Parameter b dar. v_1 bis v_4 bezeichnen die Störterme.

Diese wie auch die folgenden zu testenden Gleichungen entsprechen damit nicht ganz der theoretischen Modellstruktur, wie sie in den Gleichungen (93) bis (95) zum Ausdruck kommt, da — wie gesagt — dort Differenzen zwischen den Änderungsraten und deren jeweiligen Zielwerten (bzw. Trendwerten) verwendet werden. Das Trendwachstum könnte analog zu Taylor (1993)[332] oder mit einem Trendbereinigungsverfahren ermittelt werden. Für den kurzfristigen Gleichgewichtssatz könnte der Durchschnitt des Dreimonatszinses oder ebenfalls ein Trend zu Grunde gelegt werden. Schwierig ist aber insbesondere die Ermittlung der angestrebten Wachstumsrate der Geldmenge, da es Geldmengenziele nicht über die gesamte Distanz des betrachteten Zeitraumes gegeben hat. Man müsste deshalb für die angestrebte Wachstumsrate der Geldmenge bestimmte Werte annehmen, die im Bereich des Realistischen liegen, aber dennoch spekulativ wären. Deshalb soll auf diese Vorgehensweise verzichtet werden.

Die Anwendung der KQM bei Zeitreihen erfordert zunächst wieder den Test auf Stationarität (siehe Tabelle 13). Die Tabelle 13 zeigt die Werte der t-Statistik und in Klammern die

$\hat{M}_{nom}$	$\hat{M}_r$	$\hat{Y}_{nom}$	$\hat{Y}$	DMZ
−2,62	−2,42	−3,48	−3,62	−2,21
(0,0898)†	(0,1347)	(0,0085)†	(0,0053)†	(0,2033)

Tabelle 13: **Ergebnisse der Stationaritätstests für die Schätzung der Geldnachfrage**

entsprechenden p-Werte. Danach sind die Reihen für die nominale Geldmengenänderungsrate sowie für die nominale und reale BIP-Wachstumsrate stationär, also integriert von der Ordnung 0. Die Reihen der realen Geldmengenänderungsrate und des Drei-Monats-Zinssatzes sind hingegen nicht stationär. Es soll aber trotzdem mit der Untersuchung fortgefahren werden, um zumindest zunächst möglichst nah an den Modellgleichungen (101) bis (104) zu bleiben. Das ist deshalb nicht ganz unwichtig, weil die Schätzmodelle, wie

[331]Hier wie auch in allen folgenden Regressionsmodellen dieses Abschnittes sind mit Größen, die keinen Zeitindex tragen, immer die Größen der aktuellen Periode t gemeint.

[332]Vgl. TAYLOR 1993, S. 205 [224] bzw. Abbildung 14 auf S. 124.

bereits erläutert wurde, schon von vornherein nicht vollständig den theoretischen Modellgleichungen entsprechen. Die Bildung erster Differenzen entfernt die Schätzmodelle noch mehr vom theoretischen Hintergrund. Der Verzicht auf die Differenzenbildung im ersten Schritt stellt eine ökonometrische Unsauberkeit dar, die aber in Kauf genommen wird, da nicht die exakte Parameterschätzung im Mittelpunkt steht, sondern die Bestimmung ungefährer Größenordnungen für die Parameter. Erst in einem zweiten Schritt werden die Reihen der ersten Differenzen gebildet und mit diesen die Schätzungen wiederholt. Die Schätzung der Gleichungen (101) bis (104) ergibt die in Tabelle 14 aufgeführten Ergebnisse.[333]

Gleichung	CON	$\hat{Y}_{nom}$	$\hat{Y}$	DMZ	$\bar{R}^2$	DWS
101	10,11 (11,40)***	0,41 (4,66)***	—	−0,86 (−8,22)***	0,410 (***)	0,39
102	9,95 (13,18)***	—	0,33 (4,40)***	−1,14 (−11,84)***	0,640 (***)	0,47
103	10,56 (11,41)***	0,34 (3,88)***	—	−0,85 (−8,19)***	0,408 (***)	0,30
104	10,63 (13,51)***	—	0,23 (3,03)***	−1,20 (−12,15)***	0,651 (***)	0,38

Tabelle 14: **Ergebnisse der Geldnachfrageschätzungen**

Die Schätzungen ergeben für alle Koeffizienten hoch signifikante Werte. Die Höhe der korrigierten Bestimmtheitsmaße ist zufrieden stellend. Multikollinearität zwischen den Variablen liegt nicht vor, da die Toleranzwerte im Bereich von $0,85$ bis $1,00$ liegen. Problematisch sind aber die geringen Werte der Durbin-Watson-Statistik (DWS). Dies deutet darauf hin, dass die Residuen autokorreliert sind. Möglicherweise sind die geringen Durbin-Watson-Werte auch eine Folge der Nichtlogarithmierung der verwendeten Größen, sodass die Verwendung nicht stationärer Zeitreihen negativ durchschlägt. Wie bereits angesprochen wurde, ist es hier vertretbar, die Schätzmodelle möglichst nah am zu Grunde liegenden theoretischen Vorbild zu belassen, und dafür weniger gut spezifizierte Schätzmodelle in Kauf zu nehmen, bei denen nicht alle ökonometrischen Kriterien erfüllt sind. Dennoch ist im vorliegenden Fall erwähnenswert, dass von den in den Schätzungen für die nominale Geldnachfrage verwendeten Zeitreihenvariablen genau eine nichtstionär ist (DMZ), aber die anderen stationär sind, und außerdem, dass die Reihe der Residuen selbst auch stationär ist. Da DMZ als alleinige nicht stationäre Variable mit keiner der anderen ko-

[333]Die Ergebnistabellen in diesem Abschnitt sind wie auch schon diejenigen in Abschnitt 2.4 aufgebaut. In den Zellen sind die geschätzten Regressionskoeffizienten und darunter in Klammern die zugehörigen t-Werte aufgeführt. Die Spalte CON gibt die entsprechenden Ergebnisse für das konstante Glied an. Dabei sind auch hier Ergebnisse auf dem 1%-Niveau mit drei, auf dem 5%-Niveau mit zwei und auf dem 10%-Niveau mit einem Sternchen gekennzeichnet. Die $\bar{R}^2$-Spalte zeigt den Wert des adjustierten Bestimmtheitsmaßes und darunter in Klammern die Signifikanz des einfachen Bestimmtheitsmaßes R^2. Die Spalte DWS zeigt den Wert der Durbin-Watson-Statistik. Die Ergebnistabellen dieses Abschnitts mit der Angabe standardisierter Koeffizienten finden sich nicht im statistischen Anhang, weil die Höhe der standardisierten Koeffizienten in dem hier verfolgten Zusammenhang nicht relevant ist. Da auch die Toleranzwerte für alle Parameterschätzungen eine unproblematische Höhe haben, kann auf eine Darstellung der Ergebnistabellen im Anhang verzichtet werden.

integriert sein kann,[334] wäre die Stationarität der Residuen nur dann erklärbar, wenn der Parameter b theoretisch gleich Null wäre. Da dies offensichtlich nicht der Fall ist, könnte der hier ermittelte Parameter b unglaubhaft sein. Dagegen gibt es in den Schätzungen für die reale Geldnachfrage jeweils zwei nicht stationäre ($\hat{M}_r$,DMZ) und zwei stationäre ($\hat{Y}$,$\hat{Y}_{nom}$) Größen. Da die beiden nicht stationären Größen aber jeweils integriert von der Ordnung 1 sind (also durch erste Differenzenbildung zu stationären Prozessen werden) und die Linearkombination aus beiden stationär ist, sind $\hat{M}_r$ und DMZ kointegriert.[335] Die gleichzeitige Verwendung von I(0)- und I(1)-Prozessen ist deshalb im hiesigen Fall der Schätzung der realen Geldnachfrage kein Problem.

Um die Güte der Schätzungen zu verbessern, wird als weitere erklärende Variable die Geldmengenänderungsrate der Vorperiode hinzugefügt. Außerdem werden, wie bereits angekündigt, von allen Variablen die ersten Differenzen gebildet. Daraus resultieren folgende Schätzmodelle:

$$\Delta\hat{M}_{nom} = \varphi_0 + \varphi_1 \cdot \Delta\hat{Y}_{nom} + \varphi_2 \cdot \Delta DMZ + \varphi_3 \cdot \Delta\hat{M}_{nom,t-1} + v_1, \tag{105}$$

$$\Delta\hat{M}_r = \varphi_0 + \varphi_1 \cdot \Delta\hat{Y} + \varphi_2 \cdot \Delta DMZ + \varphi_3 \cdot \Delta\hat{M}_{r,t-1} + v_2, \tag{106}$$

$$\Delta\hat{M}_{nom} = \varphi_0 + \varphi_1 \cdot \Delta\hat{Y}_{nom} + \varphi_2 \cdot \Delta DMZ_{t-1} + \varphi_3 \cdot \Delta\hat{M}_{nom,t-1} + v_3, \tag{107}$$

$$\Delta\hat{M}_r = \varphi_0 + \varphi_1 \cdot \Delta\hat{Y} + \varphi_2 \cdot \Delta DMZ_{t-1} + \varphi_3 \cdot \Delta\hat{M}_{r,t-1} + v_4. \tag{108}$$

Auch hier stellt der Koeffizient φ_1 den Schätzer für den Parameter κ und der Koeffizient φ_2 den Schätzer für den Parameter b dar. Wiederum wird zunächst der erweiterte Dickey-Fuller-Test angewendet, um die neuen, durch Differenzenbildung entstandenen Reihen auf Stationarität zu überprüfen. Wie bei der Verwendung von Differenzen zu

$\Delta\hat{M}_{nom}$	$\Delta\hat{M}_r$	$\Delta\hat{Y}_{nom}$	$\Delta\hat{Y}$	ΔDMZ
−6,03 (0,0000)†	−6,08 (0,0000)†	−12,35 (0,0000)†	−12,83 (0,0000)†	−7,75 (0,0000)†

Tabelle 15: **Ergebnisse der Stationaritätstests für die Schätzung der Geldnachfrage in ersten Differenzen**

erwarten, sind nun alle Reihen stationär (siehe Tabelle 15). Für die ursprünglich nicht stationären Reihen gilt damit, dass sie integriert von der Ordnung 1 sind. Die Regressionsergebnisse der Gleichungen (105) bis (108) sind in Tabelle 16 zusammengefasst. Die Durbin-Watson-Statistik zeigt diesmal Werte an, die die Annahme, dass keine Autokorrelation der Residuen vorliegt, als gerechtfertigt erscheinen lässt. Multikollinearität stellt

[334] Vgl. ECKEY/KOSFELD/DREGER 2001, S. 240; zur Kointegration insgesamt S. 239-250. [58]

[335] Ob eine Kointegrationsbeziehung zwischen zwei Größen besteht, wurde hier dadurch geprüft, ob in der KQM-Schätzung der einen dieser Größen auf die andere Größe die Reihe der resultierenden Residuen einen stationären Prozess ergibt. Ist das der Fall, dann kann von einer Kointegrationsbeziehung zwischen beiden Größen ausgegangen werden.

Gleichung	CON	$\Delta\hat{Y}_{nom}$	$\Delta\hat{Y}$	ΔDMZ	$\Delta\hat{M}_{nom,t-1}$	$\Delta\hat{M}_{r,t-1}$	$\bar{R}^2$	DWS
105	0,01 (0,05)	0,02 (0,33)	—	−0,59 (−4,44)***	0,47 (−6,14)***	—	0,357 (***)	2,19
106	0,01 (0,08)	—	0,17 (2,38)**	−0,67 (−4,96)***	—	0,43 (5,80)***	0,398 (***)	2,20
107	0,00 (0,01)	0,05 (0,71)	—	−0,79 (−5,71)***	0,33 (4,14)***	—	0,415 (***)	2,06
108	0,00 (0,02)	—	0,20 (2,85)***	−0,82 (−5,58)***	—	0,29 (3,69)***	0,426 (***)	2,10

Tabelle 16: **Ergebnisse der Geldnachfrageschätzungen in ersten Differenzen**

in beiden Geldnachfrageschätzungen kein Problem dar. Die Toleranzwerte bewegen sich zwischen $0,80$ und $0,99$. Die Werte für die Parameter φ_1 und φ_2, welche die Schätzer für κ bzw. b darstellen, fallen hier etwas niedriger aus als in der vorangegangenen Schätzung, wobei die φ_1-Werte für die Gleichungen (105) und (107) nicht signifikant sind. In den vorgenommenen Schätzungen liegen die signifikanten Koeffizienten φ_1 für den Einfluss des Einkommens auf die Geldnachfrage somit im Bereich $0,17 < \varphi_1 \leq 0,41$. Die signifikanten Koeffizienten φ_2 für den Einfluss des Zinses auf die Geldnachfrage bewegen sich zwischen $-0,59 < \varphi_2 \leq -1,2$. Diese Schätzwerte bilden die Basis zur Festlegung der numerischen Intervalle für die Parameter κ bzw. b.

Fortgefahren wird nun mit der Schätzung des Parameters β in der Gütermarktgleichgewichtsbedingung (93). Dafür wird folgende Schätzgleichung aufgestellt:

$$\hat{Y} = \nu_0 + \nu_1 \cdot DMZ_{t-n} + u. \tag{109}$$

Die Betrachtung erfolgt also nur für die reale Wachstumsrate. Der Koeffizient ν_1 bildet die Schätzgröße für den Parameter β. Da gerade der Zusammenhang von kurzfristigem Zins und realem Wachstum nicht vermuten lässt, dass er für dieselbe Periode gilt, wird die Schätzung für unterschiedliche Wirkungsverzögerungen durchgeführt, und zwar für $n = 0, 1, \cdots, 6$. Der Test auf Integration kann entfallen, da er für die hier verwendeten Zeitreihen bereits durchgeführt wurde. Diese alternativen Schätzungen ergeben die in Tabelle 17 aufgeführten Ergebnisse. Bereits ab einer Wirkungsverzögerung von $n = 0$ Quartalen zeigen sich signifikante Werte für den Einfluss des kurzfristigen Zinses auf die Veränderungsrate des realen Einkommens. Für $n = 4$ ergibt sich der stärkste Einfluss ($\nu_1 = -0,72$). Insbesondere die Durbin-Watson-Statistik zeigt jedoch an, dass die ökonometrischen Annahmen für sauber spezifizierte Modelle verletzt sind. Das Problem der Multikollinearität ist an dieser Stelle nicht relevant, weil nur eine erklärende Variable verwendet wird. Die Schätzungen werden nun unter Erweiterung um die Variable $\hat{Y}_{t-1}$ wiederholt. Das Modell lautet dann:

$$\hat{Y} = \nu_0 + \nu_1 \cdot DMZ_{t-n} + \nu_2 \cdot \hat{Y}_{t-1} + u. \tag{110}$$

Aus den Schätzungen von Gleichung (110) ergeben sich die Ergebnisse, die in Tabelle 18 dargestellt sind. Das Bestimmtheitsmaß und die Durbin-Watson-Statistik zeigen jetzt sehr zufrieden stellende Werte an. Die Toleranzwerte liegen zwischen $0,64$ und $1,0$. Der

n	CON	DMZ_{t-n}	$\bar{R}^2$	DWS
0	5,83 (7,76)***	−0,36 (−3,21)***	0,075 (***)	0,41
1	6,47 (9,00)***	−0,48 (−4,40)***	0,139 (***)	0,48
2	7,21 (10,75)***	−0,61 (−6,01)***	0,237 (***)	0,48
3	7,77 (12,24)***	−0,70 (−7,33)***	0,320 (***)	0,51
4	7,82 (12,40)***	−0,72 (−7,52)***	0,333 (***)	0,58
5	7,69 (11,94)***	−0,69 (−7,16)***	0,313 (***)	0,54
6	7,24 (10,73)***	−0,62 (−6,15)***	0,252 (***)	0,54

Tabelle 17: **Ergebnisse der Güternachfrageschätzungen**

n	CON	DMZ_{t-n}	$\hat{Y}_{t-1}$	$\bar{R}^2$	DWS
0	1,75 (3,36)***	−0,16 (−2,45)**	0,78 (14,58)***	0,677 (***)	2,26
1	2,04 (3,79)***	−0,20 (−2,95)***	0,76 (14,00)***	0,684 (***)	2,27
2	2,56 (4,58)***	−0,27 (−3,81)***	0,72 (12,88)***	0,691 (***)	2,16
3	2,67 (4,44)***	−0,27 (−3,73)***	0,71 (11,91)***	0,700 (***)	2,14
4	2,22 (3,34)***	−0,21 (−2,62)***	0,72 (11,08)***	0,684 (***)	2,10
5	1,87 (2,72)***	−0,16 (−1,98)*	0,74 (11,09)***	0,676 (***)	2,04
6	1,21 (1,78)*	−0,08 (−0,97)	0,78 (11,70)**	0,669 (***)	2,10

Tabelle 18: **Ergebnisse der modifizierten Güternachfrageschätzungen**

Bereich der signifikanten Schätzungen für ν_1 reicht hier von $n = 0$ bis $n = 5$. Der stärkste Einfluss ergibt sich hier für die Wirkungsverzögerungen von $n = 2$ und $n = 3$ Quartalen ($\nu_1 = -0,27$). Es zeigt sich somit auch in dieser Modellschätzung, dass der Zins für Zentralbankgeld — in diesem Fall der Satz für Dreimonatsgeld — einen signifikanten Einfluss auf die reale Wachstumsrate hat. Die Ergebnisse der empirischen Betrachtung aus Abschnitt 2.4 werden dahingehend also bekräftigt. Für beide Güternachfrageschätzungen ergibt sich jedoch auch hier wiederum das Problem unterschiedlicher Stationaritäten (siehe Tabelle 13), die bedingen, dass $\hat{Y}$ und DMZ nicht kointegriert sein können. Die trotzdem auftretende Stationarität der Störterme zeigt auch hier an, dass deshalb die Höhe des ermittelten Koeffizienten ν_1 mit Vorsicht zu interpretieren ist. Die signifikanten Schätzergebnisse für die Koeffizienten ν_1 reichen für beide Schätzungen zusammengenommen von $-0,16$ bis $-0,72$. Sie bilden die Basis zur Festlegung des numerischen Intervalls für den Parameter β.

Schließlich soll noch der Parameter ϵ in der Preisgleichung (94) ermittelt werden. Die Schätzgleichung dafür lautet:

$$\pi = \psi_0 + \psi_1 \cdot \pi_{t-1} + \psi_2 \cdot \hat{Y}_{t-n} + x. \tag{111}$$

Die Inflationsraten werden durch die Veränderungsraten des Konsumentenpreisindex, der auch schon zur Deflationierung der nominalen Geldmenge und des nominalen Einkommens bei der Schätzung der Geldnachfrage verwendet wurde, dargestellt. Die Inflationserwartung wird mittels der Inflationsrate des letzten Quartals (π_{t-1}) abgebildet. Im Einfluss des realen Wachstums sollen n-periodige Zeitverzögerungen berücksichtigt werden. Der Koeffizient ψ_2 bildet den Schätzer für den Parameter ϵ.

Vor der Präsentation der Schätzergebnisse in Tabelle 19 sei noch erwähnt, dass die Reihe der Inflationsrate π nicht stationär, aber integriert von der Ordnung 1 ist. Durch die gleichzeitige Verwendung der um eine Periode verzögerten Inflationsrate π_{t-1} als erklärende Variable (die ebenfalls einen I(1)-Prozess darstellt) und den Umstand, dass in der Regression der verzögerten Inflationsrate π_{t-1} auf die Inflationsrate π die Residuen stationär sind, ergibt sich, dass π und π_{t-1} kointegriert sind. Zusammen mit den dritten Variablen $\hat{Y}_{t-n}$, die jeweils stationär sind, ist Gleichung (111) ein Schätzmodell, dessen Residuen auf jeden Fall stationär sind, sodass die gleichzeitige Verwendung stationärer und nicht stationärer Zeitreihen hier kein Problem darstellt.

n	CON	π_{t-1}	$\hat{Y}_{t-n}$	$\bar{R}^2$	DWS
0	0,09 (0,64)	0,97 (34,21)***	0,01 (0,56)	0,926 (***)	1,44
1	−0,21 (−1,60)	1,00 (38,18)***	0,06 (3,87)***	0,935 (***)	1,45
2	−0,14 (−1,08)	0,99 (38,56)***	0,05 (3,46)***	0,933 (***)	1,66
3	−0,12 (−1,04)	0,98 (39,56)***	0,05 (3,63)***	0,934 (***)	1,68
4	−0,16 (−1,41)	0,98 (41,52)***	0,06 (4,84)***	0,939 (***)	1,57
5	−0,05 (−0,42)	0,96 (39,38)***	0,04 (3,25)***	0,934 (***)	1,58
6	0,00 (0,03)	0,96 (38,34)***	0,04 (2,65)***	0,932 (***)	1,49

Tabelle 19: **Ergebnisse der Schätzungen der Preisgleichung**

Gemäß den Ergebnissen in Tabelle 19 ist der signifikanteste Einfluss der realen Wachstumsrate bei $n = 1$ ($\psi_2 = 0,06$) sowie $n = 4$ ($\psi_2 = 0,06$) festzustellen. Der Koeffizient für die Inflationsrate des letzten Quartals ist hoch signifikant und liegt für alle betrachteten Zeitverzögerungen n nahe bei Eins. Er hat damit die Höhe, die auch Gleichung (94) auf Seite 145 impliziert, da dort der erwarteten Inflationsrate explizit kein Koeffizient vorangestellt ist. Die Schätzergebnisse sind jedoch teilweise in ihrer Aussagekraft durch die etwas zu niedrig ausfallenden Durbin-Watson-Werte beeinträchtigt. Lediglich für $n = 2$

und $n = 3$ haben sie eine gerade noch vertretbare Höhe. Die Toleranzwerte liegen zwischen 0, 8 und 1, 0. Die signifikanten Koeffizienten ψ_2 für den Einfluss des Einkommens auf die Inflationsrate bewegen sich gemäß dieser Schätzung im Bereich $0,01 < \psi_2 \leq 0,06$. Auf dieser Basis wird das numerische Intervall für den Parameter ϵ festgelegt.

Insgesamt lässt die Qualität der in diesem Abschnitt präsentierten ökonometrischen Untersuchungen sicher zu wünschen übrig. Insbesondere die gleichzeitige Verwendung von stationären und nicht stationären Zeitreihen erfordert an sich die Anwendung von Fehlerkorrekturmodellen. In bestimmten Fällen (wie zum Beispiel bei der Ermittlung des Parameters β mittels der Ansätze (109) und (110)) ist der gewählte Regressionsansatz eigentlich nicht sinnvoll, da sich unter den verwendeten Zeitreihen genau nur eine nicht stationäre befindet. Die hier vorgelegten Regressionsergebnisse könnten daher gegenüber solchen in ihrer Aussagekraft zurückstehen, die aus besser spezifizierten Ansätzen und der Anwendung geeigneterer ökonometrischer Instrumente hervorgehen. Andererseits soll angemerkt sein, dass die mit geeigneteren ökonometrischen Mitteln erzielbaren Ergebnisse oft eine Genauigkeit vortäuschen, die der komplizierten ökonomischen Realität kaum entsprechen dürfte. Weil es hier nicht darum ging, punktgenaue Parameterwerte zu ermitteln, sondern für die anschließende theoretische Betrachtung numerische Anhaltspunkte zu finden, werden die dargestellten empirischen Untersuchungen als ausreichende Basis betrachtet. Deshalb können die ermittelten Schätzergebnisse in der weiteren Darstellung Verwendung finden.

Unter Berücksichtigung der Schätzergebnisse und der erläuterten Problematik möglicherweise fehlerhafter Regressionsergebnisse, werden die Werte für κ im Bereich von $0 < \kappa \leq 0,5$, für b von $0,5 \leq b \leq 1,2$, für β von $0 < \beta \leq 0,5$ und für ϵ von $0 < \epsilon \leq 0,1$ angenommen.[336] Zu Zwecken der anfänglichen Kalibrierung der in den nächsten Abschnitten zu untersuchenden Verlustfunktionen werden zunächst $\kappa = 0,3$, $b = 0,9$, $\beta = 0,3$ und $\epsilon = 0,05$ gesetzt. Die anderen Parameter der Modellgleichungen (93) bis (95) lauten anfänglich $t_1 = t_2 = 0,5$ sowie $p^* = \sigma_u^2 = \sigma_v^2 = 1$.[337]

4.2.3.5 Güterangebotsschocks

Die im vorangegangenen Abschnitt ermittelten Parameterwerte dienen im Folgenden dazu, den Vergleich der Verluste, die aus der Anwendung der Geldmengenregel, der Zinsregel bzw. der Taylor-Regel entstehen, besser handhaben zu können. Diese Verluste waren durch die Gleichungen (97) bis (99) dargestellt worden (siehe Seite 147). Alle drei Verluste werden nun getrennt nach Güterangebotsschocks, Güternachfrageschocks und Geldnachfrageschocks betrachtet und dabei paarweise miteinander verglichen. Da an dieser Stelle insbesondere die Taylor-Regel interessiert, wird diese Regel mit den anderen beiden verglichen, während auf den Vergleich der Geldmengen- mit der Zinsregel verzichtet wird. Ziel der folgenden, als grafische Sensitivitätsanalyse ausgelegten Betrachtung ist festzustellen, in welchem numerischen Bereich sich die Taylor-Gewichte t_1 und t_2 bewegen müssen, damit die Taylor-Regel gegenüber den anderen beiden Strategien den geringeren Verlust erwarten lässt.

[336] Die negativen Vorzeichen für β und b werden hier weggelassen, da sie in den Gleichungen (93) und (95) den Koeffizienten bereits vorangestellt sind.

[337] Diese Angaben sind zu Grunde zu legen, sofern im Folgenden nichts anderes angegeben wird.

In diesem Abschnitt wird nur die Wirkung von Güterangebotsschocks betrachtet, das heißt, es gilt $\sigma_x^2 > 0$ und $\sigma_u^2, \sigma_v^2 = 0$. Damit vereinfachen sich die erwarteten Verluste, die aus der Anwendung der drei betrachteten geldpolitischen Strategien entstehen (Gleichungen (97)-(99)), zu:

$$L_d = a(p^{*2} + \sigma_x^2), \tag{112}$$

$$L_z = a(p^{*2} + \sigma_x^2), \tag{113}$$

$$L_t = \frac{(p^{*2} + \sigma_x^2)(t_2^2\beta^2 + a(1 + 2t_1\beta + t_1^2\beta^2 - t_2^2\beta^2))}{(1 + t_1\beta + t_2\beta\epsilon)^2}. \tag{114}$$

Der Vergleich jeweils zweier Strategien miteinander erfolgt über die Bildung der Differenzen der erwarteten Verluste. Im Fall der Güterangebotsschocks sind die erwarteten Verluste aus der Anwendung der Geldmengenregel und der Zinsregel gleich, sodass sich hier eine getrennte Betrachtung im Vergleich zur Taylor-Regel erübrigt. Die Differenz der erwarteten Verluste aus der Anwendung der Taylor-Regel und der Anwendung der Geldmengenregel (bzw. der Zinsregel) ergibt sich aus (114) minus (112):

$$L_t - L_d = -(p^{*2} + \sigma_x^2) \cdot \left[\frac{t_2\beta(2a\epsilon(1 + t_1\beta) + t_2\beta(a - 1 + a\epsilon^2))}{(1 + t_1\beta + t_2\beta\epsilon)^2}\right]. \tag{115}$$

Die Taylor-Regel ist dann der Geldmengenregel überlegen, wenn die Differenz (115) negativ wird. Das ist dann der Fall, wenn der Zähler Z in den eckigen Klammern positiv ist, denn der Nenner ist auf jeden Fall positiv und der Term $-(p^{*2} + \sigma_x^2)$ vor der Klammer ist auf jeden Fall negativ. Entscheidend ist somit der Ausdruck

$$Z = t_2\beta(2a\epsilon(1 + t_1\beta) + t_2\beta(a - 1 + a\epsilon^2)). \tag{116}$$

Ob dieser positiv ist, lässt sich a priori nicht sagen; dies hängt von den darin enthaltenen Bestimmungsgrößen ab. Im Folgenden soll versucht werden darzustellen, inwieweit alternative Parameterwerte (bei Konstanz der jeweils anderen, die dann die im vorangegangenen Abschnitt festgelegten Werte annehmen) die Vorteilhaftigkeit der Taylor-Regel, also die Negativität des Ausdrucks (115) bzw. die Positivität des Ausdrucks (116), beeinflussen. Die Auswirkungen einer Variation des Parameters a werden in diesem Zusammenhang jedoch nicht betrachtet, denn dieser spiegelt die wirtschaftspolitischen Zielvorstellungen wider, indem durch ihn die Gewichtung der Output- und Inflationslücke in der Verlustfunktion deutlich wird. Er sollte deshalb von vornherein festgelegt und kein Mittel sein, den Verlust aus dem Einsatz einer geldpolitischen Strategie nachträglich zu ändern.[338] Da es keinen Grund gibt, eines der beiden Endziele höher zu gewichten, wurde a hier wie in den folgenden Abschnitten auf den Wert 0,5 gesetzt. Das Augenmerk soll vielmehr auf

[338] Selbstverständlich wäre eine Betrachtung der erwarteten Verluste in Abhängigkeit des Parameters a möglich. Wie bereits in Abschnitt 4.2.3.2.1 besprochen, stellen Frisch und Staudinger (1999) eine entsprechende Analyse vor, in der die Vorteilhaftigkeit dreier geldpolitischer Strategien (Taylor-Regel, Zinsziel, nominales BIP-Ziel) in Abhängigkeit des relativen Gewichts der Beschäftigung in der Verlustfunktion betrachtet wird. Vgl. FRISCH/STAUDINGER 1999, S. 43-61. [87]

den Taylor-Gewichten t_1 und t_2 liegen, da diese durch die geldpolitischen Entscheidungsträger festzulegen sind. t_1 und t_2 sollen somit als geldpolitische Entscheidungsparameter verstanden werden, die den ökonomischen Gegebenheiten anzupassen sind.

Grundsätzlich lässt sich bezüglich der Vorteilhaftigkeit der Taylor-Regel ceteris paribus Folgendes festhalten:

(a) t_1 muss umso höher gewählt werden, je kleiner ϵ, also der Einfluss der Outputlücke auf die Inflationslücke, ausfällt (siehe Abbildung 18a). Bei sehr kleinen ϵ-Werten muss t_1 aber schon drastisch hoch gewählt werden. Bei höheren ϵ-Werten hat t_1 keinen Einfluss mehr auf das Vorzeichen; der (auf der Ordinate abgetragene) Wert des Zählers Z ist dann stets positiv. Mit wachsendem t_1 nimmt der Vorteil der Taylor-Regel immer mehr zu.
Für t_2 gilt, dass dessen Wahl kaum einen Einfluss auf das Vorzeichen der Differenz der erwarteten Verluste (Gleichung 115) hat. Nur bei sehr großen ϵ, die außerhalb des hier zu Grunde gelegten Spektrums liegen, kann Z positiv werden. In Abbildung 18b ist dies exemplarisch für den Fall $\epsilon = 0,2$ dargestellt. Je größer ϵ dann würde, umso größer würde auch das Intervall der möglichen t_2-Werte.

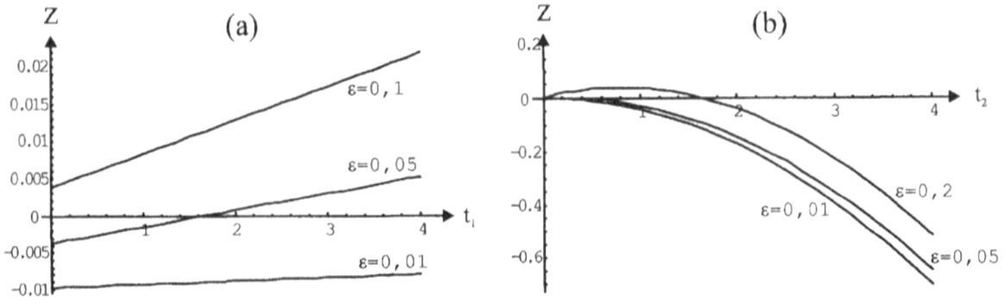

Abbildung 18: **Größe Z in Abhängigkeit von den Parametern t_1 (a) und t_2 (b) bei alternativen ϵ**

(b) Hinsichtlich des Parameters β, der die Stärke des Einflusses von $\tilde{\tau}$ auf die Outputlücke angibt, gilt, dass t_1 umso höher gewählt werden muss, je höher β ist (siehe Abbildung 19a). Bei einem Wert von $\beta = 0,5$ müsste für t_1 somit schon etwa $t_1 = 3$ gelten, damit ceteris paribus die Taylor-Regel noch der Geldmengenregel überlegen wäre. Allerdings verliert dieser Zusammenhang immer mehr an Bedeutung, je höher ϵ ist (siehe Abbildung 19c). Wie auch schon in Punkt (a) festgestellt wurde, haben damit hohe ϵ-Werte den Effekt, den Vorteil für die Taylor-Regel gegenüber der Geldmengenregel (hier bei Vorliegen von Güterangebotsschocks) zu vergrößern.
Wie auch bei der Betrachtung hinsichtlich ϵ gilt für t_2, dass dessen Höhe bei alternativen β-Werten keinen Einfluss auf die Positivität von Z hat (Abbildung 19b). Erst für ϵ-Werte, die wieder außerhalb des hier zu Grunde gelegten Spektrums liegen, kann über die Wahl von t_2 eine Vorteilhaftigkeit der Taylor-Regel erreicht werden. Je größer β ist, umso vorsichtiger muss dann t_2 gewählt werden (Abbildung 19d).

Zusammenfassend lässt sich festhalten, dass die Taylor-Regel der Geldmengenregel im Fall des Auftretens von Angebotsschocks meistens überlegen ist, wenn die Parameter t_1 und

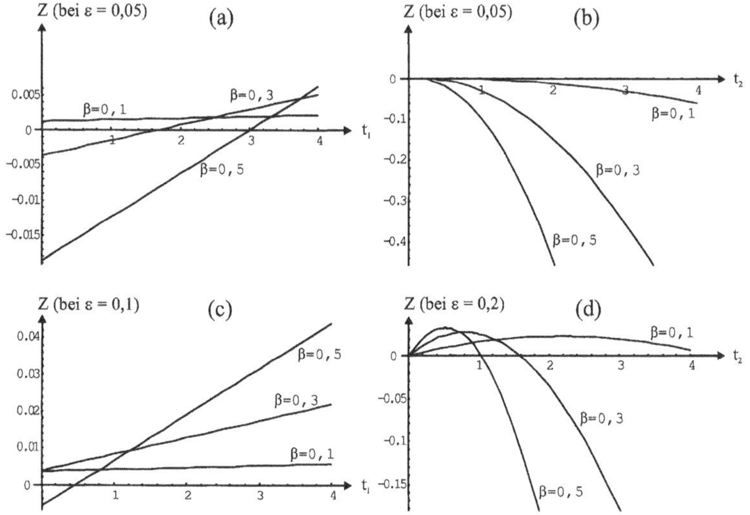

Abbildung 19: **Größe Z in Abhängigkeit von den Parametern t_1 (a, c) und t_2 (b, d) bei alternativen β**

t_2 entsprechend angepasst werden. Besonderes Augenmerk ist dabei auf den Parameter ϵ zu legen. Im Großen und Ganzen erleichtern hohe Werte für ϵ die Anwendung der Taylor-Regel. Lediglich bei einer Kombination aus hohen Werten für β und niedrigen für ϵ ist die Geldmengenregel die geeignetere Strategie; es sei denn, man ist bereit, für t_1 sehr hohe Werte zuzulassen, also die Outputlücke in der Taylor-Regel sehr hoch zu gewichten. Tendenziell gilt, dass die Taylor-Regel dann vorteilhaft ist, wenn das Gewicht der Outputlücke (t_1) relativ groß und das der Inflationslücke (t_2) relativ klein ist. Die Höhe der erwarteten Inflationslücke sowie das Ausmaß der Schocks haben keine Auswirkungen auf das Vorzeichen des Verlustes, sondern nur auf dessen betragsmäßige Höhe.

Für die vergleichende Betrachtung der Taylor-Regel und der Zinsregel gelten dieselben, eben gemachten Aussagen, da sich, wie bereits festgestellt wurde, die erwarteten Verluste aus der Anwendung der Geldmengenregel und der Zinsregel bei Güterangebotsschocks entsprechen.

4.2.3.6 Güternachfrageschocks

Treten nur Schocks bei der Güternachfrage auf, dann gilt $\sigma_u^2 > 0$ und $\sigma_x^2, \sigma_v^2 = 0$. Die erwarteten Verluste betragen jetzt:

$$L_d = \frac{b^2\sigma_u^2 + a(2b\kappa p^{*2}\beta + \kappa^2 p^{*2}\beta^2 + b^2(p^{*2} + \sigma_u^2(\epsilon^2 - 1)))}{(b + \kappa\beta)^2}, \tag{117}$$

$$L_z = \sigma_u^2 + a(p^{*2} + \sigma_u^2(\epsilon^2 - 1)), \tag{118}$$

$$L_t = \frac{\sigma_u^2 + p^{*2} t_2^2 \beta^2 + a(p^{*2}(1 + t_1\beta - t_2\beta)(1 + \beta(t_1 + t_2)) + \sigma_u^2(\epsilon^2 - 1))}{(1 + t_1\beta + t_2\beta\epsilon)^2}. \tag{119}$$

Das weitere Vorgehen entspricht dem des Abschnittes 4.2.3.5, allerdings mit dem Unterschied, dass nun die Taylor-Regel tatsächlich separat mit der Geldmengen- bzw. der Zinsregel zu vergleichen ist, da sich nun, bei der Betrachtung von Güternachfrageschocks, die Verluste der letztgenannten Regeln nicht mehr entsprechen, wie aus dem Vergleich von (117) und (118) zu ersehen ist.

Taylor-Regel und Geldmengenziel

Die Differenz der erwarteten Verluste aus der Anwendung der Taylor- bzw. der Geldmengenregel ist gegeben durch (119) minus (117):

$$L_t - L_d = \left[\frac{\sigma_u^2 + p^{*2} t_2^2 \beta^2 + a(p^{*2}(1 + t_1\beta - t_2\beta)(1 + \beta(t_1 + t_2)) + \sigma_u^2(\epsilon^2 - 1))}{(1 + t_1\beta + t_2\beta\epsilon)^2} - \frac{b^2\sigma_u^2 + a(2b\kappa p^{*2}\beta + \kappa^2 p^{*2}\beta^2 + b^2(p^{*2} + \sigma_u^2(\epsilon^2 - 1)))}{(b + \kappa\beta)^2}\right]. \tag{120}$$

Die Taylor-Regel ist dann der Geldmengenregel überlegen, wenn (120) negativ ist. Auch hier hängt die Negativität des Ausdrucks (120) von den darin enthaltenen Parametern ab. Anders als bei der Betrachtung der Angebotsschocks in Abschnitt 4.2.3.5 kann die Höhe der Inflationserwartung und das Ausmaß der Nachfrageschocks auf dem Gütermarkt hier durchaus einen Einfluss auf das Vorzeichen der Differenz in (120) nehmen. Variationen beider Größen müssen deshalb ebenfalls betrachtet werden. Die Vorteilhaftgkeit der Taylor-Regel gilt ceteris paribus bei folgenden Konstellationen:

(a) Nur für kleine t_1 ist die Differenz der erwarteten Verluste positiv, also die Geldmengenregel vorteilhaft. Je größer ϵ ist, umso geringer wird dieser Vorteil. Allerdings haben die unterschiedlichen, im betrachteten Intervall möglichen Werte für ϵ kaum einen Einfluss auf das Vorzeichen der Differenz bei alternativen t_1-Werten (siehe Abbildung 20a). Ab etwa $t_1 = 0,4$ kann die Taylor-Regel als die bessere Strategie bezeichnet werden. Je höher t_1 angesetzt wird, desto größer ist der Vorteil der Taylor-Regel.
Bei wachsenden ϵ wird allerdings das Spektrum derjenigen t_2-Werte immer größer, bei denen sich die Taylor-Regel als die vorteilhaftere Strategie ergibt (Abbildung 20b). Auch bei einem relativen kleinen ϵ-Wert von $\epsilon = 0,01$ könnte t_2 ceteris paribus immer noch bis etwa zu einer Höhe von $t_2 = 1$ gewählt werden, ohne dass die Vorteilhaftigkeit der Taylor-Regel verloren ginge.

(b) Variierende β-Werte haben kaum Einfluss auf die Wahl von t_1. Ab etwa $t_1 = 0,4$ ist die Vorteilhaftigkeit der Taylor-Regel gegenüber der Geldmengenregel ceteris paribus gewährleistet; t_1 darf also nicht zu klein gewählt werden (Abbildung 21a).

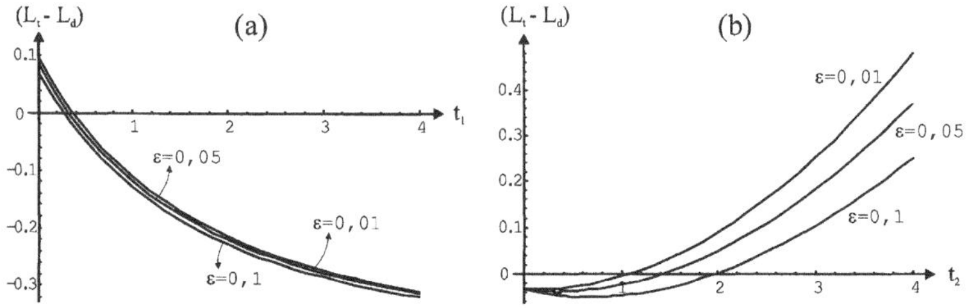

Abbildung 20: **Differenz $(L_t - L_d)$ in Abhängigkeit von den Parametern t_1 (a) und t_2 (b) bei alternativen ϵ**

Auch hier gilt, dass sich mit wachsendem Outputkoeffizienten t_1 der Vorteil der Taylor-Regel immer mehr vergrößert.
Für t_2 nimmt der Spielraum zur Festsetzung dieses Parameters mit steigendem β ab (Abbildung 21b). t_2 kann bei dem höchsten hier zu Grunde gelegten β-Wert $(0,5)$ aber immer noch bis zu einer Höhe von etwa $t_2 = 1$ angesetzt werden.

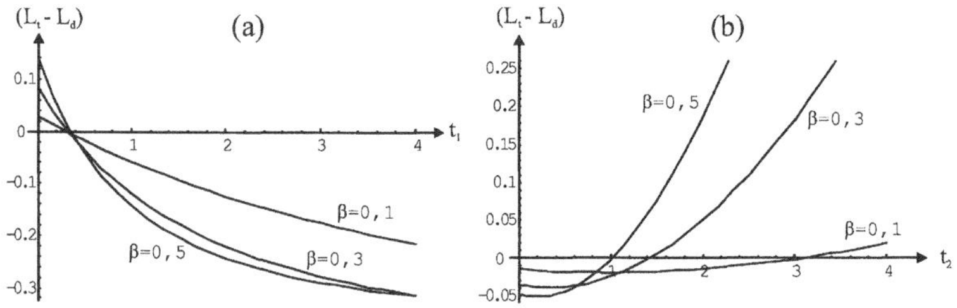

Abbildung 21: **Differenz $(L_t - L_d)$ in Abhängigkeit von den Parametern t_1 (a) und t_2 (b) bei alternativen β**

(c) Die Einflüsse der Zinsdifferenz $\tilde{r}$ auf die Geldnachfrage (Parameter b) und der Outputlücke auf die Geldnachfrage (Parameter κ) verhalten sich entgegengesetzt zueinander. Mit steigenden b-Werten (sinkenden κ-Werten) wird das Intervall der kleinen t_1-Werte, welche die Geldmengenregel vorteilhaft halten würden, immer kleiner, das heißt, die Vorteilhaftigkeit der Taylor-Regel wird größer (siehe Abbildung 22a).
Mit sinkendem b (steigendem κ) muss t_2 tendenziell immer kleiner gewählt werden, damit die Taylor-Regel vorteilhaft bleibt. Für sehr kleine b (sehr große κ) kann es sein, dass über die Wahl von t_2 die Vorteilhaftigkeit der Taylor-Regel nicht mehr erreicht werden kann (siehe Abbildung 22b).

(d) Unterschiedlich hohe erwartete Inflationslücken haben kaum Einfluss auf die Wahl von t_1. Dabei spielt es keine Rolle, ob eine negative Inflationslücke erwartet wird oder eine betragsmäßig gleiche, aber positive, da durch die Quadrierung der erwarteten

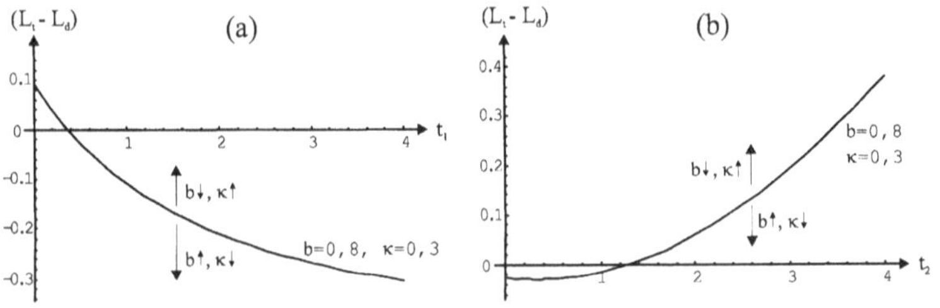

Abbildung 22: **Differenz $(L_t - L_d)$ in Abhängigkeit von den Parametern t_1 (a) und t_2 (b) bei alternativen β bzw. κ**

Inflationslücke dieser Unterschied aufgehoben wird. In der Abbildung 23a ist die Differenz $(L_t - L_d)$ in Abhängigkeit von t_1 bei alternativen erwarteten Inflationslücken dargestellt ($|p^*| = 1\%, 2\%$ bzw. 3%), deren Verläufe sich kaum unterscheiden. Hier gilt, dass t_1 nicht zu klein gewählt werden darf. Wiederum ab einem Wert von etwa $t_1 = 0,4$ ist die Taylor-Regel die verlustärmere Strategie und dieser Vorteil nimmt auch hier mit steigendem t_1 zu.
Dagegen kann t_2 umso höher gewählt werden, je niedriger die Inflationserwartung ist (Abbildung 23b).

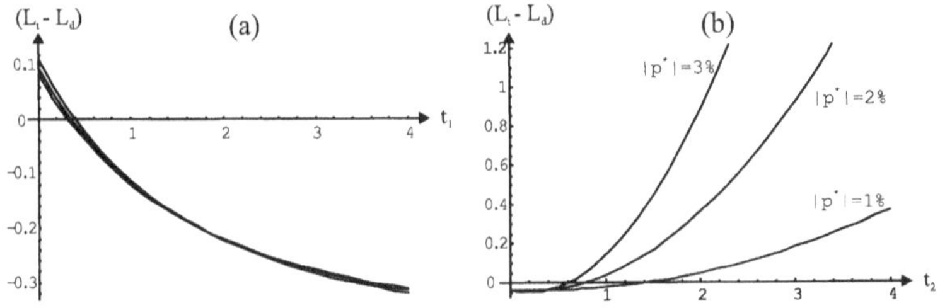

Abbildung 23: **Differenz $(L_t - L_d)$ in Abhängigkeit von den Parametern t_1 (a) und t_2 (b) bei alternativen $|p^*|$**

(e) Unterschiedlich hohe Standardabweichungen (und damit Varianzen) des Nachfrageschocks haben auf die Wahl von t_1 wiederum kaum Einfluss. Die Negativität der Differenz ist auch hier wieder erst ab einem bestimmten t_1-Wert erreicht, der bei knapp $0,4$ liegt (Abbildung 24a). Je höher σ_u ist, desto größer ist der Vorteil der Taylor-Regel gegenüber der Geldmengenregel.
Demgegenüber wird das Spektrum der für die Taylor-Regel vorteilhaften t_2-Werte mit steigender Varianz der Schocks größer (Abbildung 24b).

Bis hierher lässt sich festhalten, dass im Fall des Auftretens von Güternachfrageschocks die Taylor-Regel die überlegenere Strategie im Vergleich zur Geldmengenstrategie ist, da

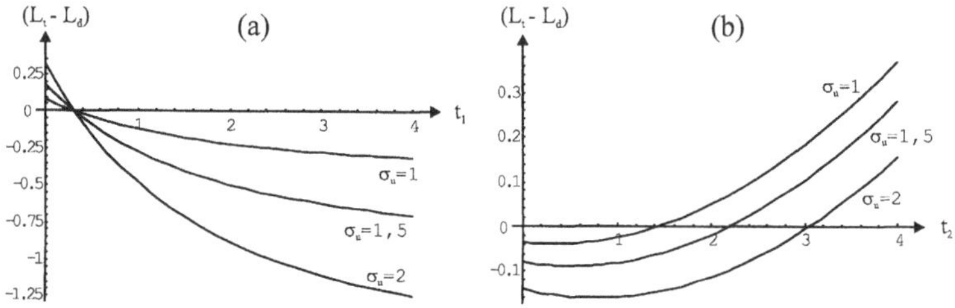

Abbildung 24: **Differenz ($L_t - L_d$) in Abhängigkeit von den Parametern t_1 (a) und t_2 (b) bei alternativen σ_u**

sich für fast alle hier in Betracht gezogenen Parameterkonstellationen t_1-t_2-Kombinationen finden lassen, welche die Vorteilhaftigkeit der Taylor-Regel gewährleisten. Problematisch sind nur Kombinationen von hohen κ- und sehr niedrigen, außerhalb des hier zu Grunde gelegten Intervalls liegenden b-Werten.

Taylor-Regel und Zinsziel

Die hier zu betrachtende Differenz ergibt sich aus (119) minus (118):

$$L_t - L_z = \frac{1}{(1 + t_1\beta + t_2\beta\epsilon)^2} \cdot \Big[\beta(-\sigma_u^2(t_1 + t_2\epsilon)(2 + t_1\beta + t_2\beta\epsilon)(1 + a(\epsilon^2 - 1)) - p^{*2}t_2(2a\epsilon(1 + t_1\beta) + t_2\beta(a - 1 + a\epsilon^2)))\Big]. \quad (121)$$

Die geldpolitische Strategie nach der Taylor-Regel ist dann der Zinsregel überlegen, wenn (121) negativ ist, und dazu reicht es aus, wenn der Zähler Z in (121) negativ ist, wenn also

$$Z = \Big[\beta(-\sigma_u^2(t_1 + t_2\epsilon)(2 + t_1\beta + t_2\beta\epsilon)(1 + a(\epsilon^2 - 1)) - p^{*2}t_2(2a\epsilon(1 + t_1\beta) + t_2\beta(a - 1 + a\epsilon^2)))\Big] < 0 \quad (122)$$

gilt.

Entgegen den bisherigen Betrachtungen soll jetzt zunächst die Größe t_2 im Vordergrund stehen. Das Spektrum derjenigen t_2-Werte, welche einen geringeren erwarteten Verlust der Taylor-Regel gegenüber der Zinsregel sicherstellen, nimmt mit steigenden Werten für ϵ und σ_u zu (Abbildungen 25a,d) sowie mit steigenden Werten für β und $|p^*|$ ab (Abbildungen 25b,c). Im Falle der Größen β und σ_u wird bei steigenden Werten der Vorteil für die Taylor-Regel in besonders starkem Maß stabiler, das heißt, die Negativität des Ausdrucks Z nimmt zu, wenn t_2 entsprechend niedrig gesetzt wird. (Abbildung 25b).

Die Größe t_2 stellt also die Vorteilhaftigkeit der Taylor-Regel gegenüber der Zinsregel bei Güternachfrageschocks auf jeden Fall sicher, wenn t_2 nicht zu groß gewählt wird.

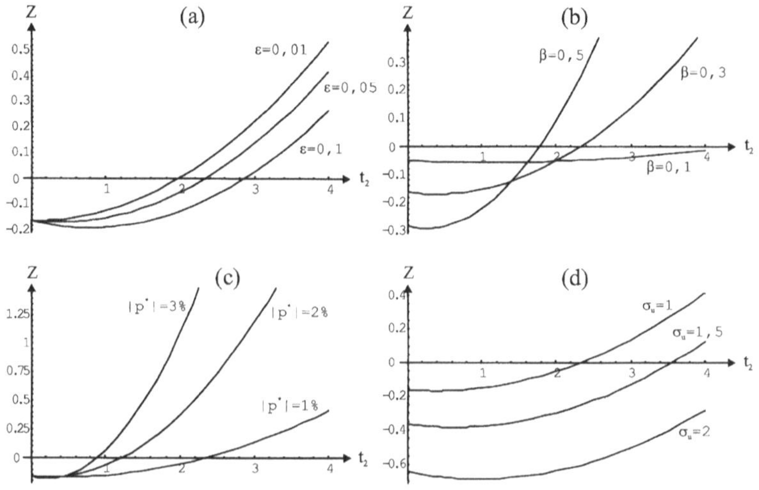

Abbildung 25: **Größe Z in Abhängigkeit vom Parameter t_2 bei alternativen ϵ, β, $|p^*|$ und σ_u**

Der relevante Bereich für t_2 liegt dabei für alle betrachteten Parameter mindestens im Spektrum $0 < t_2 \leq 1$. In diesem Fall spielt die Höhe der t_1-Werte für das Vorzeichen von (122) kaum eine Rolle, da dann Z in Abhängigkeit von t_1 in den meisten Fällen negativ ist (siehe Abbildungen 26a,b). Auch für diese Fälle gilt, dass der Vorteil der Taylor-Regel gegenüber der Zinsregel mit steigendem t_1 zunimmt. Ausnahmen bilden nur größere t_2,

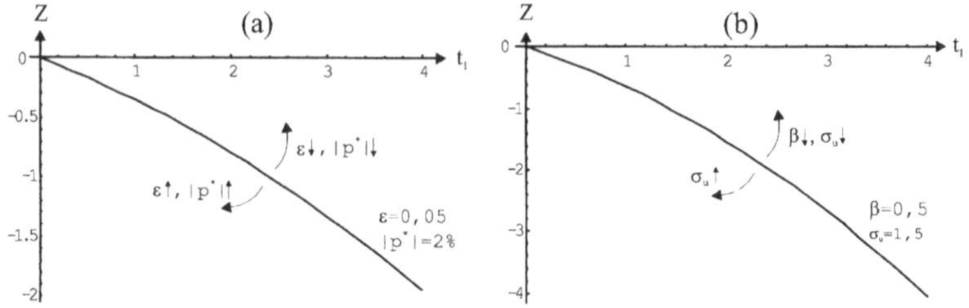

Abbildung 26: **Größe Z in Abhängigkeit vom Parameter t_1 bei alternativen ϵ, β, $|p^*|$ und σ_u**

welche die Kurven in Abbildung 26 nach oben in den positiven Bereich wandern lassen (nicht eingezeichnet), sowie vom Betrag her sehr hohe erwartete Inflationslücken, bei denen sich die entsprechende Kurve in den positiven Bereich dreht. In diesem Fall darf t_1 nicht zu gering angesetzt werden, um den Ausdruck Z weiterhin negativ zu halten.

Insgesamt ist die Taylor-Regel also auch der Zinsregel in allen hier betrachteten Fällen überlegen, wenn die Gewichte t_1 und t_2 entsprechend gewählt werden. Dieser Vorteil wird unter anderem umso größer, je größer das Ausmaß der Güternachfrageschocks ist. Diese Empfindlichkeit der Zinsregel gegenüber Güternachfrageschocks steht in Einklang mit der Analyse von Poole (1970), der zeigt, dass eine Zinspolitik gegenüber der dort vergleichend betrachteten Geldmengenpolitik im Falle von Güternachfrageschocks (IS-Schocks) zu einem höheren erwarteten Verlust führt.[339] Das liegt dort wie auch hier daran, dass mit starren Zinsen ein wichtiger Mechanismus zum Ausgleich dieser Schocks wegfällt.

4.2.3.7 Geldnachfrageschocks

Schließlich wird noch die Situation betrachtet, dass nur Geldnachfrageschocks auftreten. Dann gilt $\sigma_v^2 > 0$ und $\sigma_u^2, \sigma_x^2 = 0$. Die Gleichungen (97) bis (99) vereinfachen sich dann zu:

$$L_d = \frac{\sigma_v^2\beta^2 + a(b^2p^{*2} + 2b\kappa p^{*2}\beta + \beta^2(\kappa^2p^{*2} - \sigma_v^2 + \sigma_v^2\epsilon^2))}{(b+\kappa\beta)^2}, \tag{123}$$

$$L_z = a\,p^{*2}, \tag{124}$$

$$L_t = \frac{p^{*2}(a + 2at_1\beta + \beta^2(t_2^2 + a(t_1 - t_2)(t_1 + t_2)))}{(1 + t_1\beta + t_2\beta\epsilon)^2}. \tag{125}$$

Taylor-Regel und Geldmengenziel

Um beurteilen zu können, welches der beiden geldpolitischen Konzepte einen geringeren Verlust erwarten lässt, wird wiederum die Differenz zwischen den erwarteten Verlusten aus der Anwendung der Taylor-Regel und der Geldmengenregel betrachtet, also (125) minus (123):

$$L_t - L_d = \left[\frac{p^{*2}(a + 2at_1\beta + \beta^2(t_2^2 + a(t_1 - t_2)(t_1 + t_2)))}{(1 + t_1\beta + t_2\beta\epsilon)^2} - \frac{\sigma_v^2\beta^2 + a(b^2p^{*2} + 2b\kappa p^{*2}\beta + \beta^2(\kappa^2p^{*2} - \sigma_v^2 + \sigma_v^2\epsilon^2))}{(b+\kappa\beta)^2}\right]. \tag{126}$$

Prinzipiell steht die Negativität der Differenz in (126), also die Vorteilhaftigkeit der Taylor-Regel, abermals in Abhängigkeit von den verschiedenen zu variierenden Parametergrößen. Abbildung 27 verdeutlicht, dass die Größe t_1 bei den hier zu Grunde gelegten numerischen Werten beliebig gewählt werden kann, da die Differenz stets negativ bleibt.[340] Hohe Werte für ϵ, β und σ_v verstärken (siehe Abbildung 27a,b,d) und hohe Werte für b und κ verringern diesen Vorteil der Taylor-Regel (siehe Abbildung 27e,f).

[339] Vgl. POOLE 1970, S. 197-216. [188] Siehe auch die Ausführungen zur Zinssteuerung in Abschnitt 4.1.2.

[340] Es ist darauf zu achten, dass in Abbildung 27 die t_1-Achse bis auf eine Ausnahme nicht die Nulllinie darstellt, also die Ordinate nicht bei Null schneidet.

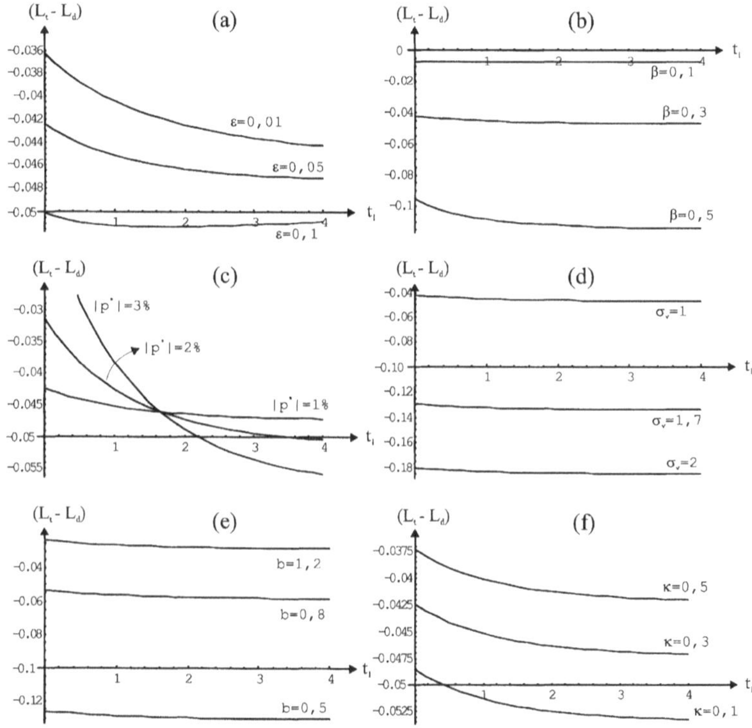

Abbildung 27: **Differenz $(L_t - L_d)$ in Abhängigkeit vom Parameter t_1 bei alternativen ϵ, β, $|p^*|$, σ_v, b und κ**

Hinsichtlich t_2 gilt, dass diese Größe nicht zu groß gewählt werden darf, um ceteris paribus die Taylor-Regel vorteilhaft zu halten (siehe Abbildung 28). Hohe Werte für ϵ und σ_v vergrößern (siehe Abbildung 28a,d) und hohe Werte für b, $|p^*|$ und κ verkleinern das Intervall der für die Taylor-Regel vorteilhaften t_2-Werte (siehe Abbildung 28c,e,f).

Damit sind im Vergleich der Taylor-Regel zur Geldmengenregel keine problematischen Parameterkonstellationen zu beobachten, welche die Geldmengenregel als vorteilhaft erscheinen lassen. Das heißt, es gilt auch im Fall des Auftretens von Geldnachfrageschocks, dass die Taylor-Regel gegenüber der Geldmengenregel die geringeren Verluste erwarten lässt. Dieser Vorteil fällt im Vergleich zu den anderen bisher angestellten Gegenüberstellungen am deutlichsten aus. Auch dies deckt sich mit der Analyse von Poole (1970), in der sich die Geldmengenpolitik als anfällig beim Auftreten von Geldnachfrageschocks erweist.[341] Damit zeigt sich auch in dieser Betrachtung die Bedeutung einer weitestgehend

[341] Vgl. dazu auch die Ausführungen zur Zinssteuerung in Abschnitt 4.1.2.

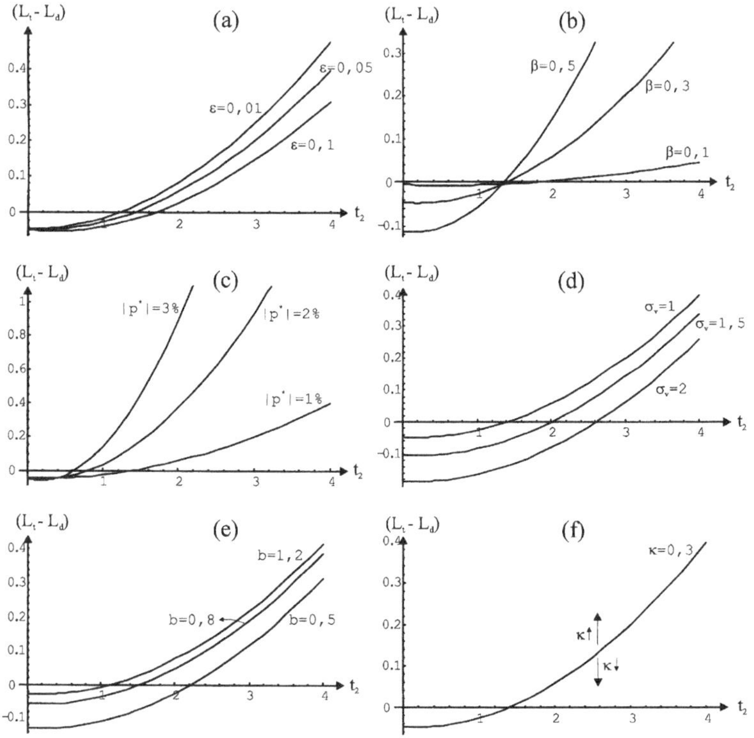

Abbildung 28: **Differenz $(L_t - L_d)$ in Abhängigkeit vom Parameter t_2 bei alternativen ϵ, β, $|p^*|$, σ_v, b und κ**

stabilen Geldnachfrage für die Anwendung einer an der Geldmenge ausgerichteten geldpolitischen Strategie.

Taylor-Regel und Zinsziel

Zum Vergleich der Taylor-Regel mit der Zinsregel beim Auftreten von separaten Geldnachfrageschocks ist die Differenz (125) minus (124) zu bilden:

$$\begin{aligned} L_t - L_z &= -\frac{p^{*2} t_2 \beta (2a\epsilon(1 + t_1\beta) + t_2\beta(a - 1 + a\epsilon^2))}{(1 + t_1\beta + t_2\beta\epsilon)^2} \\ &= -p^{*2} \cdot \left[\frac{t_2\beta(2a\epsilon(1 + t_1\beta) + t_2\beta(a - 1 + a\epsilon^2))}{(1 + t_1\beta + t_2\beta\epsilon)^2} \right]. \end{aligned} \tag{127}$$

Die Taylor-Regel ist dann vorteilhafter als die Zinsregel, wenn (127) negativ, also wenn der Zähler in den eckigen Klammern positiv ist, da der Nenner in jedem Fall positiv ist und die Größe p^{*2} vor der eckigen Klammer ein negatives Vorzeichen hat. Zu analysieren ist somit die Positivität des Ausdrucks:

$$Z = t_2\beta(2a\epsilon(1 + t_1\beta) + t_2\beta(a - 1 + a\epsilon^2)). \tag{128}$$

Der Term in (128) ist identisch mit dem in (116), also jenem Ausdruck, mit dem bereits die Vorteilhaftigkeit der Taylor-Regel bei Vorliegen von separaten Angebotsschocks beurteilt wurde. Folglich gelten die dort herausgestellten Ergebnisse auch in diesem Fall. Danach ist die Taylor-Regel weitestgehend die geldpolitische Strategie mit dem geringeren erwarteten Verlust gegenüber der Zinsregel. Problematisch ist lediglich die Kombination aus hohen β- und niedrigen ϵ-Werten, bei der die Gewichtung der Outputlücke sehr hoch gewählt werden müsste.

4.2.3.8 Ergebnisse und Schlussfolgerungen

Die Analyse hat gezeigt, dass die Taylor-Regel in dem hier gewählten Modellrahmen in fast allen betrachteten Fällen die geeignetere geldpolitische Strategie ist. Selbstverständlich kann die Zugrundelegung anderer anfänglicher Parameterwerte — in Abhängigkeit von der betrachteten Volkswirtschaft und den verwendeten ökonometrischen Instrumenten — dazu führen, dass die präsentierten Ergebnisse etwas variieren. Trotzdem sollen folgende, die verschiedenen Arten von Schocks übergreifenden Ergebnisse, herausgestellt werden: Die Taylor-Regel ist umso besser geeignet,

- je höher der Parameter ϵ in der Preisgleichung (94) ist, je mehr also die Differenz y zwischen der Einkommensänderung und der potenziellen Einkommensänderung auf die Inflationslücke durchschlägt. Das ist Ausdruck der Tatsache, dass die Taylor-Regel auf Zielverfehlungen sowohl bezüglich des Outputs als auch bezüglich der Inflation reagiert. Bei hohen ϵ ist die Taylor-Regel im Vorteil, da die Stabilisierung des Preisniveaus nicht nur direkt, sondern auch indirekt über die Outputstabilisierung gelingt.
- je kleiner der Parameter κ ist, je weniger also die Differenz y die Geldnachfrage beeinflusst.
- je kleiner $|p^*|$ ist, je geringer also der Betrag der erwarteten Inflationslücke ist.
- je höher die jeweiligen Schocks sind. Damit zeigt sich, dass die Taylor-Regel durchaus auch schockabsorbierende Wirkungen besitzt.

Die Gewichte t_1 und t_2 in der Taylor-Regel sind in Abhängigkeit der diskutierten Parameter zu wählen. Prinzipiell lässt sich festhalten, dass t_1 nicht zu niedrig und t_2 nicht zu hoch angesetzt werden sollte. Daraus folgt, dass die Taylor-Regel umso eher eine vorteilhafte Strategie gegenüber den anderen ist, wenn die Gewichtung der Outputlücke höher als die Gewichtung der Inflationslücke ausfällt. Dies steht in Einklang mit der Analyse von Ball, der ebenfalls zu dem Schluss kommt, dass die Taylor-Regel dann effizient ist, wenn die Outputgewichtung deutlich höher ist als die der Inflationslücke, da nur so eine

Outputstabilisierung gelingt.[342] Demgegenüber steht die Auffassung von Taylor selbst, der später vorschlug, dass die Inflationslücke mit einem Faktor von 1,5 zu gewichten sei, während die Outputlücke nur mit dem Faktor 0,5 multipliziert werden solle.[343] Die Beiträge von Smets (1998) bzw. Peersman und Smets (siehe auch Abschnitt 4.2.3.2.2) führen außerdem an, dass in Hinblick auf die Unsicherheit bei der Ermittlung der Outputlücke der Koeffizient mit steigendem Standardfehler bei der Schätzung der Outputlücke immer kleiner und der Koeffizient der Inflationslücke immer größer gewählt werden sollte.[344]

Die Suche nach der optimalen Höhe der Taylor-Koeffizienten bedeutet aber nicht, dass einmal festgesetzte Gewichte für immer unverrückbar sein müssen. Die im vorherigen Abschnitt präsentierte Darstellung sollte gerade vermitteln, dass die Gewichtung der Output- und Inflationslücke in der Taylor-Regel in Abhängigkeit volkswirtschaftlicher Parameter steht, wenn es darum geht, den Verlust aus der Anwendung der Taylor-Regel möglichst gering zu halten. Die Anwendung der Taylor-Regel im Sinne einer geldpolitischen Steuerung des Zinssatzes für Zentralbankgeld erfordert deshalb von den geldpolitischen Entscheidungsträgern die Bereitschaft zur Änderung der Koeffizienten in der geldpolitischen Regel, wenn sich ändernde Parameter dies verlangen. Da man davon ausgehen kann, dass solche Parameteränderungen eher struktureller Natur sind und daher mittel- bis langfristig auftreten, wäre es beispielsweise möglich, dass eine Zentralbank, die eine Taylor-Regel als geldpolitschen Handlungsrahmen einsetzt, halbjährlich oder jährlich die Höhe der Taylor-Koeffizienten überprüft, gegebenenfalls anpasst und das Ergebnis der Öffentlichkeit präsentiert.

In diesem Kontext muss auch die Beurteilung von Instrumentenregeln wie der Taylor-Regel überdacht werden. Dem Argument, Zentralbanken wendeten Instrumentenregeln gegenwärtig deshalb nicht an, „weil Notenbanken ihren Entscheidungen eine Fülle von sich ändernden Variablen zugrunde legen und nicht, wie dies Instrumentenregeln implizieren, eine vorgegebene Menge von wenigen Variablen mit konstanten Gewichten“,[345] kann aus zwei Gründen nicht zugestimmt werden. Erstens würde die Verwendung von Prognosewerten für die Inflations- und Outputlücke dazu führen, dass bei der Bildung der Prognosewerte durchaus 'eine Fülle von sich ändernden Variablen' berücksichtigt würde. Zweitens müssen die Gewichte in der Taylor-Regel nicht prinzipiell unveränderlich sein, weil sie, wie bereits betont wurde, in Abhängigkeit gesamtwirtschaftlicher Parameterwerte stehen, die sich auch ändern können. Das heißt, die Anwendung einer Instrumentenregel wie der Taylor-Regel kann — auch wenn sie nur zwei Größen beinhaltet — durchaus die Berücksichtigung mehrerer volkswirtschaftlicher Variablen implizieren und somit einer Zentralbank den erforderlichen diskretionären Spielraum verschaffen. Dadurch wäre auch dem Argument begegnet, die Taylor-Regel hätte gegenüber anderen geldpolitischen Strategien ein 'Effizienzproblem'. Die Ausführungen der vorangegangenen Abschnitte zeigen,

---

[342] Vgl. BALL 1999a, S. 71-72 [6] bzw. die Ausführungen auf S. 143-144 (Abschnitt 4.2.3.2.3).

[343] Vgl. TAYLOR 1998, S. 25. [226] Dahinter steht der Gedanke, dass sich die ergriffenen (Nominal)Zinsmaßnahmen auf dem Zentralbankgeldmarkt wirksam in reale Zinsänderungen ummünzen, da die Zinsmaßnahme erst durch einen Faktor größer als Eins die Inflationswirkung überkompensiert. Dies soll zur Stabilisierung der von Realzinsen abhängigen realen Größen führen. Vgl. auch EUROPÄISCHE ZENTRALBANK 2001b, S. 46-47. [68]

[344] Vgl. SMETS 1998, S. 15 [215] bzw. PEERSMAN/SMETS 1999, S. 101-102. [180]

[345] BRANDNER/SCHUBERTH 1999, S. 64. [27]

dass dies nicht der Fall sein muss, sondern dass die Taylor-Regel unter dem Gesichtspunkt erwarteter Verluste durchaus Effizienzvorteile gegenüber konventionellen Zielregeln vorweisen kann.

Wie in Abschnitt 4.1.1 bereits angedeutet wurde, ist die Unterscheidung in Ziel- und Instrumentenregeln jedoch auch generell schwierig, da Zielregeln oft selbst den Charakter von Instrumentenregeln tragen. Insofern könnte die — in den Augen ihrer Kritiker mechanistisch anmutende — Taylor-Regel überflüssig sein, wenn die Anwendung von Zielregeln ohnehin einen Reaktionsmechanismus beinhaltet, welcher der Funktionsweise der Taylor-Regel gleicht oder ähnelt. So weist die Deutsche Bundesbank (1999) explizit darauf hin, dass zwischen der Taylor-Regel und ihrer eigenen Geldmengenstrategie Gemeinsamkeiten bestehen: beide Strategien reagierten letztlich auf die Output- und Inflationslücke.[346] Diese Einschätzung ist zunächst deshalb nicht ganz unbegründet, da die Zielherleitung der Bundesbank tatsächlich die Output- und Inflationslücke berücksichtigt. Zur genaueren Verdeutlichung dieser Zusammenhänge sei zunächst noch einmal die Zielableitung für die Geldmengenregel betrachtet (siehe auch Abschnitt 4.1.2). Diese ergibt sich aus dem quantitätstheoretischen Zusammenhang

$$\hat{M}_{nom} - \pi = \hat{Y} - \hat{v}. \tag{129}$$

Der Zielwert des realen Geldmengenwachstums ergibt sich nun gemäß (129) durch Berücksichtigung der Zielkomponenten:

$$\hat{M}_{nom,Z} - \pi_Z = \hat{Y}_{pot} - \hat{v}_{Trend}. \tag{130}$$

Die Zentralbank fällt nun ihre Zinsentscheidung in der Weise, dass sie eine Änderung des Satzes für Zentralbankgeld in Abhängigkeit von der Abweichung der nominalen Geldmengenentwicklung von deren Zielwachstum stellt:

$$\Delta\tau = \varepsilon(\hat{M}_{nom} - \hat{M}_{nom,Z}), \quad \text{mit} \quad \varepsilon > 0. \tag{131}$$

(129) und (130) eingesetzt in (131) ergibt:

$$\begin{aligned} \Delta\tau &= \varepsilon\left[(\pi - \pi_Z) + (\hat{Y} - \hat{Y}_{pot}) - (\hat{v} - \hat{v}_{Trend})\right], \\ &= \varepsilon\left[p + y - (\hat{v} - \hat{v}_{Trend})\right]. \end{aligned} \tag{132}$$

Um die Reaktionsfunktion in (132) der Taylor-Regel vergleichbarer zu machen, wird nun noch die Umlaufgeschwindigkeit eliminiert. Dazu wird die Geldnachfrageseite betrachtet:

$$\hat{L} = \kappa\hat{Y} - b \cdot \Delta\tau. \tag{133}$$

Entsprechend der Angebotsseite wird auch für die Nachfrageseite Gleichung (133) als Gleichgewichtslösung formuliert:

$$\hat{L}_G = \kappa\hat{Y}_{pot} - b \cdot \Delta\tau_{n,G}.$$

[346] Vgl. dazu und auch für die anschließende formale Darstellung DEUTSCHE BUNDESBANK 1999, S. 52. [52]

Beide (reale) Geldnachfrageformulierungen werden den entsprechenden (realen) Angebotsformulierungen (129) bzw. (130) gleichgesetzt

$$\begin{aligned}\hat{Y} - \hat{v} &= \kappa\hat{Y} - b \cdot \Delta\tau,\\ \hat{Y}_{pot} - \hat{v}_{Trend} &= \kappa\hat{Y}_{pot} - b \cdot \Delta\tau_{n,G}\end{aligned}$$

und dann nach $\hat{v}$ bzw. $\hat{v}_{Trend}$ umgeformt:

$$\hat{v} = (1-\kappa)\hat{Y} + b \cdot \Delta\tau, \quad (134)$$

$$\hat{v}_{Trend} = (1-\kappa)\hat{Y}_{pot} + b \cdot \Delta\tau_{n,G}. \quad (135)$$

Dabei wird angenommen, dass im Gleichgewicht keine Zinsanpassungen mehr notwendig sind, sodass $\Delta\tau_{n,G} = 0$ gilt. Die Subtraktion $(\hat{v} - \hat{v}_{Trend})$ ergibt sich dann durch (134) minus (135):

$$(\hat{v} - \hat{v}_{Trend}) = (1-\kappa)y + b \cdot \Delta\tau$$

und dies eingesetzt in (132) und nach $\Delta\tau$ aufgelöst:

$$\Delta\tau = \left(\frac{\varepsilon\kappa}{1+\varepsilon b}\right) \cdot y + \left(\frac{\varepsilon}{1+\varepsilon b}\right) \cdot p. \quad (136)$$

Die in (136) zum Ausdruck kommende Formulierung ist der Taylor-Regel aus (66) sehr ähnlich, da auch hier die Zinsreaktion der Zentralbank in Abhängigkeit von der Inflations- und Outputlücke steht. Tatsächlich aber werden zunächst drei Punkte genannt, welche die Reaktionsfunktion gemäß (136) von der Taylor-Regel unterscheiden:[347]

- Die Geldpolitik reagiert bei (136) hinsichtlich des Outputs auf die Abweichung des Wachstums vom potenziellen Wachstum und nicht — wie die Taylor-Regel — auf die relative Abweichung des Outputniveaus vom potenziellen Outputniveau. Dieser Einwand stimmt nur dann, wenn man zum Vergleich die von Taylor ursprünglich formulierte Regel heranzieht. In der vorliegenden Arbeit wurde aber von vornherein die Outputlücke in der Taylor-Regel nicht als konventionelle Outputlücke, sondern im Sinne einer Wachstumslücke interpretiert.
- Die Zinsentscheidung gemäß (136) stellt eine Änderung des Satzes für Zentralbankgeld gegenüber der Vorperiode dar ($\Delta\tau$), während die Taylor-Regel die Anpassung des Zentralbankgeldsatzes relativ zu seinem Gleichgewichtswert fordert ($\tilde{\tau}$).
- Da sich Gleichung (136) aus (132) ergeben hat, impliziert (136) letztlich auch eine Reaktion der Geldpolitik auf Abweichungen der Entwicklung der Umlaufgeschwindigkeit von ihrem Trend, wenn die Geldmengenregel angewendet wird. Dies — so die Argumentation — sei bei der Taylor-Regel nicht der Fall. Setzt man allerdings

[347] Vgl. DEUTSCHE BUNDESBANK 1999, S. 53. [52]

die Taylor-Gewichte t_1 und t_2 wie vorgeschlagen in Abhängigkeit von den Modellparametern, lässt sich auch für die Taylor-Regel ein Zusammenhang zur Umlaufgeschwindigkeit konstruieren. Der betreffende Modellparameter ist κ, welcher die Outputlücke in Beziehung zur Geldmengenänderungsrate setzt (siehe Gleichung (95)) und deshalb den Einfluss des Kassenhaltungskoeffizienten widerspiegelt. In den Abbildungen 22, 27 und 28 (siehe dazu auch die Seiten 158 bis 167) ist dargestellt worden, wie die Taylor-Gewichte t_1 und t_2 zu wählen sind, um die Taylor-Regel bei alternativen κ-Werten gegenüber den anderen betrachteten Strategien vorteilhaft zu halten. Wegen des üblichen Zusammenhanges zwischen Kassenhaltungskoeffizient und Umlaufgeschwindigkeit ($\kappa = f(\upsilon)$ mit $\partial\kappa/\partial\upsilon < 0$) ergibt sich gleichzeitig der Einfluss der Umlaufgeschwindigkeit auf die Taylor-Gewichte. Danach schwächen hohe κ-Werte (das heißt niedrige υ-Werte) den Vorteil der Taylor-Regel gegenüber den anderen geldpolitischen Strategien. Steigt κ (sinkt υ), muss t_1 deshalb höher und/oder t_2 niedriger angesetzt werden. Damit reagiert auch die Taylor-Regel durch die Anpassung ihrer Gewichte auf Änderungen der Umlaufgeschwindigkeit.

Es zeigt sich, dass zwei der drei angebrachten angeblichen Vorteile der Reaktionsfunktion der Geldmengenregel gegenüber der Taylor-Regel nicht schwer wiegen: Die Taylor-Regel kann so formuliert werden, dass sie auf Wachstumsdifferenzen des Outputs reagiert und Änderungen der Umlaufgeschwindigkeit berücksichtigt. Der essenziellste Unterschied ist jedoch ein ganz anderer. Die Gewichte in der Reaktionsfunktion (136) sind nicht frei wählbar, da sie zum einen fest durch κ und b bestimmt sind. Zum anderen kann zwar das Gewicht der Inflationslücke in (136) durch die Wahl von ε, also dem Ausmaß, mit dem die Zentralbank auf Zielverfehlungen des Geldmengenwachstums reagiert, angepasst werden; damit wird aber gleichzeitig auch das Gewicht der Outputlücke festgelegt. Mit anderen Worten, die Gewichte in der Reaktionsfunktion (136) sind proportional über den Faktor κ miteinander verbunden und deshalb nicht unabhängig voneinander festzulegen. Dies unterscheidet diese Reaktionsfunktion erheblich von der Taylor-Regel, deren Formulierung nicht intendiert, dass die Gewichtungen der Output- und der Inflationslücke in einem festen Verhältnis zu stehen hätten.

Ähnliches lässt sich auch für die Strategie des direkten Inflationszieles ableiten. Svensson (1997) zeigt auf der Basis seines Modells, dass sich im Fall der direkten Inflationssteuerung für die Zentralbank eine der Taylor-Regel ähnliche Reaktionsfunktion ergibt.[348] Die Taylor-Koeffizienten stehen dort nicht in einem konstanten Verhältnis, sondern werden durch bestimmte Parameter des Systems determiniert. Das zeigt, dass die Taylor-Regel nicht in jedem Fall die Zielstellung eines bestimmten Outputs beinhalten muss, auch wenn sie auf die Outputlücke reagiert.

4.2.4 Die Taylor-Regel als Bewertungsmaßstab realisierter Geldpolitik

Eine im Zusammenhang mit dem Taylor-Zins immer wieder beleuchtete Frage ist es, ob alternativ berechnete Taylor-Zinsen in Einklang mit der tatsächlichen Entwicklung des Zentralbankgeldmarktsatzes stehen. Der Taylor-Zins dient dann meist in dem Sinn einer

[348] Vgl. SVENSSON 1997, S. 1119. [220]

normativen Funktion, dass durch den Vergleich des Taylor-Zinses mit der tatsächlichen Zinsentwicklung am Zentralbankgeldmarkt beurteilt werden kann, ob vergangene Geldpolitik gemessen am Taylor-Zins zu expansiv oder zu restriktiv war.[349] Für eine solche Beurteilung ist es von Bedeutung, unter welchen Annahmen der Taylor-Zins berechnet wird. In Abschnitt 4.2.2 ist bereits auf Berechnungsprobleme hingewiesen worden. Aus der Literatur zu diesem Thema ist zu entnehmen, dass insbesondere die Wahl des Inflationsindex sowie unterschiedliche Realzinsannahmen die Höhe des Taylor-Zinses beeinflussen.[350] Die Zugrundelegung unterschiedlicher Realzinsannahmen suggeriert allerdings, man könne sich bei der Berechnung des Taylor-Zinses irgendeinen Realzins aussuchen. Aus der Logik, dass in das Taylor-Konzept ein realer Zins eingeht, welcher ein Gleichgewicht sicherstellt, folgt aber, dass es nur einen einzigen geben kann. Das Problem, diesen nicht genau zu kennen, wird nicht dadurch gelöst, den Taylor-Zins unter verschiedenen Realzinsannahmen zu berechnen, um dann festzustellen, dass man zu verschiedenen Ergebnissen kommt. Deshalb wird hier der reale Gleichgewichtssatz für die im Weiteren zu berechnenden Taylor-Reihen mittels eines Hodrick-Prescott-Filters aus der Entwicklung des realen Tagesgeldsatzes ermittelt. Die so gewonnenen Trendzinsen erheben zwar auch nicht den Anspruch, die wirklich 'richtigen' Gleichgewichtssätze zu sein, da es sich dabei ebenfalls nur um Approximationen handelt. Es wird aber so das Problem umgangen, willkürlich diverse Alternativen herauszugreifen oder — sofern man Durchschnittssätze ermittelt — diese Durchschnittsbildung von der Länge des Stützzeitraumes abhängig zu machen. Bezüglich der Wahl des Preisindex wird weiter die bereits in Abschnitt 4.2.2 geäußerte Ansicht vertreten, einen Konsumentenpreisindex zu verwenden, da in der Regel anhand eines solchen Index der Zielerreichungsgrad hinsichtlich der Inflation bemessen wird und die Taylor-Regel eben gerade auf diese Zielverfehlungen reagieren soll. Zwar zeigen beispielsweise die angesprochenen Arbeiten von Bofinger (2001) oder Gern, Kamps und Scheide (2002), dass der Taylor-Zins unter Verwendung einer Kerninflationsrate die tatsächliche Entwicklung des Tagesgeldsatzes besser abbildet. Aber zum einen war auf die Verwendung der Kerninflationsrate bereits in Abschnitt 4.2.2 eingegangen worden. Zum anderen mag es durchaus möglich sein, dass die Berücksichtigung der Kerninflationsrate die bisherige Tagesgeldsatzentwicklung besser abbildet. Es kann aber nicht Sinn des Taylor-Zinses sein, dessen Berechnung solange zu modifizieren, bis er der tatsächlichen Zinsentwicklung angepasst ist.

Damit ist ein weiterer Diskussionspunkt angesprochen, nämlich die Frage, inwieweit sich aus der Übereinstimmung des Taylor-Zinses mit einem Zentralbankgeldmarktsatz auf die Güte der Taylor-Regel schließen lässt. Taylor selbst stellt einen weitestgehenden Gleichlauf des von ihm berechneten Taylor-Zinses mit der tatsächlichen Entwicklung der Federal Funds Rate für den Zeitraum 1987-1992 fest: „What is perhaps surprising is that this rule fits the actual policy performance during the last few years remarkably well.“[351] Auch andere Autoren weisen auf diese Bemerkung oder auf eigene Untersuchungen mit einem ähnlichen Ergebnis immer wieder gern hin.[352] Damit wird zwar nicht behauptet,

[349]Vgl. GERN/KAMPS/SCHEIDE 2002, S. 60. [93]

[350]Vgl. z.B. die Untersuchungen bei BOFINGER 2001, S. 306-307 [22], GERN/KAMPS/SCHEIDE 2002, S. 60-64 [93], KAMPS/PIERDZIOCH 2002, S. 1-38 [128] oder FRITZER 2000, S. 133-136. [88]

[351]TAYLOR 1993, S. 202. [224]

[352]Vgl. z.B. DEUTSCHE BUNDESBANK 1999, S. 49 [52], PEERSMAN/SMETS 1999, S. 86 [180],

aber dennoch suggeriert, die Taylor-Regel wäre umso eher als normativer Maßstab für bereits realisierte Geldpolitik geeignet, je besser sie diese abbildet. Die Qualität des Taylor-Konzepts kann sich aber zum einen erst dann erweisen, wenn man sich für eine Art der Berechnung des Taylor-Zinses entscheidet und daran dann die Geldpolitik beurteilt, und nicht umgekehrt, indem eine bereits vollzogene Zinsentwicklung aufgezeigt und daran die Taylor-Regel gemessen wird. Zum anderen kann aus der Tatsache, dass der Taylor-Zins die Entwicklung des Zentralbankgeldsatzes unter Umständen tatsächlich gut abbildet, lediglich auf die Bestätigung vergangener Geldpolitik geschlossen werden. Im Grunde ist dies jedoch eher ein Argument gegen die Anwendung der Taylor-Regel als dafür, denn es gibt keinen Grund, die Einführung dieser Regel im Sinne einer geldpolitischen Strategie zu fordern oder zu erwägen, wenn die tatsächlichen Zinsentscheidungen ohnehin schon so gefällt werden, wie sie sich auch durch die explizite Anwendung der Taylor-Regel ergäben. Die Anwendung der Taylor-Regel scheint somit viel eher relevant, wenn sich zeigte, dass die (fiktive) Zinsentwicklung nach dem Taylor-Konzept von der tatsächlichen Zinsentwicklung abweicht, weil sich unter Umständen erst dann der Einsatz einer Taylor-Regel rechtfertigen ließe.

In diesem Abschnitt soll deshalb die Entwicklung jeweils alternativ berechneter Taylor-Zinsen für die Bundesrepublik Deutschland und das Euro-Währungsgebiet der tatsächlichen Entwicklung gegenübergestellt und mit den Zielgrößen Bruttoinlandsprodukt und Inflation verglichen werden. Dazu wird die Formulierung aus Gleichung (65) herangezogen:

$$\tau = \pi + t_1 y + t_2 p + \tau_{r,G}, \tag{137}$$

$$\text{mit} \quad p = \pi - \pi_Z \quad \text{und} \quad y = \hat{Y} - \hat{Y}_{pot}.$$

In dieser Formulierung steht nicht — wie noch in den Abschnitten 4.2.3.3 bis 4.2.3.7 — die Zinsdifferenz $\tilde{\tau}$, sondern der Zentralbankgeldsatz τ in Abhängigkeit von der Inflations- und Outputlücke.

Zunächst sollen die Taylor-Regeln für Deutschland betrachtet werden. Der zu Grunde gelegte Zeitraum reicht von I/1961 bis IV/1998. Die Inflationsrate in (137) steht — wie auch schon bei Taylor — für die durchschnittliche Inflationsrate der letzten vier Quartale. Für die Inflationsrate selbst wird die Veränderung des Konsumenten-Preisindex auf der Basis von 1995 herangezogen. Das Wachstum des potenziellen Outputs wird mittels eines Hodrick-Prescott-Filters (HP-Filter) ermittelt, welcher aus der Entwicklung des BIP einen nichtlinearen Trend berechnet (siehe Abbildung 29).[353]

FRITZER 2000, S. 131 [88], BRANDNER/SCHUBERTH 1999, S. 64 [27], KAMPS/PIERDZIOCH 2003, S. 19 [129] oder BALL 1999a, S. 70. [6] Vgl. auch die ausführliche Untersuchung von CLARIDA/GALÍ/GERTLER 1998, S. 1033-1067 [38]

[353]Der Hodrick-Prescott-Filter ermittelt eine Regressionskurve, die neben einer KQM-Schätzung als zweite Komponente die quadrierten zweiten Differenzen des Trends enthält. Bezeichnet die Variable hp_t den BIP-Trendwert zum Zeitpunkt t (der hier das potenzielle Einkommen approximieren soll), dann fordert der HP-Filter:
$\sum_{t=1}^{T}(Y_t - hp_t)^2 + \lambda_{hp}\sum_{t=2}^{T-1}((hp_{t+1} - hp_t) - (hp_t - hp_{t-1}))^2 \Rightarrow Min!.$
Der Parameter λ_{hp} gibt an, wie glatt der Trend verlaufen soll. Je größer λ_{hp} ist, je mehr nähert sich

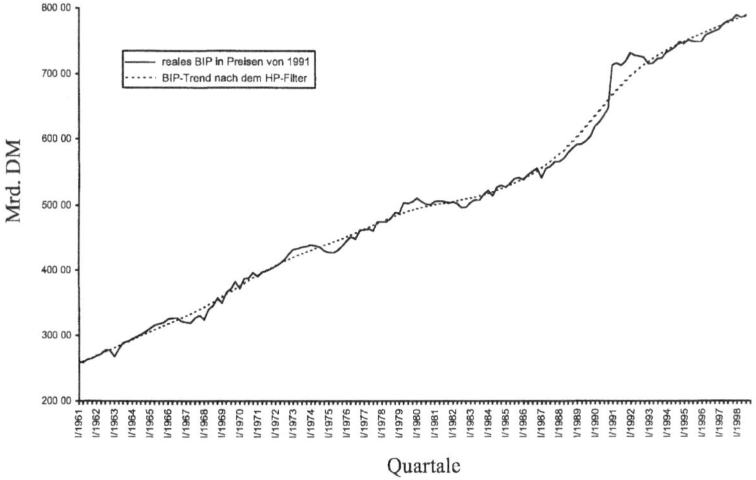

Abbildung 29: **Reales BIP und HP-Trend in der BRD im Zeitraum I/1961 - IV/1998**

Quelle für die Grundzahlen: IWF, International Financial Statistics

Das Bruttoinlandsprodukt ist wie bei den bisherigen empirischen Untersuchungen in Preisen von 1991 angegeben. An dieser Stelle ist zu beachten, dass der Strukturbruch der deutschen Vereinigung im Herbst 1990 zu einer sprunghaften Erhöhung des BIP in Deutschland geführt hat. Insbesondere für das Jahr 1991 entsteht eine Situation, in der die Verläufe des BIP und des Trend-BIP eine positive Outputlücke ausweisen und somit eine Überauslastung suggerieren. Die Anwendung des HP-Filters berücksichtigt dabei nicht, dass sich durch die deutsche Einheit auch gleichzeitig die Produktionsmöglichkeiten der Volkswirtschaft vergrößert haben. Deshalb ist aus der im Jahre 1991 deutlich positiven Outputlücke nicht unbedingt die Notwendigkeit einer geldpolitischen Reaktion im Sinne einer Zinserhöhung zu schlussfolgern. Im Folgenden wird aus diesem Grund der Verlauf der Taylor-Regel für diesen Zeitraum nicht interpretiert.

Die potenzielle Wachstumsrate ergibt sich aus der Veränderung des Trend-BIP nach dem HP-Filter. Sie wird von der tatsächlichen Wachstumsrate subtrahiert, um die Outputlücke zu erhalten. Der reale Gleichgewichtssatz auf dem Zentralbankgeldmarkt wird gebildet, indem von der jeweiligen nominalen Rate die Inflationsrate derselben Periode abgezogen wird und dann aus der so entstandenen Reihe realer Geldmarktsätze wiederum mit Hilfe des HP-Filters ein Trend ermittelt wird, der zu jedem Zeitpunkt den jeweiligen Gleichgewichtswert liefern soll (siehe auch Abbildung 30).

der Trend einer Geraden an. Für die hier verwendeten Berechnungen beträgt $\lambda_{hp} = 1600$, ein Wert, den Hodrick und Prescott bei der Verwendung von Quartalsdaten vorgeschlagen haben. Vgl. HODRICK/PRESCOTT (1997), S. 3-4. [110]

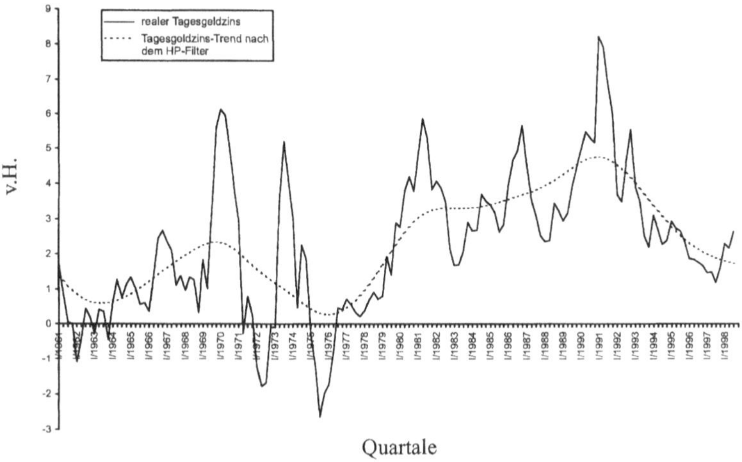

Abbildung 30: **Realer Tagesgeldzins und dessen Trend in der BRD im Zeitraum I/1961 - IV/1998**

Quelle für die Grundzahlen: IWF, International Financial Statistics, Deutsche Bundesbank, Monatsberichte

Die Zielinflationsrate wird zunächst mit 2% angesetzt. Als Gewichte für die Output- und die Inflationslücke werden $t_1 = 0,8$ und $t_2 = 0,2$ sowie alternativ $t_1 = 0,5$ und $t_2 = 0,5$ gewählt.[354] Erstere Kombination ist so gewählt, dass im Rahmen der im vorangegangenen Abschnitt vorgestellten Analyse und unter Berücksichtigung der anfänglichen Parameterwerte (siehe S. 155) die Taylor-Regel bei allen Arten von Schocks sowohl gegenüber der Geldmengenregel als auch gegenüber der Zinsregel vorteilhafter wäre. Für $t_1, t_2 = 0,5$ ist das nicht der Fall. Diese Kombination soll aber dennoch betrachtet werden, da sie der ursprünglichen Vorgehensweise bei Taylor entspricht.

Die Konstanz der Koeffizienten für die Inflations- und Outputlücke ist dabei nach der hier vertretenen Ansicht nicht ganz korrekt, da eigentlich für jeden Zeitpunkt des betrachteten Zeitraumes eine t_1-t_2-Kombination zu suchen wäre, welche die Vorteilhaftigkeit der Taylor-Regel gegenüber den anderen Strategien gewährleistet. Die Kombination mit $t_1 = 0,8$ und $t_2 = 0,2$ stellt sicher, dass die Taylor-Regel die vorteilhaftere Strategie ist, aber nur unter Zugrundelegung der auf Seite 155 angegebenen Parameterwerte, die aber nicht zu jedem Zeitpunkt gegolten haben müssen. Bei einer korrekten Taylor-Reihe würden daher die Gewichte für die Inflations- und Outputlücke über den Zeitablauf zumindest leicht variieren. An dieser Stelle kann aber hingenommen werden, dass die betrachtete Taylor-Reihe zu einigen Zeitpunkten nicht die beste Strategie gewesen sein kann, da es hier in erster Linie darum gehen soll, die Entwicklung des Taylor-Zinses mit der des

[354]Es soll darauf hingewiesen werden, dass sich die Koeffizienten der Output- und der Inflationslücke nicht notwendigerweise zu Eins ergänzen müssen.

Tagesgeldzinses zu vergleichen.

Der Taylor-Zins aus Gleichung (137) konkretisiert sich unter den getroffenen Annahmen zu:

$$\tau = \phi[\pi_{t-4}] + 0,8(\hat{Y} - \hat{Y}_{pot}) + 0,2(\pi - 2) + \tau_{r,G} \quad \text{bzw.} \tag{138}$$

$$\tau = \phi[\pi_{t-4}] + 0,5(\hat{Y} - \hat{Y}_{pot}) + 0,5(\pi - 2) + \tau_{r,G}. \tag{139}$$

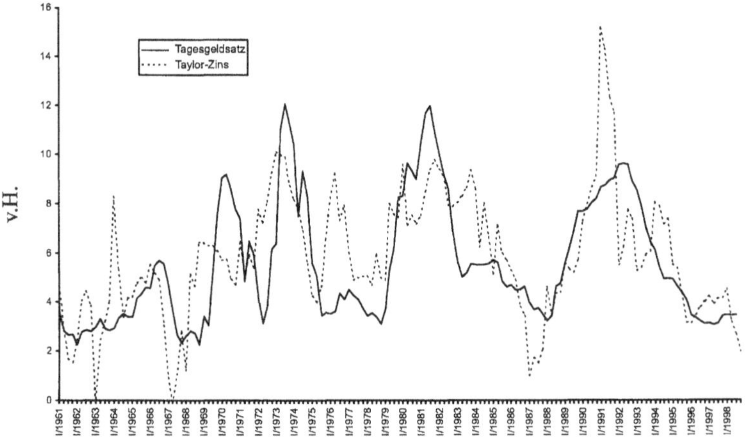

Abbildung 31: **Tagesgeldsatz und Taylor-Zins (mit $t_1 = 0,8$ und $t_2 = 0,2$) für die BRD im Zeitraum I/1961 - IV/1998 im Vergleich**

Quelle für die Grundzahlen: IWF, International Financial Statistics, Deutsche Bundesbank, Monatsberichte

Abbildung 31 zeigt zunächst die Entwicklung des Taylor-Zinses nach (138) im Vergleich zur Entwicklung des Tagesgeldsatzes. Die Darstellung verdeutlicht, dass der Taylor-Zins zwar — was die Richtung angeht — die grobe Entwicklung des Tagesgeldsatzes in etwa nachzeichnet, aber im Niveau größtenteils deutlich von diesem abweicht. Die Zinsentscheidungen der Deutschen Bundesbank sind somit überwiegend nicht so gefällt worden, wie das die hier betrachtete Taylor-Regel verlangt hätte. Es fällt außerdem auf, dass der Taylor-Zins phasenweise erratischer verläuft als der Tagesgeldsatz. Dies deckt sich mit bisherigen Untersuchungen.[355] Ob die Zinssetzung nach der Taylor-Regel die geeignetere Strategie gewesen wäre, lässt sich aber erst dann beurteilen, wenn gleichzeitig die Entwicklung des Bruttoinlandsproduktes und der Inflationsrate betrachtet wird.

Als Maß für die Übereinstimmung bzw. Abweichung des Tagesgeldsatzes vom Taylor-Zins wird deren Differenz gebildet. In Abbildung 32 ist zunächst diese Differenz dem Wachs-

[355] Vgl. z.B. DEUTSCHE BUNDESBANK 1999, S. 52. [52]

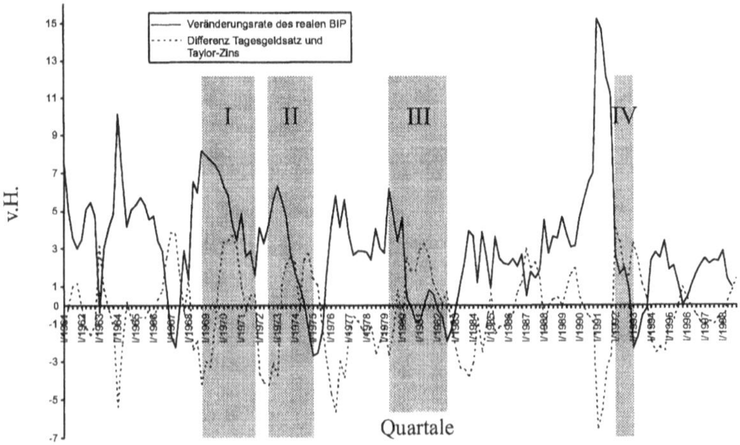

Abbildung 32: **Differenz zwischen Tagesgeldsatz und Taylor-Zins sowie reale BIP-Wachstumsrate in der BRD im Zeitraum I/1961 - IV/1998**

Quelle für die Grundzahlen: IWF, International Financial Statistics, Deutsche Bundesbank, Monatsberichte

tum des realen BIP gegenübergestellt. Positive (negative) Verläufe der gepunkteten Kurve kennzeichnen Phasen, in denen der Tagesgeldzins höher (niedriger) ausgefallen ist, das heißt, in denen die Geldpolitik restriktiver (expansiver) ausgerichtet war, als dies die Maßgabe des Taylor-Zinses gewesen wäre. So zeigt sich beispielsweise für die Zeiträume Ende 1968-1971 (gekennzeichnete Phase I), 1972-Ende 1974 (II), 1979-1982 (III) oder 1992 (IV), dass der Satz für Zentralbankgeld offenbar zu hoch gewählt wurde, denn hier korrespondieren positive oder zumindest ansteigende Differenzen mit nachfolgend abnehmenden BIP-Wachstumsraten.[356] Offenbar haben in diesen Zeiträumen zu hohe bzw. anziehende Tagesgeldsätze zu einer restriktiven Wirkung auf das BIP-Wachstum geführt. Allen genannten Phasen folgen anschließend abnehmende und/oder negative Differenzen, die steigende BIP-Wachstumsraten nach sich ziehen. Dies ist ein Indiz dafür, dass hier relativ niedrige Tagesgeldsätze zu einer Konjunkturbelebung geführt haben könnten.

Andererseits zeigt sich nicht zwingend, dass diese, in den in Abbildung 32 gekennzeichneten Zeiträumen ansteigenden Differenzen, also vergleichsweise ansteigende Tagesgeldsätze, mit sinkenden Inflationsraten einhergehen (siehe Abbildung 33), sodass diese Zinsentscheidungen zu rechtfertigen gewesen wären. Umgekehrt ist zum Beispiel für die Zeiträume Mitte 1970 bis Mitte 1972 oder das Jahr 1987 zu erkennen, dass die Differenz bis ins Negative fällt und die Inflationsrate nachfolgend ansteigt (ab Mitte 1972 bzw. ab 1988). Diese Phasen sind in Abbildung 33 mit A bzw. B gekennzeichnet. Augenscheinlich ist hier der Tagesgeldsatz zu niedrig — oder anders formuliert — nicht hoch genug gewählt

[356]Vgl. auch FILC 1998a, S. 18-21. [75]

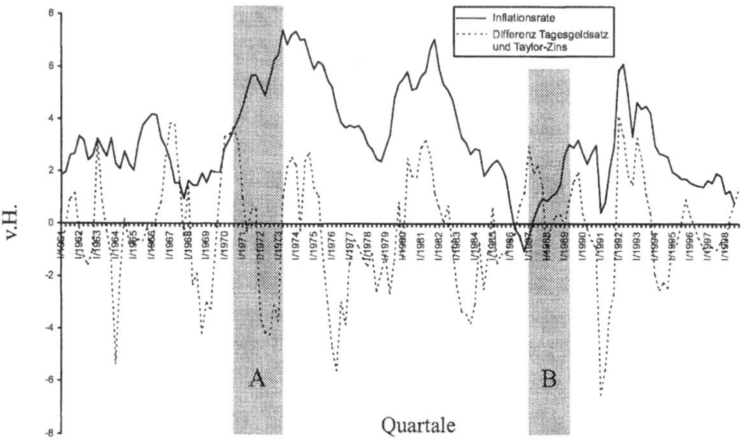

Abbildung 33: **Differenz zwischen Tagesgeldsatz und Taylor-Zins sowie Inflationsrate in der BRD im Zeitraum I/1961 - IV/1998**

Quelle für die Grundzahlen: IWF, International Financial Statistics, Deutsche Bundesbank, Monatsberichte

worden.

Insgesamt zeigt der Verlauf der Differenz zwischen Tagesgeldsatz und dem Taylor-Zins, dass beide Reihen kaum einen Gleichlauf aufweisen. Wie im Vergleich zur realen Wachstumsrate und zur Inflationsrate dargestellt wurde, gibt es Anhaltspunkte, dass in bestimmten Phasen die Taylor-Regel nach dem hier vorgestellten Konzept die bessere Wahl gewesen wäre.

Unter Berücksichtigung eines Taylor-Zinses, bei dessen Berechnung die Output- und Inflationslücke gemäß (139) gleich hoch mit $0,5$ gewichtet werden, ergeben sich kaum Änderungen zu den bisher gemachten Aussagen. Abbildung 34 stellt diesen Taylor-Zins dem bisher diskutierten gegenüber. Man sieht, dass sich die Taylor-Regel gemäß (139) mit der nach (138) berechneten teilweise deckt, in anderen Bereichen jedoch etwas unterschiedlich verläuft. Die Zinsempfehlungen nach der zweiten Regel sind zum Teil sogar noch drastischer als die der ersten, zum Beispiel für den Zeitraum von etwa 1971 bis 1976 oder von etwa 1980 bis 1984. Die Implikationen hinsichtlich der Differenz zum Tagesgeldsatz im Vergleich zu den Entwicklungen der Wachstumsrate und der Inflationsrate bleiben davon aber weitestgehend unberührt.

Auch für alternative Zielinflationsraten ändert sich der Verlauf der hier vorgestellten Taylor-Reihen nicht. Abbildung 35 zeigt die Taylor-Reihe mit der Gewichtung $t_1 = 0,8$ und $t_2 = 0,2$ sowie den Zielinflationsraten von 2% (wie bisher) und 1,5% im Vergleich. Die beiden Reihen weichen kaum voneinander ab. Gleiches ergibt sich auch bei einer entsprechenden Gegenüberstellung unter Zugrundelegung der Gewichtung $t_1 = 0,5$ und $t_2 = 0,5$. Die Berücksichtigung alternativer Zielinflationsraten hat damit kaum eine Aus-

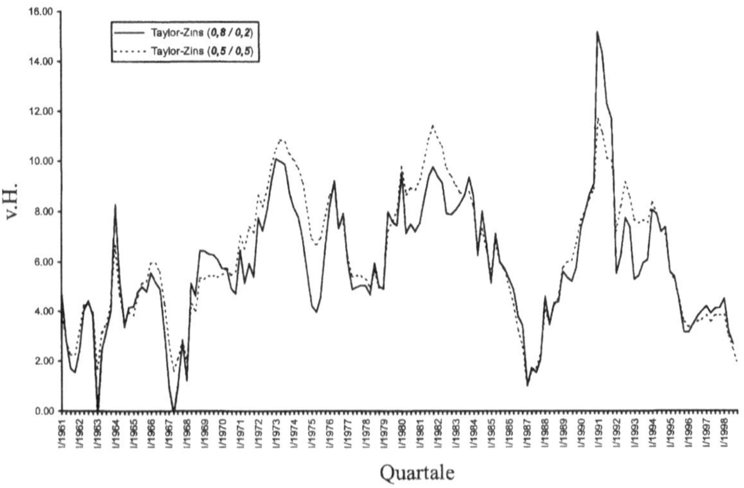

Abbildung 34: **Taylor-Zinsen mit $t_1 = 0,8$, $t_2 = 0,2$ bzw. $t_1 = 0,5$, $t_2 = 0,5$ in der BRD im Zeitraum I/1961 - IV/1998 im Vergleich**

Quelle für die Grundzahlen: IWF, International Financial Statistics, Deutsche Bundesbank, Monatsberichte

wirkung auf den Verlauf des Taylor-Zinses. Ein Unterschied würde nur dann relevant, wenn das Gewicht der Inflationslücke in der Taylor-Regel und/oder die Zielinflationsrate selbst sehr hoch wären.

Für eine entsprechende Betrachtung des Euro-Währungsgebietes wird ähnlich vorgegangen. Das reale Bruttoinlandsprodukt für das Euro-Gebiet basiert auf Preisen des Jahres 1995. Zur Berechnung der Outputlücke wird wiederum die Wachstumsrate des Trend-BIP nach dem HP-Filter von der tatsächlichen Wachstumsrate abgezogen. Die Inflationsrate wird an der Veränderungsrate (zum Vorjahr) des HVPI gemessen. Die so ermittelte Inflationsrate wird auch für die Berechnung der realen Geldmarktsätze verwendet, deren Gleichgewichtswerte auch hier durch den jeweiligen Trendwert nach dem HP-Filter ermittelt werden. Als Zielinflationsrate wird im Folgenden ein Wert von 2% angesetzt. Der Beobachtungszeitraum läuft vom ersten Quartal 1999 bis zum zweiten Quartal 2002.

Abbildung 36 zeigt die Entwicklung des Tagesgeldsatzes im Vergleich zu zwei Taylor-Zinsen, die sich durch die Höhe der Output- und Inflationslücken-Koeffizienten unterscheiden (mit $t_1 = 0,8$ und $t_2 = 0,2$ bzw. mit $t_1 = t_2 = 0,5$). Ähnlich wie im Fall der Deutschen Bundesbank entspricht die tendenzielle Entwicklung des Tagesgeldsatzes durchaus der Entwicklung der hier berechneten Taylor-Zinsen, wobei sich wieder bestätigt, dass die Taylor-Zinsen erratischer und im Niveau weitestgehend deutlich niedriger als die tatsächliche Zinsentwicklung verlaufen. Im Einzelnen sind beide Taylor-Zinsen bis zum dritten Quartal 1999 erheblich niedriger als der tatsächliche Zins. Vom vierten Quartal

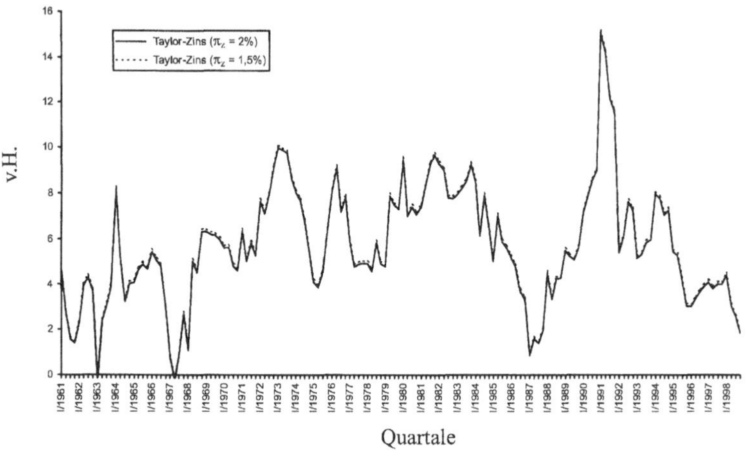

Abbildung 35: **Taylor-Zins mit $t_1 = 0,8$, $t_2 = 0,2$ und unterschiedlichen Zielinflationsraten in der BRD im Zeitraum I/1961 - IV/1998 im Vergleich**

Quelle für die Grundzahlen: IWF, International Financial Statistics, Deutsche Bundesbank, Monatsberichte

1999 bis zum zweiten Quartal 2000 ergibt sich eine weitestgehende Übereinstimmung aller drei Reihen. In diesem Zeitraum hat die Europäische Zentralbank ihre Zinsentscheidungen somit bewusst oder unbewusst entsprechend den hier betrachteten Taylor-Regeln getroffen, wobei besonders der Taylor-Zins mit der höheren Gewichtung für die Outputlücke der tatsächlichen Zinsentwicklung nahekommt. Ab dem zweiten Quartal des Jahres 2000 weichen die Reihen dagegen wieder stärker voneinander ab. Insbesondere die Empfehlung der Taylor-Reihe mit $t_1 = 0,8$ und $t_2 = 0,2$ hätte eine weitaus expansivere Geldpolitik zur Folge haben müssen als sie von der EZB tatsächlich verfolgt wurde. Insgesamt ist der Tagesgeldsatz im Euro-Währungsgebiet höher und damit restriktiver gewesen als die Maßgabe beider betrachteter Taylor-Regeln.

Das zeigt sich natürlich auch in der Abweichung des Tagesgeldsatzes vom Taylor-Zins (herangezogen wurde dabei die Taylor-Reihe mit $t_1 = 0,8$ und $t_2 = 0,2$). Abbildung 37 zeigt die Differenz beider Sätze im Vergleich zu den Entwicklungen der realen BIP-Wachstumsrate und der Inflationsrate. Obwohl die BIP-Wachstumsrate vom zweiten Quartal 2000 bis zum ersten Quartal 2002 kontinuierlich gefallen ist, ist die Differenz zwischen Tagesgeld- und Taylor-Satz positiv, ein deutliches Indiz dafür, dass die Geldpolitik gemessen an der Taylor-Regel in diesem Zeitraum zu restriktiv war. Insbesondere vor dem Hintergrund der sehr geringen Wachstumsraten Ende des Jahres 2001 und Anfang 2002 hätte sich eine expansivere Geldpolitik, wie sie der Taylor-Zins empfiehlt, vertreten lassen.

Die Zinsentscheidungen der Deutschen Bundesbank und der Europäischen Zentralbank sind damit zu einem Großteil nicht so ausgefallen, wie es nach der Maßgabe der Taylor-

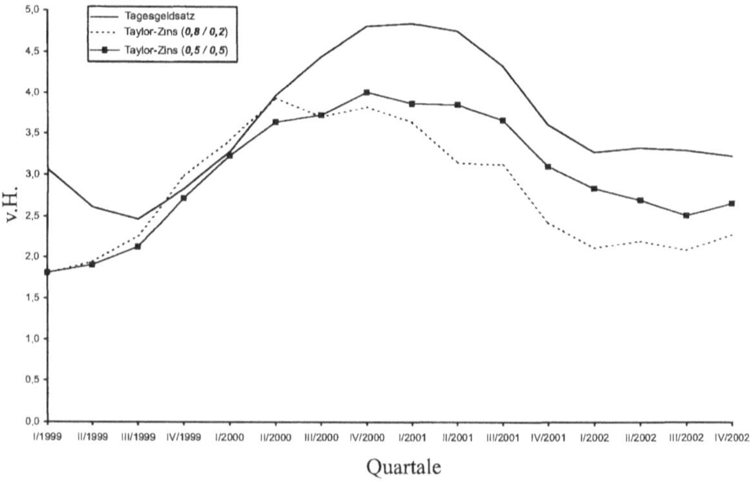

Abbildung 36: **Tagesgeldsatz und zwei Taylor-Zinsreihen für das Euro-Währungsgebiet im Zeitraum I/1999 - IV/2002 im Vergleich**

Quelle für die Grundzahlen: EZB, Monatsberichte

Regel notwendig gewesen wäre. Das heißt nicht, dass die tatsächlichen Zinsentscheidungen falsch gewesen sein müssen. Die Abweichungen der Zinsentwicklung vom Taylor-Zins sind jedoch vor dem Hintergrund der Entwicklungen der Inflations- und vor allem der BIP-Wachstumsrate zu bewerten. Es ist deshalb gerechtfertigt, darauf hinzuweisen, dass phasenweise eine Zinsentscheidung nach der Taylor-Regel die bessere Wahl gewesen wäre. Deutlich wird jedoch auch, dass die Taylor-Reihen weitaus erratischer als die tatsächlichen Zinsentwicklungen verlaufen. Eine auf der Grundlage der Taylor-Regel basierende Geldpolitik sähe sich damit der Gefahr ausgesetzt, zu aktionistisch zu wirken. Solange aber eine solche Politik der Stabilisierung der Inflation und des Outputs dient, muss darin kein Problem gesehen werden.

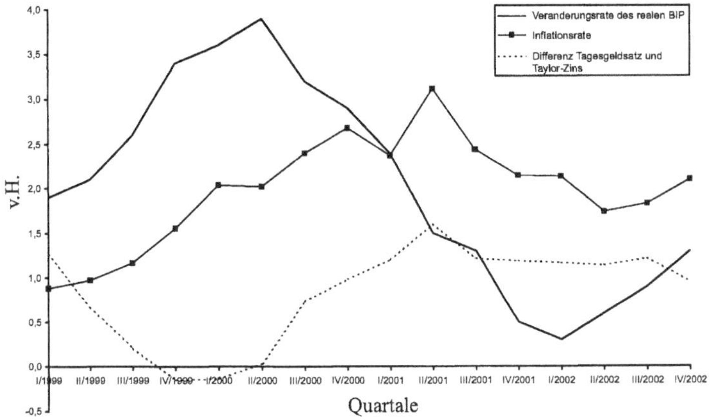

Abbildung 37: **Differenz zwischen Tagesgeldsatz und Taylor-Zins sowie Inflations- und BIP-Rate im Euro-Währungsgebiet im Zeitraum I/1999 - IV/2002**

Quelle für die Grundzahlen: EZB, Monatsberichte

4.3 Internationale Einflüsse auf die nationale Zinspolitik

4.3.1 Vorbemerkungen

Die bisherigen Ausführungen hatten den Zweck, empirische und theoretische Anhaltspunkte zu finden, die es rechtfertigen lassen, den Satz für Zentralbankgeld als geldpolitische Steuerungsgröße zu nutzen. Vor allem die Darstellungen in Abschnitt 4.2.3.3 basierten dabei auf der Annahme, dass geldpolitische Zinsentscheidungen quasi ungebremst die (zinsabhängigen) makroökonomischen Variablen des Güter- und Geldmarktes erreichen. Diese Annahme ist aber dann in Frage zu stellen, wenn internationale Einflüsse so stark auf den inländischen Kapitalmarkt wirken, dass unter Umständen die gewünschte Zinsentwicklung abgeschwächt, verstärkt oder gar umgekehrt werden kann: „Ein [...] Problem für die Zinspolitik ist darin zu sehen, daß [sic!] das Durchwirken der zinspolitischen Impulse einer Zentralbank vom Geldmarkt [im Sinne des Marktes für Zentralbankgeld - *Anm. d. Verf.*] zum Kapitalmarkt unter dem Einfluß der [...] internationalen Kapitalströme nicht mehr jederzeit im erforderlichen Umfang gewährleistet erscheint."[357] Die Folge davon ist, dass eine Zentralbank, die einen Zins in den Mittelpunkt ihrer Politik stellt, unter Umständen keine zinspolitische Autonomie mehr besitzt und ihre geldpolitischen Maßnahmen daher verpuffen können. In Abschnitt 4.3.3 wird deshalb anhand einiger empirischer Betrachtungen untersucht, ob das in der Vergangenheit für Deutschland sowie das Euro-Währungsgebiet der Fall gewesen sein könnte. Zuvor wird im nächsten Abschnitt in einer theoretischen Analyse geklärt, ob die Taylor-Regel um eine außenwirtschaftliche Komponente erweitert werden sollte. Hier wird vor allem die Rolle des Wechselkurses als Einflussparameter im Vordergrund stehen.

4.3.2 Theoretische Betrachtung

Sofern der inländische Kapitalmarkt soweit international eingebunden ist, dass die inländische Geldpolitik davon berührt wird, lohnt es sich darüber nachzudenken, ob die Zentralbank ihre zinspolitischen Entscheidungen nicht auch in Abhängigkeit von außenwirtschaftlichen Parametern treffen sollte. Im in dieser Arbeit vertretenen Kontext bedeutet das zu fragen, ob die geldpolitische Instrumentenregel — die Taylor-Regel — um eine Komponente erweitert werden sollte, welche den internationalen Einfluss widerspiegelt.

Um im Folgenden internationale Einflüsse auf die Wahl der geldpolitischen Regel zu untersuchen, wird auf den schon bestehenden Modellrahmen (93) bis (95) zurückgegriffen (siehe S. 145). Die Modellgleichungen lauteten dort:

$$
\begin{aligned}
y &= -\beta\tilde{r} + u, \\
p &= p^* + \epsilon y + x, \\
d &= \kappa y - b\tilde{r} + v.
\end{aligned}
$$

Bei Betrachtung einer offenen Volkswirtschaft wird nun in der weiteren Darstellung der

[357]ROHDE 1992, S. 143. [192]

Einfluss des Wechselkurses und des internationalen Zinszusammenhanges berücksichtigt, ähnlich wie bei Ball (1999b).[358] Da im Folgenden nur die Taylor-Regel betrachtet wird, kann der Geldmarkt aus dem System entfernt werden. Zur Vereinfachung werden außerdem Schocks nicht mehr berücksichtigt. Daraus resultiert folgendes Gleichungssystem:

$$y = -\beta\tilde{r} + h \cdot \hat{e}, \quad \text{mit} \quad h > 0 \tag{140}$$

$$p = p^* + \epsilon y + s \cdot \hat{e}, \quad \text{mit} \quad s > 0 \tag{141}$$

$$\hat{e} = ap \cdot i_{D,a} - zp \cdot \tilde{r}, \quad \text{mit} \quad ap, zp > 0 \tag{142}$$

$$\tilde{r} = i_{D,a} + \hat{e}^*. \tag{143}$$

$\hat{e}$ und $\hat{e}^*$ sind wie bisher die Änderungsrate bzw. die erwartete Änderungsrate des nominalen Wechselkurses (in Preisnotierung).[359] Eine positive (negative) Wechselkursänderungsrate lässt die Güternachfrage durch die billiger (teurer) gewordenen Exporte ansteigen (absinken) und damit auch im Ausmaß des Parameters h ceteris paribus die Outputlücke steigen (sinken). Gleichzeitig ergibt sich durch die höheren (niedrigeren) Importpreise ein Druck (eine Entspannung) auf die Inflationsrate. Nach Maßgabe des Parameters s steigt (sinkt) ceteris paribus die Inflationslücke. $i_{D,a}$ ist die Differenz zwischen der durchschnittlichen nominalen Rendite im Ausland und ihrem Gleichgewichtswert. Es soll dabei keine Rolle spielen, ob es sich um die entsprechende Größe auf dem Kapitalmarkt oder auf dem Zentralbankgeldmarkt (wie bei der inländischen Betrachtung) handelt. Gleichung (142) ist von der Zinsparität in (143) zu unterscheiden: (142) stellt einen funktionalen Zusammenhang dar, der besagt, dass die Wechselkursänderungsrate kleiner wird, wenn der inländische Zins steigt, und größer wird, wenn der ausländische Zins steigt. Die Stärke der Zinseinflüsse auf die Wechselkursänderungsrate wird durch die Parameter zp bzw. ap symbolisiert. Demgegenüber ist die Zinsparität eine Gleichgewichtsbedingung. Deutlich wird der Unterschied, wenn die Zinsparität (143) als

$$\hat{e}^* = \tilde{r} - i_{D,a}$$

und (142) als

$$\hat{e} = -(zp \cdot \tilde{r} - ap \cdot i_{D,a})$$

formuliert wird. Danach muss ein Zinsvorteil für das Inland mit einer Abwertungserwartung einhergehen, damit das Arbitragegleichgewicht gewahrt bleibt. Dagegen ist die prinzipielle Aussage von (142), dass ein Zinsvorteil für das Inland zu einer sinkenden Wechselkursänderungsrate, das heißt zu einer Aufwertung führt.

Die Gleichungen (140) bis (143) bilden nun das relevante System für die folgenden Betrachtungen. Es soll untersucht werden, ob die Verwendung einer erweiterten Taylor-Regel

[358] Vgl. BALL 1999b, S. 128. [7] Vgl. auch den Beitrag von GREIBER/HERZ 2000, S. 1-14. [101]

[359] Dies steht nicht im Widerspruch zur bisher angewandten Systematik, in der die Symbole die Differenzen zwischen den jeweiligen Größen und ihren Gleichgewichtswerten darstellen, wenn angenommen wird, dass die Wechselkursänderungsrate im Gleichgewicht gleich Null ist.

Sinn hat. Vorgeschlagen wird eine Taylor-Regel, die neben den bekannten Reaktionen auf die Inflations- und Outputlücke einen Reaktionsmechanismus auf die Wechselkursänderungsrate $\hat{e}$ enthält:[360]

$$\tilde{\tau} = t_1 y + t_2 p + t_3 \hat{e}. \tag{144}$$

Diese Taylor-Regel, die im Folgenden *erweiterte Taylor-Regel* heißen soll, soll den Zusammenhängen in den Gleichungen (140) und (141) Rechnung tragen. Der positiv gerichtete Einfluss der Wechselkursänderungsrate auf die Output- bzw. die Inflationslücke wird in der Taylor-Regel (144) nicht nur durch die geldpolitische Reaktion auf die Output- und Inflationslücke, sondern auch durch die Reaktion auf die Wechselkursänderungsrate an sich reguliert. Daneben wird immer die bisherige Taylor-Regel ($\tilde{\tau} = t_1 y + t_2 p$) ebenfalls betrachtet, um eine Referenz zu haben. Die bisherige Taylor-Regel wird im Weiteren als ursprüngliche oder konventionelle Taylor-Regel bezeichnet.

Im Grunde ist das eben vorgestellte Modell nur ein Abbild jener Volkswirtschaften, die durch ein System flexibler Wechselkurse miteinander verbunden sind. Bei festen Wechselkursen würde $\hat{e} = 0$ gelten und der Inlandszins würde in einem festen Verhältnis zum Auslandszins stehen. In diesem Fall wäre der Wechselkurskanal nicht relevant und es ergäben sich keine prinzipiell anderen Aussagen als in der Modellbetrachtung des Abschnittes 4.2.3.3. Deshalb wird hier nicht zwischen Systemen flexibler und fester Wechselkurse unterschieden.

Für die folgenden Darstellungen muss berücksichtigt werden, dass Änderungen des Auslandszinses und der Wechselkursänderungserwartungen, wie bereits in Abschnitt 3.5 erläutert wurde, jeweils unterschiedliche Auswirkungen auf das Inland haben können. Deshalb ist im Folgenden eine Fallunterscheidung notwendig. Es wird zunächst der Fall betrachtet, dass Variationen des Auslandszinses oder der Wechselkursänderungserwartung jeweils zu gleich starken Kompensationen der jeweils anderen Größe führen, dass also $|\Delta\hat{e}^*| = |\Delta i_{D,a}|$ gilt. Im Gegensatz dazu wird anschließend der genau entgegengesetzte Fall behandelt, nämlich dass Änderungen der Größen $i_{D,a}$ oder $\hat{e}^*$ voll auf den Inlandszins durchschlagen.

Im ersten Fall haben Wechselkursänderungserwartungen und der Auslandszins keinen direkten Einfluss auf den Inlandszins, weil sich die Änderungen dieser Größen gegenseitig kompensieren. Der Inlandszins bzw. die Inlandszinsdifferenz $\tilde{\tau}$ ist damit autonom und keinen Auslandseinflüssen unterworfen. Der geldpolitische Impuls kann gemäß (142) direkt auf den Wechselkurs wirken. Die Zinsparität (143) ist daher als Erklärungsansatz für Auslandseinflüsse auf den Inlandszins überflüssig. Die übrigen drei Gleichungen (140) bis (142) werden nun um die Taylor-Regeln erweitert. Unter Verwendung von $\tilde{\tau} = t_1 y + t_2 p$ ergeben sich die folgenden Gleichgewichtslösungen:

$$p = \frac{p^*(1 + t_1(h\,zp + \beta)) + i_{D,a}ap(s + t_1 s\beta + h\,\epsilon)}{1 + t_2 s\,zp + t_1\beta + t_2\beta\epsilon + h\,zp(t_1 + t_2\epsilon)}, \tag{145}$$

$$y = \frac{-t_2 p^*(h\,zp + \beta) + i_{D,a}ap(h - t_2 s\beta)}{1 + t_2 s\,zp + t_1\beta + t_2\beta\epsilon + h\,zp(t_1 + t_2\epsilon)}. \tag{146}$$

[360] Vgl. auch BALL 1999b, S. 131 [7], der allerdings den Wechselkurs wie auch den Kurzfristzins als Politikvariable betrachtet und ihn deshalb auf die linke Seite der geldpolitischen Regel stellt.

Bei Anwendung der um die Wechselkursänderungsrate erweiterten Taylor-Regel (144) ergibt sich dagegen:

$$p = \frac{p^*(1 + t_1(h\,zp + \beta) + t_3 zp) + i_{D,a}ap(s + t_1 s\beta + (h - t_3\beta)\epsilon)}{1 + t_2 s\,zp + t_1\beta + t_2\beta\epsilon + t_3 zp + h\,zp(t_1 + t_2\epsilon)}, \tag{147}$$

$$y = \frac{-t_2 p^*(h\,zp + \beta) + i_{D,a}ap(h - (t_2 s + t_3)\beta)}{1 + t_2 s\,zp + t_1\beta + t_2\beta\epsilon + t_3 zp + h\,zp(t_1 + t_2\epsilon)}. \tag{148}$$

Durch die Annahme, dass die Zinsparität keine Rolle spielt, ist der Auslandszins hier die einzige Größe, die einen Auslandseinfluss auf das Inland darstellt.

Das weitere Vorgehen ergibt sich analog zu den Abschnitten 4.2.3.5 bis 4.2.3.7. Die Beurteilung der Taylor-Regeln wird anhand der Verlustfunktion (96) (siehe Seite 146) vollzogen. Dafür werden für beide Regeln die Gleichgewichtslösungen in die Verlustfunktion eingesetzt und so die erwarteten Verluste, die durch Anwendung der ursprünglichen Taylor-Regel bzw. durch Anwendung der erweiterten Taylor-Regel entstehen, ermittelt. Die Differenz der erwarteten Verluste gibt Auskunft über die Vorteilhaftigkeit einer der beiden angewandten Regeln. Es wird insbesondere betrachtet, wie diese Differenz auf Änderungen der Auslandseinflüsse reagiert.

Das Einsetzen der Gleichgewichtslösungen (145) und (146) in die Verlustfunktion führt zum erwarteten Verlust L_t. Die Gleichgewichtslösungen (147) und (148) ergeben den Verlust $L_{t,erw}$:[361]

$$\begin{aligned} L_t = {} & \frac{1}{(1 + t_2 s\,zp + t_1\beta + t_2\beta\epsilon + h\,zp(t_1 + t_2\epsilon))^2} \cdot \\ & \Big[(1-a)(p^* t_2(h\,zp + \beta) + i_{D,a}ap(t_2 s\beta - h))^2 + \\ & a(p^*(1 + t_1 h\,zp + t1\beta) + i_{D,a}ap(s + t_1 s\beta + h\,\epsilon))^2\Big], \end{aligned} \tag{149}$$

$$\begin{aligned} L_{t,erw} = {} & \frac{1}{(1 + t_2 s\,zp + t_1\beta + t_2\beta\epsilon + t_3 zp + h\,zp(t_1 + t_2\epsilon))^2} \cdot \\ & \Big[(1-a)(p^* t_2(h\,zp + \beta) + i_{D,a}ap(\beta(t_2 s + t_3) - h))^2 + \\ & a(p^*(1 + t_1 h\,zp + t1\beta + t_3 zp) + i_{D,a}ap(s + t_1 s\beta + \\ & \epsilon(h - t_3\beta)))^2\Big]. \end{aligned} \tag{150}$$

[361] Analog zur Bildung der erwarteten Verluste im Rahmen des Modells in Abschnitt 4.2.3.3 (siehe auch die Anhänge A.1.6 bis A.1.8) sind hier die Gleichgewichtslösungen für p und y zu quadrieren. Von den quadrierten Lösungen werden die Erwartungswerte gebildet, die hier aber auf Grund der Nichtberücksichtigung von Schocks den quadrierten Gleichgewichtslösungen entsprechen. Auf eine gesonderte Darstellung im Anhang wird deshalb verzichtet. Die Erwartungswerte werden auch hier entsprechend der Verlustfunktion mit den Faktoren a bzw. $(1 - a)$ gewichtet, um den erwarteten Verlust zu erhalten. Diese Erläuterungen gelten auch für den weiter unten zu behandelnden Fall der Berücksichtigung der Zinsparität im Modell.

Ist die Differenz $(L_t - L_{t,erw})$ positiv, dann ist die Anwendung der erweiterten Taylor-Regel die geeignetere Strategie, da dann deren Verlust geringer ausfällt (bzw. umgekehrt). Der Einfluss der erweiterten Taylor-Regel macht sich im Verlust (150) durch den zusätzlichen Parameter t_3 bemerkbar. Für $t_3 = 0$ entspricht Ausdruck (150) dem Ausdruck (149), das heißt, die Differenz ist Null. Abbildung 38 zeigt die Differenz zwischen den beiden erwarteten Verlusten, wobei den Parametern die numerischen Werte zu Grunde liegen, die in Abschnitt 4.2.3.4 (siehe S. 155) ermittelt wurden. Zusätzlich werden $h = s = 0,2$ und $ap = 2$ gesetzt.[362] Für zp wurde ebenfalls $zp = 2$ und für die Auslandszinsdifferenz wurde $i_{D,a} = 2\%$ angenommen. Als Koeffizienten für die Output- und Inflationslücke wurden $t_1 = 0.8$ und $t_2 = 0.2$ gewählt.

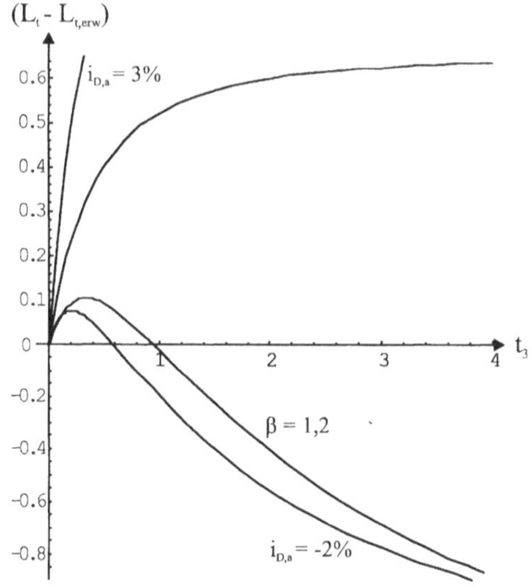

Abbildung 38: **Differenz $(L_t - L_{t,erw})$ in Abhängigkeit vom Parameter t_3**

Die nicht bezeichnete Kurve in Abbildung 38 stellt die Differenz zwischen dem Verlust bei Anwendung der erweiterten Taylor-Regel gemäß (144) und der Anwendung der konventionellen Taylor-Regel dar, und zwar für die oben genannten Parameterwerte. Danach ist diese Differenz im relevanten t_3-Bereich stets positiv und die erweiterte Taylor-Regel damit die bessere Wahl. Je größer hier der Auslandseinfluss in Form der Größe $i_{D,a}$ ist, umso stärker ist der Vorteil der erweiterten Taylor-Regel, da die Verlustdifferenz immer größer wird. Das heißt, umso mehr der Auslandszins seinen Gleichgewichtswert übersteigt $(i_{D,a} > 0)$, umso stärker ist auch der Einfluss auf den Wechselkurs und umso mehr Sinn hat es, mit Hilfe der erweiterten Taylor-Regel den Satz für Zentralbankgeld auch nach der Wechselkursänderungsrate anzupassen. In Abbildung 38 ist für eine hohe Zinsdifferenz

[362] Das entspricht den Annahmen in der Analyse von Ball (1999b). Vgl. BALL 1999b, S. 129-130. [7]

im Ausland exemplarisch der Fall $i_{D,a} = 3\%$ dargestellt. Bei $i_{D,a} = 0\%$ befindet sich der Auslandszins im Gleichgewicht und es ergibt sich dann auch kein zusätzlicher Einfluss auf den Wechselkurs. In diesem Fall wäre es übertrieben, den Zentralbankgeldsatz an der nur durch den Inlandszins bestimmten Wechselkursänderungsrate auszurichten. Das gilt auch für eine vom Betrage her kleine negative ausländische Zinsdifferenz. Erst wenn diese stärker negativ wird, kann die erweiterte Taylor-Regel bei kleineren t_3 wieder vorteilhaft werden. In Abbildung 38 ist das für den Fall $i_{D,a} = -2\%$ dargestellt. Daneben hat auch der Parameter β, also die Zinsreagibilität der Outputlücke, einen nicht unerheblichen Einfluss auf die Verlustdifferenz. Bei sehr großen β und gleichzeitig hohen Gewichten t_3 übt die geldpolitische Zinsreaktion einen so starken Einfluss auf die Outputlücke aus, dass der Verlust insgesamt höher ausfällt als ohne Anwendung der erweiterten Taylor-Regel. In Abbildung 38 ist exemplarisch der Verlauf für $\beta = 1,2$ bei ansonsten unveränderten Werten dargestellt. Je höher β wird, umso geringer wird die Verlustdifferenz und umso kleiner wird der Bereich, in dem die Verlustdifferenz noch positiv ist.

Es hat sich gezeigt, dass die Anwendung der erweiterten Taylor-Regel gerade bei hohen Abweichungen des Auslandszines von dessen Gleichgewichtswert, also bei hohen $i_{D,a}$, vorteilhaft erscheint. Dies lässt sich auch noch einmal separat für die Inflations- bzw. Outputlücke darstellen. Die Reaktion der gleichgewichtigen Inflationslücke aus (145) auf Auslandszinsänderungen ist:

$$\frac{\partial p}{\partial i_{D,a}} = \frac{ap(s + t_1 s\beta + h\,\epsilon)}{1 + t_2 s\, zp + t_1\beta + t_2\beta\epsilon + h\, zp(t_1 + t_2\epsilon)}. \tag{151}$$

Die Inflationslücke aus (147), die also bei Anwendung der erweiterten Taylor-Regel (144) entsteht, reagiert auf Änderungen des Auslandszinses demgegenüber mit:

$$\frac{\partial p}{\partial i_{D,a}} = \frac{ap(s + t_1 s\beta + \epsilon(h - t_3\beta))}{1 + t_2 s\, zp + t_1\beta + t_2\beta\epsilon + t_3 zp + h\, zp(t_1 + t_2\epsilon)}. \tag{152}$$

In (152) zeigt sich im Vergleich zu (151), dass sich der Zähler um den Ausdruck $ap \cdot t_3\beta\epsilon$ vermindert, während sich der Nenner um den Ausdruck $t_3 zp$ erhöht.[363] Das heißt, die Anwendung der erweiterten Taylor-Regel (144) vermag die Reaktion der Inflationslücke auf Auslandszinsänderungen besser zu stabilisieren als die ursprünglich verwendete Taylor-Regel, wenn t_3 eine bestimmte Grenze nicht überschreitet. Wird t_3 relativ hoch gewählt, dann kann zunächst die in Gleichung (152) dargestellte Reaktion negativ werden, das heißt, dass steigende (sinkende) Auslandszinsen zu einer sinkenden (steigenden) Inflationslücke führen können. In diesem Fall überkompensiert der Effekt auf die Inflationslücke, der durch die Zinsentscheidung der Zentralbank entsteht, den Effekt, der durch die (durch

[363] Mit anderen Worten heißt das, dass die partielle Ableitung von (152) nach t_3 eindeutig negativ ist, das heißt, je höher t_3 ist, desto kleiner wird die Reaktion der Inflationslücke auf Zinsänderungen im Ausland:

$$\frac{\partial^2 p}{\partial i_{D,a}\,\partial t_3} = -\frac{ap(1 + t_1\beta + t_2\beta\epsilon)(s\, zp + \epsilon(h\, zp + \beta))}{(1 + t_2 s\, zp + t_1\beta + t_2\beta\epsilon + t_3 zp + h\, zp(t_1 + t_2\epsilon))^2} < 0.$$

Andersherum heißt das natürlich, dass je kleiner t_3 ist, die Inflationslücke umso stärker auf Variationen des Auslandszinses reagiert, bis bei $t_3 = 0$ die Ableitung in (152) gleich derjenigen in (151) ist.

die Zinsänderung im Ausland bedingten) Wechselkursänderung auf die Inflationslücke entsteht. Tritt allerdings der Fall ein, dass Ableitung (152) so stark negativ werden sollte, dass sie vom Betrag her größer als (151) ist, dann trägt die erweiterte Taylor-Regel zur Destabilisierung der Inflationslücke bei. Diese reagiert dann bei Anwendung der erweiterten Taylor-Regel heftiger auf Zinsänderungen im Ausland als bei Anwendung der ursprünglichen Taylor-Regel. Der maximale t_3-Wert, bis zu dem der Betrag von (152) den von (151) nicht übersteigt, ergibt sich, wenn die quadrierten Ableitungen (151) und (152) gleich sind:

$$\begin{aligned} \left[\frac{\partial p}{\partial i_{D,a}}\right]^2_{151} &= \left[\frac{\partial p}{\partial i_{D,a}}\right]^2_{152}, \\ t_{3,max} &= \frac{2(s + t_1 s\beta + h\,\epsilon)(1 + t_2 s\,zp + t_1\beta + t_2\beta\epsilon + h\,zp(t_1 + t_2\epsilon))}{\epsilon(\beta + \beta^2(t_1 + t_2\epsilon) + h\,zp(t_1\beta + t_2\beta\epsilon - 1)) - s\,zp(1 + t_1\beta - t_2\beta\epsilon)}. \end{aligned}$$

Wenn das Gewicht in das Intervall $0 < t_3 < t_{3,max}$ fällt, dann vermag die erweiterte Taylor-Regel — wie bereits gesagt — die Inflationslücke nach Auslandszinsänderungen besser zu stabilisieren als die konventionelle Taylor-Regel. Die Grenze $t_{3,max}$ wächst mit fallendem β und ϵ sowie mit zunehmenden s, zp und t_2.[364]

Die Outputlücke aus (146) reagiert auf Änderungen der Größe $i_{D,a}$ mit

$$\frac{\partial y}{\partial i_{D,a}} = \frac{ap(h - t_2 s\beta)}{1 + t_2 s\,zp + t_1\beta + t_2\beta\epsilon + h\,zp(t_1 + t_2\epsilon)} \tag{153}$$

und die aus (148) mit

$$\frac{\partial y}{\partial i_{D,a}} = \frac{ap(h - \beta(t_2 s + t_3))}{1 + t_2 s\,zp + t_1\beta + t_2\beta\epsilon + t_3 zp + h\,zp(t_1 + t_2\epsilon)}. \tag{154}$$

Auch hier zeigt sich, dass der Zähler in (154) im Vergleich zu (153) um den Ausdruck $ap \cdot t_3\beta$ kleiner und der Nenner wiederum um den Ausdruck $t_3 zp$ größer ist, sodass y mit steigender (sinkender) Auslandszinsdifferenz $i_{D,a}$ immer kleiner (größer) wird.[365]

Zunächst ist festzustellen, dass die Reaktion der Outputlücke auf Auslandszinsvariationen wieder negativ werden kann, hier allerdings auch ohne Zutun der erweiterten Taylor-Regel. Das ist dann der Fall, wenn die Geldpolitik so stark auf die Zielverfehlungen reagiert, dass die ursprüngliche Wirkung der Wechselkursänderung auf Output- und Inflationslücke überkompensiert wird. Die Einbeziehung der erweiterten Taylor-Regel kann diesen Effekt verstärken. Wie im Fall der Inflationslücke auch, kann die Anwendung der erweiterten

[364] Das ergibt sich aus den eindeutig negativen ersten partiellen Ableitungen von $t_{3,max}$ nach β und ϵ sowie den eindeutig positiven ersten partiellen Ableitung von $t_{3,max}$ nach s, zp und t_2, die hier aus Gründen der Übersichtlichkeit nicht dargestellt werden.

[365] Äquivalent zur Inflationslücke verdeutlicht sich dies durch Differentiation von (154) nach dem Parameter t_3:
$$\frac{\partial^2 y}{\partial i_{D,a}\partial t_3} = -\frac{ap(1 + t_1\beta + t_2\beta\epsilon)(h\,zp + \beta)}{(1 + t_2 s\,zp + t_1\beta + t_2\beta\epsilon + t_3 zp + h\,zp(t_1 + t_2\epsilon))^2}. < 0$$

Taylor-Regel im Vergleich zur ursprünglichen Taylor-Regel die Reaktion der Outputlücke auf Änderungen des Auslandszinses besser stabilisieren, wenn das Taylor-Gewicht t_3 nicht zu groß ist. Noch eher als im Fall der Inflationslücke kann (154) bei wachsendem t_3 aber so stark negativ werden, dass die Anwendung der erweiterten Taylor-Regel dazu führt, dass die Reaktion der Outputlücke auf Auslandszinsänderungen nachteilig beeinflusst wird, weil dann (154) dem Betrage nach größer als (153) wird. Der entsprechende t_3-Maximalwert ergibt sich wiederum dann, wenn die quadrierten Terme (153) und (154) gerade gleich sind. Das ist:

$$\begin{aligned} \left[\frac{\partial y}{\partial i_{D,a}}\right]^2_{153} &= \left[\frac{\partial y}{\partial i_{D,a}}\right]^2_{154}, \\ t_{3,max} &= \frac{2(h - t_2 s\beta)(1 + t_2 s\, zp + t_1\beta + t_2\beta\epsilon + h\, zp(t_1 + t2\epsilon))}{h\, zp(t_1\beta + t_2\beta\epsilon - 1) + \beta(1 + 2t_2 s\, zp + t_1\beta + t_2\beta\epsilon)}. \end{aligned}$$

Diese Grenze wächst wieder mit fallendem β und ϵ sowie mit fallendem t_1 und steigendem zp.

Bis hierher wurde der Einfluss der Zinsparität (143) nicht betrachtet, da unterstellt wurde, dass sich Zinsänderungen im Ausland und die Änderung der erwarteten Wechselkursänderungsrate stets voll kompensieren, sodass kein Einfluss auf den Inlandszins verbleibt. Jetzt soll diese Annahme aufgegeben werden und stattdessen das extreme Gegenteil betrachtet werden, nämlich dass Änderungen des Auslandszinses oder der Wechselkurserwartungen in voller Höhe auf den Inlandszins durchschlagen.[366] Der Inlandszins bzw. die Inlandszinsdifferenz $\tilde{r}$ ist damit wesentlich durch ausländische Einflüsse bestimmt. Analytisch heißt das, dass das Gleichungssystem (140) bis (142) nun zunächst um die Zinsparität (143) zu ergänzen ist. (143) eingesetzt in (142) ergibt:

$$\hat{e} = ap \cdot i_{D,a} - zp(i_{D,a} + \hat{e}^*). \tag{155}$$

Ausdruck (155) zeigt, dass die Zinsabweichung im Ausland $i_{D,a}$ zweifach auf die Wechselkursänderungsrate wirken kann. Zum einen besteht der bis jetzt alleinig betrachtete direkte Zusammenhang: steigt zum Beispiel der Auslandszins, werden ausländische Kapitalanlagen attraktiver und die inländische Währung wertet ab, das heißt, $\hat{e}$ steigt nach Maßgabe des Parameters ap an. Gleichzeitig wird zum anderen das Arbitragegleichgewicht gestört. Entwickelt sich die erwartete Wechselkursänderungsrate nicht so, dass der anfängliche Anstieg des Auslandszinses voll kompensiert wird, dann ergibt sich ein Effekt auf den Inlandszins. Hier besteht jetzt die Annahme, dass sich diese Zinsänderung voll auf das Inland auswirkt. Somit resultiert ein steigender Inlandszins, der wieder tendenziell zu einer Aufwertung der Inlandswährung nach Maßgabe des Parameters zp führt. Das ist der indirekte Effekt.

[366] Mit anderen Worten heißt das Folgendes: Wird die Wirkung beispielsweise einer Auslandszinsänderung auf die Output- oder Inflationslücke betrachtet, dann wird diese Betrachtung immer ceteris paribus durchgeführt. Das heißt, es geht also um die Wirkung einer Auslandszinsänderung auf inländische Größen, ohne dass berücksichtigt wird, dass sich gleichzeitig auch die Wechselkurserwartung ändern kann. Das bedeutet nichts anderes als die Annahme, dass sich ausländische Zinsänderungen ohne Kompensation durch die erwartete Wechselkursänderungsrate auf den Inlandszins auswirken.

Unter Verwendung von $\tilde{\tau} = t_1 y + t_2 p$ ergeben sich nun die folgenden Gleichgewichtslösungen:

$$p = \frac{p^* + p^* t_1 \beta + (i_{D,a} ap - zp(i_{D,a} + \hat{e}^*))(s + t_1 s\beta + h\,\epsilon)}{1 + t_1\beta + t_2\beta\epsilon}, \tag{156}$$

$$y = \frac{-p^* t_2 \beta + (i_{D,a} ap - zp(i_{D,a} + \hat{e}^*))(h - t_2 s\beta)}{1 + t_1\beta + t_2\beta\epsilon}. \tag{157}$$

Bewertet durch die Verlustfunktion (96) entsteht bei Anwendung der konventionellen Taylor-Regel folgender Verlust:

$$\begin{aligned} L_t &= \frac{1}{(1 + t_1\beta + t_2\beta\epsilon)^2} \cdot \big[(1-a)(t_2 p^* \beta - (i_{D,a} ap - zp(i_{D,a} + \hat{e}^*)) \cdot \\ &\quad (h - t_2 s\beta))^2 + a(p^* + t_1 p^* \beta + (i_{D,a} ap - zp(i_{D,a} + \hat{e}^*)) \cdot \\ &\quad (s + t_1 s\beta + h\,\epsilon))^2\big]. \end{aligned} \tag{158}$$

Für den Fall der Anwendung der erweiterten Taylor-Regel (144) wird dieselbe Betrachtung durchgeführt. Die Lösungen und der Verlust lauten hier wie folgt:

$$p = \frac{p^* + p^* t_1 \beta + (i_{D,a} ap - zp(i_{D,a} + \hat{e}^*))(s + t_1 s\beta + \epsilon(h - t_3\beta))}{1 + t_1\beta + t_2\beta\epsilon}, \tag{159}$$

$$y = \frac{-p^* t_2 \beta + (i_{D,a} ap - zp(i_{D,a} + \hat{e}^*))(h - \beta(t_2 s + t_3))}{1 + t_1\beta + t_2\beta\epsilon}, \tag{160}$$

$$\begin{aligned} L_{t,erw} &= \frac{1}{(1 + t_1\beta + t_2\beta\epsilon)^2} \cdot \big[(1-a)(t_2 p^* \beta - (i_{D,a} ap - zp(i_{D,a} + \hat{e}^*)) \cdot \\ &\quad (h - \beta(t_2 s + t_3)))^2 + a(p^* + t_1 p^* \beta + (i_{D,a} ap - zp(i_{D,a} + \hat{e}^*)) \cdot \\ &\quad (s + t_1 s\beta + \epsilon(h - t_3\beta)))^2\big]. \end{aligned} \tag{161}$$

Auch hier erweist sich die erweiterte Taylor-Regel wiederum dann als vorteilhaft, wenn der erwartete Verlust $L_{t,erw}$ kleiner ist als der erwartete Verlust L_t, wenn mithin die Differenz $(L_t - L_{t,erw})$ positiv ist. Für die bereits weiter oben genannten Werte[367] und mit $\hat{e}^* = 1$ hat die Verlustdifferenz den in Abbildung 39 dargestellten Verlauf (Kurve ohne Bezeichnung).

Zu erkennen ist, dass die erweiterte Taylor-Regel nur bis etwa $t_3 = 1,3$ die bessere Wahl darstellt. Geht t_3 darüber hinaus, dann ist die induzierte geldpolitische Zinsreaktion zu heftig im Vergleich zur Anwendung der ursprünglichen Taylor-Regel. Wie auch im oben dargestellten Fall, in dem die Zinsparität nicht berücksichtigt wurde, reduziert ein steigendes β die Vorteilhaftigkeit der Taylor-Regel — sowohl hinsichtlich der relevanten t_3-Werte

[367] $\kappa = 0,3$, $b = 0,9$, $\beta = 0,3$, $\epsilon = 0,05$, $a = 0,5$, $h = s = 0,2$, $ap = zp = 2$, $i_{D,a} = 2\%$, $t_1 = 0.8$, $t_2 = 0.2$

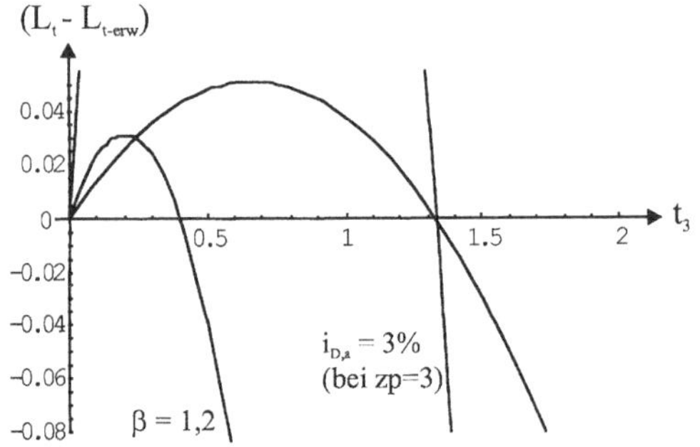

Abbildung 39: **Differenz $(L_t - L_{t,erw})$ in Abhängigkeit vom Parameter t_3**

als auch hinsichtlich der Höhe der Verlustdifferenz — da der zinspolitische Einfluss auf die Outputlücke dann zu groß wird. Bei den für die Darstellung in Abbildung 39 zu Grunde gelegten Werten gilt $ap = zp = 2$. Dies hat zur Folge, dass Variationen der Auslandszinsdifferenz keine Auswirkung auf die Verluste haben, weil sich der direkte und der indirekte Effekt auf die Wechselkursänderungsrate aufheben. Ist ap von zp verschieden, dann führt eine betragsmäßig steigende ausländische Zinsdifferenz dazu, dass die Verlustdifferenz tendenziell ansteigt. Dies gilt allerdings nur bis zu einer bestimmten Höhe des Gewichtes t_3. Zu hohe Werte für t_3 lassen die Verlustdifferenz auch hier negativ werden. In Abbildung 39 ist der Fall $i_{D,a} = 3\%$ bei $zp = 3$ dargestellt, wobei dort der Verlustvorteil für die erweiterte Taylor-Regel so hoch ist, dass nur Teile des aufsteigenden und des absteigenden Astes zu sehen sind. Dagegen steht der Einfluss der erwarteten Wechselkursänderungsrate nicht in Abhängigkeit von $(ap - zp)$. Je höher die Erwartung dem Betrag nach ist, desto mehr ist die erweiterte Taylor-Regel vorteilhaft, aber auch hier wieder nur bis zu einem bestimmten t_3-Wert.

Auch hier soll nun noch ein Blick auf den Einfluss des Auslandes auf die separaten Gleichgewichtslösungen geworfen werden. Je nachdem, welche Taylor-Regel Anwendung gefunden hat — also entweder die ursprüngliche oder die erweiterte gemäß (144) — reagieren die Gleichgewichtslösungen unterschiedlich auf Impulse aus dem Ausland. Die Reaktion der Inflationslücke unter Anwendung der ursprünglichen Taylor-Regel auf Variationen des Auslandszinses ergibt sich durch die erste partielle Ableitung von (156) nach $i_{D,a}$:

$$\frac{\partial p}{\partial i_{D,a}} = \frac{(ap - zp)(s + t_1 s\beta + h\,\epsilon)}{1 + t_1\beta + t_2\beta\epsilon}. \tag{162}$$

Die entsprechende Reaktion bei Anwendung der erweiterten Taylor-Regel ist analog gegeben durch die Differentiation von (159) nach $i_{D,a}$:

$$\frac{\partial p}{\partial i_{D,a}} = \frac{(ap - zp)(s + t_1 s\beta + \epsilon(h - t_3\beta))}{1 + t_1\beta + t_2\beta\epsilon}. \tag{163}$$

Man erkennt zunächst, dass bei $ap = zp$ die ausländische Zinsdifferenz in beiden Fällen keinen Einfluss auf die Inflationslücke hat. Das Vorzeichen hängt in beiden Fällen von der Differenz $(ap - zp)$ ab. Gilt $ap < zp$, dann wirkt der indirekte Effekt stärker als der direkte: eine Zinserhöhung im Ausland führt zwar zu einem Abwertungsdruck auf die heimische Währung, aber gleichzeitig verursacht diese Zinserhöhung eine solche im Inland. Da diese stärker auf den Wechselkurs wirkt, wird die Wechselkursänderungsrate letztlich kleiner und wirkt sich dementsprechend auf die Inflationslücke aus. Der Einfluss des Gewichtes t_3 verringert die Reaktion der Inflationslücke auf Zinsimpulse aus dem Ausland, solange (163) vom Betrag her nicht größer als (162), also t_3 nicht zu groß wird. Das heißt, die erweiterte Taylor-Regel kann dann die Reaktion der Inflationslücke auf Änderungen des Auslandszinses stabilisieren. Die Grenze, bis zu der das Gewicht t_3 die erweiterte Taylor-Regel in Bezug auf die Stabilisierung der Inflationslücke vorteilhaft hält, ist auch hier dann gegeben, wenn die quadrierten Ableitungen (162) und (163) gerade gleich sind:

$$\left(\frac{(ap - zp)(s + t_1 s\beta + h\,\epsilon)}{1 + t_1\beta + t_2\beta\epsilon}\right)^2 = \left(\frac{(ap - zp)(s + t_1 s\beta + \epsilon(h - t_3\beta))}{1 + t_1\beta + t_2\beta\epsilon}\right)^2$$

$$t_{3,max} = \frac{2(s + t_1 s\beta + h\,\epsilon)}{\beta\epsilon}. \tag{164}$$

Je größer also s, h und t_1 sind, um bei so größeren t_3 gelingt immer noch eine Stabilisierung der Inflationslücke bei Zinsimpulsen aus dem Ausland. Höhere β und ϵ verkleinern dagegen den Spielraum der vorteilhaften t_3-Werte.[368] Ähnliches gilt auch für den Einfluss der erwarteten Wechselkursänderung auf die Inflationslücke. Die entsprechenden Reaktionen für die konventionelle bzw. die erweiterte Taylor-Regel sind gegeben durch:

$$\frac{\partial p}{\partial \hat{e}^*} = -\frac{zp(s + t_1 s\beta + h\,\epsilon)}{1 + t_1\beta + t_2\beta\epsilon}$$

bzw.

$$\frac{\partial p}{\partial \hat{e}^*} = -\frac{zp(s + t_1 s\beta + \epsilon(h - t_3\beta))}{1 + t_1\beta + t_2\beta\epsilon}.$$

Auch hier fällt die betragsmäßige Reaktion der Inflationslücke auf Änderungen der Wechselkurserwartung kleiner aus, wenn die erweiterte Taylor-Regel angewandt und t_3 nicht zu hoch wird. Die Grenze, bis zu der t_3 anwachsen darf, ist äquivalent zu (164). Das für die erweiterte Taylor-Regel vorteilhafte t_3-Intervall ist somit gegeben durch $0 < t_3 < \frac{2(s+t_1 s\beta + h\,\epsilon)}{\beta\epsilon}$, wenn es um die Stabilisierung der Inflationslücke nach Auslandsimpulsen geht.

[368]Dies ersieht man aus:

$$\frac{\partial t_{3-max}}{\partial \beta} = -\frac{2(s + h\,\epsilon)}{\beta^2\epsilon} < 0 \text{ und } \frac{\partial t_{3-max}}{\partial \epsilon} = -\frac{2(s + t_1 s\beta)}{\beta^2\epsilon} < 0.$$

Die Analyse der Reaktion der Outputlücke auf ausländische Einflüsse führt zu ähnlichen Ergebnissen. Die Outputlücke reagiert bei Anwendung der ursprünglichen Taylor-Regel auf Auslandseinflüsse mit:

$$\frac{\partial p}{\partial i_{D,a}} = \frac{(ap - zp)(h - t_2 s\beta)}{1 + t_1\beta + t_2\beta\epsilon},$$
$$\frac{\partial p}{\partial \hat{e}^*} = -\frac{zp(h - t_2\beta)}{1 + t_1\beta + t_2\beta\epsilon}$$

und bei Anwendung der erweiterten Taylor-Regel mit:

$$\frac{\partial p}{\partial i_{D,a}} = -\frac{(ap - zp)(h - \beta(t_2 s + t_3))}{1 + t_1\beta + t_2\beta\epsilon},$$
$$\frac{\partial p}{\partial \hat{e}^*} = -\frac{zp(h - \beta(t_2 + t_3))}{1 + t_1\beta + t_2\beta\epsilon}.$$

Auch hier kann die erweiterte Taylor-Regel die Reaktion der Outputlücke nur dann besser stabilisieren als die konventionelle Taylor-Regel, wenn t_3 nicht zu hoch ist. Das entsprechende t_3-Intervall liegt bei $0 < t_3 < \frac{2(c - t_2 s\beta)}{\beta}$. Ansteigende h-Werte vergrößern dieses Intervall, während es steigende $s-, t_2-$ und β-Werte verkleinern.[369]

Zusammengefasst heißt dies, dass die Anwendung einer erweiterten Taylor-Regel, welche den Satz für Zentralbankgeld auch in Abhängigkeit von der Wechselkursänderungsrate stellt, durchaus sinnvoll sein kann. Das gilt insbesondere dann, wenn die Einflüsse aus dem Ausland relativ stark sind. Das Gewicht t_3 darf dabei nicht zu groß angesetzt werden. Andernfalls wird damit eine Zinsreaktion im Inland induziert, welche die Outputlücke und damit auch die Inflationslücke destabilisiert. Auch hier wie generell bei Anwendung der Taylor-Regel ist darauf zu achten, dass bestimmte Parameter die Anwendung der erweiterten Taylor-Regel nicht konterkarieren. Hier ist insbesondere die Zinsreagibilität der Outputlücke β zu nennen. Ist diese sehr groß, sollte das t_3-Gewicht eher klein gewählt werden. Bei zu großen β ist die erweiterte Taylor-Regel unter Umständen nicht geeignet.

4.3.3 Empirische Betrachtung

Die Analyse im vorangegangenen Abschnitt galt der Frage, ob die Erweiterung der Taylor-Regel um die Wechselkursänderungsrate vorteilhaft sein kann. Wie anhand des modelltheoretischen Rahmens deutlich geworden ist, kommt die Erweiterung der Taylor-Regel dann in Frage, wenn mit ihr die Inflations- und Outputlücke im Inland besser stabilisiert werden kann als mit der ursprünglichen Taylor-Regel. In diesem Abschnitt soll wieder an das eingangs des Abschnitts 4.3 aufgeworfene Problem angeknüpft werden, dass unter Umständen die Übertragung von geldpolitisch ausgelösten Zinsimpulsen zu den weiter hinten angesiedelten Kapitalmärkten durch Auslandseinflüsse gestört ist. Deshalb wird in

369 $\frac{\partial t_{3,max}}{\partial s} = -\frac{2h}{\beta^2}$

der folgenden empirischen Betrachtung untersucht, ob und wie stark inländische Zinsentwicklungen durch Auslandseinflüsse determiniert sind.

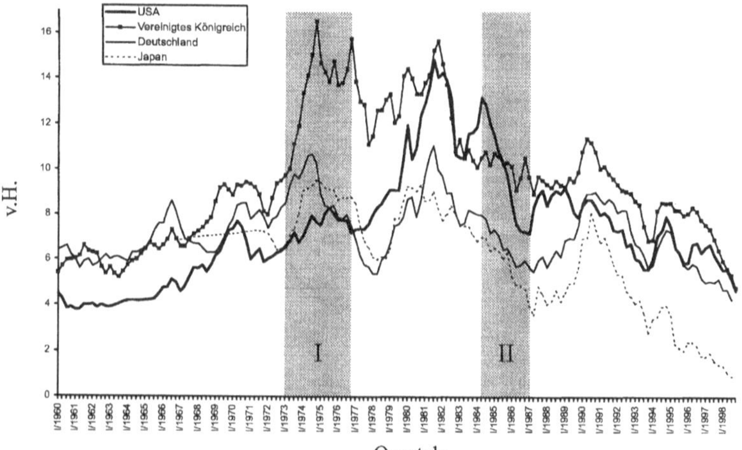

Abbildung 40: **Langfristzinsen von vier Volkswirtschaften im Zeitraum I/1960 - IV/1998 im Vergleich**

Quelle für die Grundzahlen: IWF, International Financial Statistics, Deutsche Bundesbank, Monatsberichte

Abbildung 40 zeigt zunächst die vergleichende Entwicklung der langfristigen Zinssätze von vier Volkswirtschaften, denen zugetraut werden kann, auf die Zinsentwicklung weiterer Länder Einfluss zu haben, nämlich die Zinsreihen der USA, des Vereinigten Königreiches, Deutschlands und Japans. In allen Fällen handelt es sich um Quartalsdurchschnitte der Renditen von langfristigen, meist zehnjährigen Staatsanleihen, im Zeitraum I/1960-IV/1998 (mit Ausnahme von Japan, dessen Zinsreihe erst mit dem Quartal IV/1966 einsetzt). In Abbildung 40 sieht man, dass die Langfristzinsen phasenweise parallele Verläufe aufweisen, auch wenn die Niveaus unterschiedlich sind. Dies wird insbesondere für die Neunzigerjahre deutlich, in denen alle vier Zinsreihen sehr ähnliche Verläufe zeigen. Dies deutet auf die in diesem Jahrzehnt immer enger gewordene Verzahnung der internationalen Finanzmärkte hin, die im Zuge der Globalisierung stattgefunden hat.

Dennoch zeigt sich für bestimmte Zeiträume, dass sich die Zinsen auch getrennt voneinander entwickeln konnten. Insbesondere der Zins im Vereinigten Königreich führt zum Beispiel in den Jahren 1973-1976 oder auch 1984-1987 ein von den anderen Volkswirtschaften unabhängiges Eigenleben. Beide Phasen sind in Abbildung 40 hervorgehoben. In Phase I, die in Abbildung 41 noch einmal gesondert dargestellt ist, kann sich der Langfristzins des Vereinigten Königreiches von der restlichen Entwicklung abkoppeln. Der anfängliche Zinsanstieg fällt bei weitem heftiger als in den anderen Volkswirtschaften aus und führt bis auf das Niveau von 16,54%. Zum Ende der betrachteten Phase kommt es nach einer

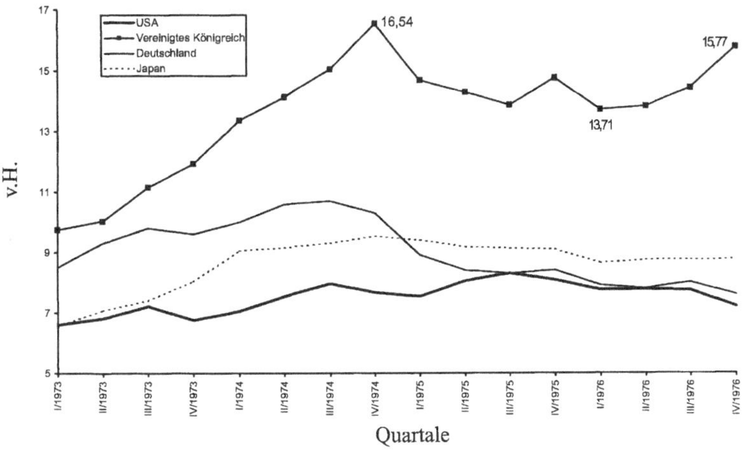

Abbildung 41: **Langfristzinsen von vier Volkswirtschaften im Zeitraum I/1973 - IV/1976 im Vergleich**

Quelle für die Grundzahlen: IWF, International Financial Statistics, Deutsche Bundesbank, Monatsberichte

zwischenzeitlichen Zinssenkung noch einmal zu einem Anstieg um gut zwei Prozentpunkte von 13,71% auf 15,77%, wogegen in den USA sowie Deutschland leichte Zinssenkungsphasen einsetzen und in Japan der Zins nur marginal ansteigt.

In Phase II sind für die USA, Deutschland und Japan mehr oder weniger stark sinkende Zinsen zu beobachten, während im Vereinigten Königreich die Entwicklung nicht so eindeutig ist. Abbildung 42 zeigt diese Phase nochmals gesondert, allerdings nur mit den Zinsentwicklungen für das UK und die USA sowie zusätzlich mit dem $/£-Wechselkurs. Während der US-Zins im betrachteten Zeitraum von 13,2% auf 7,19% abfällt, fällt er im Vereinigten Königreich insgesamt nur von 10,54% auf 9,68% bei einem zwischenzeitlichen Tiefststand von 9,11%, das heißt, der UK-Zins konnte zwischendurch entgegen dem US-Zins auch Steigerungsphasen realisieren. Die so zunehmende Zinsdifferenz zu Gunsten des Vereinigten Königreiches wird über einen Großteil des Zeitraumes von einer Aufwertung des Pfundes begleitet. Das ist ein Hinweis darauf, dass der Zinsunterschied Ursache für eine kompensierende Wechselkursreaktion ist.

Es verdeutlicht sich bei Betrachtung aller vier Zinsreihen, dass es kein einheitliches 'Weltzinsniveau' gibt, aber die Bewegung der Zinsen im Großen und Ganzen dieselbe Richtung einnimmt. Wie das Beispiel Großbritannien zeigt, sind Abkopplungen von dieser Richtung möglich, aber nicht die Regel. Dass die Zinsen der betrachteten Volkswirtschaften zu großen Teilen einen Gleichlauf aufweisen, heißt jedoch nicht zwangsläufig, dass sie sich gegenseitig beeinflussen oder auch determinierend für andere Volkswirtschaften sind. Die recht einheitliche Entwicklung der betrachteten Zinsverläufe ist jedoch Anlass genug, in

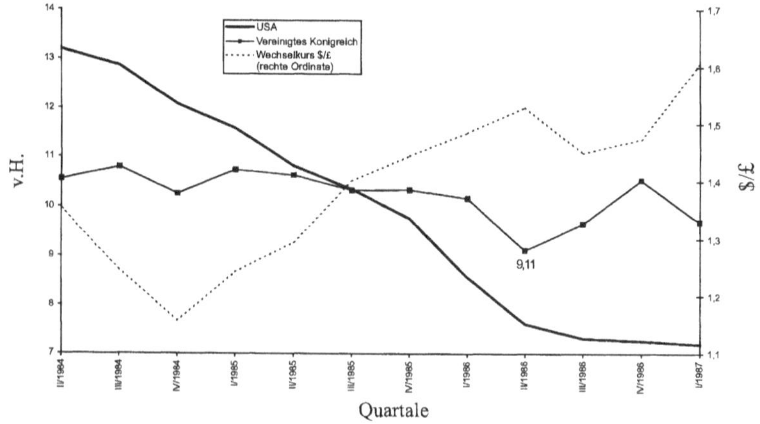

Abbildung 42: **Langfristzinsen und $/£-Wechselkurs im Zeitraum II/1984 - I/1987 im Vergleich**

Quelle für die Grundzahlen: IWF, International Financial Statistics, OECD, Main Economic Indicators

den weiteren Betrachtungen eine der Zinsgrößen — die US-amerikanische — stellvertretend für den ausländischen Einfluss auf die inländische Zinsentwicklung anzusehen. Im Folgenden soll empirisch geklärt werden, ob und wie stark Auslandseinflüsse in Form des US-Zinses und des Wechselkurses auf den Inlandszins wirken. Exemplarisch werden dabei Deutschland und das Euro-Währungsgebiet untersucht.

Zunächst wird auf Deutschland eingegangen. Dabei werden vier Größen berücksichtigt: die Umlaufsrendite für börsennotierte Bundeswertpapiere als langfristiger Zins ($i_{l,BRD}$), der Tagesgeldsatz als kurzfristigen Zins (TGZ) sowie der langfristige US-Zins in Form der Umlaufsrendite für zehnjährige Staatsanleihen ($i_{l,USA}$) und die Änderungsrate des DM/$-Wechselkurses ($\hat{e}$) als Auslandseinflüsse, jeweils im Zeitraum I/1960 bis IV/1998 und in *von Hundert*.[370]

Der Frage, inwieweit der langfristige Zins in Deutschland vom US-Zins oder von der Wechselkursentwicklung beeinflusst ist, soll zunächst mit Hilfe von Granger-Kausalitätstests nachgegangen werden. Tabelle 20 zeigt vorab, dass mit Ausnahme der Wechselkursreihe die zu verwendenden Zeitreihen erst dann stationär sind, wenn die ersten Differenzen gebildet werden.[371] Tabelle 20a zeigt die Ergebnisse der Stationaritätstests für die unbehandelten Reihen und 20b die Ergebnisse für die aus den ersten Differenzen gewonnenen Reihen. Für die Granger-Kausalitätstests wird für alle Variablen auf die Reihe der ers-

[370]Die Grunddaten sind den Monatsberichten der Deutschen Bundesbank sowie den *International Financial Statistics* des IWF entnommen.

[371]Auch für die Darstellung der Stationaritätstests in diesem Abschnitt gilt, dass die Tabellen den Testwert des linksseitigen t-Tests und in Klammern die zugehörigen p-Werte zeigen.

a: Testergebnisse für die unbehandelten Reihen			
$i_{l,BRD}$	TGZ	$i_{l,USA}$	$\hat{e}$
−1,24 (0,6547)	−2,24 (0,1930)	−1,30 (0,6293)	−3,61 (0,0056)†
b: Testergebnisse für die Reihen erster Differenzen			
$\Delta i_{l,BRD}$	ΔTGZ	$\Delta i_{l,USA}$	$\Delta\hat{e}$
−8,39 (0,0000)†	−9,28 (0,0000)†	−9,41 (0,0000)†	−9,63 (0,0000)†

Tabelle 20: **Ergebnisse der Stationaritätstests für drei Zinsreihen (BRD, USA) und die DM-$-Wechselkursreihe im Zeitraum I/1960 - IV/1998**

untersuchte Kausalität	Testergebnisse $T=1$	$T=2$	$T=3$	Kausalität
$\Delta i_{l,USA} \to \Delta i_{l,BRD}$	6,9e − 4***	2,5e − 4***	0,0017***	×
$\Delta i_{l,BRD} \to \Delta i_{l,USA}$	0,266	0,148	0,428	○
$\Delta\hat{e} \to \Delta i_{l,BRD}$	0,328	0,668	0,854	○
$\Delta i_{l,BRD} \to \Delta\hat{e}$	0,304	0,592	0,634	○
$\Delta TGZ \to \Delta i_{l,BRD}$	0,588	0,589	0,517	○
$\Delta i_{l,BRD} \to \Delta TGZ$	1,4e − 4***	0,0012***	0,0027***	×
$\Delta i_{l,USA} \to \Delta TGZ$	0,0038***	0,013**	0,025**	×
$\Delta TGZ \to \Delta i_{l,USA}$	0,868	0,882	0,894	○
$\Delta\hat{e} \to \Delta TGZ$	0,838	0,682	0,501	○
$\Delta TGZ \to \Delta\hat{e}$	0,011**	0,034**	0,062*	×

Tabelle 21: **Ergebnisse der Granger-Kausalitätstests für die BRD im Zeitraum I/1960 - IV/1998**

ten Differenzen zurückgegriffen, um das Stationaritätskriterium zu erfüllen. In Tabelle 21 sind die Ergebnisse der Granger-Tests zusammengefasst.[372] Dargestellt sind dort wie auch schon bei den in Abschnitt 2.4 durchgeführten Granger-Tests die Wahrscheinlichkeiten (in *von Eins*), mit denen davon ausgegangen werden muss, dass eine Größe nicht Granger-kausal auf die jeweils andere betrachtete wirkt. Die Tests wurden für $T = 1, 2, 3$ durchgeführt.[373] Die letzte Spalte zeigt, ob für die in der ersten Spalte ausgewiesene Kausalitätsbeziehung anhand der Testergebnisse eine Kausalität angenommen werden kann (×) oder eben nicht (○).

Danach war der Langfristzins in Deutschland hauptsächlich von der Änderung des US-amerikanischen Langfristzinses bestimmt. Überraschenderweise zeigt sich keine Kausalität im Granger-Sinn vom Tagesgeldsatz auf den langfristigen deutschen Zins, sondern — im Gegenteil — nur für die umgekehrte Richtung: Danach waren Änderungen des kurzfristigen Zinses Granger-kausal durch Änderungen des langfristigen verursacht. Über diese Zusammenhänge ergibt sich mithin ebenfalls eine signifikante Kausalität des US-

[372] Wiederum sind Ergebnisse auf dem 1%-Niveau mit drei, auf dem 5%-Niveau mit zwei und auf dem 10%-Niveau mit einem Sternchen gekennzeichnet.

[373] Die T-Werte geben an, bis zu welcher Periode rückwirkend nach Kausalitätsbeziehungen gesucht wird.

Langfristzinses auf den deutschen Tagesgeldzins. Die Wechselkursentwicklung hat dagegen keinerlei Granger-kausale Wirkungen auf die inländischen Zinsen, dafür aber der Tagesgeldzins auf die Wechselkursentwicklung. Auf den Langfristzins in den USA gehen von den deutschen Zinsen keine Granger-kausalen Wirkungen aus. Damit lässt sich festhalten, dass nach diesen Ergebnissen in Deutschland die Zinsen deutlich von der ausländischen Zinsentwicklung beeinflusst waren und damit offenbar nicht autonom von der Deutschen Bundesbank gesetzt werden konnten. Der Tagesgeldzins scheint zwar einen Einfluss auf die Wechselkursentwicklung zu haben, dies kann jedoch ebenso ein Ergebnis des Umstandes sein, dass der Tagesgeldzins gemäß diesen Tests Granger-kausal vom US-amerikanischen Zins beeinflusst wird. Insgesamt kann für diesen Zeitraum nicht davon ausgegangen werden, dass die deutsche Zinspolitik vollkommen autonom hätte handeln können. Allerdings sind die ausgewiesenen Testergebnisse auch Resultat des zu Grunde gelegten Stützzeitraumes von 1960 bis 1998. Sowohl die gefundenen als auch die nicht nachgewiesenen Kausalitätsbeziehungen gründen sich unter Umständen auf ökonomische Verhältnisse, die längst nicht mehr aktuell sind. So wurde zum Beispiel bis Anfang 1985 in Deutschland von der Bundesbank eine so genannte starre Steuerungsstrategie für den Zentralbankgeldmarkt verfolgt, unter der die Aussagekraft und Wirkung des Tagesgeldzinses eingeschränkt ist.[374] Deshalb soll noch ein gesonderter Blick auf den Zeitraum I/1990 bis IV/1998 geworfen werden. In diesem Zeitraum entwickelten sich — wie schon im Zusammenhang mit Abbildung 40 erwähnt — die langfristigen Zinsen insbesondere von Deutschland und den USA sehr ähnlich, während sich der Tagesgeldsatz phasenweise stärker von dieser Entwicklung löste (siehe Abbildung 43). Dies lässt wiederum vermuten, dass sich der internationale Zinszusammenhang durch die zugenommene Integration der Finanzmärkte verstärkt hat und die deutsche Zinspolitik in dieser Zeit erst recht nicht autonom gewesen ist. In Abbildung 43 sind die markantesten Phasen, in denen der deutsche Langfristzins dem US-amerikanischen und nicht dem durch den Tagesgeldsatz vorgegebenen inländischen Zinsimpuls folgt, hervorgehoben. Solche Zeiträume sind Indiz dafür, dass die inländische Zinsentwicklung hauptsächlich durch den Einfluss des Auslandes — hier in Form der Zinsentwicklung in den USA — bestimmt wird und nicht durch die eigene Zinspolitik, die durch den Verlauf des Tagesgeldzinses symbolisiert wird.[375] In den Phasen I, II und III unterscheidet sich die Richtung der Langfristzinsentwicklungen deutlich von der des Tagesgeldzinses. In Phase IV (1996) sinkt der Langfristzins in Deutschland insgesamt von 5,64% auf 5,26%, ebenso wie der Tagesgeldzins (von 3,44% auf 3,09%), während der US-Zins ansteigt (von 5,91% auf 6,34%). Trotzdem scheint der Zusammenhang zwischen den beiden Langfristzinsen enger zu sein, da beide eine Erhöhung vom ersten zum zweiten Quartal durchlaufen und später wieder eine gemeinsame Gegenbewegung vom dritten zum vierten Quartal, während der Tagesgeldzins kontinuierlich fällt. In Phase V stimmt die Entwicklung aller drei Zinsreihen nur vom ersten zum zweiten Quartal 1998 überein. Ansonsten sinken die langfristigen Zinsen, während der Tagesgeldzins nahezu konstant bleibt. In den Zeiträumen zwischen den gekennzeichneten Phasen weisen alle drei Zinsreihen im Großen und Ganzen dieselbe Richtung auf, obgleich auch hier der Zusammenhang

---

[374] Vgl. zur Strategie der starren Geldmarktsteuerung ROHDE 1995, S. 249-252 [193] oder *derselbe* 2001, S. 72-73. [196]

[375] Vgl. dazu auch die Untersuchung von ROHDE 1996, S. 93-104, für den Zeitraum 07/1985 bis 07/1992. [194]

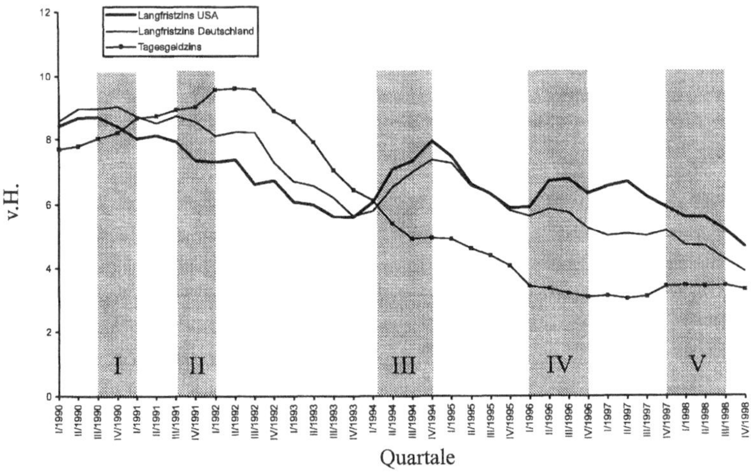

Abbildung 43: **Zinsentwicklung in der BRD und in den USA im Zeitraum I/1990 - IV/1998**

Quelle für die Grundzahlen: IWF, International Financial Statistics,
OECD, Main Economic Indicators,
Deutsche Bundesbank, Monatsberichte

zwischen den beiden Langfristzinsen weitgehend enger ist als zwischen dem Langfristzins und dem Tagesgeldzins für Deutschland. Das ist besonders für den Zeitraum zwischen den Phasen III und IV zu erkennen, in dem die Verläufe der beiden Langfristzinsen fast identisch sind. Damit zeigt sich für die Neunzigerjahren, dass die Entwicklung des Langfristzinses in Deutschland einen deutlich größeren Zusammenhang zur Entwicklung des Langfristzinses in den USA zu haben scheint als zur Entwicklung des Tagesgeldsatzes. Über die Richtung einer eventuell vorhandenen Kausalität wird damit jedoch noch nichts ausgesagt.

In Abbildung 44 sind darüber hinaus die Entwicklungen des DM/$-Wechselkurses und der dazugehörigen Wechselkursänderungsrate sowie deren jeweilige Trendverläufe nach dem Hodrick-Prescott-Filter für denselben Zeitraum dargestellt. Zwar zeigen die Verläufe des Wechselkurses und der Veränderungsrate relativ konstante Trends, aber die Schwankungen um den Trend sind recht erheblich. Diese Schwankungen gepaart mit der durch den (konstanten) Trend vorgegebenen Entwicklung können Anlass für relativ einheitliche Erwartungen bezüglich der Wechselkursentwicklung sein, die entsprechend der Zinsparität zu Reaktionen des Inlandszinses führen müssten. Phasen, in denen der Wechselkurs über (unter) seinem Trend liegt, sind dann durch Aufwertungs(Abwertungs-)erwartungen gekennzeichnet. Das Arbitragegleichgewicht würde dann eine Senkung (eine Erhöhung) des Inlandszinses erfordern, sofern die Änderung der Erwartungen nicht vollständig von Anpassungen des Auslandszinses kompensiert wird.

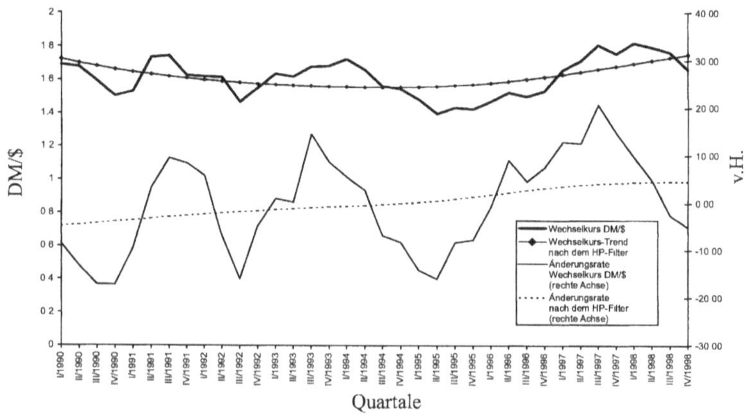

Abbildung 44: **DM/\$-Wechselkursentwicklung im Zeitraum I/1990 - IV/1998**

Quelle für die Grundzahlen: OECD, Main Economic Indicators

Die Kausalitätstests bestätigen die eben gemachten Vermutungen nur teilweise. Tabelle 22 verdeutlicht zunächst, dass auch für den Zeitraum von 1990 bis 1998 wiederum erst mit der Bildung erster Differenzen die Stationaritätsbedingung erfüllt ist. Tabelle 23 zeigt,

a: Testergebnisse für die unbehandelten Reihen			
$i_{l,BRD}$	TGZ	$i_{l,USA}$	$\hat{e}$
−0,02 (0,9567)	−0,01 (0,9578)	−0,89 (0,7916)	−2,03 (0,2728)
b: Testergebnisse für die Reihen erster Differenzen			
$\Delta i_{l,BRD}$	ΔTGZ	$\Delta i_{l,USA}$	$\Delta\hat{e}$
−4,59 (0,0001)†	−2,70 (0,0732)†	−4,49 (0,0002)†	−4,61 (0,0001)†

Tabelle 22: **Ergebnisse der Stationaritätstests für drei Zinsreihen (BRD, USA) und die DM/\$-Wechselkursreihe im Zeitraum I/1990 - IV/1998**

dass nunmehr jeglicher inländischer Zinszusammenhang weggefallen ist. Änderungen des langfristigen US-Zinses verursachen, wie auch schon in der vorangegangenen Kausalitätsbetrachtung für den Zeitraum 1960-1998, Änderungen des Langfristzinses in Deutschland. Der Langfristzins in Deutschland wirkt weder Granger-kausal auf den Tagesgeldzins noch auf die US-Rendite. Es wird somit die Vermutung gefestigt, dass die Entwicklung des Langfristzinses in Deutschland hauptsächlich durch die US-amerikanische Zinsentwicklung bestimmt wurde. Überraschenderweise ergibt sich im betrachteten Zeitraum dagegen eine Granger-kausale Wirkung des deutschen Tagesgeldzinses auf den Langfristzins

untersuchte Kausalität	Testergebnisse $T=1$	$T=2$	$T=3$	Kausalität
$\Delta i_{l,USA} \rightarrow \Delta i_{l,BRD}$	0,0034***	0,015**	0,051*	×
$\Delta i_{l,BRD} \rightarrow \Delta i_{l,USA}$	0,955	0,830	0,680	∘
$\Delta \hat{e} \rightarrow \Delta i_{l,BRD}$	0,633	0,951	0,589	∘
$\Delta i_{l,BRD} \rightarrow \Delta \hat{e}$	0,154	0,392	0,525	∘
$\Delta TGZ \rightarrow \Delta i_{l,BRD}$	0,484	0,540	0,415	∘
$\Delta i_{l,BRD} \rightarrow \Delta TGZ$	0,325	0,106	0,124	∘
$\Delta i_{l,USA} \rightarrow \Delta TGZ$	0,328	0,299	0,092*	∘
$\Delta TGZ \rightarrow \Delta i_{l,USA}$	0,149	0,023**	0,065*	×
$\Delta \hat{e} \rightarrow \Delta TGZ$	0,472	0,654	0,760	∘
$\Delta TGZ \rightarrow \Delta \hat{e}$	0,532	0,244	0,466	∘

Tabelle 23: **Ergebnisse der Granger-Kausalitätstests für die BRD im Zeitraum I/1990 - IV/1998**

in den USA (und nicht mehr umgekehrt).[376] Möglicherweise ist die Erklärung darin zu suchen, dass zum Beispiel restriktive Geldpolitik in Form steigender Tagesgeldzinsen dazu geführt hat, dass die Erwartung insgesamt steigender Zinsen und damit sinkender Wertpapierkurse entstanden ist. Ausländische Anleger könnten sich dann angeregt gefühlt haben, ihre DM-Anleihen zu verkaufen. Die Wechselkursreaktion (in diesem Fall Abwertung der D-Mark) führte zu Aufwertungserwartungen. Das so gestörte Arbitragegleichgewicht verlangte nun Zinsvariationen, um das Gleichgewicht wieder herzustellen. Wurde dieser Ausgleich sowohl durch steigende Auslandszinsen, als auch dann über sinkende Inlandszinsen hergestellt, so kann sich über diesen Weg ein indirekter Einfluss des kurzfristigen Zinses auf den langfristigen ergeben haben. Die Vermutung, der Tagesgeldzins könnte unter einer flexiblen Steuerung des Zentralbankgeldmarktes eher ein Instrument autonomer Zinspolitik sein, wird zumindest dadurch bestätigt, dass nun keine Kausalität des US-amerikanischen Langfristzinses auf den Tagesgeldzins in Deutschland festzustellen ist. Allerdings kann der Tagesgeldzins auch keine Kausalwirkung auf den Langfristzins in Deutschland ausüben; hier scheint, wie bereits gesagt, der Auslandszins die determinierende Rolle zu spielen. Es zeigt sich somit auch für diesen Zeitraum, dass die Entwicklung des Langfristzinses in Deutschland von der ausländischen Zinsentwicklung beeinflusst ist. Die Wechselkursentwicklung ist dagegen für beide Zeiträume nicht ausschlaggebend.

Die hier ermittelten Ergebnisse sind aber vor allem auch vor dem Hintergrund des verwendeten ökonometrischen Instrumentes zu betrachten. Wie auch schon in Abschnitt 2.4 kurz dargelegt wurde, wird bei der Granger-Kausalität auf Kausalität geschlossen, wenn ein Ereignis zeitlich vor einem anderen auftritt. Da das Granger-Konzept mindestens mit einer Zeitverzögerung von einer Periode arbeitet (siehe Gleichung (1)), ist es im vorliegenden Fall möglicherweise ungeeignet. Gerade Anpassungsreaktionen auf den Kapital- und Devisenmärkten finden mit hohen Geschwindigkeiten statt, sodass kaum damit zu rechnen ist, dass Zins- oder Wechselkursänderungen frühestens mit Ablauf einer Periode, die hier immerhin ein Quartal umfasst, Wirkungen auf andere Größen der Kapital- oder Devisenmärkte entfalten.

[376] Die Kausalität bleibt für weitere T-Werte auf dem 5%-Niveau erhalten.

Deshalb sollen an dieser Stelle noch für beide Zeiträume KQM-Schätzungen auf derselben Datenbasis ohne Berücksichtigung von Zeitverzögerungen durchgeführt werden. Die Beobachtungen betreffen ebenfalls wieder den Zeitraum I/1960 bis IV/1998 sowie den Teilzeitraum I/1990 bis IV/1998. Die Schätzergebnisse sind in Tabelle 24 aufgeführt.[377] Sie zeigen, dass im Gesamtzeitraum von 1960 bis 1998 (Tabellenteil a) der Langfristzins

	CON	$\Delta i_{l,USA}$	$\Delta i_{l,BRD}$	ΔTGZ	$\Delta\hat{e}$	$\bar{R}^2$	DWS
a: Gesamtzeitraum I/1960-IV/1998							
$\Delta i_{l,BRD}$	−0,01 (−0,57)	0,37 (6,86)***	—	0,19 (6,21)***	0,003 (0,67)	0,410 (***)	1,73
$\Delta i_{l,USA}$	0,01 (0,41)	—	0,66 (6,86)***	−0,06 (−1,25)	0,01 (1,42)	0,269 (***)	1,69
ΔTGZ	0,01 (0,22)	−0,18 (−1,25)	1,08 (6,21)***	—	0,002 (0,21)	0,216 (***)	1,80
$\Delta\hat{e}$	−0,02 (−0,05)	1,52 (1,42)	0,97 (0,67)	0,13 (0,21)	—	0,016	1,56
b: Teilzeitraum I/1990-IV/1998							
$\Delta i_{l,BRD}$	−0,02 (−0,48)	0,59 (5,30)***	—	0,22 (1,48)	−0,02 (−2,54)**	0,503 (***)	2,02
$\Delta i_{l,USA}$	−0,04 (−0,72)	—	0,78 (5,30)***	−0,29 (−1,72)*	0,11 (1,32)	0,435 (***)	2,27
ΔTGZ	−0,12 (−2,09)**	−0,29 (−1,72)*	0,29 (1,48)	—	−0,004 (−0,45)	0,044	0,94
$\Delta\hat{e}$	−0,94 (−0,79)	4,53 (1,32)	−9,36 (−2,54)**	−1,56 (−0,45)	—	0,131 (*)	1,57

Tabelle 24: **Ergebnisse der KQM-Regressionen für die BRD im Zeitraum I/1960 - IV/1998**

in der BRD sowohl vom US-amerikanischen Langfristzins als auch — was die Kausalitätstests nicht anzeigen — vom inländischen Kurzfristzins bestimmt wurde, nicht aber von der Wechselkursentwicklung. Die Einflüsse des US-amerikanischen Langfrist- und des deutschen Kurzfristzinses sind hoch signifikant, wobei der Einfluss des ausländischen Zinses wegen des größeren Koeffizienten $(0,37)$ als höher gegenüber dem des Tagesgeldzinses $(0,19)$ eingeschätzt werden muss. Außerdem wirken beide Einflüsse in positiver Richtung auf den deutschen Langfristzins. Ein steigender (sinkender) langfristiger Zins in der BRD war nach dieser Schätzung das Ergebnis eines steigenden (sinkenden) langfristigen Zinses in den USA und (in etwas weniger starkem Maß) eines steigenden (sinkenden) Tagesgeldzinses in Deutschland. Der Langfristzins in Deutschland übte aber gemäß diesen Regressionen umgekehrt auch eine Wirkung auf die US-Rendite aus. Das zeigt, dass der Zusammenhang beider Langfristzinsen über den gesamten Betrachtungszeitraum sehr eng war. Zusätzlich wird ein Zusammenhang des deutschen Langfristzinses zum Tagesgeldzins deutlich. Damit bestätigt sich das entsprechende Ergebnis des Granger-Tests (siehe Tabelle 21). Das Testergebnis hier ist hoch signifikant und zeigt einen positiv gerichteten Einfluss an. Der Koeffizient für den deutschen Langfristzins ist zudem der einzig signifikante in der Schätzung auf den Tagesgeldzins. Die Ergebnisse der Regression auf die Wechselkursänderungsrate sind nicht interpretierbar, da das Bestimmtheitsmaß nicht signifikant

[377] Der Aufbau der Tabelle entspricht dem Aufbau der auch bisher verwendeten Ergebnistabellen für KQM-Schätzungen.

ist. Hinweise für einen verzerrenden Einfluss von Multikollinearität gibt es nicht. Die Toleranzwerte bewegen sich zwischen 0, 72 und 0, 97. Die Durbin-Watson-Statistik weist nur in der Regression auf die Wechselkursänderungsrate einen problematischen Wert auf (1, 56). Da die Regressionskoeffizienten wegen der fehlenden Signifikanz des Bestimmtheitsmaßes aber nicht interpretiert werden, stellt der geringe Durbin-Watson-Wert kein Problem dar.

Für den Teilzeitraum von 1990 bis 1998 (Tabellenteil b) wird das Ergebnis der Kausalitätstests bestätigt, dass in Deutschland in dieser Phase kein inländischer Zinszusammenhang bestand. Der deutsche Langfristzins wurde jetzt wiederum durch den US-amerikanischen Zins bestimmt, aber auch durch die Wechselkursentwicklung. Letzterer Einfluss ist allerdings sehr gering. Umgekehrt zeigt sich ein signifikanter, relativ stark negativ gerichteter Einfluss des deutschen Langfristzinses auf die Wechselkursänderungsrate. Sinkende (steigende) langfristige Zinsen in Deutschland führten in diesem Zeitraum offenbar zu einer verstärkten Abwertung (Aufwertung) der D-Mark. In dieser Regression ist jedoch der Durbin-Watson-Wert zu niedrig (1, 57), was auf Autokorrelation der Residuen hindeutet. Bei der Schätzung auf die US-Rendite hat wiederum der deutsche Langfristzins den betragsmäßig höchsten und außerdem signifikantesten Koeffizienten. Darin verdeutlicht sich wieder der sehr enge Zusammenhang beider Langfristzinsen, der für diesen Zeitraum auch schon in Abbildung 43 erkennbar war. Darüber hinaus bestätigt sich die Wirkung des Tagesgeldzinses auf den US-Zins, die auch in den entsprechenden Granger-Tests deutlich wurde (siehe Tabelle 23). Die Toleranzwerte liegen fast alle zwischen 0, 54 und 0, 97. Die einzige Ausnahme bildet die Größe $i_{l,BRD}$ in der Regression auf den Tagesgeldzins ($TW = 0,48$). Diese Regression wird aber auf Grund der fehlenden Signifikanz des R^2 ohnehin nicht interpretiert, sodass auch über den sehr kleinen Durbin-Watson-Wert in dieser Regression hinweggesehen werden kann.

Die Verwendung der standardisierten Koeffizienten kommt für beide Zeiträume zu keinen anderen Ergebnissen, da sich die Größenverhältnisse der Koeffizienten untereinander für die interpretierbaren Regressionen nicht ändern.[378] Insgesamt zeigt diese Analyse nur schwache empirische Hinweise auf ein Durchwirken von Variationen des Tagesgeldsatzes auf den Langfristzins in Deutschland. Lediglich im Zeitraum bis zur deutschen Vereinigung hat der Tagesgeldzins einen signifikanten Einfluss auf den langfristigen Zins. Dieser Einfluss ist aber kleiner ist als der Einfluss des US-Zinses. Die Zinsentwicklung in Deutschland war somit relativ starken Auslandseinflüssen unterlegen.[379] Dies ist auch ein für die Relevanz des einfachen Zinsmechanismus (siehe Abschnitt 3.2) durchaus problematisches Ergebnis. Man muss davon ausgehen, dass dieser Transmissionskanal der Geldpolitik nicht zur Verfügung steht, weil seine Wirksamkeit durch ausländische Zinseinflüsse abgeschwächt wird.

Eine ähnliche Analyse wird nun zusätzlich noch für das Euro-Währungsgebiet durchgeführt. Damit sich eine für die ökonometrischen Tests anwendbare Datenbasis ergibt, wird im Folgenden auf Monatsdaten zurückgegriffen. Verwendet werden die Renditen zehnjähriger Staatsanleihen im Euro-Währungsgebiet ($i_{l,Euro}$) und in den USA ($i_{l,USA}$), der Tagesgeldsatz im Euro-Währungsgebiet (TGZ) sowie die Änderungsrate des \$/€-Wechselkurses

[378] Die Ergebnistabelle mit den standardisierten Koeffizienten befindet sich im statistischen Anhang A.2 (S. 237).

[379] Vgl. auch die Untersuchung von ROHDE 1996, S. 93-104. [194]

($\hat{e}$), jeweils im Zeitraum von Januar 1999 bis Februar 2003 und in *von Hundert*.[380] Abbildung 45 stellt die Entwicklung der drei Zinsgrößen gegenüber. Hervorgehoben sind

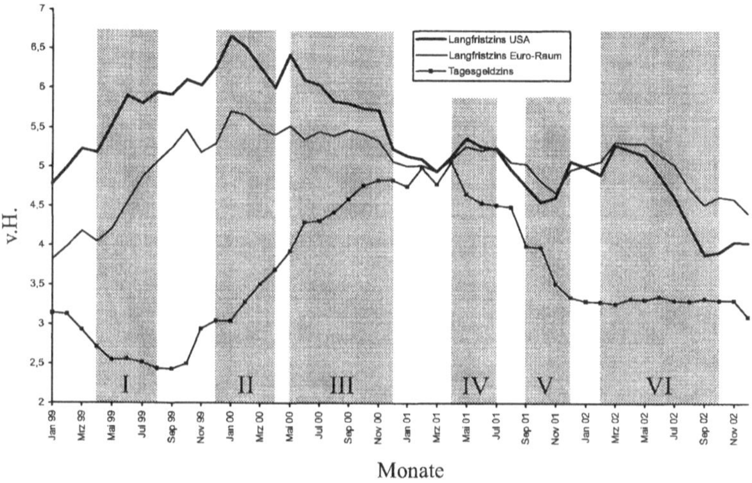

Abbildung 45: **Zinsentwicklung im Euro-Währungsgebiet und in den USA im Zeitraum 01/1999 - 12/2002**

Quelle für die Grundzahlen: Europäische Zentralbank, Monatsberichte

wiederum die Phasen, in denen die beiden Langfristzinsen etwa gleiche Verläufe aufweisen, während der europäische Tagesgeldsatz eine andere Tendenz aufweist. In der ersten Phase von April 1999 bis August 1999 zeigen beide Staatsanleiherenditen deutlich ansteigenden Verlauf (mit Ausnahme des US-amerikanischen Zinses, der einmal von Juni auf Juli 1999 sinkt). Dagegen sinkt der Tagesgeldsatz in dieser Phase. Auch in der zweiten und dritten Phase (Dezember 1999 bis April 2000 sowie Mai 2000 bis Dezember 2000), die zusammen bis auf die Unterbrechung von April 2000 auf Mai 2000 ein gesamtes Jahr umfassen, fallen die beiden Langfristzinsen, während im Gegensatz dazu der europäische Tagesgeldsatz in diesem Zeitraum stetig ansteigt. Zum Beginn der vierten, relativ kurzen Phase (April bis Juli 2001) befinden sich alle drei Zinsreihen etwa auf demselben Niveau. Davon ausgehend verläuft die Entwicklung der beiden Langfristrenditen nahezu identisch und insgesamt mit steigender Tendenz, während der Tagesgeldsatz fällt. Mit Beginn der fünften, ebenfalls relativ kurzen Phase (September bis Dezember 2001) bleibt der Tagesgeldsatz zunächst unverändert, während die beiden Langfristzinsen sinken. Durch das relativ starke Absinken des Tagesgeldsatzes vom Oktober zum November 2001 kann sich der europäische Langfristzins kurz vom nun steigenden US-amerikanischen Zins lösen. Vom

[380] Die Renditen der Staatsanleihen im Euro-Währungsgebiet ergeben sich als gewichtete Durchschnitte der nationalen Staatsanleiherenditen. Bei der Ermittlung der Änderungsraten des Wechselkurses für das Jahr 1999 musste auf Daten des Jahres 1998 zurückgegriffen werden, als der Euro noch nicht eingeführt war. Für 1998 wurden deshalb die entsprechenden \$/ECU-Kurse verwendet.

November zum Dezember 2001 folgt der europäische Zins dann aber doch dem amerikanischen, während der Tagesgeldsatz weiter fällt. In Phase sechs (Februar 2002 bis Oktober 2002) bleibt der Tagesgeldsatz in etwa konstant, während die beiden anderen Zinsen nach einem Anstieg gemeinsam sinken und zum Schluss wieder etwas ansteigen. Damit zeigt sich, dass die Entwicklung der Langfristrendite im Euro-Währungsraum zu großen Teilen dem US-amerikanischen Zins folgt und nicht dem europäischen Tagesgeldzins. Insgesamt scheint — was die Ergebnisse der grafischen Auswertung angeht — der Zusammenhang zwischen ausländischer und inländischer Zinsentwicklung im Euro-Raum noch enger zu sein als in der Bundesrepublik Deutschland in den Neunziger Jahren (Abbildung 43).

Analog zur vorangegangenen Untersuchung für Deutschland werden im Folgenden sowohl Granger-Kausalitätstests als auch KQM-Schätzungen durchgeführt. Die Ergebnisse der notwendigen erweiterten Dickey-Fuller-Tests zur Überprüfung der Stationarität sind in Tabelle 25 aufgeführt. Aus ihr geht hervor, dass alle verwendeten Reihen nur durch Bildung erster Differenzen einen stationären Prozess darstellen. Deshalb werden für die folgenden Schätzungen wiederum nur die Prozesse in ersten Differenzen verwendet.

a: Testergebnisse für die unbehandelten Reihen			
$i_{l,Euro}$	TGZ	$i_{l,USA}$	$\hat{e}$
−2,48 (0,1199)	−0,78 (0,8261)	−0,50 (0,8935)	−0,98 (0,7881)
b: Testergebnisse für die Reihen erster Differenzen			
$\Delta i_{l,Euro}$	ΔTGZ	$\Delta i_{l,USA}$	$\Delta\hat{e}$
−5,32 (0,0000)†	−5,25 (0,0000)†	−5,67 (0,0000)†	−4,79 (0,0001)†

Tabelle 25: **Ergebnisse der Stationaritätstests für drei Zinsreihen (Euroraum, USA) und die $/€-Wechselkursreihe im Zeitraum 01/1999 - 12/2002**

In Tabelle 26 sind die Ergebnisse der Kausalitätstests nachzulesen.[381] Zu beachten ist, dass die maximal berücksichtigte Zeitverzögerung T hier anders dimensioniert ist als zuvor bei den Untersuchungen für Deutschland, da dort Quartalsdaten verwendet wurden, hier jedoch Monatsdaten. Um die Ergebnisse etwas vergleichbarer zu machen, wurden bei den folgenden Kausalitätstests Werte von $T = 4$ bis $T = 6$ zu Grunde gelegt. Die Auswertung zeigt, dass das Euro-Währungsgebiet in zweierlei Hinsicht Auslandseinflüssen zu unterliegen scheint: zum einen ist — analog zu den Ergebnissen für Deutschland — eine Granger-Kausalität des US-Zinses auf den langfristigen Zins im Euro-Währungsgebiet zu erkennen. Zum anderen übt die Wechselkursänderungsrate einen kausalen Einfluss auf den Tagesgeldzins aus. Ansonsten können aus den Kausalitätstests keine signifikanten Zusammenhänge gewonnen werden.

Die KQM-Schätzungen, deren Ergebnisse in Tabelle 27 dargestellt sind, weisen in keinem Fall eine solche Güte auf, dass sich bedenkenlos eine Interpretation vornehmen ließe, da die Durbin-Watson-Werte zu gering sind. Festgehalten werden kann aber, dass auch für

[381] Wiederum sind auch für die weiteren Untersuchungen Ergebnisse auf dem 1%-Niveau mit drei, auf

untersuchte Kausalität	Testergebnisse			Kausalität
	$T = 4$	$T = 5$	$T = 6$	
$\Delta i_{l,USA} \rightarrow \Delta i_{l,Euro}$	0,014**	0,049**	0,113	×
$\Delta i_{l,Euro} \rightarrow \Delta i_{l,USA}$	0,260	0,308	0,395	∘
$\Delta\hat{e} \rightarrow \Delta i_{l,Euro}$	0,221	0,407	0,436	∘
$\Delta i_{l,Euro} \rightarrow \Delta\hat{e}$	0,741	0,716	0,799	∘
$\Delta TGZ \rightarrow \Delta i_{l,Euro}$	0,331	0,379	0,352	∘
$\Delta i_{l,Euro} \rightarrow \Delta TGZ$	0,231	0,203	0,293	∘
$\Delta i_{l,USA} \rightarrow \Delta TGZ$	0,355	0,152	0,136	∘
$\Delta TGZ \rightarrow \Delta i_{l,USA}$	0,511	0,498	0,377	∘
$\Delta\hat{e} \rightarrow \Delta TGZ$	0,055*	0,065*	0,011**	×
$\Delta TGZ \rightarrow \Delta\hat{e}$	0,655	0,779	0,800	∘

Tabelle 26: **Ergebnisse der Granger-Kausalitätstests für das Euro-Währungsgebiet im Zeitraum 01/1999 - 12/2002**

	CON	$\Delta i_{l,USA}$	$\Delta i_{l,Euro}$	ΔTGZ	$\Delta\hat{e}$	$\bar{R}^2$	DWS
$\Delta i_{l,Euro}$	0,02 (1,10)	0,58 (7,71)***	—	−0,02 (−0,26)	−0,00 (−0,35)	0,584 (***)	1,46
$\Delta i_{l,USA}$	−0,02 (−1,04)	—	0,98 (7,71)***	−0,05 (−0,46)	−0,01 (−0,99)	0,593 (***)	1,67
ΔTGZ	−0,00 (−0,01)	−0,09 (−0,46)	−0,06 (−0,26)	—	−0,00 (−0,30)	−0,042	1,51
$\Delta\hat{e}$	0,15 (0,29)	−3,55 (−0,99)	−1,66 (−0,35)	−0,83 (−0,30)	—	0,024	1,52

Tabelle 27: **Ergebnisse der KQM-Regressionen für das Euro-Währungsgebiet im Zeitraum 01/1999 - 12/2002**

den Euro-Währungsraum nicht von einem autonomen Zinszusammenhang zwischen dem kurzfristigen Tagesgeldzins und der langfristigen Rendite für zehnjährige Staatsanleihen ausgegangen werden sollte. Viel eher wird auch hier die Vermutung bestätigt, dass der Zins für US-amerikanische Anleihen hauptsächlich determinierend ist für die Entwicklung der Langfristzinsen im Euro-Raum.

Die Ergebnisse der empirischen Betrachtung legen somit den Verdacht nahe, dass die für die zinsreagiblen Ausgabeentscheidungen relevanten Zinsen nicht oder nur in geringem Ausmaß im Einflussbereich der Deutschen Bundesbank bzw. der Europäischen Zentralbank lagen bzw. liegen. Für beide Währungsräume konnte eine dominante Rolle des US-amerikanischen Zinses festgestellt werden. Diese Ergebnisse sind vor allem ein Indiz dafür, dass für beide Währungsräume eine von der Zentralbank initiierte Transmission über den einfachen Zinsmechanismus nicht (mehr) zur Verfügung steht, da der Satz für Zentralbankgeld offenbar nicht bis auf die investitionsrelevanten längerfristigen Zinsen durchwirkt. Die Rolle des Zentralbankgeldmarktsatzes als zentrale geldpolitische Steuerungsgröße muss deshalb aber nicht zwangsläufig geschwächt sein. Durch die Existenz anderer Transmissionskanäle, insbesondere des Kreditkanals, können sich geldpolitische

dem 5%-Niveau mit zwei und auf dem 10%-Niveau mit einem Sternchen gekennzeichnet.

Impulse dennoch auf reale Größen auswirken. In Abschnitt 2.4 war der mögliche Einfluss des Tagesgeldsatzes auf verschiedene Größen hauptsächlich des realen Bereichs bereits Gegenstand der Diskussion. An dieser Stelle soll nun abschließend noch untersucht werden, ob sich die Ergebnisse des Abschnittes 2.4 unter Berücksichtigung des langfristigen US-Zinses modifizieren.

Dafür werden die entsprechenden ökonometrischen Tests des Abschnitts 2.4 wiederholt, indem der Langfristzins für die USA $i_{l,USA}$ als weitere erklärende Variable hinzugefügt wird. Als Untersuchungsgegenstand kann wiederum nur Deutschland in Frage kommen, da die Datengrundlage für das Euro-Währungsgebiet auf Basis von Quartalsdaten zu gering ist. Die betrachteten Größen sind abermals die neun Variablen, die bereits in der Analyse des Abschnitts 2.4 verwendet wurden. Das sind die Veränderungsraten zum Vorjahr (in *von Hundert*) des Index der Industrieproduktion (IP), der Zahl der Erwerbstätigen (ET), der Zahl der Arbeitslosen (AL), der Höhe des privaten Konsums (C), des Index der Auftragseingänge (AE), der Höhe der Kreditvergabe an Nichtbanken (K), des Index der Konsumentenpreise (CPI), des realen Bruttoinlandsprodukts (BIP) sowie der Höhe der realen Bruttoausrüstungsinvestitionen (BAI) für den ersten Zeitraum (I/1970 bis IV/1989) bzw. des Index der Investitionsgüternachfrage (I) für den zweiten Zeitraum (I/1992 bis IV/1998). Wegen der Erfüllung des Stationaritätskriteriums werden wie schon zuvor die aus der Bildung der ersten Differenzen gewonnenen Prozesse genutzt. Es werden aber im Folgenden nur solche Ergebnisse dargestellt, die einen signifikanten Einfluss des US-Zinses auf die genannten Größen anzeigen. Im Fall der zuerst durchgeführten Granger-Kausalitätstests bedeutet dies, dass nur solche Ergebnisse aufgezeigt werden, die eine Kausalität im Granger-Sinn des US-Zinses auf die betrachteten Größen nahe legen. Auf Grund dieser reduzierten Darstellung können für den Zeitraum 1970 bis 1989 pro betrachteter Größe mehr Tests durchgeführt werden, von $T = 1$ bis $T = 10$, ohne dass die Darstellung unübersichtlich wäre. Der US-amerikanische Langfristzins übt im Zeitraum

a: Zeitraum I/1970-IV/1989			b: Zeitraum I/1992-IV/1998		
	T	$\Delta i_{l,USA}$		T	$\Delta i_{l,USA}$
$\Delta\hat{ET}$	8	0,075*	$\Delta\hat{ET}$	7	0,124^{+}
	9	0,075*		8	0,058*
$\Delta\hat{C}$	1	0,038**	$\Delta\hat{AL}$	1	0,0057***
	2	0,055*		2	0,024**
$\Delta\hat{CPI}$	1	0,088*	$\Delta\hat{K}$	1	0,028**
	9	0,025**		2	0,041**
	10	0,0092***		3	0,042**

Tabelle 28: **Ergebnisse der Granger-Kausalitätstests für die BRD in den Zeiträumen I/1970 - IV/1989 und I/1992 - IV/1998 unter Berücksichtigung einer Auslandszinsgröße**

I/1970 bis IV/1989 nur auf drei der insgesamt neun Größen eine Granger-kausale Wirkung aus, nämlich auf die Veränderungsraten der Zahl der Erwerbstätigen, des privaten Konsums und des Verbraucherpreisindex. Die Ergebnisse der Granger-Tests bezüglich dieser drei Größen zeigt Tabelle 28a. Hier muss also von einem Auslandseinfluss ausgegangen werden, wobei jedoch im Fall der Rate der Erwerbstätigen und des privaten Konsums der in den Tabellen 2 und 3 (Abschnitt 2.4) dokumentierte Granger-kausale Einfluss des Tagesgeldzinses im Sinne aufeinander folgender T-Werte robuster ist. Nur im Fall der Veränderungsrate des Verbraucherpreisindex hat der Auslandszins im Vergleich zum Tagesgeldsatz und den beiden Geldmengenaggregaten eine stärkere Wirkung im Sinne der Granger-Kausalität.

Auch für den zweiten Zeitraum von I/1992 bis IV/1998 (Tabelle 28b) ergeben sich nur auf drei Größen Granger-kausale Zusammenhänge durch den Auslandszins. Allerdings hat der US-Zins bezüglich aller drei Größen die deutlich robustere Prognosequalität als die in den Tabellen 4 und 5 betrachteten Variablen Tagesgeldzins sowie $\hat{M}1$ und $\hat{M}3$.

Ähnlich wird nun auch bei der Erweiterung der KQM-Regressionen des Abschnitts 2.4 verfahren. Grundlage sind die Regressionen, deren Ergebnisse in den Tabellen 6 und 7 dargestellt sind. Diese Regressionen werden um den US-Zins $i_{l,USA}$ als weitere erklärende Variable erweitert. Für die Variablen ΔTGZ, $\Delta M1$ und $\Delta M3$ wurden die dort in den n-Spalten ausgewiesenen Zeitverzögerungen auch hier beibehalten. Die Ergebnisse liefert Tabelle 29, wobei wiederum nur solche Ergebnisse festgehalten wurden, die einen signifikanten Einfluss des US-Zinses anzeigen. Die Höhe der berücksichtigten Zeitverzögerung für die Wirkung des US-Zinses ist den Schätz- bzw. Testwerten in einer Extra-Spalte (n) vorangestellt. Dies ist demnach im ersten Zeitraum von I/1970 bis IV/1989 bei nur vier

Δ...	CON	ΔTGZ_{t-n}	$\Delta\hat{M}1_{t-n}$	$\Delta\hat{M}3_{t-n}$	$\Delta i_{l,USA,(t-n)}$		*loi*	$\bar{R}^2$	DWS
a: Zeitraum I/1970-IV/1989					n				
$\hat{CPI}$	0,02 (0,41)	0,16 (2,88)***	0,02 (0,79)	0,07 (1,98)*	8	−0,20 (−2,55)**	0,46 (4,61)***	0,298 (***)	2,02
$\hat{K}$	−0,06 (−0,95)	−0,22 (−3,45)***	0,09 (2,73)***	−0,05 (−1,10)	1	0,23 (2,21)**	0,33 (3,44)***	0,400 (***)	1,99
$\hat{AL}$	0,24 (0,23)	7,10 (7,26)***	−1,01 (−1,81)*	1,23 (1,67)*	2	−3,22 (−1,94)*	0,31 (3,69)***	0,538 (***)	2,26
$\hat{C}$	−0,09 (−0,58)	−0,25 (−1,67)*	0,08 (1,06)	−0,15 (−1,38)	2	−0,44 (−1,67)*	−0,50 (−4,67)***	0,203 (***)	2,25
b: Zeitraum I/1994-IV/1998									
$\hat{BIP}$	−0,18 (−1,04)	−1,08 (−2,15)**	−0,43 (−3,25)***	0,62 (4,28)***	2	1,07 (3,01)***	−0,13 (−0,81)	0,608 (***)	1,82
$\hat{K}$	0,07 (0,61)	0,70 (2,15)**	−0,10 (−2,26)**	0,32 (5,17)***	5	0,60 (3,01)***	−0,40 (−2,25)**	0,671 (***)	2,56
$\hat{ET}$	1,00 (3,25)***	2,57 (3,16)***	−0,90 (−4,91)***	0,65 (3,76)***	6	−1,82 (−3,86)***	0,03 (0,19)	0,614 (***)	1,66
$\hat{AL}$	−1,66 (−2,27)**	−3,89 (−2,17)**	−0,86 (−3,44)***	−0,45 (−1,57)+	5	2,05 (1,69)+	0,67 (5,50)***	0,743 (***)	2,33
$\hat{C}$	0,40 (2,22)**	1,14 (2,70)**	−0,12 (−1,46)	−0,41 (−4,47)***	5	−1,07 (−2,88)**	0,42 (−2,77)**	0,601 (***)	2,96
$\hat{IP}$	−0,81 (−1,51)	−3,33 (−2,22)**	−0,84 (−2,22)**	0,83 (2,17)**	4	−2,02 (−1,88)*	0,01 (0,07)	0,354 (**)	2,17

Tabelle 29: **Ergebnisse der KQM-Regressionen für die BRD in den Zeiträumen I/1970 - IV/1989 und I/1994 - IV/1998 unter Berücksichtigung einer Auslandszinsgröße**

der betrachteten Größen der Fall, nämlich bei den Raten des Konsumentenpreisindex, der Kreditvergabe, der Arbeitslosenzahl und des privaten Konsums (Tabelle 29a). Die Koeffizienten des US-Zinses weisen für diesen in den Regressionen auf die Veränderungsraten des Konsumentenpreisindex, der Konsumnachfrage und der Kreditvergabe den stärksten Einfluss aus. Bezüglich der Kreditvergabe ist der Koeffizient des US-Zinses jedoch nur unwesentlich höher und weniger signifikant als der des Tagesgeldzinses. Außerdem geben die unterschiedlichen Vorzeichen eine jeweils andere Richtung des Einflusses auf die Kreditvergabe an. Während bei einem Anstieg des Tagesgeldsatzes die Rate der Kreditvergabe sinkt, steigt sie bei einem Anstieg des Auslandszinses an. Der Einfluss des Auslandszinses auf die Veränderungsrate der Arbeitslosenzahl steht deutlich hinter dem des Tagesgeldzinses zurück, wobei die Vorzeichen auch hier eine unterschiedliche Wirkungsrichtung verdeutlichen. Unter Beachtung der standardisierten Koeffizienten ändert sich das Ergebnis etwas. In den Regressionen auf die Änderungsraten des Konsumentenpreisindex und der Kreditvergabe zeigt der nun vom Betrag her höhere Koeffizient des Tagesgeldzinses den stärksten Zusammenhang an. Bezüglich der Rate der Konsumnachfrage sind die standardisierten Koeffizienten der beiden Zinsgrößen gleich groß und bezüglich der Rate der Zahl der Arbeitslosen geht vom Tagesgeldsatz nach wie vor die stärkere Wirkung aus. Der Einfluss der beiden Geldmengenänderungsraten fällt gemessen an der Höhe der Koeffizienten bescheidener aus. Das gilt auch für die Verwendung der standardisierten Koeffizienten. Damit steht der Erklärungsgehalt der Geldmengenänderungsraten für den ersten Zeitraum hinter dem der beiden Zinsgrößen zurück.

Für den zweiten Zeitraum von I/1994 bis IV/1998 (Tabelle 29b) ist zunächst insbesondere zu vermerken, dass sich die Qualität der Schätzungen gemessen am Bestimmheitsmaß gegenüber den entsprechenden Schätzungen ohne Berücksichtigung des Auslandszinses (siehe Tabelle 7) deutlich verbessert hat. Die Schätzung der Veränderungsrate der Konsumnachfrage wird wegen des hohen Wertes der Durbin-Watson-Statistik allerdings nicht interpretiert. Der Einfluss des Auslandszinses wird für diesen Zeitraum offensichtlicher. Nur bei drei Größen (den Raten der Investitionsnachfrage, des Konsumentenpreisindex und der Auftragseingänge) bleibt er ohne signifikante Wirkung. Obwohl sich für den US-Zins bezüglich der anderen Größen signifikante Koeffizienten ergeben (allerdings im Fall der Rate der Arbeitslosenzahl nur auf dem 15%-Niveau), ist die Stärke des Einflusses des US-Zinses gemessen an der betragsmäßigen Höhe der Koeffizienten in allen Schätzungen geringer als die des Tagesgeldzinses. Für den Tagesgeldsatz bestätigt sich das negative Vorzeichen auf die Rate der Arbeitslosenzahl und auch das positive Vorzeichen in der Regression auf die Rate der Erwerbstätigenzahl. Damit lässt sich auch hier festhalten, dass im Zeitraum von 1992 bis 1998 eine restriktive Geldpolitik, also ein steigender Zins, die Situation auf dem Arbeitsmarkt zu verbessern schien. Auch in diesem Zeitraum steht die Wirkungsrichtung des Auslandszinses in einigen Regressionen derjenigen des Tagesgeldzinses entgegen, so zum Beispiel bezüglich der Größen $\hat{BIP}$ oder $\hat{ET}$. Die Verwendung standardisierter Koeffizienten führt wie auch schon in Abschnitt 2.4 dazu, dass der Einfluss einer oder sogar beider Geldmengenänderungsraten in diesem Zeitraum als stärker im Vergleich zu dem der beiden Zinsgrößen eingeschätzt werden muss. Der Tagesgeldzins wird in diesem Beobachtungszeitraum gemessen an den standardisierten Koeffizienten weitestgehend vom Auslandszins beherrscht, wobei die Unterschiede zwischen den standardisierten Koeffizienten nicht sehr groß sind. In den Regressionen auf die Raten der Arbeitslosenzahl und der Industrieproduktion zeigt der standardisierte Koeffizient des Tagesgeldzinses den stärkeren Einfluss gegenüber dem Auslandszins an. Die Qualität der Schätzergebnisse für den zweiten Zeitraum wird allerdings durch teilweise niedrige Toleranzwerte geschmälert, die sich im Spektrum von 0,22 bis 0,97 bewegen. Das betrifft vor allem die Variablen $\hat{M}1$ und $\hat{M}3$.[382] Die Tatsache, dass sich in diesem Zeitraum offenbar das Problem der Multikollinearität durch Hinzunahme des US-Zinses als weitere erklärende Variable verstärkt hat, ist ein Indiz für den Einfluss des US-Zinses auf alle anderen erklärenden Variablen. Zum Teil wurde dieser Einfluss bereits durch die durchgeführten Kausalitätstests deutlich, die zeigen, dass vom US-Zins eine kausale Wirkung auf den deutschen Tagesgeldzins ausging (siehe die Tabellen 21 und 23).

Die Ergebnisse lassen den Schluss zu, dass der Einfluss der US-amerikanischen Zinsentwicklung in beiden betrachteten Zeiträumen durchaus spürbar war. Legt man nur die Ergebnisse der hier zuletzt präsentierten Regressionsanalysen zu Grunde (Tabelle 29), dann muss dem US-Zins insbesondere in den Neunzigerjahren größtenteils ein stärkerer Einfluss als dem inländischen Tagesgeldzins zugesprochen werden. Dies ist vor dem Hintergrund der Entwicklung eines weltweiten, von den US-Börsen dominierten Kapitalmarktes nicht überraschend. Tabelle 29 zeigt aber auch nur solche Ergebnisse, die einen signifikanten Einfluss des US-Zinses auf die betrachteten Größen deutlich machen. Auf die Veränderungsraten der Auftragseingänge und der Investitionsnachfrage hat der US-Zins keinen signifikanten Einfluss und auf die Veränderungsrate des Konsumentenpreisindex nur in der ersten der beiden betrachteten Phasen. Auch wenn der US-Zins gemäß denjenigen Regressionen, in denen sich signifikante Koeffizienten ergeben haben, den stärkeren Einfluss gegenüber dem Tagesgeldzins hat, so zeigen sich für den Tagesgeldsatz durchaus ausgeprägte Signifikanzen. Das bedeutet, dass auch vom Tagesgeldzins weiterhin deutliche Wirkungen ausgehen.

Auch die Granger-Kausalitätstests zeigten für den zweiten Zeitraum einen dominanten Einfluss des US-Zinses an, aber wiederum auch nicht auf alle der hier in Frage kommenden Größen (Tabelle 28). Der Auslandszins übt in beiden Zeiträumen nur auf jeweils drei dieser Größen eine Granger-kausale Wirkung aus. Es sprechen somit einige Anzeichen dafür, dass der Tagesgeldsatz seine Wirkung auf die betrachteten gesamtwirtschaftlichen Größen nicht verloren hat. Die einzige Ausnahme bildet die Entwicklung des inländischen langfristigen Zinses, die in Deutschland vor allem in den Neunzigerjahren deutlich von der Entwicklung des US-amerikanischen Langfristzinses bestimmt war. Dieser Zusammenhang gilt auch bezüglich des Euro-Währungsraumes.

Es lässt sich daher feststellen, dass der Auslandszins die Rolle des Tagesgeldzinses nicht in entscheidendem Maß zurückgedrängt hat. Darüber hinaus zeigt die theoretische Analyse des Abschnitts 4.3.2, dass die geldpolitische Entscheidungsregel auch in Abhängigkeit von außenwirtschaftlichen Parametern stehen kann, sodass die inländische Zinspolitik ausländische Einflüsse zumindest besser abfedern kann, als wenn sie ohne Berücksichtigung von Auslandseinflüssen betrieben würde. Daher kann trotz der Internationalisierung der Volkswirtschaften davon ausgegangen werden, dass eine autonome Geldpolitik, die sich auf die Steuerung eines Zentralbankgeldmarktzinses konzentriert, dennoch möglich ist.

[382] Die Toleranzwerte sind in den Ergebnistabellen im statistischen Anhang A.2, S. 237 dargestellt.

5 Zusammenfassung und Fazit

Die vorliegende Arbeit hatte das Ziel, die Eignung eines Zinses für Zentralbankgeld als geldpolitische Steuerungsgröße zu analysieren. Ausgangspunkt für diese Überlegung waren zahlreiche empirische Untersuchungen, vor allem für die USA, aber auch für die Bundesrepublik Deutschland, die zeigen, dass kurzfristige Zinsen auf dem Markt für Zentralbankgeld Wirkungen auf die verschiedensten Daten — auch realwirtschaftlicher Natur — haben. Daraus ergibt sich die Konsequenz, dass neben der traditionellen Endzielgröße des Preisniveaus als weiteres geldpolitisches Endziel eine reale Größe, wie zum Beispiel das Einkommen, in Frage kommt. Der Zusammenhang von kurzfristigen Zinsen einerseits und realen Größen andererseits hat jedoch in der Realität sehr selten eine geldpolitische Tragweite. In der Regel sind Zentralbanken nur zur Sicherstellung von Preisniveaustabilität verpflichtet. Die zum Teil jedoch erheblichen Wirkungen geldpolitischer Maßnahmen auf verschiedenste Größen der Realwirtschaft lassen es als angebracht erscheinen, darüber nachzudenken, ob die Geldpolitik nicht auch eine realwirtschaftliche Zielgröße verfolgen sollte.

In einer solchen Diskussion sehen vor allem die geldpolitischen Entscheidungsträger selbst die Gefahr, dass der Geldpolitik Verantwortlichkeiten aufgehalst werden, die sie nicht vollständig kontrollieren kann. Dies drückt sich in immer wiederkehrenden Warnungen aus, die Geldpolitik sei nicht für konjunkturelle Schwankungen zuständig, sondern ausschließlich für die Sicherung der Preisniveaustabilität. Ungeachtet dieser Konzentration auf die Zielstellung der Sicherung des Preisniveaus, hat die Geldpolitik immer auch Wirkungen auf realwirtschaftliche Größen, wie Einkommen, Beschäftigung oder Investitionen. Das ergibt sich schon allein aus dem Umstand, dass eine Zentralbank in der Regel ihre geldpolitischen Schritte durch Variationen des Zinses für Zentralbankgeld ausübt, also jenes Zinses, den Kreditinstitute im Interbankenhandel für Zentralbankgeldguthaben zahlen müssen. Da der Satz für Zentralbankgeld auf andere Zinsgrößen ausstrahlt und diese wiederum determinierend für Ausgabeentscheidungen, Finanzierungsmöglichkeiten oder Einkommensverhältnisse sind, sind realwirtschaftliche Effekte der Geldpolitik unumgänglich. An dieser Tatsache ändert sich auch dadurch nichts, dass die Verfechter einer allein auf Preisniveaustabilität ausgerichteten Politik stets betonen, solche realen Wirkungen geldpolitischer Aktivität seien allenfalls kurzfristiger Natur und spielten längerfristig keine Rolle. Wenn es über den Einsatz geldpolitischer Instrumente aber gelingen kann, kurzfristige reale Effekte in Form von Wirkungen auf Output, Einkommen oder Beschäftigung zu erzielen, dann ist es nicht glaubhaft, dass solche Wirkungen dauerhaft ohne Konsequenzen bleiben sollten. Geldpolitik hat somit auch immer eine konjunkturelle Komponente. Es erscheint angebracht, dass der Geldpolitik deshalb auch eine Mitverantwortung für konjunkturelle Prozesse gegeben wird. Das bedeutet nicht, dass die Zentralbank für die gesamte konjunkturelle und beschäftigungspolitische Situation verantwortlich zu machen wäre, sondern nur, dass sie die allgemeine Wirtschaftspolitik gleichrangig neben der Verfolgung der Preisniveaustabilität unterstützen sollte. Da weder Preisniveau noch Einkommen oder Beschäftigung in vollem Umfang dem Einfluss einer Zentralbank unterliegen, ist es nicht einsichtig, dass nur eine dieser Größen als legitimes Endziel geldpolitischen Handelns akzeptiert wird.

Der Satz für Zentralbankgeld ist durch die Zentralbank sehr gut steuerbar und spiegelt die expansive bzw. kontraktive Ausrichtung der Geldpolitik wider. Es bietet sich deshalb an, die geldpolitische Steuerung direkt am Zentralbankgeldmarktsatz anzusetzen und diesen als direkte geldpolitische Steuergröße zu gebrauchen. Sinnvoll kann das jedoch nur dann sein, wenn die vom Markt für Zentralbankgeld ausgehenden Impulse auch tatsächlich Einkommens-, Investitions- oder Konsumgrößen sowie das Preisniveau erreichen. Eine Reihe von empirischen Untersuchungen kommt diesbezüglich zu durchaus positiven Ergebnissen. Im Rahmen dieser Arbeit wurden empirische Betrachtungen für die Bundesrepublik Deutschland sowie für das Euro-Währungsgebiet durchgeführt. Der Beobachtungszeitraum für Deutschland wurde dabei zweigeteilt (vom ersten Quartal 1970 bis zum vierten Quartal 1989 bzw. vom ersten Quartal 1992 zum vierten Quartal 1998), um verzerrende Effekte der deutschen Vereinigung zu vermeiden. Für beide Zeiträume zeigt sich zunächst anhand von Granger-Kausalitätstests, dass der Satz für Zentralbankgeld — hier in Form des Tagesgeldzinses — starke Wirkungen auf die betrachteten Größen ausübt. Dies sind die Veränderungsraten des Bruttoinlandsproduktes, der Industrieproduktion, der Zahl der Erwerbstätigen und der Arbeitslosen, der Konsum- und der Investitionsnachfrage, der Auftragseingänge, der Kreditvergabe und des Konsumentenpreisindex. Für den zweiten Zeitraum sind die erkennbaren Kausalzusammenhänge zwar weitaus schwächer, in den allermeisten Fällen kann dem Tagesgeldzins aber eine höhere Kausalwirkung (im Sinne Grangers) zugeschrieben werden als den alternativ betrachteten Geldmengenveränderungsraten der Aggregate M1 und M3. Auch die im Anschluss daran durchgeführten KQM-Schätzungen bestätigen die Rolle des Tagesgeldzinses, wenngleich für die Neunzigerjahre der Einfluss des Tagesgeldzinses im Verhältnis zu den Geldmengenänderungsraten schwächer ist als für den Zeitraum davor. Zusammenfassend lässt sich aber dennoch festhalten, dass die Hinweise auf einen Einfluss des Tagesgeldzinses auf die betrachteten Größen stärker ausfallen als für einen Einfluss der beiden Geldmengenaggregate.

Für das Euro-Währungsgebiet wurden auf Grund des kurzen Zeitraumes seines Bestehens keine ökonometrischen Tests durchgeführt. Die Entwicklung der äquivalenten Größen zeigt aber durchaus, dass auch hier der Tagesgeldsatz eine Wirkung haben könnte. Nach einem Tiefstand des Tagesgeldsatzes im dritten Quartal 1999 ergeben sich für fast alle betrachteten Größen ansteigende Zuwachsraten bzw. für die Zahl der Arbeitslosen sinkende Zuwachsraten. Mit zunehmenden Anstieg des Tagsgeldsatzes folgen dann sinkende Zuwachsraten (bzw. ansteigende für die Zahl der Arbeitslosen), die im Fall der Bruttoanlageinvestitionen und der Industrieproduktion sogar negativ werden. Letztlich aber ließen sich für die Entwicklung der Veränderungsraten der beiden Geldmengen ähnliche Aussagen machen, da die Phasen niedriger (hoher) Tagesgeldzinsen mit Phasen hohen (niedrigen) Geldmengenwachstums einhergehen, sodass auf diesem Wege nicht eindeutig zu klären ist, welche Größe der bessere Indikator ist. Dennoch kann davon ausgegangen werden, dass auch im Euro-Währungsgebiet von der Geldpolitik reale Effekte ausgehen.

Die Verbindung von zentralbankpolitischen Maßnahmen und realwirtschaftlichen Größen wird durch Transmissionstheorien erklärt. In der vorliegenden Arbeit wurden vier Transmissionskonzepte behandelt: der einfache (keynesianische) Zinsmechanismus des IS/LM-Modells, die darauf aufbauenden Modelle des Kredit- und des Wechselkurskanals sowie die

Gruppe der vermögenstheoretischen Ansätze. Der einfache Zinsmechanismus betont die Rolle des Wertpapierzinses für die Übertragung monetärer Impulse. Über die Angebots- bzw. Nachfrageverhältnisse am Geldmarkt werden die Wertpapierkurse und damit die Wertpapierrenditen beeinflusst. Daraus ergibt sich der Effekt auf die zinsabhängigen Investitionen. Der Zinskanal betrachtet damit nur einen relativ engen Ausschnitt möglicher Transmissionszusammenhänge. Dies führt oft zu Kritik. Gleichwohl bildet der Zinskanal die Grundlage für weitergehende Transmissionstheorien, vor allem für die des Kreditkanals, aber auch des Wechselkurskanals. Dabei hat insbesondere der Kreditkanal in der jüngeren Vergangenheit eine relativ hohe Beachtung erfahren.

Der Kreditkanal gewinnt seine Bedeutung aus der Annahme, dass sich die Zinsbildung auf Kreditmärkten nicht äquivalent zur Zinsbildung auf dem Wertpapiermarkt vollzieht. Informationsasymmetrien auf dem Kreditmarkt führen zu adversen Verhaltensweisen der Marktteilnehmer. Dabei handelt es sich zum einen um negative Auslese, also dem Umstand, dass mit steigenden Kreditzinsen immer riskantere Investitionsprojekte zur Finanzierung verbleiben, wogegen sich die Vertreter relativ sicherer Projekte vom Markt zurückziehen. Zum anderen entsteht das Problem des moralischen Risikos, wenn Kreditnehmer die Finanzierungsmittel in riskantere Investitionsprojekte umleiten oder Projektrückflüsse verschleiern. Die Folge solcher Phänomene ist, dass zwischen den relevanten Kredit- und den Wertpapierzinsen eine positive Zinsdifferenz entsteht. Von dieser Differenz wird angenommen, dass sie umso größer wird, je restriktiver die Geldpolitik ist, weil sich die Informationsprobleme verschärfen. Deshalb gilt der Kreditkanal als ein Konzept, das auch ausgehend von relativ kleinen zinspolitischen Maßnahmen der Zentralbank relativ starke reale Effekte erklären kann. Im Rahmen des Kreditkanals werden zwei Spielarten diskutiert, der Banken- und der Bilanzkanal. Sie unterscheiden sich in der Abgrenzung des Kreditmarktes und in dem Weg, den der geldpolitische Impuls nimmt. Der Bankenkanal stellt die Wirkung geldpolitischer Maßnahmen auf das Kreditangebotsverhalten der Banken und dessen Auswirkung auf den Bankkreditmarkt heraus. Als besonders bedeutend wird der Bankenkanal deshalb für kleine und mittlere Unternehmen angesehen, die sich hauptsächlich über den Bankkreditmarkt finanzieren, da es für sie keine anderen Finanzierungsmöglichkeiten gibt. Im Rahmen des Bilanzkanals wird die Kreditfinanzierung breiter definiert. Hier umfasst sie jede Art der externen Finanzierung und wird der internen Finanzierung gegenübergestellt. Als Übertragungskanal monetärer Impulse stehen nicht die Kreditanbieter, sondern die Nachfrager nach Finanzierungsmitteln im Vordergrund, deren finanzielle Position durch ihre Bilanzen bestimmt wird. Geldpolitische Impulse verbessern bzw. verschlechtern die bilanzielle Nettovermögensposition des Investors, weil durch die Zinsmaßnahmen der Zentralbank die Höhe der Kreditsicherheiten und des Cash-Flows beeinflusst werden.

Der Wechselkurskanal erweitert die Transmissionsbetrachtung um für offene Volkswirtschaften relevante Zusammenhänge, indem der Devisenmarkt mit in die Betrachtung einbezogen wird. Als Basismodell dient auch hier der einfache Zinsmechanismus, obwohl man selbstverständlich auch den Kreditkanal auf eine offene Volkswirtschaft erweitern kann. Der Zinsmechanismus sowie die darauf aufbauenden Modelle des Kredit- und des Wechselkurskanals konzentrieren sich somit auf diejenigen Märkte und deren Preisbildungsprozesse, die als Übertragungskanäle geldpolitischer Impulse als besonders prägnant gelten.

Dagegen heben die vermögenstheoretischen Ansätze das gesamte Spektrum möglicher Aktiva und deren relative Preise für die Übertragung monetärer Impulse hervor. Zielrelation jeder Impulsübertragung ist in den vermögenstheoretischen Transmissionstheorien das Verhältnis des Preises für bestehende Sachaktiva zum Preis für neu zu schaffende Sachaktiva (Investitionen). Dieses Verhältnis wird von Tobin als q bezeichnet.

Die Transmissionstheorien liefern ausreichende Fundierung, um die Wirkung geldpolitischer Maßnahmen auf reale Größen zu erklären. Vor diesem Hintergrund und angesichts der empirischen Hinweise für die Wirkung des Tagesgeldsatzes auf reale Größen ist es legitim, diese Zusammenhänge auch in einer geldpolitischen Strategie zu verankern. Die gängigen geldpolitischen Strategien berücksichtigen eine Zinsgröße des Zentralbankgeldmarktes (in der Regel den Tagesgeldsatz) lediglich als operationales Ziel, konzentrieren sich aber ansonsten auf Zwischenzielgrößen oder direkt auf das geldpolitische Endziel. Letzteres ist in den allermeisten Fällen die Stabilität des Preisniveaus. Andere mögliche Endzielgrößen wie die Beschäftigung oder das Bruttoinlandsprodukt werden so gut wie nicht in geldpolitischen Strategien berücksichtigt. Das ist auf Grund der theoretischen wie empirischen Zusammenhänge erstaunlich. Eine Möglichkeit, im Rahmen einer geldpolitischen Strategie einen Zins für Zentralbankgeld mit den Endzielgrößen Preisniveau und Output zu verbinden, ist eine von John B. Taylor vorgeschlagene geldpolitische Regel. Die Idee der Taylor-Regel besteht darin, den Satz für Zentralbankgeld an der Inflations- und Outputlücke sowie relativ zu seinem realen Gleichgewichtswert auszurichten. Dieses Vorgehen würde Transparenz bieten und den Wirtschaftssubjekten eine klare und verständliche Orientierung geben. Die Taylor-Regel stand deshalb auch im Mittelpunkt der theoretischen Diskussion dieser Arbeit. Sie sieht sich jedoch einer Vielzahl von Kritikpunkten gegenüber. In konzeptioneller Hinsicht wird vor allem als Problem gesehen, dass die Zinssetzung nach der Taylor-Regel von aktuellen Daten für die Inflations- und Outputlücke ausgeht, die zu jenem Zeitpunkt, zu dem die getroffene Zinsentscheidung letztlich wirkt, in ihrer Richtung oder ihrem Ausmaß eventuell nicht mehr aktuell sind. Dieses Problem könnte durch die Verwendung von Erwartungsgrößen zumindest abgeschwächt werden. Da auch im Rahmen anderer geldpolitischer Strategien Erwartungsgrößen gebildet werden, sollte dies auch im Rahmen der Verwendung der Taylor-Regel machbar sein. Die Taylor-Regel erlaubt es auch, die Festsetzung der Gewichte sowie gegebenenfalls die Prognosewerte für die Inflations- und Outputlücke von gesamtwirtschaftlichen Parameterwerten abhängig zu machen. Der Ansicht, die Taylor-Regel sei ein zu mechanistisches und unflexibles Konzept, da es nur zwei Größen mit konstanten Gewichten berücksichtigt, kann deshalb nicht gefolgt werden. Schon gar nicht nachvollziehbar ist der Vorwurf, die Taylor-Regel sei ungeeignet, weil durch die Orientierung an der Outputlücke die Zentralbank für steuerliche und lohnpolitische Fehlentwicklungen verantwortlich gemacht würde, die aber nicht von ihr zu beeinflussen seien. Diese Kritik lediglich bezüglich der Verwendung der Outputlücke zu äußern, verkennt aber die Tatsache, dass diese genauso auf die Verwendung der Inflationslücke zutrifft. Es ist letztlich selbstverständlich, dass keine geldpolitische Endzielgröße dem perfekten Einfluss einer Zentralbank unterliegt. Dies trifft auf die Outputlücke oder das Bruttoinlandsprodukt genauso zu wie auf die Inflationslücke oder die Inflationsrate. Gerade dieses Problem ist es, aus dem sich die Diskussion um eine adäquate geldpolitische Strategie ergibt.

Neben der Kritik, die auf die konzeptionelle Konstruktion der Taylor-Regel zielt, wird außerdem auf rechnerische Probleme aufmerksam gemacht. Dies betrifft insbesondere die Bestimmung des realen Gleichgewichtszinses auf dem Zentralbankgeldmarkt und die verschiedenen zur Verfügung stehenden Verfahren und Konzepte zur Ermittlung der Outputlücke bzw. zur Messung der Inflation. Derartige rechnerische Schwierigkeiten dürften aber generell in der geldpolitischen Praxis auftreten. Da die Inflationsrate auch im Rahmen anderer Strategien ermittelt werden muss und die Outputlücke nicht nur für die Taylor-Regel eine wichtige Determinante darstellt, sondern beispielsweise auch für geldmengenorientierte Strategien, können diese rechnerischen Probleme entweder so groß nicht sein, oder aber jedes geldpolitische Konzept — nicht nur die Taylor-Regel — müsste unter dem Aspekt der rechnerischen Vielfalt abgelehnt werden. Insgesamt dürfte es im Umgang mit der Taylor-Regel kein Problem geben, das so schwerwiegend wäre, dass es die Taylor-Regel im negativen Sinn aus dem Spektrum andererer geldpolitischer Strategien heraushebt.

Die Anwendung der Taylor-Regel als geldpolitische Strategie wird dann erwägenswert, wenn sie im Vergleich zu anderen geldpolitischen Strategien Vorteile aufweist. Wenn diese Vorteilhaftigkeit im Sinne einer höheren Effizienz gegenüber anderen Strategien gesehen wird, dann kann der Effizienzvorteil anhand einer Verlustfunktion im Rahmen einer modelltheoretischen Analyse gemessen werden. In der vorliegenden Arbeit wurde ein zu bereits existierenden Analysen ähnliches Vorgehen gewählt. Ausgangspunkt ist ein Drei-Gleichungsmodell, das je eine Gleichgewichtsbedingung für den Güter- und den Geldmarkt sowie eine Preisgleichung umfasst. Es wurden neben der Taylor-Regel noch die Strategien der Zins- und der Geldmengensteuerung berücksichtigt. Die Taylor-Regel wird für diese Betrachtungen nicht mit der ursprünglichen Outputlücke, sondern mit der Differenz zwischen der Einkommensänderung und der potenziellen Einkommensänderung, also einer Wachstumslücke, definiert, wenngleich im Großteil der Arbeit weiterhin der Begriff der Outputlücke verwendet wird. Die Gleichgewichtslösungen für die Inflations- und Outputlücke, die sich unter Anwendung der drei genannten Strategien ergeben, werden mit einer Verlustfunktion bewertet. Die Verlustfunktion bildet einen gewichteten Durchschnitt der erwarteten Abweichungen der Inflationsrate und des realen Wachstums jeweils von deren Zielwerten. Die unter der Anwendung der jeweiligen Strategien entstehenden Verluste werden unter Zugrundelegung von separaten Güterangebots-, Güternachfrage- und Geldnachfrageschocks miteinander verglichen. Im Mittelpunkt der Analyse steht dabei die Frage, von welchen Größen das Spektrum beeinflusst wird, in dem die Gewichte t_1 und t_2 für die Output- bzw. die Inflationslücke liegen müssen, damit der Verlust aus der Anwendung der Taylor-Regel geringer als der der alternativ betrachteten Strategien ist. Dabei lassen sich folgende Ergebnisse festhalten: Die Taylor-Regel ist gegenüber den anderen geldpolitischen Strategien umso eher geeignet,

- je größer der Einfluss der Outputlücke auf die Inflationslücke ist,
- je weniger die Outputlücke die Geldnachfrage beeinflusst,
- je geringer die erwartete Inflationslücke vom Betrag her ist und
- je höher die jeweiligen Schocks sind.

Unter Zugrundelegung anfänglicher Parameterwerte, die zu Zwecken der Kalibrierung des Modells aus Daten für die Bundesrepublik Deutschland geschätzt wurden, ergeben sich kaum Parameterkonstellationen, bei denen die Taylor-Regel nicht vorteilhafter als die Zins- oder die Geldmengenregel ist. Das bedeutet, dass sich über die Wahl der Koeffizienten die Taylor-Regel immer so gestalten lässt, dass sich aus ihrer Anwendung gegenüber den anderen betrachteten Strategien der kleinere Verlust erwarten lässt. Damit kann auch eine Instrumentenregel wie die Taylor-Regel effizienter als eine Zielregel sein. Die Analyse zeigt außerdem, dass die Taylor-Regel dann eine vorteilhafte Strategie ist, wenn die Gewichtung der Outputlücke höher als die Gewichtung der Inflationslücke ausfällt. Da die gewählten Koeffizienten für die Inflations- und die Outputlücke in Abhängigkeit von den im Modell berücksichtigten Parametern stehen, ist unter Umständen die Gewichtung der Inflations- und der Outputlücke anzupassen, wenn sich die Parameter ändern.

Die Taylor-Regel wird trotz ihrer Effizienzvorteile nicht im Sinne einer geldpolitischen Strategie eingesetzt, sondern eher als normativer Maßstab zu Beurteilung bereits realisierter Geldpolitik. Zu diesem Zweck wird die Entwicklung des Tagesgeldsatzes in einem zu betrachtenden Währungsraum einer oder mehreren alternativ berechneten Taylor-Reihen gegenübergestellt. Dabei entstehen diejenigen Berechnungsprobleme, die einen Großteil des Kritikpotenzials gegenüber der Taylor-Regel ausmachen und auf die bereits eingegangen wurde. In der vorliegenden Arbeit wurde eine entsprechende Betrachtung für Deutschland und das Euro-Währungsgebiet durchgeführt, wobei für Deutschland zwei unterschiedliche Taylor-Regeln berücksichtigt wurden. Für die Berechnung des potenziellen Wachstums und des realen Gleichgewichtszinses wurde das Verfahren des Hodrick-Prescott-Filters angewandt. Insbesondere bezüglich des realen Gleichgewichtszinses wird dadurch das Problem umgangen, aus verschiedenen Realzinsannahmen eine auszuwählen oder — im Fall der Realzinsermittlung mittels Durchschnittsbildung — die Realzinsbildung von der Länge des Durchschnittszeitraumes abhängig zu machen. Zur Messung des Preisniveaus bzw. der Inflation wurde ein Konsumentenpreisindex gewählt, da sowohl in Deutschland als auch im Euro-Währungsgebiet die Inflation mit Konsumentenpreisindices gemessen wurde bzw. wird. Das vielfach vorgeschlagene Konzept einer Kerninflationsrate wird dagegen für nicht überzeugend gehalten. Die Betrachtung für beide Währungsräume zeigt, dass sich die Entwicklung des Taylor-Zinses relativ stark von der tatsächlichen Entwicklung des jeweiligen Tagesgeldsatzes unterscheidet. Anhand der Differenz beider Zinsen kann beurteilt werden, ob die Geldpolitik der Deutschen Bundesbank bzw. der Europäischen Zentralbank restriktiver oder expansiver ausgefallen ist, als es die Taylor-Regel verlangt hätte. Es lassen sich für beide Währungsräume Phasen aufzeigen, in denen der Tagesgeldsatz insbesondere im Hinblick auf die Entwicklung des realen Einkommens zu hoch gewesen ist. Gleichzeitig ist jedoch nicht erkennbar, dass diese restriktiven Zinsphasen zu einer spürbaren Senkung der Inflationsrate geführt hätten. Die Berücksichtigung einer alternativen Taylor-Regel mit anderen Gewichten für die Inflations- und Outputlücke ändert an diesen Ergebnissen wenig. Das gilt auch für die Verwendung einer alternativen Zielinflationsrate.

Eine auf den Tagesgeldsatz oder einen anderen Zins des Zentralbankgeldmarktes ausgerichtete Geldpolitik könnte vor dem Problem stehen, dass die getroffenen Zinsmaßnahmen nicht die weiter hinten gelagerten Kapital- sowie die Güter- und Arbeitsmärkte erreichen.

Ein Grund dafür ist darin zu suchen, dass internationale Einflüsse die von der Zentralbank gewünschte Zinsentwicklung konterkarieren können. In einer theoretischen Modellanalyse wurde deshalb zunächst geklärt, unter welchen Umständen es hilfreich erscheint, die geldpolitische Regel um die Wechselkursänderungsrate zu erweitern, sodass die Zinspolitik der Zentralbank nicht nur auf die Inflations- und Outputlücke, sondern auch auf die Wechselkursänderung reagiert. Die modelltheoretische Verbindung zum Ausland wird über die Zinsparität und über eine Wechselkursfunktion hergestellt. Die Zinsparität formuliert ein Arbitragegleichgewicht, das immer erfüllt ist, das aber keine Aussage über funktionale Abhängigkeiten macht. Deshalb wurde für die Zinsparität eine Fallunterscheidung vorgenommen. Der erste Fall geht davon aus, dass Variationen des Auslandszinses zu gleich hohen Kompensationen durch die erwartete Wechselkursänderungsrate führen (und umgekehrt), sodass kein Einfluss auf den Inlandszins verbleibt. Der zweite Fall behandelt das Gegenteil, dass nämlich Änderungen des Auslandszinses oder der erwarteten Wechselkursänderungsrate voll auf den Inlandszins durchwirken. Trotz dieser Fallunterscheidung lassen sich die Ergebnisse der Analyse verallgemeinern. Danach ist eine um die Wechselkursänderung erweiterte Taylor-Regel dann angebracht, wenn die Einflüsse aus dem Ausland relativ stark sind. Mit dem entsprechenden Koeffizienten in der Taylor-Regel muss jedoch vorsichtig umgegangen werden. Wird er zu hoch gewählt, dann werden im Inland Zinsreaktionen ausgelöst, die zu einer Destabilisierung der Output- und damit auch der Inflationslücke führen können.

In empirischer Hinsicht zeigen sich für Deutschland und den Euro-Raum deutliche Hinweise darauf, dass die inländische Zinsentwicklung vom Ausland, in diesem Fall von der US-amerikanischen Zinsentwicklung, beeinflusst ist. Das ist das Ergebnis sowohl von Granger-Kausalitätstests als auch von KQM-Regressionen. Dagegen finden sich kaum Hinweise, dass die Tagesgeldsätze eine Wirkung auf den Langfristzins in Deutschland (in Form der Umlaufsrendite für börsennotierte Bundeswertpapiere) oder im Euro-Raum (in Form der Rendite zehnjähriger Staatsanleihen) haben. Das ist ein für die Funktionsfähigkeit vor allem des Zinskanals in den betrachteten Volkswirtschaften sehr unschönes Ergebnis, da die Zinspolitik der betrachteten Zentralbanken offenbar keinen Einfluss auf die ausgabenrelevanten längerfristigen Zinsen hat. Um die Rolle des Auslandseinflusses in Form der US-Rendite noch etwas genauer zu beleuchten, wurden die zu Beginn der Arbeit durchgeführten ökonometrischen Untersuchungen für Deutschland erneut durchgeführt, wobei nun der US-Zins als erklärende Variable mit berücksichtigt wurde. Vor allem durch die Granger-Tests, aber auch durch die KQM-Regressionen wird deutlich, dass der Einfluss des Tagesgeldsatzes auf die betrachteten gesamtwirtschaftlichen Größen kaum durch den US-Zins zurückgedrängt wird. Gleichwohl zeigt letzterer durchaus Wirkung, was sich vor allem dadurch zeigt, dass der Einflusses des Auslandszinses gemessen an der betragsmäßigen Höhe der standardisierten Koeffizienten den Einfluss des Tagesgeldzinses teilweise übersteigt. Dass sich für den Tagesgeldzins trotzdem erhebliche Wirkungen auf die betrachteten Größen nachweisen lassen, obwohl der Zusammenhang zum inländischen langfristigen Zins sehr schwach ist, mag ein Indiz dafür sein, dass die Transmission geldpolitischer Zinsentscheidungen in Deutschland nicht vorwiegend über den Zinskanal, sondern über andere Transmissionsmechanismen auf reale Größen abgelaufen ist. Besonders zu nennen ist diesbezüglich der Kreditkanal.

Abschließend beurteilt gibt es einige Gründe dafür, geldpolitische Entscheidungen auch an realen Outputgrößen auszurichten. Das muss nicht heißen, aktionistisch auf konjunkturelle Effekte zu zielen. Es sollte aber möglich sein, Rezessionsphasen abzuschwächen oder konjunkturelle Überhitzungen zu vermeiden, und zwar auch durch den darauf gezielt ausgerichteten Einsatz geldpolitischer Instrumente und nicht nur als zufälliges Beiprodukt ausschließlich preisnivauorientierter Politik. Mit der Taylor-Regel existiert ein Konzept, mit dem eine am Output und am Preisniveau ausgerichtete Geldpolitik umgesetzt werden könnte. Der Meinung, die Taylor-Regel eigne sich nicht als Grundlage geldpolitischer Entscheidungen, kann hier nicht gefolgt werden. Der fehlende Mut, eine geldpolitische Strategie nicht nur am Preisniveau, sondern auch am Output zu orientieren, kann nicht mit den Spielräumen gerechtfertigt werden, welche die Anwendung der Taylor-Regel den Entscheidungsträgern lässt, da andere Strategien ebenfalls Ermessenspotenziale aufweisen. Sicherlich besteht die Gefahr, dass eine Zinspolitik nach der Taylor-Regel auf Grund des erratischen Verlaufs des Taylor-Zinses relativ sprunghaft geraten könnte. Wenn es dadurch aber gelingt, Inflation und Output zu stabilisieren, kann das in Kauf genommen werden.

A Anhang

A.1 Mathematischer Anhang

A.1.1 Wirkung der Veränderung des Zentralbankgeldmarktsatzes auf das Einkommen im einfachen Zinskanal

Aus den IS/LM-Modellgleichungen

$$\begin{aligned} D(\tau) &= L_S(i) + L_T(Y) = L_S(i) + kY \\ Y &= I(i) + C = I(i) + cY \end{aligned}$$

lässt sich die Wirkung einer Variation des Zentralbankgeldmarktsatzes auf das Einkommen nicht unmittelbar ablesen. Diese Wirkung hängt davon ab, wie stark die durch die Änderung des Geldmarktsatzes hervorgerufene Wertpapierzinsreaktion ist und wie stark diese wiederum auf die Investitionen wirkt. Das vorliegende Problem, nämlich den Effekt herauszustellen, den die Veränderung einer der exogenen Variablen (hier: τ) auf eine der endogenen Variablen (hier: Y, i) hat, erfordert die Anwendung des Satzes über implizite Funktionen.[383] Aus obigem Gleichungssystem folgen die Funktionen:

$$\begin{aligned} FD &= D(\tau) - L_S(i) - kY = 0, \\ FY &= (1-c)Y - I(i) = 0. \end{aligned}$$

Dieses Gleichungssystem lässt sich nun als Vektor J auffassen, für den gilt:

$$J(x, \tau) = 0,$$

mit $x = (Y, i)$ als Vektor der endogenen Variablen und τ als exogener Variable (Parameter). Die Reaktion des Gleichungssystems auf eine Änderung des Satzes für Zentralbankgeld ist dann $dJ/d\tau$ und lautet:[384]

$$\frac{dJ}{d\tau} = JAC_x \cdot \frac{dx}{d\tau} + \frac{\partial J}{\partial \tau} = 0,$$

wobei die Jacobi-Matrix JAC_x die partiellen Ableitungen jeder der im System befindlichen Gleichungen (hier FD und FY) nach jeder endogenen Variable enthält. In Matrix-Schreibweise heißt das dann:

$$\frac{dJ}{d\tau} = \begin{pmatrix} \frac{\partial FD}{\partial Y} & \frac{\partial FD}{\partial i} \\ \frac{\partial FY}{\partial Y} & \frac{\partial FY}{\partial i} \end{pmatrix} \cdot \begin{pmatrix} \frac{\partial Y}{\partial \tau} \\ \frac{\partial i}{\partial \tau} \end{pmatrix} + \begin{pmatrix} \frac{\partial FD}{\partial \tau} \\ \frac{\partial FY}{\partial \tau} \end{pmatrix} = 0. \qquad (165)$$

Die partiellen Ableitungen der Funktionen FD und FY lassen sich leicht bilden und in die Matrizen einsetzen:

$$\begin{aligned} \frac{dJ}{d\tau} = \begin{pmatrix} -k & -\frac{\partial L_S}{\partial i} \\ (1-c) & -\frac{\partial I}{\partial i} \end{pmatrix} \cdot \begin{pmatrix} \frac{\partial Y}{\partial \tau} \\ \frac{\partial i}{\partial \tau} \end{pmatrix} + \begin{pmatrix} \frac{\partial D}{\partial \tau} \\ 0 \end{pmatrix} &= 0 \\ \begin{pmatrix} -k & -\frac{\partial L_S}{\partial i} \\ (1-c) & -\frac{\partial I}{\partial i} \end{pmatrix} \cdot \begin{pmatrix} \frac{\partial Y}{\partial \tau} \\ \frac{\partial i}{\partial \tau} \end{pmatrix} &= -\begin{pmatrix} \frac{\partial D}{\partial \tau} \\ 0 \end{pmatrix}. \end{aligned}$$

---

383 Eine knappe Darstellung darüber - auch bezogen auf das IS/LM-Modell - findet sich bei FELDERER/HOMBURG 2003, S. 417-434. [74]

384 Die folgende Formulierung ergibt sich aus der Anwendung der Kettenregel.

Die Auflösung dieses Systems liefert dann folgende Gleichungen:

$$-k \cdot \frac{\partial Y}{\partial \tau} - \frac{\partial L_S}{\partial i} \cdot \frac{\partial i}{\partial \tau} = -\frac{\partial D}{\partial \tau} \tag{166}$$

$$(1-c)\frac{\partial Y}{\partial \tau} - \frac{\partial I}{\partial i} \cdot \frac{\partial i}{\partial \tau} = 0. \tag{167}$$

Umformung der Gleichung (166) nach $\partial i/\partial \tau$ ergibt:

$$\frac{\partial i}{\partial \tau} = \frac{\frac{\partial D}{\partial \tau} - k \cdot \frac{\partial Y}{\partial \tau}}{\frac{\partial L_S}{\partial i}}.$$

Das eingesetzt in (167) und weiter umgeformt führt letztendlich zu der auf S. 60 verwendeten Formulierung:

$$\begin{aligned}
(1-c)\frac{\partial Y}{\partial \tau} - \frac{\partial I}{\partial i} \cdot \left(\frac{\frac{\partial D}{\partial \tau} - k \cdot \frac{\partial Y}{\partial \tau}}{\frac{\partial L_S}{\partial i}} \right) &= 0 \\
(1-c)\frac{\partial Y}{\partial \tau} \cdot \frac{\partial L_S}{\partial i} - \frac{\partial I}{\partial i} \cdot \frac{\partial D}{\partial \tau} + k \cdot \frac{\partial Y}{\partial \tau} \cdot \frac{\partial I}{\partial i} &= 0 \\
\frac{\partial Y}{\partial \tau} \cdot \left((1-c)\frac{\partial L_S}{\partial i} + k \cdot \frac{\partial I}{\partial i} \right) &= \frac{\partial I}{\partial i} \cdot \frac{\partial D}{\partial \tau} \\
\frac{\partial Y}{\partial \tau} &= \frac{\frac{\partial I}{\partial i} \cdot \frac{\partial D}{\partial \tau}}{(1-c)\frac{\partial L_S}{\partial i} + k \cdot \frac{\partial I}{\partial i}}.
\end{aligned}$$

A.1.2 Die optimale Höhe der Anteile des Finanz- und des Realvermögens am Gesamtvermögen in der Portfoliotheorie

Die optimale Aufteilung zwischen Finanz- und Realvermögen unter dem Gesichtspunkt eines möglichst geringen Gesamtrisikos gelingt dann, wenn

$$\sigma_G^2 = \sigma_{FV}^2 \cdot A_{FV}^2 + \sigma_{RV}^2 \cdot A_{RV}^2 + 2 \cdot \sigma_{FV}\sigma_{RV} \cdot r_{FV,RV} \cdot A_{FV}A_{RV}$$

minimiert wird, also wenn gilt:

$$\sigma_G^2 = \sigma_{FV}^2 \cdot A_{FV}^2 + \sigma_{RV}^2 \cdot A_{RV}^2 + 2 \cdot \sigma_{FV}\sigma_{RV} \cdot r_{FV,RV} \cdot A_{FV}A_{RV} \Rightarrow Min!$$

unter den Nebenbedingungen:

$$A_{FV} + A_{RV} = 1 \quad \text{und} \tag{168}$$

$$A_{FV}, A_{RV} \geq 0. \tag{169}$$

Die Lagrange-Funktion unter Berücksichtigung der Nebenbedingung (168) lautet:

$$\begin{aligned} &LF(A_{FV}, A_{RV}) = \\ &\quad \sigma_{FV}^2 \cdot A_{FV}^2 + \sigma_{RV}^2 \cdot A_{RV}^2 + 2 \cdot \sigma_{FV}\sigma_{RV} \cdot r_{FV,RV} \cdot A_{FV}A_{RV} + \lambda_L(1 - A_{FV} - A_{RV}). \end{aligned}$$

Daraus werden die Lagrange-Ableitungen $\partial LF/\partial A_{FV}$, $\partial LF/\partial A_{RV}$ sowie $\partial LF/\partial \lambda_L$ gebildet:

$$\begin{aligned} \frac{\partial LF}{\partial A_{FV}} &= 2\sigma_{FV}^2 \cdot A_{FV} + 2 \cdot \sigma_{FV}\sigma_{RV} \cdot r_{FV,RV} \cdot A_{RV} - \lambda_L \stackrel{!}{=} 0 \\ \frac{\partial LF}{\partial A_{RV}} &= 2\sigma_{RV}^2 \cdot A_{RV} + 2 \cdot \sigma_{FV}\sigma_{RV} \cdot r_{FV,RV} \cdot A_{FV} - \lambda_L \stackrel{!}{=} 0 \\ \frac{\partial LF}{\partial \lambda_L} &= 1 - A_{FV} - A_{RV} \stackrel{!}{=} 0 \end{aligned}$$

Die Auflösung dieses Systems nach A_{FV} und A_{RV} ergibt zunächst in einem Zwischenschritt:

$$A_{FV} = \left(\frac{\sigma_{RV}^2 - \sigma_{FV}\sigma_{RV}r_{FV,RV}}{\sigma_{FV}^2 - \sigma_{FV}\sigma_{RV}r_{FV,RV}} \right) \cdot A_{RV}$$

und unter Verwendung der dritten Lagrange-Ableitung:

$$A_{FV} = \frac{\sigma_{RV}^2 - \sigma_{FV}\sigma_{RV}r_{FV,RV}}{\sigma_{FV}^2 + \sigma_{RV}^2 - 2\sigma_{FV}\sigma_{RV}r_{FV,RV}} \tag{170}$$

$$A_{RV} = \frac{\sigma_{FV}^2 - \sigma_{FV}\sigma_{RV}r_{FV,RV}}{\sigma_{FV}^2 + \sigma_{RV}^2 - 2\sigma_{FV}\sigma_{RV}r_{FV,RV}}. \tag{171}$$

Die Lösungen (170) und (171) sind aber nur dann gültig, wenn sie beide (gleichzeitig) größer als oder gleich Null sind (Nebenbedingung (169)):

$$A_{FV} = \frac{\sigma_{RV}^2 - \sigma_{FV}\sigma_{RV}r_{FV,RV}}{\sigma_{FV}^2 + \sigma_{RV}^2 - 2\sigma_{FV}\sigma_{RV}r_{FV,RV}} \geq 0. \tag{172}$$

Wenn der Nenner in (172) größer als Null ist, folgt weiter:

$$\begin{aligned} \sigma_{RV}^2 - \sigma_{FV}\sigma_{RV}r_{FV,RV} &\geq 0 \\ r_{FV,RV} &\leq \frac{\sigma_{RV}}{\sigma_{FV}} \end{aligned} \tag{173}$$

und analog für den Anteil A_{RV}:

$$\begin{aligned} A_{RV} = \frac{\sigma_{FV}^2 - \sigma_{FV}\sigma_{RV}r_{FV,RV}}{\sigma_{FV}^2 + \sigma_{RV}^2 - 2\sigma_{FV}\sigma_{RV}r_{FV,RV}} &\geq 0 \\ \sigma_{FV}^2 - \sigma_{FV}\sigma_{RV}r_{FV,RV} &\geq 0 \\ r_{FV,RV} &\leq \frac{\sigma_{FV}}{\sigma_{RV}}. \end{aligned} \tag{174}$$

Da der Korrelationskoeffizient $r_{FV,RV}$ sowohl die Bedingung (173) als auch die Bedingung (174) erfüllen muss, sind die Lösungen (170) und (171) nur gültig, wenn für $r_{FV,RV}$ gilt:

$$r_{FV,RV} \leq \text{Min}\left\{\frac{\sigma_{RV}}{\sigma_{FV}}, \frac{\sigma_{FV}}{\sigma_{RV}}\right\}. \tag{175}$$

Ist (175) nicht erfüllt, dann gelten die durch die Kuhn-Tucker-Bedingungen festgelegten Randlösungen. Diese sind gegeben durch:

$$\begin{aligned} & A_{FV} \cdot \frac{\partial LF}{\partial A_{FV}} = \\ & \qquad A_{FV} \cdot \left(2\sigma_{FV}^2 \cdot A_{FV} + 2 \cdot \sigma_{FV}\sigma_{RV} \cdot r_{FV,RV} \cdot A_{RV} - \lambda_L\right) \stackrel{!}{=} 0 \end{aligned} \tag{176}$$

$$\begin{aligned} & A_{RV} \cdot \frac{\partial LF}{\partial A_{RV}} = \\ & \qquad A_{RV} \cdot \left(2\sigma_{RV}^2 \cdot A_{RV} + 2 \cdot \sigma_{FV}\sigma_{RV} \cdot r_{FV,RV} \cdot A_{FV} - \lambda_L\right) \stackrel{!}{=} 0 \end{aligned} \tag{177}$$

Ist (175) nicht erfüllt, weil (173) verletzt ist (also nicht $r_{FV,RV} \leq \frac{\sigma_{RV}}{\sigma_{FV}}$ gilt), ergibt sich die Randlösung aus Gleichung (176). Diese ist dann erfüllt, wenn der Klammerausdruck gleich Null ist, was der oben dargestellten Lagrange-Lösung entspräche, oder aber, wenn A_{FV} gleich Null ist. Wenn die Lagrange-Lösung für A_{FV} ein negatives, mithin gegen (169) verstoßendes Ergebnis ergibt, muss gemäß (176) $A_{FV} = 0$ und wegen (169) $A_{RV} = 1$ sein.

Ist umgekehrt (175) nicht erfüllt, weil (174) verletzt ist (also nicht $r_{FV,RV} \leq \frac{\sigma_{FV}}{\sigma_{RV}}$ gilt), wird die entsprechende Randlösung aus (177) abgleitet. Da dann das Nullsetzen des Klammerausdruckes zu einem negativen Vorzeichen für A_{RV} führen würde, kommt nur die Lösung $A_{RV} = 0$ und damit $A_{FV} = 1$ in Frage.

Ist der Nenner in (172) jedoch negativ, dann folgt $(\sigma_{RV}^2 - \sigma_{FV}\sigma_{RV}r_{FV,RV}) \leq 0$ und damit $r_{FV,RV} \geq \frac{\sigma_{RV}}{\sigma_{FV}}$ sowie analog $r_{FV,RV} \geq \frac{\sigma_{FV}}{\sigma_{RV}}$. Die Bedingung für den Korrelationskoeffizienten lautet dann:

$$r_{FV,RV} \geq \text{Max}\left\{\frac{\sigma_{RV}}{\sigma_{FV}}, \frac{\sigma_{FV}}{\sigma_{RV}}\right\}.$$

Die weiteren Schlussfolgerungen bei Verletzung dieser Bedingung folgen wie oben.

Ist $r_{FV,RV} = 1$ und sind die beiden Standardabweichungen gleich groß, dann sind die optimalen Anteile gemäß (170) und (171) nicht definiert. Inhaltlich heißt das, dass es sich bei einem Korrelationskoeffizienten in Höhe von Eins und identischen Standardabweichungen beider Vermögensarten letztlich um identische Vermögensblöcke handelt, sodass sich eine risikominimierende Optimierung der Anteile nicht durchführen lässt bzw. erübrigt. Es ist in diesem Fall egal und völlig beliebig, wie hoch die einzelnen Anteile sind.

A.1.3 Wirkung der Veränderung des Zentralbankgeldmarktsatzes auf das Einkommen im Bankenkanal

Analog zum einfachen Zinskanal lauten die nach Null umgeformten Funktionen:

$$\begin{aligned} FD &= D(\tau) - L_S(i) - kY = 0, \\ FY &= (1-c)Y - I(i,\alpha) = 0, \\ FK &= S \cdot (1-\rho)D - K^N(i,\alpha) = 0. \end{aligned}$$

Der Vektor x der endogenen Variablen umfasst nun zusätzlich die Zinsdifferenz α, sodass $x = (Y, i, \alpha)$ gilt. Die Reaktion des Gleichungssystems auf eine Änderung des (exogenen) Satzes für Zentralbankgeld ist dann wiederum $dJ/d\tau$ mit $J(x,\tau) = 0$ und lautet in Matrix-Schreibweise:

$$\frac{dJ}{d\tau} = \begin{pmatrix} \frac{\partial FD}{\partial Y} & \frac{\partial FD}{\partial i} & \frac{\partial FD}{\partial \alpha} \\ \frac{\partial FY}{\partial Y} & \frac{\partial FY}{\partial i} & \frac{\partial FY}{\partial \alpha} \\ \frac{\partial FK}{\partial Y} & \frac{\partial FK}{\partial i} & \frac{\partial FK}{\partial \alpha} \end{pmatrix} \cdot \begin{pmatrix} \frac{\partial Y}{\partial \tau} \\ \frac{\partial i}{\partial \tau} \\ \frac{\partial \alpha}{\partial \tau} \end{pmatrix} + \begin{pmatrix} \frac{\partial FD}{\partial \tau} \\ \frac{\partial FY}{\partial \tau} \\ \frac{\partial FK}{\partial \tau} \end{pmatrix} = 0$$

$$\begin{pmatrix} -k & -\frac{\partial L_S}{\partial i} & 0 \\ (1-c) & -\frac{\partial I}{\partial i} & -\frac{\partial I}{\partial \alpha} \\ 0 & -\frac{\partial K^N}{\partial i} & \frac{\partial S}{\partial \alpha}(1-\rho)D - \frac{\partial K^N}{\partial \alpha} \end{pmatrix} \cdot \begin{pmatrix} \frac{\partial Y}{\partial \tau} \\ \frac{\partial i}{\partial \tau} \\ \frac{\partial \alpha}{\partial \tau} \end{pmatrix} = -\begin{pmatrix} \frac{\partial D}{\partial \tau} \\ 0 \\ S(1-\rho)\frac{\partial D}{\partial \tau} \end{pmatrix}.$$

Aus der Auflösung der Matrizen ergibt sich:

$$-k \cdot \frac{\partial Y}{\partial \tau} - \frac{\partial L_S}{\partial i} \cdot \frac{\partial i}{\partial \tau} = -\frac{\partial D}{\partial \tau} \tag{178}$$

$$(1-c)\frac{\partial Y}{\partial \tau} - \frac{\partial I}{\partial i} \cdot \frac{\partial i}{\partial \tau} - \frac{\partial I}{\partial \alpha} \cdot \frac{\partial \alpha}{\partial \tau} = 0 \tag{179}$$

$$-\frac{\partial K^N}{\partial i} \cdot \frac{\partial i}{\partial \tau} + \left[\frac{\partial S}{\partial \alpha}(1-\rho)D - \frac{\partial K^N}{\partial \alpha}\right] \cdot \frac{\partial \alpha}{\partial \tau} = -S(1-\rho)\frac{\partial D}{\partial \tau}. \tag{180}$$

(178) nach $\partial i/\partial \tau$ umformen:

$$\frac{\partial i}{\partial \tau} = \frac{\frac{\partial D}{\partial \tau} - k \cdot \frac{\partial Y}{\partial \tau}}{\frac{\partial L_S}{\partial i}} \tag{181}$$

und in (179) einsetzen:

$$(1-c)\frac{\partial Y}{\partial \tau} - \frac{\partial I}{\partial i} \cdot \left(\frac{\frac{\partial D}{\partial \tau} - k \cdot \frac{\partial Y}{\partial \tau}}{\frac{\partial L_S}{\partial i}}\right) - \frac{\partial I}{\partial \alpha} \cdot \frac{\partial \alpha}{\partial \tau} = 0. \tag{182}$$

(182) nach $\partial \alpha/\partial \tau$ umformen:

$$\frac{\partial \alpha}{\partial \tau} = \frac{(1-c)\frac{\partial Y}{\partial \tau} - \frac{\partial I}{\partial i} \cdot \left(\frac{\frac{\partial D}{\partial \tau} - k \cdot \frac{\partial Y}{\partial \tau}}{\frac{\partial L_S}{\partial i}}\right)}{\frac{\partial I}{\partial \alpha}}. \tag{183}$$

(181) und (183) in (180) einsetzen und weiter umformen:

$$-\frac{\partial K^N}{\partial i}\cdot\left(\frac{\frac{\partial D}{\partial\tau}-k\cdot\frac{\partial Y}{\partial\tau}}{\frac{\partial L_S}{\partial i}}\right)+T1\cdot\left[\frac{(1-c)\frac{\partial Y}{\partial\tau}-\frac{\partial I}{\partial i}\cdot\left(\frac{\frac{\partial D}{\partial\tau}-k\cdot\frac{\partial Y}{\partial\tau}}{\frac{\partial L_S}{\partial i}}\right)}{\frac{\partial I}{\partial\alpha}}\right]=$$

$$-S(1-\rho)\frac{\partial D}{\partial\tau}$$

$$\text{mit}\quad T1=\frac{\partial S}{\partial\alpha}(1-\rho)D-\frac{\partial K^N}{\partial\alpha}$$

$$-\frac{\frac{\partial K^N}{\partial i}}{\frac{\partial L_S}{\partial i}}\cdot\frac{\partial D}{\partial\tau}+\frac{\frac{\partial K^N}{\partial i}\cdot k}{\frac{\partial L_S}{\partial i}}\cdot\frac{\partial Y}{\partial\tau}+\frac{T1}{\frac{\partial I}{\partial\alpha}}\cdot(1-c)\frac{\partial Y}{\partial\tau}-\frac{T1\cdot\frac{\partial I}{\partial i}}{\frac{\partial I}{\partial\alpha}\cdot\frac{\partial L_S}{\partial i}}\left(\frac{\partial D}{\partial\tau}-k\cdot\frac{\partial Y}{\partial\tau}\right)=$$

$$-S(1-\rho)\frac{\partial D}{\partial\tau}$$

$$\frac{\frac{\partial K^N}{\partial i}\cdot k}{\frac{\partial L_S}{\partial i}}\cdot\frac{\partial Y}{\partial\tau}+\frac{T1}{\frac{\partial I}{\partial\alpha}}\cdot(1-c)\frac{\partial Y}{\partial\tau}-T1\cdot\frac{\frac{\partial I}{\partial i}\cdot\frac{\partial D}{\partial\tau}}{\frac{\partial I}{\partial\alpha}\cdot\frac{\partial L_S}{\partial i}}+T1\cdot\frac{\frac{\partial I}{\partial i}\cdot k}{\frac{\partial I}{\partial\alpha}\cdot\frac{\partial L_S}{\partial i}}\cdot\frac{\partial Y}{\partial\tau}=$$

$$-S(1-\rho)\frac{\partial D}{\partial\tau}+\frac{\frac{\partial K^N}{\partial i}}{\frac{\partial L_S}{\partial i}}\cdot\frac{\partial D}{\partial\tau}$$

$$\frac{\partial K^N}{\partial i}\cdot k\cdot\frac{\partial Y}{\partial\tau}+T1\cdot\frac{\partial Y}{\partial\tau}\left(\frac{(1-c)\frac{\partial L_S}{\partial i}+\frac{\partial I}{\partial i}\cdot k}{\frac{\partial I}{\partial\alpha}}\right)=$$

$$-S(1-\rho)\frac{\partial D}{\partial\tau}\cdot\frac{\partial L_S}{\partial i}+\frac{\partial K^N}{\partial i}\cdot\frac{\partial D}{\partial\tau}+T1\cdot\frac{\frac{\partial I}{\partial i}}{\frac{\partial I}{\partial\alpha}}\cdot\frac{\partial D}{\partial\tau}$$

$$\frac{\partial Y}{\partial\tau}\cdot\left[\frac{\partial K^N}{\partial i}\cdot k+T1\left(\frac{(1-c)\frac{\partial L_S}{\partial i}+\frac{\partial I}{\partial i}\cdot k}{\frac{\partial I}{\partial\alpha}}\right)\right]=$$

$$-S(1-\rho)\frac{\partial D}{\partial\tau}\cdot\frac{\partial L_S}{\partial i}+\frac{\partial K^N}{\partial i}\cdot\frac{\partial D}{\partial\tau}+T1\cdot\frac{\frac{\partial I}{\partial i}}{\frac{\partial I}{\partial\alpha}}\cdot\frac{\partial D}{\partial\tau}$$

$$\frac{\partial Y}{\partial\tau}=\frac{-S(1-\rho)\frac{\partial D}{\partial\tau}\cdot\frac{\partial L_S}{\partial i}+\frac{\partial K^N}{\partial i}\cdot\frac{\partial D}{\partial\tau}+T1\cdot\frac{\frac{\partial I}{\partial i}}{\frac{\partial I}{\partial\alpha}}\cdot\frac{\partial D}{\partial\tau}}{\frac{\partial K^N}{\partial i}\cdot k+T1\left(\frac{(1-c)\frac{\partial L_S}{\partial i}+\frac{\partial I}{\partial i}\cdot k}{\frac{\partial I}{\partial\alpha}}\right)}. \tag{184}$$

Zähler und Nenner in (184) jeweils durch $K^A = S(1-\rho)D$ teilen:

$$\frac{\partial Y}{\partial \tau} = \frac{-\frac{\frac{\partial D}{\partial \tau}\cdot\frac{\partial L_S}{\partial i}}{D} + \frac{\frac{\partial K^N}{\partial i}\cdot\frac{\partial D}{\partial \tau}}{K^A} + \frac{\frac{\partial S}{\partial \alpha}}{S}\cdot\frac{\frac{\partial I}{\partial i}}{\frac{\partial I}{\partial \alpha}}\cdot\frac{\partial D}{\partial \tau} - \frac{\frac{\partial K^N}{\partial \alpha}}{K^A}\cdot\frac{\frac{\partial I}{\partial i}}{\frac{\partial I}{\partial \alpha}}\cdot\frac{\partial D}{\partial \tau}}{\frac{\frac{\partial K^N}{\partial i}\cdot k}{K^A} + \left(\frac{\frac{\partial S}{\partial \alpha}}{S} - \frac{\frac{\partial K^N}{\partial \alpha}}{K^A}\right)\cdot\left(\frac{(1-c)\frac{\partial L_S}{\partial i} + \frac{\partial I}{\partial i}\cdot k}{\frac{\partial I}{\partial \alpha}}\right)}$$

$$\frac{\partial Y}{\partial \tau} = \frac{-\frac{\partial D}{\partial \tau}\left\langle \frac{\frac{\partial K^N}{\partial i}}{K^A} + \frac{\frac{L_S}{\partial i}}{D}\right\rangle + \left(\frac{\frac{\frac{\partial S}{\partial \alpha}}{S} - \frac{\frac{\partial K^N}{\partial \alpha}}{K^A}}{\frac{\partial I}{\partial \alpha}}\right)\cdot\left[\frac{\partial I}{\partial i}\cdot\frac{\partial D}{\partial \tau}\right]}{\frac{\frac{\partial K^N}{\partial i}\cdot k}{K^A} + \left(\frac{\frac{\frac{\partial S}{\partial \alpha}}{S} - \frac{\frac{\partial K^N}{\partial \alpha}}{K^A}}{\frac{\partial I}{\partial \alpha}}\right)\cdot\left[(1-c)\frac{\partial L_S}{\partial i} + \frac{\partial I}{\partial i}\cdot k\right]}. \tag{185}$$

Gleichung (185) zeigt die auf Seite 76 verwendete Formulierung.

Unter Berücksichtigung von Kreditrationierung vereinfacht sich das System der relevanten Funktionen zu:

$$FD = D(\tau) - L_S(i) - kY = 0,$$
$$FY = (1-c)Y - I(i) - S(1-\rho)D = 0.$$

Die allgemeine Matrix-Scheibweise für diesen Fall entspricht der des einfachen Zinskanals (Gleichung (165)). Werden wiederum die partiellen Ableitungen eingesetzt, dann erhält man:

$$\begin{pmatrix} -k & -\frac{\partial L_S}{\partial i} \\ (1-c) & \left[-\frac{\partial I}{\partial i} - \frac{\partial S}{\partial i}(1-\rho)D\right] \end{pmatrix}\cdot\begin{pmatrix} \frac{\partial Y}{\partial \tau} \\ \frac{\partial i}{\partial \tau} \end{pmatrix} = -\begin{pmatrix} \frac{\partial D}{\partial \tau} \\ -S(1-\rho)\frac{\partial D}{\partial \tau} \end{pmatrix}.$$

Daraus folgt nun:

$$-k\cdot\frac{\partial Y}{\partial \tau} - \frac{\partial L_S}{\partial i}\cdot\frac{\partial i}{\partial \tau} = -\frac{\partial D}{\partial \tau} \tag{186}$$

$$(1-c)\frac{\partial Y}{\partial \tau} + \left(-\frac{\partial I}{\partial i} - \frac{\partial S}{\partial i}(1-\rho)D\right)\cdot\frac{\partial i}{\partial \tau} = S(1-\rho)\frac{\partial D}{\partial \tau}. \tag{187}$$

Die Umformung von (186) nach $\partial i/\partial \tau$ ergibt wie bereits in den anderen beiden Fällen:

$$\frac{\partial i}{\partial \tau} = \frac{\frac{\partial D}{\partial \tau} - k\cdot\frac{\partial Y}{\partial \tau}}{\frac{\partial L_S}{\partial i}}. \tag{188}$$

(188) in (187) einsetzen und weiter umstellen:

$$(1-c)\frac{\partial Y}{\partial \tau} + \left(-\frac{\partial I}{\partial i} - \frac{\partial S}{\partial i}(1-\rho)D\right)\cdot\left(\frac{\frac{\partial D}{\partial \tau} - k\cdot\frac{\partial Y}{\partial \tau}}{\frac{\partial L_S}{\partial i}}\right) = S(1-\rho)\frac{\partial D}{\partial \tau}$$

$$(1-c)\frac{\partial Y}{\partial \tau}\cdot\frac{\partial L_S}{\partial i}+\left(-\frac{\partial I}{\partial i}-\frac{\partial S}{\partial i}(1-\rho)D\right)\cdot\left(\frac{\partial D}{\partial \tau}-k\cdot\frac{\partial Y}{\partial \tau}\right)= S(1-\rho)\cdot\frac{\partial D}{\partial \tau}\cdot\frac{\partial L_S}{\partial i}$$

$$(1-c)\frac{\partial Y}{\partial \tau}\cdot\frac{\partial L_S}{\partial i}-\frac{\partial I}{\partial i}\cdot\frac{\partial D}{\partial \tau}+\frac{\partial I}{\partial i}\cdot\frac{\partial Y}{\partial \tau}\cdot k-\frac{\partial S}{\partial i}(1-\rho)D\cdot\frac{\partial D}{\partial \tau}+ \frac{\partial S}{\partial i}(1-\rho)D\cdot\frac{\partial Y}{\partial \tau}\cdot k=S(1-\rho)\cdot\frac{\partial D}{\partial \tau}\cdot\frac{\partial L_S}{\partial i}$$

$$\frac{\partial Y}{\partial \tau}\cdot\left((1-c)\frac{\partial L_S}{\partial i}+k\cdot\frac{\partial I}{\partial i}+k\cdot\frac{\partial S}{\partial i}(1-\rho)D\right)= S(1-\rho)\cdot\frac{\partial D}{\partial \tau}\cdot\frac{\partial L_S}{\partial i}+\frac{\partial I}{\partial i}\cdot\frac{\partial D}{\partial \tau}+\frac{\partial S}{\partial i}(1-\rho)D\cdot\frac{\partial D}{\partial \tau}$$

$$\frac{\partial Y}{\partial \tau}=\frac{S(1-\rho)\cdot\frac{\partial D}{\partial \tau}\cdot\frac{\partial L_S}{\partial i}+\frac{\partial I}{\partial i}\cdot\frac{\partial D}{\partial \tau}+\frac{\partial S}{\partial i}(1-\rho)D\cdot\frac{\partial D}{\partial \tau}}{(1-c)\frac{\partial L_S}{\partial i}+k\cdot\frac{\partial I}{\partial i}+k\cdot\frac{\partial S}{\partial i}(1-\rho)D}. \tag{189}$$

Zähler und Nenner in (189) jeweils durch $K^A = S(1-\rho)D$ teilen:

$$\frac{\partial Y}{\partial \tau}=\frac{\frac{\partial D}{\partial \tau}\left(\frac{\frac{\partial L_S}{\partial i}}{D}+\frac{\frac{\partial S}{\partial i}}{S}\right)+\frac{1}{K^A}\cdot\left[\frac{\partial I}{\partial i}\cdot\frac{\partial D}{\partial \tau}\right]}{\frac{\frac{\partial S}{\partial i}\cdot k}{S}+\frac{1}{K^A}\cdot\left[(1-c)\frac{\partial L_S}{\partial i}+\frac{\partial I}{\partial i}\cdot k\right]} \tag{190}$$

Gleichung (190) entspricht der auf Seite 79 verwendeten Gleichung, die den Einkommenseffekt unter Kreditrationierung darstellt.

A.1.4 Wirkung der Veränderung des Zentralbankgeldmarktsatzes auf das Einkommen im Bilanzkanal

Die Null-Funktionen lauten hier:

$$\begin{aligned} FD &= D(\tau) - L_S(i) - kY = 0, \\ FY &= (1-c)Y - F = 0, \\ FF &= i + \lambda i \cdot \left(F - I^{NT}(i)\right) - k_F(F) = 0. \end{aligned}$$

Der Vektor x der endogenen Variablen umfasst neben dem Einkommen Y und dem Zins i noch das Finanzierungsmittelvolumen F, sodass $x = (Y, i, F)$ gilt. Die Reaktion des Gleichungssystems auf eine Änderung des Satzes für Zentralbankgeld ist auch hier $dJ/d\tau$ mit $J(x,\tau) = 0$:

$$\frac{dJ}{d\tau} = \begin{pmatrix} \frac{\partial FD}{\partial Y} & \frac{\partial FD}{\partial i} & \frac{\partial FD}{\partial F} \\ \frac{\partial FY}{\partial Y} & \frac{\partial FY}{\partial i} & \frac{\partial FY}{\partial F} \\ \frac{\partial FF}{\partial Y} & \frac{\partial FF}{\partial i} & \frac{\partial FF}{\partial F} \end{pmatrix} \cdot \begin{pmatrix} \frac{\partial Y}{\partial \tau} \\ \frac{\partial i}{\partial \tau} \\ \frac{\partial F}{\partial \tau} \end{pmatrix} + \begin{pmatrix} \frac{\partial FD}{\partial \tau} \\ \frac{\partial FY}{\partial \tau} \\ \frac{\partial FF}{\partial \tau} \end{pmatrix} = 0$$

$$\begin{pmatrix} -k & -\frac{\partial L_S}{\partial i} & 0 \\ (1-c) & 0 & -1 \\ 0 & \left(1 + \lambda F - \lambda I^{NT}(i) - \lambda i \cdot \frac{\partial I^{NT}}{\partial i}\right) & \left(\lambda i - \frac{\partial k_F}{\partial F}\right) \end{pmatrix} \cdot \begin{pmatrix} \frac{\partial Y}{\partial \tau} \\ \frac{\partial i}{\partial \tau} \\ \frac{\partial F}{\partial \tau} \end{pmatrix} = - \begin{pmatrix} \frac{\partial D}{\partial \tau} \\ 0 \\ 0 \end{pmatrix}.$$

Ausformuliert ergibt sich:

$$-k \cdot \frac{\partial Y}{\partial \tau} - \frac{\partial L_S}{\partial i} \cdot \frac{\partial i}{\partial \tau} = -\frac{\partial D}{\partial \tau} \tag{191}$$

$$(1-c)\frac{\partial Y}{\partial \tau} - \frac{\partial F}{\partial \tau} = 0 \tag{192}$$

$$\left(1 + \lambda F - \lambda I^{NT}(i) - \lambda i \cdot \frac{\partial I^{NT}}{\partial i}\right) \cdot \frac{\partial i}{\partial \tau} + \left(\lambda i - \frac{\partial k_F}{\partial F}\right) \cdot \frac{\partial F}{\partial \tau} = 0. \tag{193}$$

(191) nach $\partial i/\partial \tau$ umgestellt ergibt wieder:

$$\frac{\partial i}{\partial \tau} = \frac{\frac{\partial D}{\partial \tau} - k \cdot \frac{\partial Y}{\partial \tau}}{\frac{\partial L_S}{\partial i}}. \tag{194}$$

(192) nach $\partial F/\partial \tau$ auflösen:

$$\frac{\partial F}{\partial \tau} = (1-c)\frac{\partial Y}{\partial \tau}. \tag{195}$$

(194) und (195) in (193) einsetzen und weiter umformen:

$$T2 \cdot \left(\frac{\frac{\partial D}{\partial \tau} - k \cdot \frac{\partial Y}{\partial \tau}}{\frac{\partial L_S}{\partial i}}\right) + \left(\lambda i - \frac{\partial k_F}{\partial F}\right) \cdot \left((1-c)\frac{\partial Y}{\partial \tau}\right) = 0$$

$$\text{mit} \quad T2 = \left[1 + \lambda \cdot \left(F - I^{NT}(i) - \frac{\partial I^{NT} \cdot i}{\partial i}\right)\right]$$

$$
\begin{aligned}
\frac{T2}{\frac{\partial L_S}{\partial i}} \cdot \frac{\partial D}{\partial \tau} - \frac{T2 \cdot k}{\frac{\partial L_S}{\partial i}} \cdot \frac{\partial Y}{\partial \tau} + \left(\lambda i - \frac{\partial k_F}{\partial F}\right) \cdot \left((1-c)\frac{\partial Y}{\partial \tau}\right) &= 0 \\
\frac{\partial Y}{\partial \tau} \cdot \left[-T2 \cdot k + \left(\lambda i - \frac{\partial k_F}{\partial F}\right) \cdot \frac{\partial L_S}{\partial i} \cdot (1-c)\right] &= -T2 \cdot \frac{\partial D}{\partial \tau} \\
\frac{-T2 \cdot \frac{\partial D}{\partial \tau}}{-T2 \cdot k + \left(\lambda i - \frac{\partial k_F}{\partial F}\right) \cdot (1-c) \cdot \frac{\partial L_S}{\partial i}} &= \frac{\partial Y}{\partial \tau}. \qquad (196)
\end{aligned}
$$

Zähler und Nenner von (196) durch $-T2$ teilen und weiter umformen:

$$
\begin{aligned}
\frac{\partial Y}{\partial \tau} &= \frac{\frac{\partial D}{\partial \tau}}{k - \frac{\left(\lambda i - \frac{\partial k_F}{\partial F}\right) \cdot (1-c) \cdot \frac{\partial L_S}{\partial i}}{T2}} \\
\frac{\partial Y}{\partial \tau} &= \frac{\frac{\partial D}{\partial \tau}}{k - \frac{\lambda i - \frac{\partial k_F}{\partial F}}{1 + \lambda\left(F - I^{NT}(i) - \frac{\partial I^{NT}}{\partial i} \cdot i\right)} \cdot (1-c) \cdot \frac{\partial L_S}{\partial i}}. \qquad (197)
\end{aligned}
$$

Gleichung (197) entspricht der auf Seite 85 verwendeten Gleichung.

A.1.5 Wirkung der Veränderung des Zentralbankgeldmarktsatzes auf das Einkommen im Wechselkurskanal

Die Null-Funktionen lauten hier:

$$\begin{aligned} FD &= D(\tau) - L_S(i) - kY = 0, \\ FY &= (1-c)Y - I(i) - AB(e,Y) = 0, \\ FE &= KBS(i,i_a) - AB(e,Y) = 0. \end{aligned}$$

Der Vektor x der endogenen Variablen ist hier $x = (Y, i, e)$. Die Reaktion des Gleichungssystems auf eine Änderung des Satzes für Zentralbankgeld ist auch hier wiederum $dJ/d\tau$ mit $J(x,\tau) = 0$:

$$\frac{dJ}{d\tau} = \begin{pmatrix} \frac{\partial FD}{\partial Y} & \frac{\partial FD}{\partial i} & \frac{\partial FD}{\partial e} \\ \frac{\partial FY}{\partial Y} & \frac{\partial FY}{\partial i} & \frac{\partial FY}{\partial e} \\ \frac{\partial FE}{\partial Y} & \frac{\partial FE}{\partial i} & \frac{\partial FE}{\partial e} \end{pmatrix} \cdot \begin{pmatrix} \frac{\partial Y}{\partial \tau} \\ \frac{\partial i}{\partial \tau} \\ \frac{\partial e}{\partial \tau} \end{pmatrix} + \begin{pmatrix} \frac{\partial FD}{\partial \tau} \\ \frac{\partial FY}{\partial \tau} \\ \frac{\partial FE}{\partial \tau} \end{pmatrix} = 0$$

$$\begin{pmatrix} -k & -\frac{\partial L_S}{\partial i} & 0 \\ (1-c) - \frac{\partial AB}{\partial Y} & -\frac{\partial I}{\partial i} & -\frac{\partial AB}{\partial e} \\ -\frac{\partial AB}{\partial Y} & \frac{\partial KBS}{\partial i} & -\frac{\partial AB}{\partial e} \end{pmatrix} \cdot \begin{pmatrix} \frac{\partial Y}{\partial \tau} \\ \frac{\partial i}{\partial \tau} \\ \frac{\partial e}{\partial \tau} \end{pmatrix} = -\begin{pmatrix} \frac{\partial D}{\partial \tau} \\ 0 \\ 0 \end{pmatrix}.$$

Dann folgt:

$$-k \cdot \frac{\partial Y}{\partial \tau} - \frac{\partial L_S}{\partial i} \cdot \frac{\partial i}{\partial \tau} = -\frac{\partial D}{\partial \tau} \tag{198}$$

$$\left((1-c) - \frac{\partial AB}{\partial Y}\right) \cdot \frac{\partial Y}{\partial \tau} - \frac{\partial I}{\partial i} \cdot \frac{\partial i}{\partial \tau} - \frac{\partial AB}{\partial e} \cdot \frac{\partial e}{\partial \tau} = 0 \tag{199}$$

$$-\frac{\partial AB}{\partial Y} \cdot \frac{\partial Y}{\partial \tau} + \frac{\partial KBS}{\partial i} \cdot \frac{\partial i}{\partial \tau} - \frac{\partial AB}{\partial e} \cdot \frac{\partial e}{\partial \tau} = 0. \tag{200}$$

(198) nach $\partial i/\partial\tau$ umformen und dann in (199) einsetzen:

$$\frac{\frac{\partial D}{\partial \tau} - k \cdot \frac{\partial Y}{\partial \tau}}{\frac{\partial L_S}{\partial i}} = \frac{\partial i}{\partial \tau} \tag{201}$$

$$\left((1-c) - \frac{\partial AB}{\partial Y}\right) \cdot \frac{\partial Y}{\partial \tau} - \frac{\partial I}{\partial i} \cdot \left(\frac{\frac{\partial D}{\partial \tau} - k \cdot \frac{\partial Y}{\partial \tau}}{\frac{\partial L_S}{\partial i}}\right) - \frac{\partial AB}{\partial e} \cdot \frac{\partial e}{\partial \tau} = 0$$

$$\frac{\left((1-c) - \frac{\partial AB}{\partial Y}\right) \cdot \frac{\partial Y}{\partial \tau} - \frac{\partial I}{\partial i} \cdot \left(\frac{\frac{\partial D}{\partial \tau} - k \cdot \frac{\partial Y}{\partial \tau}}{\frac{\partial L_S}{\partial i}}\right)}{\frac{\partial AB}{\partial e}} = \frac{\partial e}{\partial \tau} \tag{202}$$

(201) und (202) in (200) einsetzen und weiter umstellen:

$$-\frac{\partial AB}{\partial Y} \cdot \frac{\partial Y}{\partial \tau} + \frac{\partial KBS}{\partial i} \cdot \left(\frac{\frac{\partial D}{\partial \tau} - k \cdot \frac{\partial Y}{\partial \tau}}{\frac{\partial L_S}{\partial i}}\right) - \frac{\partial AB}{\partial e} \cdot$$

$$\left[\frac{\left((1-c)-\frac{\partial AB}{\partial Y}\right)\cdot\frac{\partial Y}{\partial \tau}-\frac{\partial I}{\partial i}\cdot\left(\frac{\frac{\partial D}{\partial \tau}-k\cdot\frac{\partial Y}{\partial \tau}}{\frac{\partial L_S}{\partial i}}\right)}{\frac{\partial AB}{\partial e}}\right]=0$$

$$-\frac{\partial AB}{\partial Y}\cdot\frac{\partial Y}{\partial \tau}-\frac{\frac{\partial KBS}{\partial i}\cdot k}{\frac{\partial L_S}{\partial i}}\cdot\frac{\partial Y}{\partial \tau}-\left((1-c)-\frac{\partial AB}{\partial Y}\right)\cdot\frac{\partial Y}{\partial \tau}-\frac{\frac{\partial I}{\partial i}\cdot k}{\frac{\partial L_S}{\partial i}}\cdot\frac{\partial Y}{\partial \tau}=$$
$$-\frac{\frac{\partial KBS}{\partial i}}{\frac{\partial L_S}{\partial i}}\cdot\frac{\partial D}{\partial \tau}-\frac{\frac{\partial I}{\partial i}}{\frac{\partial L_S}{\partial i}}\cdot\frac{\partial D}{\partial \tau}$$

$$\frac{\partial Y}{\partial \tau}\cdot\left[\frac{\partial AB}{\partial Y}\cdot\frac{\partial L_S}{\partial i}+\frac{\partial KBS}{\partial i}\cdot k+\left((1-c)-\frac{\partial AB}{\partial Y}\right)\cdot\frac{\partial L_S}{\partial i}+\frac{\partial I}{\partial i}\cdot k\right]=$$
$$\left(\frac{\partial KBS}{\partial i}+\frac{\partial I}{\partial i}\right)\cdot\frac{\partial D}{\partial \tau}$$

$$\frac{\partial Y}{\partial \tau} = \frac{\left(\frac{\partial KBS}{\partial i}+\frac{\partial I}{\partial i}\right)\cdot\frac{\partial D}{\partial \tau}}{\frac{\partial KBS}{\partial i}\cdot k+(1-c)\frac{\partial L_S}{\partial i}+\frac{\partial I}{\partial i}\cdot k}$$

$$\frac{\partial Y}{\partial \tau} = \frac{\frac{\partial KBS}{\partial i}\cdot\frac{\partial D}{\partial \tau}+\left[\frac{\partial I}{\partial i}\cdot\frac{\partial D}{\partial \tau}\right]}{\frac{\partial KBS}{\partial i}\cdot k+\left[(1-c)\cdot\frac{\partial L_S}{\partial i}+k\cdot\frac{\partial I}{\partial i}\right]}. \tag{203}$$

Damit entspricht Gleichung (203) der Formulierung auf Seite 92.

A.1.6 Die Modelllösung unter Berücksichtigung der Geldmengensteuerung

Um die Geldmengensteuerung zu berücksichtigen, wird im Modell (93) bis (95) auf Seite 145 $d = 0$ gesetzt:

$$\begin{aligned} y &= -\beta\tilde{r} + u \\ p &= p^* + \epsilon y + x \\ 0 &= \kappa y - b\tilde{r} + v. \end{aligned}$$

Damit ergeben sich als Gleichgewichtslösungen für p und y (siehe Seite 146):

$$\begin{aligned} p &= p^* + x + \frac{\epsilon(bu - v\beta)}{b + \kappa\beta}, \\ y &= \frac{bu - v\beta}{b + \kappa\beta}. \end{aligned}$$

Die Quadrierung der jeweiligen Gleichgewichtslösungen ergibt:

$$\begin{aligned} p^2 &= p^{*2} + 2p^*x + x^2 + \frac{2bp^*u\epsilon + 2bux\epsilon - 2p^*v\beta\epsilon - 2vx\beta\epsilon}{b + \kappa\beta} + \frac{b^2u^2\epsilon^2 - 2buv\beta\epsilon^2 + v^2\beta^2\epsilon^2}{(b + \kappa\beta)^2} \\ y^2 &= \frac{b^2u^2 - 2buv\beta + v^2\beta^2}{(b + \kappa\beta)^2}. \end{aligned}$$

Von p^2 und y^2 sind die jeweiligen Erwartungswerte zu bilden. Aus der Varianzdefinition $\sigma^2_{st1} = E[st1^2] - E[st1]^2$ mit $st1 = x, u, v$ und der Annahme, dass die Erwartungswerte der Störgrößen Null sind ($E[st1] = 0$) folgt $E[st1^2] = \sigma^2_{st1}$. Außerdem folgt für zwei Störgrößen st_1, st_2 aus der Kovarianzdefinition $r_{st1,st2} \cdot \sigma_{st1}\sigma_{st2} = E[(st1 - E[st1])(st2 - E[st2])]$ und wiederum aus der Annahme, dass die Erwartungswerte der Störgrößen Null sind, dass $E[st1 \cdot st2] = r_{st1,st2} \cdot \sigma_{st1}\sigma_{st2}$ gilt. Die Erwartungswerte aller übrigen Größen werden nach der Vorschrift $E[st3] = st3$ gebildet. Damit ergibt sich:

$$\begin{aligned} E[p^2] &= p^{*2} + \sigma_x^2 + \frac{2\sigma_x\epsilon(br_{u,x}\sigma_u - r_{v,x}\sigma_v\beta)}{b + \kappa\beta} + \frac{\epsilon^2(b^2\sigma_u^2 - 2br_{u,v}\sigma_u\sigma_v\beta + \sigma_v^2\beta^2)}{(b + \kappa\beta)^2} \\ E[y^2] &= \frac{b^2\sigma_u^2 - 2br_{u,v}\sigma_u\sigma_v\beta + \sigma_v^2\beta^2}{(b + \kappa\beta)^2} \end{aligned}$$

Diese beiden Erwartungswerte sind in die Verlustfunktion $L = aE\left[p^2\right] + (1-a)E\left[y^2\right]$ einzusetzen. Dann folgt nach Vereinheitlichung der Nenner der durch den Einsatz der Geldmengenregel entstehende erwartete Verlust L_d:

$$\begin{aligned} L_d = \frac{1}{(b + \kappa\beta)^2} \cdot \big[& b^2\sigma_u^2 - 2br_{u,v}\sigma_u\sigma_v\beta + \sigma_v^2\beta^2 + a(2b\beta(r_{u,v}\sigma_u\sigma_v + \\ & \kappa(p^{*2} + \sigma_x^2) + \sigma_x\epsilon(\kappa r_{u,x}\sigma_u - r_{v,x}\sigma_v) - r_{u,v}\sigma_u\sigma_v\epsilon^2) + \\ & \beta^2(-\sigma_v^2 + \kappa^2(p^{*2} + \sigma_x^2) - 2\kappa r_{v,x}\sigma_v\sigma_x\epsilon + \sigma_v^2\epsilon^2) + \\ & b^2(p^{*2} + \sigma_x^2 + \sigma_u(2r_{u,x}\sigma_x\epsilon + \sigma_u(\epsilon^2 - 1))))\big]. \end{aligned} \tag{204}$$

Gleichung (204) entspricht der auf Seite 147 verwendeten Formulierung.

A.1.7 Die Modelllösung unter Berücksichtigung der Zinssteuerung

Die Zinssteuerung wird im Modell (93) bis (95) berücksichtigt, indem $\tilde{\tau} = 0$ gesetzt wird:

$$\begin{aligned} y &= u \\ p &= p^* + \epsilon y + x \\ d &= \kappa y + v. \end{aligned}$$

Dadurch ergeben sich die folgenden Gleichgewichtslösungen für p und y (siehe Seite 147):

$$\begin{aligned} p &= p^* + x + u\epsilon \\ y &= u. \end{aligned}$$

Die Quadrierung der jeweiligen Gleichgewichtslösungen ergibt:

$$\begin{aligned} p^2 &= p^{*2} + 2p^*x + x^2 + 2p^*u\epsilon + 2ux\epsilon + u^2\epsilon^2 \\ y^2 &= u^2. \end{aligned}$$

Von den quadrierten Gleichgewichtslösungen sind die Erwartungswerte zu bilden. Dabei sind wiederum die Zusammenhänge zur Varianz und zur Kovarianz zu Grunde zu legen, wie sie schon auf Seite 234 im Zusammenhang mit der Geldmengenregel erläutert wurden. Damit ergibt sich:

$$\begin{aligned} E[p^2] &= p^{*2} + \sigma_x^2 + 2r_{u,x}\sigma_u\sigma_x\epsilon + \sigma_u^2\epsilon^2 \\ E[y^2] &= \sigma_u^2. \end{aligned}$$

Eingesetzt in die Verlustfunktion $L = aE\left[p^2\right] + (1-a)E\left[y^2\right]$ folgt der erwartete Verlust L_z, der aus der Anwendung der Zinsregel entsteht:

$$L_z = \sigma_u^2 + a(p^{*2} + \sigma_x^2 + 2r_{u,x}\sigma_u\sigma_x\epsilon + \sigma_u^2(\epsilon^2 - 1)). \tag{205}$$

Gleichung (205) entspricht der auf Seite 147 verwendeten Formulierung.

A.1.8 Die Modelllösung unter Berücksichtigung der Taylor-Regel

Die Taylor-Regel wird im Modell (93) bis (95) berücksichtigt, indem es um die Formulierung für die Taylor-Regel $\tilde{r} = t_1 y + t_2 p$ erweitert wird:

$$\begin{aligned} y &= -\beta\tilde{r} + u \\ p &= p^* + \epsilon y + x \\ d &= \kappa y - b\tilde{r} + v \\ \tilde{r} &= t_1 y + t_2 p. \end{aligned}$$

Dann ergeben sich diese Gleichgewichtslösungen für p und y (siehe Seite 147):

$$\begin{aligned} p &= \frac{p^* + x + t_1\beta(p^* + x) + u\epsilon}{1 + t_1\beta + t_2\beta\epsilon} \\ y &= \frac{u - t_2\beta(p^* + x)}{1 + t_1\beta + t_2\beta\epsilon}. \end{aligned}$$

Die Quadrierung der jeweiligen Gleichgewichtslösungen ergibt:

$$\begin{aligned} p^2 &= \frac{p^{*2} + 2p^*x + x^2 + 2p^{*2}t_1\beta + 4p^*t_1x\beta + 2t_1x^2\beta + p^{*2}t_1^2\beta^2 + 2p^*t_1^2x\beta^2 + t_1^2x^2\beta^2}{(1 + t_1\beta + t_2\beta\epsilon)^2} + \\ &\quad \frac{2p^*u\epsilon + 2ux\epsilon + 2p^*t_1u\beta\epsilon + 2t_1ux\beta\epsilon + u^2\epsilon^2}{(1 + t_1\beta + t_2\beta\epsilon)^2} \\ y^2 &= \frac{u^2 - 2p^*t_2u\beta - 2t_2ux\beta + p^{*2}t_2^2\beta^2 + 2p^*t_2^2x\beta^2 + t_2^2x^2\beta^2}{(1 + t_1\beta + t_2\beta\epsilon)^2}. \end{aligned}$$

Von den quadrierten Gleichgewichtslösungen werden die erwarteten Verluste gebildet. Dabei werden bezüglich der Varianzen und Kovarianzen die schon für die Geldmengenregel erläuterten Zusammenhänge von Seite 234 herangezogen.

$$\begin{aligned} E[p^2] &= \frac{(p^{*2} + \sigma_x^2)(1 + t_1\beta)^2 + 2r_{u,x}\sigma_u\sigma_x\epsilon(1 + t_1\beta) + \sigma_u^2\epsilon^2}{(1 + t_1\beta + t_2\beta\epsilon)^2} \\ E[y^2] &= \frac{\sigma_u^2 - 2r_{u,x}\sigma_u\sigma_x t_2\beta + t_2^2\beta^2(p^{*2} + \sigma_x^2)}{(1 + t_1\beta + t_2\beta\epsilon)^2}. \end{aligned}$$

Werden diese beiden Erwartungswerte in die Verlustfunktion $L = aE\left[p^2\right] + (1-a)E\left[y^2\right]$ eingesetzt, so folgt der erwartete Verlust L_t, der bei Anwendung der Taylor-Regel entsteht:

$$\begin{aligned} L_t = \frac{1}{(1 + t_1\beta + t_2\beta\epsilon)^2} \cdot \big[&\sigma_u^2 + t_2\beta(-2r_{u,x}\sigma_u\sigma_x + t_2\beta(p^{*2} + \sigma_x^2)) + \\ &a(-\sigma_u^2 + \sigma_x^2 + \sigma_x\beta(2t_1\sigma_x + 2t_2r_{u,x}\sigma_u + t_1^2\beta\sigma_x - t_2^2\beta\sigma_x) + \\ &p^{*2}(1 + t_1\beta - t_2\beta)(1 + \beta(t_1 + t_2)) + 2\epsilon r_{u,x}\sigma_u\sigma_x(1 + t_1\beta) + \sigma_u^2\epsilon^2)\big]. \end{aligned} \tag{206}$$

Gleichung (206) entspricht der auf Seite 147 verwendeten Formulierung.

A.2 Statistischer Anhang

In diesem Anhang sind einige der Tabellen mit den Ergebnissen der KQM-Regressionen nochmals aufgeführt. Allerdings zeigen die Tabellenzellen nun die standardisierten Koeffizienten und darunter in Klammern nicht mehr die Werte der t-Statistik, sondern die Toleranzwerte, welche Hinweise auf das Vorliegen von Multikollinearität liefern sollen. Außerdem sind hier die einfachen statt der korrigierten Bestimmtheitsmaße gezeigt (Spalte R^2). Unter den Bestimmtheitsmaßen ist deren jeweilige Signifikanz nicht mehr mittels Sternchen dargestellt, sondern es sind die jeweiligen p-Werte angegeben. Die CON-Spalte für das konstante Glied wurde weggelassen. Der Aufbau der Tabellen ist ansonsten nicht geändert. Die Tabellennummern entsprechen denjenigen im Text, gefolgt von einem Sternchen.

Tabelle 6*:

Δ...	ΔTGZ		$\Delta \hat{M}1$		$\Delta \hat{M}3$		loi	R^2	DWS
	n	Test-ergebnis	n	Test-ergebnis	n	Test-ergebnis			
$B\hat{I}P$	3	−0,37 (0,89)	6	0,29 (0,94)	1	0,17 (0,95)	−0,31 (0,88)	0,267 (0,000)	2,21
$B\hat{A}I$	3	−0,33 (0,60)	2	0,04 (0,56)	2	−0,09 (0,87)	−0,28 (0,96)	0,166 (0,008)	2,09
$C\hat{P}I$	2	0,34 (0,60)	1	0,06 (0,58)	2	0,16 (0,91)	0,41 (0,94)	0,285 (0,000)	1,88
$\hat{K}$	4	−0,30 (0,82)	1	0,22 (0,92)	5	−0,11 (0,95)	0,37 (0,84)	0,401 (0,000)	1,97
$\hat{ET}$	3	−0,31 (1,00)	6	0,19 (0,87)	4	0,09 (0,98)	0,55 (0,86)	0,555 (0,000)	2,10
$\hat{AE}$	4	−0,38 (0,91)	1	0,19 (0,85)	1	0,21 (0,86)	−0,21 (0,96)	0,310 (0,000)	2,07
$\hat{AL}$	3	0,58 (0,89)	5	−0,15 (0,90)	2	0,13 (0,92)	0,30 (0,84)	0,546 (0,000)	2,23
$\hat{C}$	1	−0,22 (0,87)	2	0,12 (0,94)	1	−0,12 (0,89)	−0,45 (0,96)	0,225 (0,000)	2,28
$\hat{IP}$	3	−0,31 (0,94)	6	0,40 (0,86)	7	0,18 (0,91)	−0,05 (0,84)	0,248 (0,000)	2,14

Tabelle 7*:

Δ...	ΔTGZ		$\Delta\hat{M}1$		$\Delta\hat{M}3$		loi	R^2	DWS
	n	Test-ergebnis	n	Test-ergebnis	n	Test-ergebnis			
$\hat{BIP}$	2	−0,51 (0,84)	1	−0,61 (0,32)	1	0,80 (0,32)	−0,12 (0,84)	0,525 (0,018)	1,83
$\hat{I}$	7	−0,41 (0,85)	6	0,74 (0,78)	3	0,78 (0,70)	−0,40 (0,98)	0,686 (0,001)	2,79
$\hat{CPI}$	2	0,42 (0,95)	1	0,91 (0,33)	1	−0,70 (0,32)	0,03 (0,98)	0,460 (0,044)	2,10
$\hat{K}$	2	0,48 (0,93)	8	−0,31 (0,97)	1	0,86 (0,53)	−0,35 (0,55)	0,600 (0,006)	1,78
$\hat{ET}$	3	0,21 (0,80)	2	−0,94 (0,35)	2	0,72 (0,35)	0,15 (0,82)	0,413 (0,075)	1,91
$\hat{AE}$	4	−0,33 (0,79)	3	0,48 (0,75)	1	0,52 (0,92)	0,06 (0,67)	0,660 (0,002)	2,21
$\hat{AL}$	6	−0,32 (0,87)	7	−0,39 (0,90)	3	−0,34 (0,82)	0,73 (0,94)	0,772 (0,000)	2,28
$\hat{C}$	8	0,50 (0,82)	6	−0,41 (0,71)	2	−0,56 (0,78)	−0,31 (0,80)	0,531 (0,017)	2,57
$\hat{IP}$	4	−0,44 (0,69)	1	−0,63 (0,29)	1	0,96 (0,27)	0,15 (0,89)	0,403 (0,084)	2,15

Tabelle 24*:

	$\Delta i_{l,USA}$	$\Delta i_{l,BRD}$	ΔTGZ	$\Delta\hat{e}$	R^2	DWS
a: Gesamtzeitraum I/1960-IV/1998						
$\Delta i_{l,BRD}$	0,44 (0,94)	—	0,39 (0,97)	0,04 (0,97)	0,422 (0,000)	1,73
$\Delta i_{l,USA}$	—	0,55 (0,76)	−0,10 (0,78)	0,10 (0,98)	0,284 (0,000)	1,69
ΔTGZ	−0,11 (0,72)	0,52 (0,73)	—	0,01 (0,96)	0,232 (0,000)	1,80
$\Delta\hat{e}$	0,13 (0,73)	0,07 (0,58)	0,02 (0,77)	—	0,036 (0,144)	1,56
b: Teilzeitraum I/1990-IV/1998						
$\Delta i_{l,BRD}$	0,64 (0,97)	—	0,18 (0,93)	−0,31 (0,95)	0,545 (0,000)	2,02
$\Delta i_{l,USA}$	—	0,73 (0,85)	−0,22 (0,95)	0,18 (0,84)	0,483 (0,000)	2,27
ΔTGZ	−0,38 (0,56)	0,35 (0,48)	—	−0,08 (0,79)	0,126 (0,224)	0,94
$\Delta\hat{e}$	0,28 (0,54)	−0,54 (0,55)	−0,07 (0,88)	—	0,206 (0,058)	1,57

Tabelle 27*:

	$\Delta i_{l,USA}$	$\Delta i_{l,Euro}$	ΔTGZ	$\Delta\hat{e}$	R^2	DWS
$\Delta i_{l,Euro}$	0,77 (0,90)	—	−0,02 (0,98)	−0,03 (0,91)	0,610 (0,000)	1,46
$\Delta i_{l,USA}$	—	0,75 (0,92)	−0,04 (0,98)	−0,09 (0,93)	0,619 (0,000)	1,67
ΔTGZ	−0,11 (0,38)	−0,06 (0,39)	—	−0,05 (0,91)	0,024 (0,779)	1,51
$\Delta\hat{e}$	−0,23 (0,39)	−0,08 (0,39)	−0,04 (0,98)	—	0,087 (0,258)	1,52

Tabelle 29*:

Δ...	ΔTGZ	$\Delta\hat{M}1$	$\Delta\hat{M}3$		$\Delta i_{l,USA}$	*loi*	R^2	DWS
a: Zeitraum I/1970-IV/1989				n				
$\hat{CPI}$	0,35 (0,60)	0,10 (0,57)	0,20 (0,89)	8	−0,25 (0,93)	0,46 (0,90)	0,342 (0,000)	2,02
$\hat{K}$	−0,34 (0,80)	0,25 (0,90)	−0,10 (0,94)	1	0,20 (0,93)	0,33 (0,81)	0,438 (0,000)	1,99
$\hat{AL}$	0,59 (0,88)	−0,14 (0,90)	0,13 (0,92)	2	−0,15 (0,99)	0,31 (0,83)	0,568 (0,000)	2,26
$\hat{C}$	−0,18 (0,83)	0,11 (0,94)	−0,15 (0,87)	2	−0,18 (0,82)	−0,49 (0,90)	0,253 (0,000)	2,25
b: Zeitraum I/1994-IV/1998								
$\hat{BIP}$	−0,35 (0,76)	−0,87 (0,29)	1,31 (0,22)	2	0,55 (0,61)	−0,13 (0,84)	0,711 (0,002)	1,82
$\hat{K}$	0,31 (0,80)	−0,30 (0,97)	0,94 (0,52)	5	0,44 (0,82)	−0,40 (0,55)	0,757 (0,001)	2,56
$\hat{ET}$	0,59 (0,58)	−1,5 (0,31)	0,93 (0,33)	6	−0,68 (0,65)	0,03 (0,79)	0,716 (0,002)	1,66
$\hat{AL}$	−0,27 (0,84)	−0,43 (0,86)	−0,23 (0,65)	5	0,25 (0,60)	0,68 (0,88)	0,810 (0,000)	2,33
$\hat{C}$	0,43 (0,81)	−0,26 (0,65)	−0,91 (0,50)	5	−0,59 (0,51)	0,48 (0,71)	0,706 (0,002)	2,96
$\hat{IP}$	−0,50 (0,68)	−0,77 (0,28)	0,79 (0,25)	4	−0,49 (0,50)	0,01 (0,72)	0,524 (0,044)	2,17

Literatur

[1] **Akerlof, G.A.** (1970), The Market For "Lemons": Quality Uncertainty And The Market Mechanism, in: Quarterly Journal of Economics 84, S. 488-500.

[2] **Arrow, K.J.** (1963), Uncertainty And The Welfare Economics Of Medical Care, in: American Economic Review 53, S. 941-973.

[3] **Arrow, K.J.** (1968), The Economics Of Moral Hazard: Further Comment, in: American Economic Review 58, S. 537-539.

[4] **Backhaus, K., Erichson, B., Plinke, W., Weiber, R.** (2000), Multivariate Analysemethoden. Eine anwendungsorientierte Einführung, 9., überarb. u. erw. Auflage, Berlin u.a.

[5] **Balassa, B.** (1964), The Purchase-Power Parity Doctrine: A Reappraisal, in: Journal of Political Economy 72, S. 584-596.

[6] **Ball, L.** (1999a), Efficient Rules For Monetary Policy, in: International Finance 2, S. 63-83.

[7] **Ball, L.** (1999b), Policy Rules For Open Economies, in: Taylor, J.B. (Hrsg.), Monetary Policy Rules, Chicago, London, S. 127-144.

[8] **Baltensperger, E., Devinney, T.** (1985), Credit Rationing Theory: A Survey And Synthesis, in: Zeitschrift für die gesamte Staatswissenschaft 141, S. 475-502.

[9] **Batini, N., Haldane, A.G.** (1999), Monetary Policy Rules And Inflation Forecasts, in: Bank Of England Quarterly Bulletin 39, S. 60-67.

[10] **Bean, C.R.** (1983), Targeting Nominal Income: An Appraisal, in: The Economic Journal 93, S. 806-819.

[11] **Bernanke, B.S.** (1986), Alternative Explanations Of The Money-Income Correlation, in: NBER Working Paper Series, Nr. 1842, S. 1-46.

[12] **Bernanke, B.S.** (1990), On The Predictive Power Of Interest Rates And Interest Rate Spreads, in: New England Economic Review, S. 51-68.

[13] **Bernanke, B.S.** (1993), Credit In The Macroeconomy, in: Federal Reserve Bank of New York Quarterly Review 18,1, S. 50-70.

[14] **Bernanke, B.S., Blinder, A.S.** (1988), Credit, Money, And Aggregate Demand, in: American Economic Review 78. Papers And Proceedings, S. 435-439.

[15] **Bernanke, B.S., Blinder, A.S.** (1992), The Federal Funds Rate And The Channels Of Monetary Transmission, in: American Economic Review 82, S. 901-921.

[16] **Bernanke, B.S., Gertler, M.** (1995), Inside The Black Box: The Credit Channel Of Monetary Policy Transmission, in: Journal of Economic Perspectives 9,4, S. 27-48.

[17] **Bernanke, B., Laubach, T., Mishkin, F.S., Posen, A.S.** (1999), Inflation Targeting. Lessons From The International Experience, Princeton.

[18] **Bernanke, B.S., Woodford, M.** (1997), Inflation Forecasts And Monetary Policy, in: Jornal of Money, Credit, And Banking 29, S. 653-684.

[19] **Bitz, M.** (1977), Der interne Zinsfuß in Modellen zur simultanen Investitions- und Finanzplanung, in: Schmalenbachs Zeitschrift für betriebswirtschaftliche Forschung 29, S. 146-162.

[20] **Blinder, A.S., Stiglitz, J.E.** (1983), Money, Credit, And Economic Activity, in: American Economic Review 73. Papers And Proceedings, S. 297-302.

[21] **Board of Governors of the Federal Reserve System** (1994), Purposes & Functions, 8. Aufl., Washington D.C.

[22] **Bofinger, P.** (2001), Monetary Policy. Goals, Institutions, Strategies, And Instruments, New York.

[23] **Bofinger, P., Reischle, J., Schächter, A.** (1996), Geldpolitik. Ziele, Institutionen, Strategien und Instrumente, München.

[24] **Bofinger, P., Schächter, A.** (1997), Geldmengen- versus Zinssteuerung. Eine Reformulierung des Poole-Modells, in: Wirtschaftswissenschaftliches Studium 26, S. 106-113.

[25] **Bohl, M.T.** (1999), Modellierung einer stabilen Geldnachfragefunktion für Deutschlands M2, in: Kredit und Kapital 32, S. 209-224.

[26] **Bowen, A.**, British Experience With Inflation Targeting, in: Leiderman, L., Svensson, L.E.O. (Hrsg.), Inflation Targets, London, S. 53-68.

[27] **Brandner, P., Schuberth, H.** (1999), Effizienz und Transparenz der geldpolitischen Strategie des ESZB, in: Wifo Monatsberichte 1999/1, S. 61-73.

[28] **Brunner, K., Meltzer, A.H.** (1968), Liquidity Traps For Money, Bank Credit, And Interest Rates, in: Journal of Political Economy 76, S. 1-37.

[29] **Budzinski, O., Jasper, J., Kohler, R.** (1998), Die Bundesbank als Vorbild? Die Europäische Zentralbank und ihre stabilitätspolitische Effizienz, in: Lange, C., Rohde, A., Westphal, H.M. (Hrsg.), Monetäre Aspekte der europäischen Integration, Berlin, S. 29-50.

[30] **Bundesbankgesetz** (1992), Gesetz über die Deutsche Bundesbank vom 22.10.1992, BGBl. I, S. 1782-1792.

[31] **Büschgen, H.E.** (1997), Das Kleine Banklexikon, 2. akt. Aufl., Düsseldorf.

[32] **Cabos, K., Funke, M., Nikolaus A.S.** (2001), Some Thoughts On Monetary Targeting vs. Inflation Targeting, in: German Economic Review 2, 219-238.

[33] **Canzoneri, M.B., Henderson, D.W.** (1991), Monetary Policy In Interdependent Economies: A Game-Theoretic Approach, Cambridge, London.

[34] **Cassel, G.** (1916), The Present Situation Of The Foreign Exchanges, in: The Economic Journal 26, S. 62-65 u. S. 319-323.

[35] **Cassel, G.** (1918), Abnormal Deviations In International Exchanges, in: The Economic Journal 28, S. 413-415.

[36] **Cecchetti, S.G.** (1995), Distinguishing Theories Of Monetary Policy, in: Federal Reserve Bank of St. Louis Review 77,3, S. 83-97.

[37] **Claassen, E.M.** (1970), Probleme der Geldtheorie, Berlin, Heidelberg, New York.

[38] **Clarida R., Galí, J., Gertler, M.** (1998), Monetary Policy Rules In Practise. Some International Evidence, in: European Economic Review 42, S. 1033-1067.

[39] **Clarida R., Galí, J., Gertler, M.** (2000), Monetary Policy Rules And Macroeconomic Stability: Evidence And Some Theory, in: Quarterly Journal Of Economics 115, S. 147-180.

[40] **Clemenz, G.** (1986), Credit Markets With Asymmetric Information, Berlin, Heidelberg, New York.

[41] **Corbo, V., Landerretche, O., Schmidt-Hebbel K.** (2001), Assessing Inflation Targeting After A Decade Of World Experience, in: International Journal of Finance & Economics 6, S. 343-368.

[42] **Davis, R.G.** (1990), Intermediate Targets And Indicators For Monetary Policy: An Introduction To Issues, in: Federal Reserve Bank Of New York Quarterly Review 15,2, S. 71-82.

[43] **Deutsche Bundesbank** (1993), Entwicklung und Bestimmungsfaktoren des Außenwertes der D-Mark, in: Monatsbericht 45,11, S. 41-60.

[44] **Deutsche Bundesbank** (1994), Die Geldmarktsteuerung der Deutschen Bundesbank, in: Monatsbericht 46,5, S. 61-75.

[45] **Deutsche Bundesbank** (1995a), Das Produktionspotential in Deutschland und seine Bestimmungsfaktoren, in: Monatsbericht 47,8, S. 41-56.

[46] **Deutsche Bundesbank** (1995b), Die Geldpolitik der Bundesbank. Frankfurt a.M.

[47] **Deutsche Bundesbank** (1996), Reaktionen der Geldmarkt- und kurzfristigen Bankzinsen auf Änderungen der Notenbanksätze, in: Monatsbericht 48,10, S. 33-48.

[48] **Deutsche Bundesbank** (1997a), Vom Wert stabilen Geldes, in: Geschäftsbericht 1996, Frankfurt a.M., S. 82-92.

[49] **Deutsche Bundesbank** (1997b), Geldpolitik im Zeichen von Preisstabilität und kräftigem Geldmengenwachstum, in: Geschäftsbericht 1996, Frankfurt a.M., S. 59-82.

[50] **Deutsche Bundesbank** (1998a), Geldpolitik zur dauerhaften Sicherung des Stabilitätserfolges, in: Geschäftsbericht 1997, Frankfurt a.M., S. 67-91.

[51] **Deutsche Bundesbank** (1998b), Geldpolitische Strategien in den Ländern der Europäischen Union, in: Monatsbericht 50,1, S. 33-47.

[52] **Deutsche Bundesbank** (1999), Taylor-Zins und Monetary Conditions Index, in: Monatsbericht 51,4, S. 47-63.

[53] **Deutsche Bundesbank** (2003), Zur Entwicklung des Produktionspotenzials in Deutschland, in: Monatsbericht 55,3, S. 43-54.

[54] **Dickey, D.A., Fuller, W.A.** (1979), Distribution Of The Estimators For Autoregressive Time Series With A Unit Root, in: Journal of the American Statistical Association 74, S. 427-431.

[55] **Duisenberg, W.F.** (1999), The President's Introductory Statement, With The Transcript Of The Questions And Answers, EZB-Pressekonferenz, 02.12.1999.

[56] **Duwendag, D., Ketterer, K.-H., Kösters, W., Pohl, R., Simmert, D.B.** (1999), Geldtheorie und Geldpolitik in Europa. Eine problemorientierte Einführung mit einem Kompendium monetärer Fachbegriffe, 5., neubearb. Aufl., Berlin, Heidelberg.

[57] **Eckermann, H.** (1995), Bankkreditmärkte und Transmission monetärer Impulse. Erklärungsansätze, informationstheoretische Fundierung und empirische Evidenz, Hamburg.

[58] **Eckey, H.-F., Kosfeld, R., Dreger, C.** (2001), Ökonometrie. Grundlagen, Methoden, Beispiele, 2., überarb. u. erw. Aufl., Wiesbaden.

[59] **EG-Vertrag** (1992), Vertrag zur Gründung der Europäischen Gemeinschaft (EWG-Vertrag) vom 25.03. 1957, BGBl. II, S. 766-963 (ber. S. 1678-1680 sowie 1958, BGBl. II, S. 64) i.d.F. des Vertrages über die Europäische Union (EU-Vertrag) vom 07.02.1992, BGBl. II, S. 1253-1295.

[60] **Enoch, C., Gulde, A.-M.** (1998), Are Currency Boards A Cure For All Monetary Problems?, in: Finance & Development 35,4, S. 40-43.

[61] **Europäische Zentralbank** (1998a), Eine stabilitätsorientierte geldpolitische Strategie für das ESZB, in: Pressemitteilung, 13.10.1998, S. 1-3.

[62] **Europäische Zentralbank** (1998b), Der quantitative Referenzwert für das Geldmengenwachstum im Jahre 1999, in: Pressemitteilung, 01.12.1998, S. 1-4.

[63] **Europäische Zentralbank** (2000a), Geldpolitische Transmission im Euro-Währungsgebiet, in: Monatsbericht 2,7, S. 45-62.

[64] **Europäische Zentralbank** (2000b), Potentialwachstum und Produktionslücke: Begriffsabgrenzung, Anwendungsbereiche und Schätzergebnisse, in: Monatsbericht 2,10, S. 39-50.

[65] **Europäische Zentralbank** (2000c), Die zwei Säulen der geldpolitischen Strategie der EZB, in: Monatsbericht 2,11, S. 41-53.

[66] **Europäische Zentralbank** (2000d), Von Experten des Eurosystems erstellte gesamtwirtschaftliche Projektionen für das Euro-Währungsgebiet, in: Monatsbericht 2,12, S. 54-60.

[67] **Europäische Zentralbank** (2001a), Die Geldpolitik der EZB, Frankfurt a.M.

[68] **Europäische Zentralbank** (2001b), Fragen im Zusammenhang mit geldpolitischen Regeln, in: Monatsbericht 3,10, S. 43-58.

[69] **Europäische Zentralbank** (2002a), Wirtschaftliche Entwicklung im Euro-Währungsgebiet, in: Monatsbericht 4,1, S. 9-44.

[70] **Europäische Zentralbank** (2002b), Jüngste Erkenntnisse über die geldpolitische Transmission im Euro-Währungsgebiet, in: Monatsbericht 4,10, S. 47-59.

[71] **Europäische Zentralbank** (2002c), Von Experten des Eurosystems erstellte gesamtwirtschaftliche Projektionen für das Euro-Währungsgebiet, in: Monatsbericht 4,12, S. 60-67.

[72] **Europäische Zentralbank** (2003a), Die geldpolitische Strategie der EZB, in: Pressemitteilung, 08.05.2003, S. 1-2.

[73] **Europäische Zentralbank** (2003b), Ergebnis der von der EZB durchgeführten Überprüfung ihrer geldpolitischen Strategie, in: Monatsbericht 5,6, S. 87-102.

[74] **Felderer, B., Homburg, S.** (2003), Makroökonomik und neue Makroökonomik, 8., neu bearb. Aufl., Berlin u.a.

[75] **Filc, W.** (1998a), Zinsregel für die europäische Geldpolitik. Devisenmarktanalyse für das zweite Halbjahr 1997, Diskussionspapiere des Instituts für Empirische Wirtschaftsforschung 1998/2, S. 1-21.

[76] **Filc, W.** (1998b), Theorie und Empirie des Kapitalmarktzinses, 2., erw. und überarb. Aufl., Stuttgart.

[77] **Fisher, I.** (1896), Appreciation And Interest, in: Publications Of The American Economic Association 11,4, S. 1-100.

[78] **Fisher, I.** (1911), The Purchasing Power Of Money. Its Determination And Relation To Credit Interest And Crisis, New York.

[79] **Fisher, I.** (1930), The Theory Of Interest, New York.

[80] **Fisher, I.** (1933), The Debt-Deflation Theory Of Great Depressions, in: Econometrica 1, S. 337-357.

[81] **Fisher, M.E., Seater, J.J.** (1993), Long-Run Neutrality And Superneutrality In An ARIMA Framework, in: American Economic Review 83, S. 402-415.

[82] **Fleming, J.M.** (1962), Domestic Financial Policies Under Fixed And Under Floating Exchange Rates, in: International Monetary Fund Staff Papers 9, S. 369-380.

[83] **Frenkel, M., Nickel, C.** (2000), Internationale Finanzbeziehungen, in: von Hagen, J., von Stein, J.H. (Hrsg.), Obst/Hintner – Geld-, Bank- und Börsenwesen. Handbuch des Finanzsystems, 40., völlig überarb. Aufl., Stuttgart, S. 337-368.

[84] **Friedman, M.** (1956), The Quantity Theory Of Money - A Restatement, in: Friedman, M. (Hrsg.), Studies In The Quantity Theory Of Money, Chicago, London.

[85] **Friedman, M., Schwartz, A.J.** (1963), A Monetary History Of The United States, 1867-1960, Princeton.

[86] **Friedman, M., Schwartz, A.J.** (1969), The Definition Of Money. Net Wealth And Neutrality As Criteria, in: Journal Of Money, Credit, And Banking 1, S. 1-14.

[87] **Frisch, H., Staudinger, S.** (1999), Die Geldpolitik der Europäischen Zentralbank: Ist die Taylor-Regel eine Alternative?, in: Was wird aus Euroland?: Makroökonomische Herausforderung und wirtschaftspolitische Antworten, Wien, S. 43-61.

[88] **Fritzer, F.** (2000), Schätzung und Interpretation der Taylor-Regel für den Euroraum, in: Österreichische Nationalbank, Berichte und Studien, S. 130-137.

[89] **Geigant, F.** (2000a), Das Europäische System der Zentralbanken - Indikator und Katalysator eines Paradigmawechsels in der Geldpolitik?, in: Mückl, W.J. (Hrsg.), Die Europäische Währungsunion. Probleme und Perspektiven. Paderborn u.a. 2000, S. 9-48.

[90] **Geigant, F.** (2000b), GIBSON-Paradoxon, in: Geigant, F. u.a. (Hrsg.), Lexikon der Volkswirtschaft, 7., überarb. u. erw. Auflage, Landsberg a.L., S. 375-376.

[91] **Geigant, F.** (2002), Die Euro-Flagge über der Festung Europa. Deutschlands Weg zur einheitlichen Währung im gemeinsamen Markt, Berlin.

[92] **Gerlach, S., Schnabel, G.** (1999), The Taylor Rule And Interest Rates In The EMU Area: A Note, in: BIS Working Papers, Nr. 73, S. 1-8.

[93] **Gern, K.-J., Kamps, C., Scheide, J.** (2002), Euroland: Der Aufschwung beginnt, in: Die Weltwirtschaft 53, S. 54-84.

[94] **Gertler, M., Gilchrist, S.** (1993), The Role Of Credit Market Imperfections In The Monetary Transmission Mechanism: Arguments And Evidence, in: Scandinavian Journal of Economics 95,1, S. 43-64.

[95] **Ghosh, A.R., Gulde, A.-M., Wolf, H.C.** (1998), Currency Boards: The Ultimate Fix?, in: IMF Working Papers 1998/8, S. 1-22.

[96] **Gischer, H.** (1998), Zinsen, Investitionstätigkeit und Auswirkungen der Geldpolitik auf den Unternehmenssektor, in: Hamburger Jahrbuch für Wirtschafts- und Gesellschaftspolitik 43, S. 129-145.

[97] **Gischer, H.** (2000), Real- und finanzwirtschaftliche Konsequenzen der Zinspolitik, Referat im Rahmen des Symposiums 'Geldpolitik ohne Grenzen' des Instituts für Empirische Wirtschaftsforschung in Berlin, 30.-31.03.2000, in: Köhler, C., Rohde, A. (Hrsg.), Geldpolitik ohne Grenzen, erscheint voraussichtlich 2003.

[98] **Görgens, E., Ruckriegel, K., Seitz, F.** (2003), Europäische Geldpolitik. Theorie, Empirie, Praxis, 3., durchges. Aufl., Stuttgart.

[99] **Gottschalk, J.** (1999), On The Monetary Transmission Mechanism in Europe. Results From A Cointegration Analysis Of A Money Demand System, in: Jahrbücher für Nationalökonomie und Statistik 219, S. 357-374.

[100] **Granger, C.W.J.** (1969), Investigating Causal Relations By Econometric Models And Cross-Spectral Methods, in: Econometrica 37, S. 424-438.

[101] **Greiber, C., Herz, B.** (2000), The Taylor Rule In Open Economies, Referat im Rahmen des Symposiums 'Geldpolitik ohne Grenzen' des Instituts für Empirische Wirtschaftsforschung in Berlin, 30.-31.03.2000, in: Köhler, C., Rohde, A. (Hrsg.), Geldpolitik ohne Grenzen, erscheint voraussichtlich 2003.

[102] **Größl, I., Stahlecker, P.** (2000), Finanzierungsstrukturen kleiner und mittlerer Unternehmen und Geldpolitik, in: Beiträge aus dem Institut für Statistik und Ökonometrie der Universität Hamburg, Diskussionspapier Nr. 51, S. 1-33.

[103] **Gurley, J.G., Shaw, E.S.** (1960), Money In A Theory Of Finance, Washington D.C.

[104] **Hall, R.E., Mankiw, N.G.** (1994), Nominal Income Targeting, in: Mankiw, G.N. (Hrsg.), Monetary Policy, Chicago, S. 71-93.

[105] **Hartmann, D.** (2001), Taylor-Regel und amerikanische Geldpolitik, in: Schriftenreihe des Promotionsschwerpunktes Globalisierung und Beschäftigung, Nr. 17/2001, S. 1-70.

[106] **Haslinger, F.** (1997), Die Zahlungsbilanz, in: Wirtschaftswissenschaftliches Studium 26, S. 341-349.

[107] **Hering, T.** (1995), Investitionstheorie aus der Sicht des Zinses, Wiesbaden.

[108] **Hesse, H.** (1996), Konjunkturstimulierung durch die Bundesbank?, in: Deutsche Bundesbank Auszüge aus Presseartikeln, Nr. 2, S. 5-12.

[109] **Hetzel, R.L.** (2000), The Taylor Rule: Is It A Useful Guide To Understanding Monetary Policy?, in: Federal Reserve Bank Of Richmond Economic Quarterly 86,2, S. 1-33.

[110] **Hodrick, R.J., Prescott, E.C.** (1997), Postwar U.S. Business Cycles: An Empirical Investigation, in: Journal of Money, Credit, And Banking 29, S. 1-16.

[111] **Holstein, M.** (1999), Zur Rolle der Geldpolitik im Konjunkturzyklus. Eine empirische Analyse im Hinblick auf die Europäische Währungsunion, in: Jahrbücher für Nationalökonomie und Statistik 218, S. 346-360.

[112] **Hondroyiannis, G.** (2001), Estimating Demand For Money Within The European Union Area, in Economia Internationale: Journal of the Institute for International Economics 53, S. 321-337.

[113] **Hubbard, R.G.** (1995), Is There A "Credit Channel" For Monetary Policy?, in: Federal Reserve Bank of St. Louis Review 77,3, S. 63-77.

[114] **Hubert, F.** (1997), Determinanten der Arbeitslosigkeit in der EU, Frankfurt a.M. u.a.

[115] **Illing, G.** (2000), Zentralbankverfassungen, in: von Hagen, J., von Stein, J.H. (Hrsg.), Obst/Hintner - Geld-, Bank- und Börsenwesen. Handbuch des Finanzsystems, 40., völlig überarb. Aufl., Stuttgart, S. 1620-1639.

[116] **Issing, O.** (1994), Zinsstruktur oder Geldmenge? Die Suche nach dem optimalen Indikator der Geldpolitik, in: Deutsche Bundesbank Auszüge aus Presseartikeln, Nr. 46, S. 3-6.

[117] **Issing, O.** (1996), Einführung in die Geldpolitik, 6., überarb. Aufl., München.

[118] **Issing, O.** (1998), Welche geldpolitische Strategie für die EZB?, in: Deutsche Bundesbank Auszüge aus Presseartikeln, Nr. 29, S. 6-11.

[119] **Issing, O.** (2001), Einführung in die Geldtheorie, 12., wes. überarb. Aufl., München.

[120] **Issing, O., Gaspar, V., Angeloni, I., Tristani, O.** (2001), Monetary Policy In The Euro Area. Strategy And Decision Making At The European Central Bank, Cambridge.

[121] **Jaenicke, J.** (1995), Wertpapierpensionsgeschäfte. Empirische Analyse der Wirkung des Zinstendersatzes auf die Marktzinsen, in: Jahrbücher für Nationalökonomie und Statistik 214, S. 209-225.

[122] **Jaffee, D., Russell, T.** (1976), Imperfect Information, Uncertainty, And Credit Rationing, in: Quarterly Journal of Economics 90, S. 651-666.

[123] **Jaffee, D., Stiglitz, J.E.** (1990), Credit Rationing, in: Friedman, M., Hahn, F.H. (Hrsg.), Handbook Of Monetary Economics II, Amsterdam u.a., S. 837-888.

[124] **Janssen, O.J.** (2002), Currency Board-Systeme. Theoretische Aspekte und Erfahrungen, Berlin.

[125] **Jarchow, H.-J.** (1998), Theorie und Politik des Geldes 1, 10., überarb. u. wes. erw. Aufl., Göttingen.

[126] **Jarchow, H.-J., Rühmann, P.** (2000), Monetäre Außenwirtschaft I. Außenwirtschaftstheorie, 5., neubearb. u. wes. erw. Aufl., Göttingen.

[127] **Judd, J.P., Rudebusch, G.D.** (1998), Taylor's Rule And The Fed: 1970-1997, in: Federal Reserve Bank Of San Francisco Economic Review: An Annual Report Of The Economic Research Department 1998/3, S. 3-16.

[128] **Kamps, C., Pierdzioch, C.** (2002), Monetary Policy Rules And Oil Price Shocks, in: Kieler Arbeitspapiere, Nr. 1090, Januar 2002, S. 1-38.

[129] **Kamps, C., Pierdzioch, C.** (2003), Geldpolitik und vorausschauende Taylor-Regeln. Theorie und Empirie am Beispiel der Deutschen Bundesbank, in: Wirtschaftswissenschaftliches Studium 32, S. 15-19.

[130] **Kashyap, A.K., Stein, J.C.** (1994), Monetary Policy And Bank Lending, in: Mankiw, G.N. (Hrsg.), Monetary Policy, Chicago, S. 221-256.

[131] **Kashyap, A.K., Stein, J.C.** (2000), What Do A Million Observations On Banks Say About The Transmission Of Monetary Policy?, in: The American Economic Review 90, S. 407-428.

[132] **Kashyap, A.K., Stein, J.C., Wilcox, D.W.** (1993), Monetary Policy And Credit Conditions: Evidence From The Composition Of External Finance, in: American Economic Review 83, S. 78-98.

[133] **Kashyap, A.K., Stein, J.C., Wilcox, D.W.** (1996), Monetary Policy And Credit Conditions: Evidence From The Composition Of External Finance: Reply, in: American Economic Review 86, S. 310-314.

[134] **Kath, D., Euba, N.** (1975), Die makroökonomische Portfoliotheorie, in: Wirtschaftswissenschaftliches Studium 4, S. 458-464.

[135] **Keynes, J.M.** (1923), A Tract On Monetary Reform, London, wieder abgedruckt in: The Royal Economic Society (Hrsg.), The Collected Writings Of John Maynard Keynes, Vol. IV, London, Basingstoke 1971.

[136] **Keynes, J.M.** (1930), A Treatise On Money II. The Applied Theory Of Money, London, wieder abgedruckt in: The Royal Economic Society (Hrsg.), The Collected Writings Of John Maynard Keynes, Vol. VI, London, Basingstoke 1971.

[137] **Keynes, J.M.** (1936), The General Theory Of Employment, Interest And Money, London, wieder abgedruckt in: The Royal Economic Society (Hrsg.), The Collected Writings Of John Maynard Keynes, Vol. VII, London, Basingstoke 1973.

[138] **King, M.** (1994), Monetary Policy In The UK, in: Fiscal Studies 15,3, S. 109-128.

[139] **King, R.G., Watson, M.W.** (1997), Testing Long-Run Neutrality, in: Federal Reserve Bank Of Richmond Economic Quarterly 83, S. 69-101.

[140] **Kirchgässner, G., Savioz, M.** (2001), Monetary Policy And Forecasts For Real GDP Growth: An Empirical Investigation For The Federal Republic Of Germany, in: German Economic Review 2, S. 339-365.

[141] **Klump, R.** (1993), Das Gibson-Paradoxon, in: Wirtschaftswissenschaftliches Studium 22, S. 513-516.

[142] **Knight, F.H.** (1921), Risk, Uncertainty And Profit, Boston, New York.

[143] **Köhler, C.** (1996), Preisstabilität und Vollbeschäftigung in einer globalen Wirtschaft. Der Beitrag einer potentialorientierten Geld- und Kreditpolitik, Landsberg a.L.

[144] **Kremski, T.** (2000), OKUNsches Gesetz, in: Geigant, F. u.a. (Hrsg.), Lexikon der Volkswirtschaft, 7., überarb. u. erw. Auflage, Landsberg a.L., S. 718-719.

[145] **Krupp, H.-J., Cabos, K.** (1999), The Impact Of Monetary Policy On Employment, in: Filc, W., Köhler, C. (Hrsg.), Macroeconomic Causes Of Unemployment: Diagnosis And Policy Recommendations, Berlin, S. 405-418.

[146] **Krupp, H.-J., Cabos, K.** (2000), Zu den Risiken einer Nullinflation als geldpolitisches Ziel, Referat im Rahmen des Symposiums 'Geldpolitik ohne Grenzen' des Instituts für Empirische Wirtschaftsforschung in Berlin, 30.-31.03.2000, in: Köhler, C., Rohde, A. (Hrsg.), Geldpolitik ohne Grenzen, erscheint voraussichtlich 2003.

[147] **Küppers, M.** (2000), Banken in der geldpolitischen Transmission. Eine Untersuchung der Kreditvergabe deutscher Geschäftsbanken, Tübingen.

[148] **Lerner, A.P.** (1944), The Economics Of Control. Principles Of Welfare Economics, New York, wieder abgedruckt New York 1970.

[149] **Leschke, M.** (1999), Geldmengenpolitik in Deutschland und Europa, Wiesbaden.

[150] **Lindbeck, A.** (1962), The "New" Theory Of Credit Control In The United States. An Interpretation And Elaboration, 2. Aufl., Stockholm, Göteborg, Uppsala.

[151] **Louda, D.E.** (1975), Das Verhalten der Banken im Geldangebotsprozess und seine Kontrollierbarkeit durch die Zentralbank, Erlangen, Nürnberg.

[152] **Lutz, F.A.** (1941), The Structure Of Interest Rates, in: Quarterly Journal of Economics 55, S. 36-63.

[153] **Maddala, G.S.** (2001), Introduction To Econometrics, 3. Aufl., Englewood Cliffs.

[154] **Marshall, A.** (1923), Money Credit And Commerce, London, wieder abgedruckt in: Collected Works Of Alfred Marshall, Bristol, Tokio 1997.

[155] **Matschke, M.J.** (1993), Investitionsplanung und Investitionskontrolle, Herne, Berlin.

[156] **Matschke, M.J.** (2002), Allgemeine Betriebswirtschaftslehre II, 4. Aufl., Greifswald.

[157] **McCallum, B.T.** (1983), A Reconsideration Of Sims' Evidence Concerning Monetarism, in: Economic Letters 13, S. 167-171.

[158] **McCallum, B.T.** (1988), Robustness Properties Of A Rule For Monetary Policy, in: Carnegie-Rochester Conference Series on Public Policy 29, S. 173-204.

[159] **Meltzer, A.H.** (1995), Monetary, Credit And (Other) Transmission Process: A Monetarist Perspective, in: Journal of Economic Perspectives 9,4, S. 49-72.

[160] **Miron, J.A., Romer, C.D., Weil, D.N.** (1994), Historical Perspectives On The Monetary Transmission Process, in: Mankiw, G.N. (Hrsg.), Monetary Policy, Chicago, S. 263-300.

[161] **Mishkin, F.S.** (1995), Symposium On The Monetary Transmission Mechanism, in: Journal of Economic Perspectives 9,4, S. 3-10.

[162] **Mishkin, F.S.** (1996), The Channels Of Monetary Transmission: Lessons For Monetary Policy, in: NBER Working Paper Series, Nr. 5464, S. 1-27.

[163] **Moersch, M.** (1996), Interest Rates Or Spreads As Predictors Of Real Economic Activity?, in: Konjunkturpolitik 42, S. 40-52.

[164] **Möller, H.** (2000), Zentralbankgeld, in: Geigant, F. u.a. (Hrsg.), Lexikon der Volkswirtschaft, 7., überarb. u. erw. Auflage, Landsberg a.L., S. 1126.

[165] **Möller, H., Geigant, F.** (2000), Geldmenge (M), in: Geigant, F. u.a. (Hrsg.), Lexikon der Volkswirtschaft, 7., überarb. u. erw. Auflage, Landsberg a.L., S. 344-346.

[166] **Mundell, R.A.** (1960), The Monetary Dynamics Of International Adjustments Under Fixed And Flexible Exchange Rates, in: Quarterly Journal of Economics 74, S. 227-257.

[167] **Mundell, R.A.** (1961), Flexible Exchange Rates And Employment Policy, in: Canadian Journal of Economics and Political Science 27, wieder abgedruckt in: Mundell, A., International Economics, New York 1968, S. 240-249.

[168] **Mundell, R.A.** (1962), The Appropriate Use Of Monetary And Fiscal Policy For Internal And External Stability, in: International Monetary Fund Staff Papers 9, S. 70-79.

[169] **Mundell, R.A.** (1963), Capital Mobility And Stabilization Policy Under Fixed And Flexible Exchange Rates, in: Canadian Journal of Economics and Political Science 29, S. 475-485.

[170] **Neumann, M.J.M.** (1995), A Conference Panel Discussion: What Do We Know About How Monetary Policy Affects The Economy?, in: Federal Reserve Bank of St. Louis Review 77,3, S. 138-142.

[171] **Neumann, M.J.M.** (2000), Strategien der Geldpolitik, in: von Hagen, J., von Stein, J.H. (Hrsg.), Obst/Hintner – Geld-, Bank- und Börsenwesen. Handbuch des Finanzsystems, 40., völlig überarb. Aufl., Stuttgart, S. 1594-1604.

[172] **Nierhaus, W.** (2001), Zwei Indikatoren zur Beurteilung der Geldpolitik, in: Ifo-Schnelldienst 54, S. 47-49.

[173] **Nolte, F.** (2000), Currency Board, in: Geigant, F. u.a. (Hrsg.), Lexikon der Volkswirtschaft, 7., überarb. u. erw. Auflage, Landsberg a.L., S. 162-163.

[174] **Nolte, F.** (2003), Die Transmission monetärer Impulse. Eine Wirkungsanalyse zentralbankpolitischer Maßnahmen im Lichte unterschiedlicher thoeretischer Konzeptionen, Frankfurt a.M.

[175] **Oliner, S.D., Rudebusch, G.D.** (1995), Is There A Bank Lending Channel For Monetary Policy?, in: Federal Reserve Bank Of San Francisco Economic Review 1995/2, S. 3-20.

[176] **Oliner, S.D., Rudebusch, G.D.** (1996a), Is There A Broad Credit Channel For Monetary Policy?, in: Federal Reserve Bank Of San Francisco Economic Review 1996/1, S. 3-13.

[177] **Oliner, S.D., Rudebusch, G.D.** (1996b), Monetary Policy And Credit Conditions: Evidence From The Composition Of External Finance: Comment, in: The American Economic Review 86, S. 300-309.

[178] **Patinkin, D.** (1965), Money, Interest, And Prices. An Integration Of Monetary And Value Theory, 2. Aufl., New York.

[179] **Pauly, M.V.** (1968), The Economics Of Moral Hazard: Comment, in: American Economic Review 58, S. 531-537.

[180] **Peersman, G., Smets, F.** (1999), The Taylor Rule: A Useful Monetary Policy Benchmark For The Euro Area?, in: International Finance 2, S. 85-116.

[181] **Pigou, A.C.** (1917), The Value Of Money, in: Quarterly Journal of Economics 32, S. 38-65.

[182] **Pohl, R.** (1975), Zur Kritik der Theorie der Vermögensstruktur und der relativen Preise, in: Kredit und Kapital 8, S. 219-244.

[183] **Pohl, R.** (1976a), Die Transmissionsmechanismen der Geldpolitik, in: Jahrbücher für Nationalökonomie und Statistik 190, S. 1-28.

[184] **Pohl, R.** (1976b), Geldkreislauf und Einkommenskreislauf. Eine kreislaufanalytische Interpretation der Zentralbankpolitik, Berlin.

[185] **Pohl, R.** (1985), Hat sich das Bundesbankgesetz bewährt?, in: Friedrich-Ebert-Stiftung (Hrsg.), Wirtschaftspolitik in den 80er Jahren, Bonn, S. 23-45.

[186] **Polleit, T.** (1998), Das Inflationsziel in der Geldpolitik der Europäischen Zentralbank, in: Zeitschrift für das gesamte Kreditwesen 51, S. 468-469.

[187] **Polleit, T.** (1999), Vorsicht vor der Taylor-Regel: Es gibt rechnerische und konzeptionelle Probleme, in: Zeitschrift für das gesamte Kreditwesen 52, S. 944-945.

[188] **Poole, W.** (1970), Optimal Choice Of Monetary Policy Instruments In A Simple Stochastic Macro Model, in: Quarterly Journal of Economics 84, S. 197-216.

[189] **Remsperger, H.** (1983), Geldmengen- und Zinssteuerung: Bankinteressen und -verhalten, in: Die Bank 9, S. 4-9.

[190] **Rohde, A.** (1985), Mengensteuerung und Zinssteuerung. Eine Analyse monetärer Steuerungsstrategien, Berlin.

[191] **Rohde, A.** (1988), Anmerkungen zum geldmengenorientierten Konzept der Deutschen Bundesbank, in: Heilmann, W.-R. u.a. (Hrsg.), Geld, Banken und Versicherungen 1987. Beiträge zum 4. Symposium Geld, Banken und Versicherungen an der Universität Karlsruhe vom 9.-12. Dezember 1987. Band I, Karlsruhe, S. 525-538.

[192] **Rohde, A.** (1992), Internationale Einflüsse auf die nationale Geldpolitik: Die Rolle von Wechselkursänderungserwartungen, in: Köhler, C., Pohl, R. (Hrsg.), Währungspolitische Probleme im integrierten Europa, Berlin, S. 139-151.

[193] **Rohde, A.** (1995), Geldmarkt und Geldmarktsteuerung in der Bundesrepublik Deutschland, in: Francke, H.-H., Ketzel, E. (Hrsg.), Beihefte zu Kredit und Kapital 13. Konzepte und Erfahrungen der Geldpolitik, Berlin, S. 243-266.

[194] **Rohde, A.** (1996), Internationalisierung der Geldpolitik. Eine Analyse internationaler Einflüsse auf die nationale Geldpolitik, Berlin.

[195] **Rohde, A.** (2000), Geldmengenziel, in: Geigant, F. u.a. (Hrsg.), Lexikon der Volkswirtschaft, 7., überarb. u. erw. Auflage, Landsberg a.L., S. 346-348.

[196] **Rohde, A.** (2001), Geldmarkt, in: Breuer, R.-E. (Hrsg.), Handbuch Finanzierung, 3. Aufl., Wiesbaden, S. 61-76.

[197] **Rohde, A., Geigant, F.** (2000), Geldmarkt, in: Geigant, F. u.a. (Hrsg.), Lexikon der Volkswirtschaft, 7., überarb. u. erw. Auflage, Landsberg a.L., S. 343-344.

[198] **Rohde, A., Janssen, O.** (1998), Anmerkungen zu den Vorkehrungen für einen stabilen Euro, in: Lange, C., Rohde, A., Westphal, H.M. (Hrsg.), Monetäre Aspekte der europäischen Integration, Berlin, S. 13-28.

[199] **Rohde, A., Rehbock, T.** (2000), Geldpolitische Effekte der Kreditrationierung, in: Wirtschaftswissenschaftliches Studium 29, S. 82-89.

[200] **Romer, C.D., Romer, D.H.** (1990), New Evidence On The Monetary Transmission Mechanism, in: Brookings Papers on Economic Activity 1, S. 149-213.

[201] **Romer, C.D., Romer, D.H.** (1993), Credit Channel Or Credit Actions? An Interpretation Of The Postwar Transmission Mechanism, in: NBER Working Paper Series, Nr. 4485, S. 1-64.

[202] **Roosa, R.V.** (1951), Interest Rates And The Central Bank, in: Money, Trade And Economic Growth. In Honour Of John Henry Williams, New York, S. 270-295.

[203] **Rose, K., Sauernheimer, K.** (1999), Theorie der Außenwirtschaft, 13., überarb. Aufl., München.

[204] **Ruckriegel, K.** (2002), Die Zahlungsbilanz, in: Das Wirtschaftsstudium 31, S. 1218-1224.

[205] **Rudebusch, G.D., Svensson, L.E.O.** (1999), Policy Rules For Inflation Targeting, in: Taylor, J.B. (Hrsg.), Monetary Policy Rules, Chicago, London, S. 203-246.

[206] **Rühmann, P.** (1993), DM ade? Die währungspolitischen Beschlüsse von Maastricht, in: Lücke, W., Nissen-Baudewig, G. (Hrsg.), Internationale Wettbewerbsfähigkeit. Personal, Kooperationen, Investitionen, Wiesbaden, S. 197-210.

[207] **Sachverständigenrat** (2001), Sachverständigenrat zur Begutachtung der gesamtwirtschaftlichen Entwicklung: Für Stetigkeit - Gegen Aktionismus. Jahresgutachten 2001/02, Stuttgart.

[208] **Said, S.E., Dickey, D.A.** (1984), Testing For Unit Roots In Autoregressive Moving-Average Models Of Unknown Order, in: Biometrika 71, S. 599-607.

[209] **Scheide, J.** (2000), Zur geldpolitischen Strategie der EZB, in: Volkswirtschaftliche Korrespondenz der Adolf-Weber-Stiftung 39,10, S. 1-4.

[210] **Schneider, E.** (1973), Wirtschaftlichkeitsrechnung. Theorie der Investition, 8. Aufl., unv. Nachdruck d. 7., verb. u. erw. Aufl., Tübingen.

[211] **Sims, C.A.** (1972), Money, Income, And Causality, in: American Economic Review 62, S. 540-552.

[212] **Sims, C.A.** (1980a), Comparison Of Interwar And Postwar Business Cycles: Monetarism Reconsidered, in: American Economic Review 70. Papers And Proceedings, S. 250-257.

[213] **Sims, C.A.** (1980b), Macroeconomics And Reality, in: Econometrica 48, S. 1-48.

[214] **Smets, F.** (1995), Central Bank Macroeconometric Models And The Monetary Policy Transmission Mechanism, in: Bank For International Settlements (Hrsg.), Financial Structure And The Monetary Policy Transmission Mechanism, Basel, S. 225-266.

[215] **Smets, F.** (1998), Output Gap Uncertainty: Does It Matter For The Taylor Rule?, in: BIS Working Papers, Nr. 60, S. 1-19.

[216] **Stabilitätsgesetz** (1967), Gesetz zur Förderung der Stabilität und des Wachstums der Wirtschaft vom 08.06.1967, BGBl. I, S. 582-589.

[217] **Stiglitz, J.E., Weiss, A.** (1981), Credit Rationing In Markets With Imperfect Information, in: American Economic Review 71, S. 393-410.

[218] **Stock, J., Watson, M.** (1989), New Indexes Of Coincident And Leading Indicators, in: Blanchard, O.J., Fisher, S. (Hrsg.), NBER Macroeconomic Annual, Vol. 4, Cambridge, S. 351-394.

[219] **Stöß, E.** (1996), Die Finanzierungsstruktur der Unternehmen und deren Reaktion auf monetäre Impulse. Eine Analyse anhand der Unternehmensbilanzstatistik der Deutschen Bundesbank. Volkswirtschaftliche Forschungsgruppe der Deutschen Bundesbank Diskussionspapier 1996/9, Frankfurt a.M. 1996.

[220] **Svensson, L.E.O.** (1997), Inflation Forecast Targeting: Implementing And Monitoring Inflation Targets, in: European Economic Review 41, S. 1111-1146.

[221] **Svensson, L.E.O.** (1999), Inflation Targeting As A Monetary Policy Rule, in: Journal of Monetary Economics 43, S. 607-654.

[222] **Svensson, L.E.O.** (2000), The First Year Of The Eurosystem: Inflation Targeting Or Not?, in: American Economic Review 90. Papers And Proceedings, S. 95-99.

[223] **Taylor, J.B.** (1985), What Would Nominal GNP Targeting Do To The Business Cycle?, in: Carnegie-Rochester Conference Series on Public Policy 22, S. 61-84.

[224] **Taylor, J.B.** (1993), Discretion Versus Policy Rules In Practice, in: Carnegie-Rochester Conference Series on Public Policy 39, S. 195-214.

[225] **Taylor, J.B.** (1995), The Monetary Transmission Mechanism: An Empirical Framework, in: Journal of Economic Perspectives 9,4, S. 11-26.

[226] **Taylor, J.B.** (1998), The ECB And The Taylor-Rule: How Monetary Policy Could Unfold At Europe's New Central Bank, in: The International Economy 12, S. 24-25 u. S. 58.

[227] **Tietmeyer, H.** (1996), The Importance Of Monetary Policy Strategy In Achieving Price Stability, in: Deutsche Bundesbank (Hrsg.), Monetary Policy Strategies In Europe. A Symposium At The Deutsche Bundesbank, München, S. 1-6.

[228] **Tobin, J.** (1963), An Essay On The Principles Of Debt Management, in: Fiscal And Debt Management Policies, Englewood Cliffs, wieder abgedruckt in: Tobin, J., Essays In Economics, Vol. 1. Macroeconomics, Amsterdam, London 1971, S. 378-455.

[229] **Tobin, J.** (1969), A General Equilibrium Approach To Monetary Theory, in: Journal of Money, Credit, And Banking 1, S. 15-29.

[230] **von Auer, L.** (1999), Ökonometrie. Eine Einführung, Berlin, Heidelberg.

[231] **von Landesberger** (2001), Zinsziele für die Geldpolitik - Theorie und Empirie, Frankfurt a.M. u.a.

[232] **Wasmund, J.** (1999), Die Erwartungstheorie der Zinsstruktur, Geldpolitik und zeitvariable Risikoprämien. Eine empirische Analyse des Euro-DM-Geldmarktes, Berlin.

[233] **Westphal, H.M.** (2000), Marshall-Lerner-Bedingung, in: Geigant, F. u.a. (Hrsg.), Lexikon der Volkswirtschaft, 7., überarb. u. erw. Auflage, Landsberg a.L., S. 628.

[234] **Williamson, S.D.** (1987), Costly Monitoring, Loan Contracts, And Equilibrium Credit Rationing, in: Quarterly Journal of Economics 102, S. 135-146.

[235] **Willms, M.** (1995), Internationale Währungspolitik, 2., überarb. u. erw. Aufl., München.

[236] **Woodford, M.** (2001), The Taylor Rule And Optimal Monetary Policy, in: American Economic Review 91. Papers And Proceedings, S. 232-237.

[237] **Worms, A.** (1992), Makroökonomische Kreditrationierungstheorie, in: Geld-Währung-Kapitalmarkt Working Papers, Nr. 28, Professur für Volkswirtschaftslehre, insbesondere Geld und Währung, der Johann Wolfgang Goethe-Universität Frankfurt a.M.

[238] **Worms, A.** (1998), Bankkredite an Unternehmen und ihre Rolle in der geldpolitischen Transmission in Deutschland, Frankfurt a.M.

FSC
www.fsc.org
MIX
Papier | Fördert gute Waldnutzung
FSC® C083411

Kolibri 360 GmbH
Ferdinand-Jühlke-Straße 7
99095 Erfurt, Deutschland
produktsicherheit@kolibri360.de

Druck:
CPI Druckdienstleistungen GmbH
im Auftrag der
Kolibri 360 GmbH
Ferdinand-Jühlke-Str. 7
99095 Erfurt